行政法研究双書 32

義務付け訴訟の機能

横田明美 著

弘文堂

「行政法研究双書」刊行の辞

　日本国憲法のもとで、行政法学が新たな出発をしてから、七〇有余年になるが、その間の理論的研究の展開は極めて多彩なものがある。しかし、ときに指摘されるように、理論と実務の間に一定の乖離があることも認めなければならない。その意味で、現段階においては、蓄積された研究の成果をより一層実務に反映させることが重要であると思われる。そのことはまた、行政の現実を直視した研究がますます必要となることを意味するのである。

　「行政法研究双書」は、行政法学をめぐるこのような状況にかんがみ、理論と実務の懸け橋となることを企図し、理論的水準の高い、しかも、実務的見地からみても通用しうる著作の刊行を志すものである。もとより、そのことは、本双書の内容を当面の実用に役立つものに限定する趣旨ではない。むしろ、当座の実務上の要請には直接応えるものでなくとも、わが国の行政法の解釈上または立法上の基本的素材を提供する基礎的研究にも積極的に門戸を開いていくこととしたい。

塩　野　　　宏
園　部　逸　夫
原　田　尚　彦

はじめに

　平成16年4月、行政事件訴訟法の大改正が施行された。ちょうどその頃に法学部3年生に進学した筆者は、行政法学に出会った。市民と、行政と、司法とがそれぞれの役割を果たしながらより良い社会を作っていくためにはどうすればよいのだろうか？　新しい法制度は、この関係に何をもたらすのだろうか？　一人の学部生の素朴な疑問から、義務付け訴訟の機能をめぐる研究は出発した。

　本書は、筆者の博士論文「義務付け訴訟の機能―時間の観点からみた行政と司法の役割論―」（平成25（2013）年3月7日博士（法学）授与）に大幅に加筆修正を加えたものである。その後、同年10月から平成26年8月までの間、国家学会雑誌126巻9＝10号から127巻7＝8号にかけて6回にわたり「義務付け訴訟の機能　時間の観点からみた行政と司法の役割論」というタイトルで同論文を若干訂正したものを連載した。また、同年には日本公法学会で同論文に関連する報告を行い、同報告の内容は、「申請型義務付け訴訟の『違法性判断の基準時』論」として公法研究76号に掲載された。

　本書は、これらの研究の成果を踏まえ、序章以下は国家学会雑誌での連載をベースに、終章まで1本の論文となるように再構成している。多数の建設的な批判や提案をいただいたことや、学位論文執筆後に本分野に関し重要な著作・論文が発表されたことを踏まえ、第3章でこれらの議論を追加で参照した。さらに国家学会雑誌連載版における第4章については、本書においては第4章と第5章とに分割した上で、大幅な加筆修正を施していることに留意されたい。

　ところで、本来「著者解題」にあたる要約はこの「はじめに」に含まれるのが通例である。しかし、本書は法学研究者だけでなく、実際の訴訟提起や訴訟遂行を担う法曹や行政実務を担う人々、そして公共政策の立案にかかわる方々にも読んでいただきたいと考えている。そこで、著者解題をあえて独立させ、本書の要旨をまとめるとともに、どの項目にどのような

内容が書かれているかを説明している。ここだけを読めば本書の趣旨が理解できるようになっている。巻末の索引と併せて利用していただければ、現在抱えている問題の解決のために、本書のどの部分が参考になるのかが一覧化されるであろう。

＊　＊　＊

　本書を刊行することができたのは、これまでの行政法学の研究蓄積、さらにお世話になった多くの方々の支えがあってのことである。一人で黙考することが不得手で、誰かにアイデアを口頭で伝えようとするときにようやく思考回路が活性化する筆者にとって、多くの良き読み手・聞き手を得たことは望外の幸運であった。その全てを記することはできないため、本書の成立および筆者が研究者の道を選ぶことになった経緯に特に関わりの深い方々のお名前を挙げ、謝意を述べたい。

　まず、博士課程進学時以来、ご指導をいただいている交告尚史先生に心より御礼申し上げたい。興味が拡散しがちな筆者が、初めて研究室を訪ねた日に、その後の人生の指針となる「一人の人間が気になることは、根っこでは必ずつながっている」という言葉を贈ってくださった。そして思索の迷路に迷い込んでいるときに研究室を訪問すると、先生自ら淹れた挽き立てのコーヒーとともに、対話から研究構想を練ろうとする筆者を助けてくださった。いかにして地中でつながっている関連を見つけ、育て、大樹としていくのか——交告研究室での対話は、学問の苦しみを歓びへと変える時間であり、本書はその生き生きとした体験から花開いたものである。

　塩野宏先生には、本書を弘文堂の行政法研究双書の一冊として出版することを強く薦めてくださったことに、心から厚く御礼申し上げたい。行政事件訴訟法改正を主導した「行政訴訟検討会」の座長であった塩野先生から多くの励ましの言葉をいただけたことは、望外の喜びである。本書がこの改正をさらに進展させることに寄与できれば幸いである。

　筆者に行政法学の険しさと楽しさを教えてくださったのは、太田匡彦先生の初回講義であり、本書の着想もまた、講義後の質問と、それに対する先生の熱心な御指導から生まれている。その後、本書のもととなった国家

学会雑誌連載版につき、公法研究会の書評会にて、綿密かつ根本的な批評を賜った。大幅な改訂の多くはその批判に答えるべくなされたものである。

山本隆司先生には、学部から法科大学院にかけての演習および研究論文において丁寧かつ温かくご指導いただいた。本書との関係でも義務付け訴訟に関する多くの示唆的な研究を先行して、または並行して実施されており、その豊富な知見に基づき、本書の内容面にわたり様々なアドバイスをいただいた。

東京大学大学院法学政治学研究科において、法曹養成専攻（法科大学院）から総合法政専攻博士課程（研究者養成）に進学することは、前例も少なく、とても心細いことであった。しかしそのおかげで、小早川光郎先生、宇賀克也先生、斎藤誠先生のご指導を法科大学院の対話型講義および演習で直接受けることができたのは大変幸運なことであった。また、ドイツ法の海老原明夫先生には、幾度となくご指導をいただいた。共に海老原先生の薫陶を受けた大﨑楠テア先生、金﨑剛志先生、兼平麻渚生先生、藤川直樹先生には、本書のドイツ法に関する部分につき多大なご協力を得た。特に藤川先生には、学位論文提出段階の草稿を丹念に読んでいただき、多数の指摘をいただいた。また、同じ行政法を専門とする先輩・後輩からも折に触れて指摘をいただいた。特に、同門の後輩である巽智彦先生には、公法学会での報告および改稿後の原稿につき目を通していただき、多数の的確なコメントをいただいた。

平成25年から同27年にかけては、冒頭で触れた日本公法学会だけでなく、複数の研究会・学会で本書に関する報告の機会が与えられた。それらの機会を与えてくださった守矢健一先生（ドイツ法フォーラム）、神橋一彦先生、鵜澤剛先生（北陸公法研究会）、鈴木庸夫先生（日本公共政策学会）、亘理格先生（北海道大学公法研究会）、仲野武志先生（関西行政法研究会）および各会でコメントをくださった先生方に厚く感謝申し上げる。行政判例研究会のメンバーからも、折に触れて多数のコメントを頂戴した。

平成25年5月から着任した千葉大学法経学部・法政経学部において、同じ行政法を専門とする下井康史先生、木村琢麿先生に格別のご配慮をいただいているほか、多数の分野にわたる同僚教員と交流することで、自身の

研究の幅を広げることができている。とりわけ、石井徹哉、皆川宏之、巻美矢紀、齋藤愛、北村賢哲、堀田佳文、大澤慎太郎、鳥山泰志、杉本和士、川瀬貴之各先生からは法学領域を横断して、後藤弘子、酒井啓子、石田憲、水島治郎、倉阪秀史各先生からは法と政治・政策の関わり方に関して、多数の示唆をいただいた。同じ東京大学法学政治学研究科の先輩・同輩・後輩でもある山口道弘、佐藤健太郎、佐伯昌彦、作内由子、佐藤輝幸各先生とは、研究の進め方や学生指導のあり方についてもご相談させていただき、理解ある同僚に囲まれたことで、良き研究生活を始めることができたことに感謝申し上げたい。

また、法科大学院を経由して博士課程に進学し、行政法学の研究者を目指すことができたのは、学部時代から多くの先達や同輩のアドバイスをいただいたからである。直近の先輩として真摯にアドバイスをくださった興津征雄先生、原田大樹先生、辻村亮彦先生、阿部和文先生、板垣勝彦先生、研究者の世界を見せてくださった木佐茂男先生、高木光先生、角松生史先生、田中孝男先生、そして「同期」として共に切磋琢磨した山口亮介先生をはじめとして、多くの方々との交流があってこそ、イバラの道と思えた10年間を、希望を持って進むことができた。これらの交流の多くはインターネットを介した自発的でボランタリーなものであり、時代の恩恵と心温かい人々の支えによってこの進路を選ぶことができた。

本書のもととなった博士論文を執筆する際、とりわけその第1章の下支えになった事例調査において、多数の実務家のご支援・ご配慮を受けた（各事件に関する箇所で改めてお名前を掲げさせていただくこととしたい）。このように、本書は、紙幅の関係でお名前を挙げることができない方も含めて多数の皆様に支えられて出版されるものであり、心からの感謝を申し上げる。

＊　＊　＊

初めての単著である本書は、実をいえば、弘文堂編集部の登健太郎氏と、松尾剛行弁護士との「三人四脚」で出来上がった本である。

本書成立の直接の契機は、弘文堂編集部の登健太郎氏による熱い一言であった。知人を介して知り合ったのは博士号取得直後であり、「書籍化す

るときにはぜひ一緒に仕事がしたい」と強く後押しをしてくださった。その後、様々な事柄に興味が向きがちな筆者に、それを取りまとめる機会を何度も与えてくださり、また遅筆な筆者を後押ししてくださった。

　本書は東京大学への提出版から国家学会雑誌連載版への改稿、さらに本書執筆における改稿と二度の大きな書き直しを行っている。そのいずれにおいても、筆舌に尽くし難い多大な寄与をしてくれたのは松尾剛行弁護士である。議論の不備および混迷を的確に指摘し、大幅な修正を支えてくださった。東京大学法学部在学時から15年来の親友である氏に支えられて本書を公刊することができたことに、改めて御礼申し上げたい。

　最後に、私事にわたり恐縮だが、研究者夫妻としての私たちを見守ってくれる家族に、感謝申し上げる。特に、学問への長い道のりを歩む娘を全力でサポートしてくれた父・横田仁、母・横田春代と、一足先に博士（理学）を取得し、先輩研究者としてもパートナーとしても執筆を支えてくれた夫・岡島元に、改めて感謝の意を表したい。

平成28年12月

横田　明美

＊　本書は、研究遂行に日本学術振興会（ＪＳＰＳ）科研費（平成25年度第5回研究活動スタート支援・課題番号 JP25885016「義務付け訴訟の動態と理論」）の助成を受け、出版に際し日本学術振興会（ＪＳＰＳ）科研費（平成28年度研究成果公開促進費（学術図書）・課題番号 JP16HP5132「義務付け訴訟の機能」）の助成を受けたものです。
　This work was supported by JSPS KAKENHI Grant-in-Aid for Research Activity Start-up（JSPS KAKENHI Grant Number JP25885016）and Grant-in-Aid for Publication of Scientific Research Results（JSPS KAKENHI Grant Number JP16HP5132）.

目　次

はじめに　i
著者解題　x

序章　平成16年行訴法改正がつきつけた課題 ……1
 I　義務付け訴訟の法定……1
 　1　平成16年改正行訴法による義務付け訴訟の法定　1
 　2　義務付け訴訟の機能　2
 II　義務付け訴訟と取消訴訟の関係についての一般論……5
 　1　義務付け訴訟と取消訴訟の関係　5
 　2　基準時の問題　8
 　3　救済内容の特定　10
 　4　申請型義務付け訴訟と非申請型義務付け訴訟　12
 III　行政手続・行政訴訟と時間……15
 IV　本書の検討の方向性……17

第1章　義務付け訴訟に関する日本の裁判例の検討 ……19
 I　義務付け訴訟の機能をめぐる裁判例の紹介……19
 　1　本書で取り上げる裁判例の特色　19
 　2　480円タクシー訴訟　20
 　3　障害者居宅支援費訴訟　31
 　4　新宿七夕訴訟　45
 　5　退去強制手続と在留特別許可に関する訴訟　53
 　6　情報公開に関する裁判例　60
 　7　その他の裁判例　66
 II　問題点の整理……69
 　1　分離取消判決　69
 　2　基準時の問題　75
 　3　原告による救済内容の特定　83
 　4　裁判所による救済内容への言及　85
 　5　義務付け訴訟における審理の順序　87

第2章　ドイツにおける義務付け訴訟の成立と発展 ……91
 I　本書におけるドイツ法研究の位置付け……91
 II　決定義務付け判決の登場と変質……95

　　　　1　分割占領期の行政裁判法（米占領地区行政裁判法と軍令165号）　*95*
　　　　2　連邦行政裁判所法成立直後の議論状況　*120*
　　III　司法過程での完全審査（一回的審理）と行政過程への差戻し
　　　　（段階的審理）……*135*
　　　　1　「取消訴訟と義務付け訴訟の峻別」に逆行する動き　*136*
　　　　2　「事案解明のための取消し」の導入と限界　*146*
　　　　3　決定義務付け判決をめぐる議論の深化　*157*
　　IV　章　　括……*170*
　　　　1　差戻しの重要性　*171*
　　　　2　差戻しにおける裁判所の任務　*173*
　　　　3　判決効の拡張　*174*
　　　　4　複数の違法事由と「拒否・不作為の違法性」要件の解釈　*175*
　　　　5　原告の処分権　*177*

第3章　平成16年行訴法改正前後の議論 ……*179*
　　I　平成16年行訴法改正による取消訴訟と義務付け訴訟の
　　　　制度的関連性の創出……*179*
　　　　1　平成16年行訴法改正前の義務付け訴訟論　*180*
　　　　2　義務付け訴訟導入以前からの取消訴訟の解釈論　*187*
　　　　3　平成16年行訴法改正時の議論　*196*
　　II　日本における基準時論……*215*
　　　　1　取消訴訟の基準時　*215*
　　　　2　義務付け訴訟の基準時　*219*
　　III　補論：申請型・非申請型義務付け訴訟と当事者型・
　　　　　第三者型義務付け訴訟……*225*
　　IV　章括：日独の比較から見る行訴法改正の特徴……*226*
　　　　1　取消訴訟と義務付け訴訟との関係についての条文構造　*227*
　　　　2　「裁判所の事案解明義務」の不存在　*229*
　　　　3　「差戻し」の意義　*229*
　　　　4　差戻的判決が意味する内容　*232*
　　　　5　時間の観点、とりわけ違法性判断の基準時　*236*
　　　　6　差戻的判決の要因と時間の観点からの再検討　*238*

第4章　義務付け訴訟と取消訴訟の関係 ……*239*
　　I　基準時論……*240*
　　　　1　二分法とは異なる解決を模索する先行学説　*240*
　　　　2　近時の基準時論　*242*
　　　　3　基準時をめぐる下級審判決の検討　*244*
　　　　4　訴えの利益をめぐる下級審判決の検討　*247*
　　　　5　分離取消判決についての検討　*248*

Ⅱ　救済内容の特定……250
　　　　1　原告の救済内容特定責任　251
　　　　2　義務付け判決後の行政過程への差戻し　255
　　Ⅲ　「義務付け訴訟と取消訴訟の区別」に対する疑念……261
　　　　1　客観的接続関係論　261
　　　　2　違法判断と是正措置（救済）の二重構造論　263
　　　　3　レメディ論　269
　　Ⅳ　救済のあり方を原告以外にも委ねる発想……269
　　　　1　是正訴訟論　269
　　　　2　抗告訴訟以外の訴訟における是正措置（救済内容）の漸進的特定　275
　　　　3　本書との関係　281
　　Ⅴ　章　　括……282

第5章　義務付け訴訟の嚮導機能……283

　　Ⅰ　違法および救済における階梯論……283
　　　　1　階梯論を論じる意義　284
　　　　2　「違法の階梯」の内容　286
　　　　3　「救済の階梯」の内容　288
　　　　4　判決類型論との接続　289
　　Ⅱ　義務付け訴訟の嚮導機能……292
　　　　1　義務付け訴訟と取消訴訟の区別の相対化　292
　　　　2　義務付け訴訟の嚮導機能　293
　　　　3　嚮導と協働の相互関係　296
　　Ⅲ　嚮導機能から導かれる行訴法の解釈（解釈論）……297
　　　　1　分離取消判決　298
　　　　2　救済内容の特定再論　316
　　Ⅳ　嚮導機能を活かす訴訟運営のあり方（運用論・立法論）……321
　　　　1　嚮導機能が導く、義務付け訴訟の審理　321
　　　　2　分離取消判決と義務付け判決の選択における訴訟遂行のあり方　324
　　　　3　付言の活用　327
　　Ⅴ　想定される批判への応答……331
　　　　1　はじめに　331
　　　　2　救済内容の特定と原告と裁判所の関係に関する批判　332
　　　　3　訴訟物論との関係　333
　　Ⅵ　章　　括……335

終章　嚮導から協働へ……337

　　Ⅰ　政策法務と義務付け訴訟の相互関係……337

Ⅱ　今後の検討課題……339
　　　　　1　「申請権」の要件　341
　　　　　2　申請型義務付け訴訟が要求する併合すべき訴え　342
　　　Ⅲ　行訴法の第2次改正に向けて……344

主要参考文献　347
事項・人名索引　353
判例索引　359

【図表一覧】
図表1　取消訴訟と義務付け訴訟に対応する請求認容判決類型の一覧　134
図表2　現行法における適法な訴訟類型選択の日独比較　160
図表3　請求が認容された場合における判決類型の日独比較　160
図表4　申請型義務付け訴訟を前提とした行政過程と司法過程の往復　260

著者解題

　本書は、平成16年行訴法改正によって創設された義務付け訴訟が果たすべき機能を考察するものである。同改正前には、義務付け訴訟が法定されておらず、事実上機能していなかったことから、法による行政の原理を最終的に担保すべき行政事件訴訟において、いわゆる主観訴訟といわれる類型に関する限り、事実上取消訴訟のみが現実に運用されていた。その結果、取消訴訟は多くの機能を負っていた、いやむしろ「負わされていた」と評することもできる。

　たとえば、遠藤博也の分類によれば、取消訴訟には(1)（単純な）取消機能、(2)減額機能、(3)やり直し請求機能、(4)義務付け請求機能、(5)差止請求機能、(6)原状回復機能、(7)違法確認機能という諸機能があるとされていた[1]。このような機能の中には、取消機能や違法確認機能のような、取消訴訟の本来の機能と考えられるものも含まれているが、義務付け訴訟を含む他の訴訟類型が機能していれば、取消訴訟以外の訴訟類型が本来中心的に果たすべき機能が含まれているような印象も受けるところである。

　平成16年行訴法改正により、義務付け訴訟が創設された。これによって、従前取消訴訟に期待されていた多くの機能のうち、義務付け訴訟がその一部を引き受け、一部を取消訴訟とともに担うことが想定される。それでは、義務付け訴訟が担当し、担当すべき機能とは何だろうか。このように、義務付け訴訟が果たすべき機能を検討することが、本書の最大の目的である。

　その際には、義務付け訴訟制度と取消訴訟制度の関係が重要な問題となる。（申請型）義務付け訴訟においては、原告の申請とそれに対する行政庁の応答（不作為を含む）が想定される。そこで、原告に対して与えられる救済手段としては義務付け訴訟以外に当該応答に対する取消訴訟（不作為の違法確認訴訟を含む）が当然に想定されるのであって、義務付け訴訟および取消訴訟の機能を考察する上では、両訴訟制度間の関係の理解が不可欠である。

　ここで立法論をいえば、義務付け訴訟が利用可能な場合には義務付け訴訟に一本化し、取消訴訟の利用を禁止するという法制度もあり得るところである。また、取消訴訟制度を残した場合でも、当事者に取消訴訟を併合させず、義務付け訴訟だけを提起することを認める法制度も可能であったはずである。ところが平成16年行訴法改正において立法者は、原告に対し、取消訴訟のみの提起を認める一方で、義務付け訴訟を提起するのであれば必ず取消訴訟（不作為の違法確認訴訟）を併合提起することを強制した。このような平成16年行訴法改正後

（1）　遠藤博也『実定行政法』（有斐閣、1989）366頁。

の我が国の行政訴訟制度下において、取消訴訟と義務付け訴訟の関係をどのように解するべきであろうか。この問題を検討することを通じて、義務付け訴訟の機能を炙り出したい。

本書においては、以上のような問題意識から、まず**第1章**において、平成16年行訴法改正以降に下された義務付け訴訟に関する裁判例を紹介し、その中で、義務付け訴訟と取消訴訟の関係に関する限りでどのような問題が生じているのかを検討する。改正行訴法の施行から12年が経過した今でも、義務付け訴訟が本案審理までされてから棄却あるいは認容された事例はあまり多いとはいえない。本章では、その中でも序章で述べた三つの問題、つまり取消請求と義務付け請求の関係、判決内容、違法性判断の基準時と関連の深い裁判例を取り上げる。ただし、論点と事例は一対一対応ではない。一つの事例に複数の問題点が含まれている上、同一の原告・被告の間で複数の判決が下されている事例もある。また、類似の事例がある場合には、相互に比較することが問題発見上適していると思われる。そこで、法的仕組みが類似するものをひとまとめとして取り上げつつ、裁判例の経緯と内容を紹介し、義務付け訴訟と取消訴訟の関係にかかわる限度で、これらの裁判例から浮き彫りになった問題点を整理する。

次に**第2章**において、改正前後を通じて参照されてきたドイツ法における義務付け訴訟制度[2]を分析する。ドイツにおいて、取消訴訟と義務付け訴訟の関係がどのように考えられてきたのか、そして日本法における義務付け訴訟の機能を考える上で興味深い、判決内容の特定が緩和されている判決類型の登場について、それぞれの歴史的経緯と理論状況を探る。本書においてドイツ法を取り上げる理由は二つある。一つは、ドイツにおいて、取消訴訟と義務付け訴訟という二つの訴訟類型の関係が重要な問題とされ、歴史的に発展してきた経緯があるからである。もう一つは、ドイツにおける義務付け訴訟制度の立法と運用の背景にある考え方を探ることによって、日本の義務付け訴訟制度を相対化して検討するための視座を得られると思われるからである。特にドイツ法が特定行為義務付け判決以外に、決定義務付け判決という制度を設け、裁判所が「ここまでは既に審理し判断された」ということを明確にした上で、その他の部分を裁判所の法解釈を前提に行政に差し戻し、行政により再度審理判断する制度を法定しているところ、この決定義務付け判決制度が日本法に対して何を示唆するかを検討したい。ドイツ法と日本法が義務付け訴訟に関し、異なる立法を行っていることから、日本法に対する示唆を得るという目的で行う本書の考察

---

(2) ドイツ法における義務付け訴訟の詳細な紹介と日本法との比較については既に、山本隆司「義務付け訴訟と仮の義務付け・差止めの活用のために(上)(下)」自研81巻4号（2005）70-103頁、5号（2005）95-120頁がある。

の中では、当該議論がドイツにおいて主流を占めているかではなく、当該議論が日本の平成16年行訴法改正後の行政訴訟制度下において示唆的であるかという観点を重視し、比較法的検討を行うこととする。

さらに、**第3章**において、平成16年行訴法改正の前後においてどのような議論がなされていたかを検討する。まず行訴法改正以前において、学説が義務付け訴訟の機能についてどのような期待を抱いていたかを、当時学説が想定していた義務付け訴訟の内容（主に取消訴訟と義務付け訴訟の関係）に踏み込んで確認する。次に行訴法の立法過程において、義務付け訴訟と取消訴訟の関係や義務付け訴訟の機能についてどのような議論がされていたのかを考察する。その上で、平成16年行訴法改正後の新たな義務付け訴訟と取消訴訟の関係や義務付け訴訟の機能に関する議論を概観する。

これらの検討を踏まえ、**第4章**において、取消訴訟と義務付け訴訟の関係に関して検討する。まず最初に、義務付け訴訟と取消訴訟の基準時が問題となる（I）。取消訴訟においては違法性判断の基準時は処分時、義務付け訴訟においては違法性判断の基準時は判決時（事実審の口頭弁論の終結時）と考えるのが通説である。そして、取消訴訟と義務付け訴訟とが独立に存在する法制下においては、そのような基準時のズレは問題となりにくい。ところが、上述の通り、平成16年改正行訴法では取消訴訟と義務付け訴訟の併合提起が義務付けられ、しかも、取消訴訟に理由のあることが義務付け訴訟の本案勝訴要件となっている。そのため、たとえば処分時には適法であったが、その後の状況の変化により判決時に違法となったという場合（いわゆる「違法化」といわれる事案）において、本来義務付け訴訟の基準時論に関する通説から考えれば義務付け判決を下すべきであるにもかかわらず、取消訴訟との接合という制度設計のためにこれを棄却しなければならないという状況が生じ得る。そこで、そもそも義務付け訴訟と取消訴訟の関係を考える上では義務付け訴訟と取消訴訟の基準時についてどのように考えるべきか、を考察することが必要になるのである。

もう一つの問題は、救済内容の特定の程度である（II）。取消訴訟においては、既に行政処分が行われたことを前提に当該行政処分を取り消すとの判決を求めればよいのであるから、救済内容はある意味明確であり、特定の明確性は大きな問題とならない。しかしながら、義務付け訴訟においては様相を異にする。すなわち義務付け訴訟においては、一定の作為を裁判所が行政に命じることから、原告において一定程度具体的な行政のなすべき作為の内容を「一定の処分」という形で具体化して提示（特定）しなければならないのである。この点に関しては事案によってはあまり大きな問題が生じないのかもしれないが、第1章で見たような一定の類型においては原告によるそのような特定が容易でないことから、救済内容が特定されていないことを理由に訴えが却下され、請求が棄却

されることがある。そこで、義務付け訴訟において、原告の救済内容特定責任をどこまで要求すべきかが問題となる。また、裁判所自身も最終的に義務付け判決を下す場合には、行政がなすべき処分の内容を主文中に明記しなければならないところ、単に原告が特定した救済内容をそのまま主文中に示せば足りる場合もあるかもしれない。しかし実際には、程度の差はあれ抽象的な内容となるか、明示的に幅を認めてその範囲内で判断するよう命じるというような義務付け判決とせざるを得ない場合もある。

　この点に関し、取消訴訟と義務付け訴訟の区別を相対化する考え方（Ⅲ）が参考になる。たとえば近時有力に主張されている、救済と違法を切り離す考え方においては、行訴法の抗告訴訟の各訴訟類型に共通の構造を見出し、訴訟類型間の相対化につながる考え方が示されている。この当否およびこのような考えを義務付け訴訟に適用した場合の帰結について、検討の価値がある。

　また、取消訴訟と義務付け訴訟の関係よりも広く行政訴訟制度ないしは司法制度という観点から、是正訴訟論のように、救済のあり方を原告以外に委ねる考え方（Ⅳ）も提示されており、本書の議論においても参照する価値がある。

　以上のような検討から透けて見えるのは——現実に生起する問題のより良い解決という観点からいえば——取消訴訟と義務付け訴訟をドグマティカルに区別し、二つの間に基準時の相違や請求内容の特定上の相違を認めて厳格に峻別することの不当性である。むしろ、現実に生起する問題のより適切な解決のためには取消訴訟と義務付け訴訟を相対化することが望ましいのではないかと考えられる。

　このような義務付け訴訟と取消訴訟との間を相対化する見解を前提に、義務付け訴訟の機能について検討するのが、**第5章**である。

　上記の通り、義務付け訴訟と取消訴訟との間に明確な線引きをするのではなく、その二つが緩やかに連続している関係にあると理解すべきであるとすれば、このような緩やかな連続性は、違法と救済の両側面において想定し得る（Ⅰ）。すなわち、違法の面については、取消訴訟、特に義務付け訴訟と併合提起された取消訴訟においては、実際の訴訟の場面を見ると、手続違法のみが検討された場合、提示された理由に関する部分についてのみ実体違法事由が検討されたという状況のみならず、複数個の違法事由が検討されるという状況もあり得る。必ずしも「一つでも違法があればもはや取消訴訟の役割は終わり、後は取消判決を下すか、その他の違法事由を審査して義務付け判決を下すか」と考えるべきではなく、取消訴訟内において複数の違法事由を検討することもできる。このように考えれば、違法に関して取消訴訟と義務付け訴訟の相対化が認められるのである。

　次に救済内容についてはどうか。取消訴訟の救済は行政処分を取り消すこと

だけであるが、問題は義務付け判決である。ドイツ法でいうところの特定行為義務付け判決、すなわち行政の行うべき内容を全て明確に特定し、そのような作為を命じるということも理論上可能と思われるが、実務上は行政の行うべきことの全て、特に附款を含めたその全てを命じることは困難である。むしろある程度まで煮詰まれば、裁判所は「ここまでは既に審理し判断された」ということを明確にした上で、その他の部分を裁判所の法解釈を前提に行政に差し戻し、行政により再度審理判断するというドイツ法でいうところの決定義務付け判決を認めるべきではないだろうか。このように考えれば、救済内容に関しても取消判決と義務付け判決の相対化が認められることになる。本書においては、この「違法に関する相対化」および「救済内容における相対化」を模式的に表現するため、「違法の階梯」「救済の階梯」という造語を用いた。

このような違法と救済の両側面における階梯の存在を認めることは、裁判所の果たすことのできる役割の限界を認め、その後の行政手続に委ねる必要があるという現実を直視しながら、その中で市民、行政、裁判所の最適な協働のあり方を模索するということである。

取消訴訟と義務付け訴訟の相対化を前提に、義務付け訴訟の機能を検討する（II）。筆者は、義務付け判決後に行政による実質的な審理および再度の決定が必然的に伴うと考える。このように考えると、厳密な意味におけるいわゆる「完全義務付け判決」はほとんど存在せず、全ての義務付け判決は何らかの意味で行政への「差戻し」・再検討の余地を残す「決定義務付け判決」である。裁判所は、その後の行政の審理判断があることを当然の前提としながら、分離取消判決を下すか、それとも、決定義務付け判決のうち、「一定の処分」の抽象度の高いものとするのか、あるいは処分の内容を特定しいわば「完全義務付け判決」に近いものとするのかを、既に行政・裁判所で行われた審理の内容、行政裁量の程度、必要とされる専門性の内容および程度等を考慮して判断し、適切な段階で行政に投げ返すことになる。このように、義務付け訴訟の役割が限定的であることを正面から認めることを前提に、義務付け訴訟の果たすべき機能を考えると、義務付け訴訟の「義務付け機能」といわれてきたものの内実は、行政と裁判所の協働の中で、義務付け判決を通して裁判所が行政に対してその後の行政が行うべき行為に関してメッセージを送ること、すなわち嚮導機能に過ぎないといえる。平成16年行訴法改正時に一部の論者が想定していたような、行政がなすことを全て明示し義務付ける機能を持つ「完全義務付け判決」はほとんど存在せず、全ての義務付け訴訟において共通する機能としては嚮導機能しか残らないということが、本書の義務付け訴訟観である。

このような義務付け訴訟が嚮導機能を持つ（ないしは、全ての義務付け訴訟に共通して当てはまる機能は嚮導機能しかない）という考え方に基づき、現実の解釈論

（Ⅲ）と運用・立法論（Ⅳ）を再検討し、このような義務付け訴訟観が解釈と立法にどのような示唆を与えるかについて検討したい。

このように義務付け訴訟と取消訴訟の相対化を指向する議論に対しては反対論が存在すると思われる（Ⅴ）。たとえば、行訴法の条文を読む限り、「一定の処分」は訴訟要件であり、これを原告が特定して主張すべきは当然であって、本書のように、原告の救済内容特定責任を緩和し、原告によっては救済内容が特定されないという状況を認めることは解釈論としてあり得ないのではないかという批判が考えられる。また、取消訴訟は形成訴訟であるところ、通説によれば義務付け訴訟は給付訴訟であり、このような訴訟物が異なる訴訟の間で相対化を行うことは認められないという批判も想定できる。これらの批判に対し、本書の立場から応答を行う。

終章では、本書のエピローグとして、義務付け訴訟に関する「嚮導機能」観が示唆するものは何か、非申請型義務付け訴訟や政策法務等最近議論されている新しい問題についての示唆に関して、立法論も含めて若干触れる。

なお、本書は、従前取消訴訟の機能とされていたもののうち、義務付け訴訟が果たすべき機能を考察するものである。そこで、義務付け訴訟のうち、取消訴訟と関係が深い申請型義務付け訴訟のみを考察し、非申請型義務付け訴訟についてあえて主たる検討の対象から外すこととした。

序　章

平成16年行訴法改正がつきつけた課題

I　義務付け訴訟の法定

1　平成16年改正行訴法による義務付け訴訟の法定

　　実は行政訴訟検討会のなかで、裁判実務に従事しておられるというか、それを熟知しておられる委員の方々からの発言によって、こういった取消訴訟と義務付け訴訟の制度的関連性がつけられたもので、私どもは、そのようなものは放っておけばいいではないかと思ったのですが、とにかく、「これがないと裁判は動きません」、「ああそうですか」ということになったような記憶があります。
　　できてみると、なかなかこれはよい制度だと私は理解しております。つまり、ドイツなどはそこは整理されていないままに放り出されておりますので、義務付け判決をするときに取消判決をすべきなのかどうなのかという、ある意味ではドイツ人好み、ある意味では訟務部好みの問題が残されたままですが、改正法ではそこがたいへんきれいに整理されているように見受けます。また、これを制度関連づけたのは取消訴訟中心主義の発想ではないと私は理解しております。[1]

　司法制度改革推進本部に設置された行政訴訟検討会における議論は、平成16年の行政事件訴訟法（本書全体において以下「行訴法」という）改正に結実した。冒頭の発言は、行政訴訟検討会で座長を務めた塩野宏が行訴法37条の3の源となった議論について述懐したものである。この発言からは、行政訴訟検討会において学識経験者としての委員と裁判実務に精通した委員との間で闊達な意見交換があり、それを経て制度が構築されたことがうか

---

[1]　塩野宏「改正行政事件訴訟法の諸問題」『行政法概念の諸相』（有斐閣、2011〔初出2005〕）308-339(313)頁。

がわれる。そして、取消訴訟と義務付け訴訟の制度的関連付けという、これまでの義務付け訴訟に関する議論とは異なる新たな考え方が導入されたということがわかる。では、このような平成16年改正行訴法下における義務付け訴訟の機能をどのように理解すべきであろうか。

2　義務付け訴訟の機能

(1)　取消訴訟の機能に関する遠藤説

　遠藤博也は、平成16年行訴法改正前において、取消訴訟が果たす機能として、以下の7機能を提示した。(1)（単純な）取消機能、(2)減額機能、(3)やり直し請求機能、(4)義務付け請求機能、(5)差止請求機能、(6)原状回復機能、(7)違法確認機能である。この議論は、取消訴訟が問題となる各側面を意識したものであって、全ての取消訴訟がこれら7つの機能を同時に果たしているという趣旨ではないものの、いかにも多い。

　その理由は、主観訴訟に関する限り、当時義務付け訴訟等の取消訴訟以外の訴訟類型が事実上機能していなかったことにあると推察される。すなわち、当時のいわゆる取消訴訟中心主義といわれる訴訟観に加え、平成16年行訴法改正前において行訴法上に取消訴訟（および不作為の違法確認訴訟等）以外の訴訟類型が明示的には規定されておらず、たとえば義務付け訴訟等は法定外抗告訴訟として裁判実務上極めて例外的・消極的にしか認められてこなかった。その結果、義務付け請求機能や差止請求機能等、他の訴訟類型が機能していればそれらの訴訟類型に委ねてもおかしくないような機能についても、取消訴訟が果たすべき機能として提示されてきたと評価することが可能だろう。

　実際、遠藤は、義務付け訴訟の可否に関する記述において、上述のような取消訴訟観を前提に、議論を進めているところがある。遠藤は、まず当時の義務付け訴訟の可否をめぐる義務付け訴訟消極説と積極説の対立について、「両者には見かけほどの差異はない」とした上で、以下の二つの観

---

(2)　遠藤博也『実定行政法』（有斐閣、1989）366-367頁。
(3)　遠藤・前掲注(2)398頁。

点から、当時の判例からしても義務付け訴訟を肯定することができると説いていた。

　第1の観点は、既に義務付け訴訟を認めたのと同種の判決効を有する取消判決があることである。例として挙げられているのは、免職処分の取消しを条件として俸給請求を認め、課税処分や生活保護変更決定の取消しを条件として不当利得返還請求を認め、事実行為の取消しを条件として留置物件の引渡請求を認めるという裁判例の運用である。これらは、給付訴訟ないし確認訴訟としての実質を持っており、本案請求に応じて下される判決によって行政庁ないし行政主体が直接に義務付けられている。このことをもって、遠藤は、裁判所による行政への義務付けが不当であるとする義務付け訴訟消極説の論拠を否定している。そして、この議論と関連して、堀木訴訟控訴審判決（大阪高判昭和50年11月10日行集26巻10=11号1268頁）が行政庁がふたたび第一次的判断権を行使することを待つべきとした判旨を、「権力分立論による義務づけ訴訟消極論が基礎にあるためであるが、何のために、誰のために権力分立論があるのだろうか」と厳しく批判している。(4)

　また、もう一つの観点として、義務付け訴訟を当事者訴訟との組み合わせで理解することも含めた、「当事者訴訟的義務づけ訴訟」の提唱が挙げられる。遠藤は、公法上の金銭債権にかかわる処分を例にとって、このような当事者訴訟的義務付け訴訟観によって、義務付け訴訟消極説の主張する理由付けに対する反駁を試み、「取消判決の拘束力によっても、取消訴訟に当事者訴訟上の給付請求権を加えても、実体は義務づけ請求の実現にほかならない以上、これについて義務づけ訴訟をみとめてもよいはず」だと結論付けている。(5)

　ここに見るように、遠藤自身は当時既にいわゆる義務付け訴訟積極説に立っており、その論拠の多くの部分は、取消訴訟の機能論に依っている。取消訴訟が当時既に果たしていた諸機能に鑑みれば、義務付け訴訟を否定する意味はない、というのである。

　平成16年行訴法改正によって義務付け訴訟が法定された現在、このよう

（4）　遠藤・前掲注（2）399-400頁。
（5）　遠藤・前掲注（2）400頁。

な遠藤の議論は、義務付け訴訟と取消訴訟の相互関係について改めて整理が必要であることを示唆しているといえる。

(2) 平成16年行訴法改正が投げかけた問題

平成16年行訴法改正の結果、義務付け訴訟が法定された（3条6項・37条の2・37条の3）。そこで、平成16年行訴法改正後は、義務付け訴訟と取消訴訟のそれぞれ果たすべき機能が何か、その役割分担が問題となる。

前記の通り、従前のように取消訴訟が多くの機能を果たしてきたことの主要な原因は義務付け訴訟等他の訴訟類型の不存在ないしは機能不全であり、義務付け訴訟等が法定された平成16年行訴法改正により、取消訴訟に多くの機能を担わせる必要性は低下した。そこで、今日に至って、取消訴訟と義務付け訴訟の機能に変遷が起こっていることが推察される。

このような背景の下、義務付け訴訟はいかなる機能を果たすべきだろうか。従来取消訴訟が果たすべきと解されていた機能のうちの一部（たとえば義務付け機能）[6]を単独で、または取消訴訟と共同で担うことが一応は想定されるものの、具体的にこれらの各機能は取消訴訟と義務付け訴訟の間にどのように再配分されるべきであろうか。本書ではこのような義務付け訴訟の果たすべき機能に関する問題を中心に検討していきたい。

まず最初に問われなければならないのは、平成16年改正行訴法が選択した義務付け訴訟の訴訟構造の説明である。遠藤博也『実定行政法』では、あり得る義務付け請求の形態として、①取消しを条件としない義務付け請求、②取消しを条件とする義務付け請求、そして③当事者訴訟的義務付け請求等と、複数の形態を想定していた。[7] 平成16年改正行訴法が選択したのは、申請型と非申請型を分けた上で、前者については取消しを条件とする義務付け請求、後者については取消しを条件としない義務付け請求とするという訴訟構造である。本書は、平成16年改正行訴法が選択したこのよう

---

(6) ただし、全ての義務付け訴訟において義務付け機能が認められるのかという点については本書の主たる課題の一つであり、第5章Ⅱにおいて詳論する。遠藤・前掲注(2)367頁では、義務付け請求機能の例として、「社会保険給付申請など、比較的に定型的事由に基づく確定金額給付」を挙げていた。
(7) 遠藤・前掲注(2)389-400頁。

な訴訟類型の組み合わせ方が義務付け訴訟の機能に及ぼす影響を、訴訟構造によって発生した具体的な問題を検討することによって考察する。

なお、この問題を論じる上では、主たる問題としての「取消訴訟と義務付け訴訟の関係」の下に、従たる問題として、取消訴訟と義務付け訴訟の相違点をどのように整理するかという問題が隠れていることにも留意が必要である。このような問題には様々な内容が含まれているものの、最も重要なのは違法性判断の基準時に関する問題である。訴訟進行中も時間が流れ続けている以上、申請時、拒否処分時、判決時の法状態や事実状態が刻々と変化していくことは避けられない。義務付け訴訟を正面から肯定し、かつ、取消訴訟と義務付け訴訟を関連付けたことを踏まえ、どの時点での法状態・事実状態を前提として解決を導き出すのか、判決後の行政過程も見据えた包括的かつ統一的な議論の枠組設定が不可欠なものとなっている。

II 義務付け訴訟と取消訴訟の関係についての一般論

1 義務付け訴訟と取消訴訟の関係

義務付け訴訟の機能を考察する際には、義務付け訴訟制度と取消訴訟制度の関係が問題となる。義務付け訴訟、特に申請型義務付け訴訟においては、原告の申請とそれに対する行政庁の応答（不作為を含む）が前提とされている。そのような状況下において原告がとり得る救済手段としては義務付け訴訟以外にも当該応答に対する取消訴訟（不作為の違法確認訴訟を含む）が想定されるのであって、義務付け訴訟および取消訴訟の機能を考察する上では、両訴訟制度間の関係の理解が不可欠である。

行訴法3条6項は、「義務付けの訴え」を、行政庁が一定の処分をすべきであるにかかわらずこれがなされないときに、行政庁がその処分または裁決をすべき旨を命ずることを求める訴えと定義付けると同時に、二つの類型に振り分けている。一つは、3条6項2号が規定する「行政庁に対し一定の処分又は裁決を求める旨の法令に基づく申請又は審査請求がされた場合において、当該行政庁がその処分又は裁決をすべきであるにかかわらずこれがされないとき」における類型であり、申請型義務付け訴訟と呼ば

れている。もう一つは、3条6項1号が規定する「次号に掲げる場合を除く」場合、すなわち、「法令に基づく申請又は審査請求」を前提としない類型であり、非申請型義務付け訴訟あるいは直接型義務付け訴訟と呼ばれている（本書では「非申請型義務付け訴訟」の語を用いる）。

　本章冒頭で引用した塩野発言にある「取消訴訟と義務付け訴訟の制度的関連性」は申請型義務付け訴訟について創設された。行訴法37条の3第3項は、法令に基づく申請に対し、処分または裁決がない場合には不作為の確認の訴えを、拒否処分等がなされている場合には処分等の取消しの訴えまたは無効等確認の訴えを併合提起することを提訴要件としている。原則として取消し・不作為違法確認の訴えと義務付けの訴えにかかる弁論および裁判は、分離しないでしなければならない（37条の3第4項）。その例外として、取消し・不作為違法確認の訴えについてのみ終局判決をすることが「より迅速な争訟の解決に資すると認めるときは」、先に取消請求もしくは不作為の違法確認請求のみの認容判決たる分離取消判決・分離不作為違法確認判決を下すことができる（同条6項）[8]。義務付け請求の請求認容判決にまで至らない場合の特則である。

　これに対して、非申請型義務付け訴訟には併合すべき訴えはない。その

（8）　行訴法37条の3第6項により分離されて下される取消（不作為の違法確認）請求のみの認容判決をどう呼ぶべきかについては、未だ用語法が確立していない。まず、複数の請求のうち一部に対しての認容判決であることに着目して、「一部判決」と呼ぶもの（最高裁判所事務総局行政局（監修）『改正行政事件訴訟法執務資料』（法曹会、2005）41-43頁）がある。これに対し、興津征雄『違法是正と判決効』（弘文堂、2010）285頁および289頁は、義務付けを伴わないことに着目し、取消請求であるか違法確認請求であるかを区別し、さらに行政過程への差戻しを意図していることも示すため、それぞれ「単独取消判決（差戻的判決）」および「単独違法確認判決（差戻的判決）」としている。また、山本隆司は取消判決が「分離」して下されるとの表現を用いている（山本隆司「改正行政事件訴訟法をめぐる理論上の諸問題―拾遺」自研90巻3号（2014）49-63（55-58）頁）。正確を期すのであれば、本文中に示したように「取消請求もしくは不作為の違法確認請求のみの認容判決」とすべきであるように思われるが、冗長に過ぎるきらいがある。ここで、当該判決の特徴は、制度的に関連付けられた義務付け訴訟と取消訴訟が「分離」され、取消判決のみが（一部判決として）下されるところにあり、山本の表現が最もその特徴を言い当てている。そのため本書では、「分離取消判決」と呼ぶことにする。なお、本書のもととなった国家学会雑誌連載版においては「単独取消判決」という省略形を用いていたが、今回それを変更する。本書第2章において登場する拒否処分取消訴訟も義務付け訴訟も提起可能な場合にあえて取消訴訟のみを提起する場合をさす「単独取消訴訟（isolierte Anfechtungsklage）」と大変紛らわしいことも、その理由の一つである。

代わり、訴訟要件と本案勝訴要件が加重されている。すなわち、「重大な損害」要件（「一定の処分がされないことにより重大な損害が生じるおそれ」があること）、「補充性」要件（「その損害を避けるため他に適当な方法がないこと」）が、訴訟要件（37条の2第1項）としても、本案勝訴要件（同条5項）としても加重されている。拒否処分の取消訴訟ないしは不作為の違法確認訴訟の併合が想定されていないため、併合された訴えについてのみ先に終局判決を下す分離取消判決・分離不作為違法確認判決の可能性ははじめから排除されている。前述の通り、本書は、従前取消訴訟の機能とされていたもののうち、義務付け訴訟が果たすべき機能を考察するものであることから、義務付け訴訟のうち、取消訴訟と関係が深い申請型義務付け訴訟のみを考察するものとし、非申請型義務付け訴訟を議論の対象としないことから、非申請型義務付け訴訟については後述4で触れるにとどめる。

　このように、平成16年改正行訴法は、取消訴訟と申請型義務付け訴訟の間に関連を認めているところ、このような関連性については、塩野宏のように「なかなかこれはよい制度」であるとして肯定的評価をする者も存在する。また、抗告訴訟の機能として、公定力の排除という機能を肯定し重視するのであれば、公定力の排除を取消訴訟が担うという従来の法構造とも整合的な「併合強制」の仕組みは、これまでの行訴法の運用を今後も活かすという観点からすれば、肯定的にも捉え得る。

　しかし、実際には、法改正後現実に運用されている義務付け訴訟制度は、取消訴訟制度との関係で様々な問題を生じさせている。具体的には、基準時の問題や原告の救済内容の特定の問題である。前者は、従来の議論では全く別物と理解されていた取消訴訟と義務付け訴訟とが結合したことによって生まれてしまった矛盾である。後者は、改正前の実務では事実上「絵に描いた餅」であった義務付け訴訟が、現実の訴訟制度として法定されたことにより、どのような後始末をする必要があるかについて、実際上の問題となったものである。

　第1章において、裁判例においてこれらの問題がどのように浮かび上がっているのかを紹介するが、その問題点を理解する前提として、以下、基準時および原告の救済内容の特定に関する問題に関係する法構造を簡単に

2 基準時の問題

(1) 取消訴訟の基準時

　取消訴訟において行政処分の違法性を判断する上で基準となる法状態・事実状態としては、処分時の法状態・事実状態を基準とする、いわゆる処分時説がとられている。
(9)

　最判昭和27年1月25日（民集6巻1号22頁）は、いわゆる自作農創設特別措置法に関する農地買収処分の取消しが問題となった事案であった。原判決は、（処分時には存在したものの）原判決の口頭弁論の終結時点において既に削除された自作農創設特別措置法附則2項を適用してその当否を判断した。最高裁は、「行政処分の取消又は変更を求める訴において裁判所の判断すべきことは係争の行政処分が違法に行われたどうかの点である。行政処分の行われた後法律が改正されたからと言つて、行政庁は改正法律によつて行政処分をしたのではないから裁判所が改正後の法律によつて行政処分の当否を判断することはできない」とした上で、問題となる買収計画が昭和22年12月26日法律241号による改正前の自作農創設特別措置法附則2項によって定められたのであるから、原判決が、本件買収計画が附則2項による計画として適法であるかどうかを審理したのは当然であるとした。
(10)

(2) 義務付け訴訟の基準時

　義務付け訴訟については、事実審の口頭弁論終結時（いわゆる「判決時」）の法状態・事実状態に従って判断することが相当であるとされている。義務付け訴訟において基準時が判決時になる理由としては、形成訴訟であるという理解を前提として、行訴法37条の2第5項および37条の3第5項の

---

(9)　杉本良吉『行政事件訴訟法の解説』（法曹会、1963）105-106頁。
(10)　本判決は、「前記法律241号附則2条は改正法施行前に前記附則2項による買収計画に関してされた手続は改正後の法律の6条の2、3、5の規定によりされた手続とみなす旨の規定であることは論旨のとおりであるが、右は改正前の法律による手続が改正法による手続としての効力を有する趣旨の規定に過ぎず、改正前の法律にてらして違法であつた計画が法律の改正によつて適法になる理由はないのであるから、所論のように本件買収計画が適法であるかどうかについて改正後の法律によつて判断すべきものではない」としている。

要件を満たして初めて義務付け判決を下すことができるとされていることから、判決時（事実審の口頭弁論終結の時点）において、37条の2第5項および37条の3第5項の要件を具備した状態であると認められる必要があると説明される[11]。義務付け訴訟の性質論としては実務のとる形成訴訟説に加え、有力学説として給付訴訟説が存在するものの、義務付け訴訟を給付訴訟であるとする論者も基準時の点については「民事訴訟の原則に従い、口頭弁論終結時」[12]であるとしていることから、結論としては一致している[13]。

　しかし判決時説は、いわゆる「適法化」の事案において妥当ではない結果をもたらす場合があり得る。すなわち、処分時において行訴法37条の2第5項および37条の3第5項の要件を具備していたとしても、その後事実状態ないしは法状態が変化し、判決時においてかかる要件を欠くに至った場合には、裁判所は義務付け判決を下すことができないことになる。そこで、行政庁がある申請を拒否したいと考えたところ、当時の法令上は拒否できなくても、たとえば、法改正が行われて拒否決定が正当化される見込みであるときには、不作為を続ける、あるいは拒否決定をできる限り遅らせ、訴訟の進行にも協力しないという態度を誘発しかねない。従来の義務付け訴訟に関する議論にはこの観点が希薄であったものの、近時、社会情勢の変化のスピードが早まり、法分野によっては短期間に度重なる法令改正が予定されることがある。そのような分野においては、義務付け訴訟をもってしても処分時に生じていた違法を（国家賠償による金銭的救済はあり得るにせよ）救済につなげることができないという不当な場合が生じ得る。

　なお、そもそも先行する処分が想定されていない非申請型義務付け訴訟においては、基準時としては判決時以外に想定し得ない。

(3)　取消訴訟と義務付け訴訟との間の基準時のズレによる問題

　このように、取消訴訟については基準時が処分時、義務付け訴訟については基準時が判決時というのが通説的な見解であるところ、取消訴訟と義務付け訴訟とが完全に別個独立の訴えであれば、基準時点が異なることは

---

(11)　小林久起『司法制度改革概説3　行政事件訴訟法』（商事法務、2004）166頁。
(12)　塩野宏『行政法II〔第5版補訂版〕』（有斐閣、2013）245頁。
(13)　行政訴訟実務研究会（編）『行政訴訟の実務』（ぎょうせい、2007）94頁、98頁、212頁。

大きな問題ではない。しかし、前述のように、申請型義務付け訴訟では、取消訴訟と義務付け訴訟との間に制度的関連付けがなされている。つまり、平成16年改正行訴法が取消訴訟と義務付け訴訟の制度的関連性を重視し、取消訴訟に理由があることを義務付けの訴えにおける本案勝訴要件としたのである（行訴法37条の3第5項「同項各号に定める訴えに係る請求に理由があると認められ」るとき）。

すると申請型義務付け訴訟については、処分時の時点において拒否処分等が違法であり取り消されるべきであり、かつ、判決時（口頭弁論終結時）に義務付け判決の要件が充足している場合にしか義務付け判決を下すことができないように思われる。[14]

その結果いわゆる「違法化」の場合、すなわち、処分時には適法であった処分が、判決時には違法となっているという場合において、義務付け判決が出せないという問題が生じている。義務付け訴訟のことだけを考えれば、これは判決時において原処分と異なる処分をすべき場合（ないしは、それをしないことが裁量権の範囲を超えもしくはその濫用となる場合）である以上、義務付け判決を下すべきであるように思えるが、義務付け訴訟と取消訴訟の制度的関連付けの結果、処分時において適法なこの事案において取消判決を下すことができず、その結果、義務付けの訴えにおける訴訟要件を満たさなくなってしまい、義務付け判決も出せなくなってしまうのである。

そこで、義務付け訴訟における違法性判断の基準時を検討する場合には、取消訴訟と義務付け訴訟の関係をどう捉えるかという問題と併せて、そもそも「取消訴訟は処分時、義務付け訴訟は判決時」とする定式それ自体の適切性をも含めて包括的に検討しなければならない。

3　救済内容の特定

平成16年改正前において義務付け訴訟が活用されていなかった理由は、

---

(14) 髙橋滋「義務付け訴訟」園部逸夫=芝池義一(編)『改正　行政事件訴訟法の理論と実務』（ぎょうせい、2006）150-184（182-183）頁は、「少なくとも立法者の立場では」このような帰結が生じ、「実務上の疑義は生じないもの」としつつも、「このような基準を適用することにより、義務付け判決が出される可能性が減ずることに対しては、救済論の立場から立法政策的な批判が生じる余地はある」としている。

下級審裁判例において義務付けの訴えを認容する要件として、命ずべき処分の内容・方法を一義的に確定することが求められていたところ、実際には救済内容を特定することが困難だったことである。特に原告において救済内容を特定する重い責任が課せられていたところ、そのような要件を満たすことが現実的に容易ではなかった。その結果、平成16年行訴法改正前において実際に義務付け判決が下された事案は公刊物登載の裁判例に関する限り、存在しない。

　ここでいう救済内容の特定責任の重さは、たとえば、平成16年行訴法改正前の国立マンション訴訟（是正命令等請求行政訴訟）第一審判決[15]に現れている。同判決では、第三者による是正命令権限の発動を求める訴えが、行政庁による是正命令権限不行使の違法確認の訴えと是正命令義務付け訴訟という二つの法定外抗告訴訟の形で提起された。東京地裁は請求の一義的明白性に関する判断において、是正命令権限不行使の違法確認の訴えについてはこれを肯定して請求を認容したが、是正命令義務付け訴訟についてはこれを否定して請求を棄却した。結論を分けたのは是正命令の内容の特定性であった。すなわち、本件事情の下では、違反状態を解消するために是正命令権限を行使すべきことは一義的に明白な義務といえるものの、「是正命令権限の行使の方法及び内容として、いつ、どの範囲の者に対し、どのような手続を経て、いかなる是正命令を発すべきかの点については、なお、被告建築指導事務所長の裁量の範囲内にあるものというべきである」と判断したのである。同判決は、是正命令権限不行使の違法確認請求を認容した点では当時としては画期的な判決と評価できるものの、義務付け判決を下すためには「権限の行使の方法及び内容」を一義的に確定して特定し、そのような権限を行使するか否かが行政庁の裁量に委ねられているのではなく、法令上行使すべきことまでを立証することが必要であると判断している。このような原告の負う救済内容の特定責任の負担の重さから、義務付け請求が認容されることはなく、また、義務付け訴訟自体が長く活

---

(15) 東京地判平成13年12月4日判時1791号3頁。裁判長の名をとって「市村判決」と俗称されることもある。

用されてこなかったのである。

　国立マンション訴訟の経緯を踏まえ、義務付け訴訟を現実に活用できるものにするためには、行政に対し命じるべき作為の内容の特定性の程度を緩和すべきであるという議論が有力になった。平成16年行訴法改正に至る経緯は第3章で詳論するが、改正法は「一定の処分」（行訴法3条6項各号）というやや「幅」のある概念を用いた。原告として「一定の処分」を特定すれば足り、「一義的に確定」することまでは不要とした理由は、立法担当者の間において、国立マンション訴訟で要求された内容を緩和するという限りでのコンセンサスがとれていたことの現れということができるだろう。もっとも、それ以上に「一定の処分」という表現がどのような含意を有するかについては、立法段階では曖昧にされていた。

　平成16年行訴法改正後は、現実の義務付け訴訟のケースにおいて、原告が「一定の処分」を特定し、被告行政庁が法令上そのような処分をする義務を負っていることを主張立証する必要がある。これが、「救済内容の特定」の問題である。第1章において具体的な裁判例を考察するが、実際の運用の中で見えてきた課題としては、「一定の処分」の具体的な意味、そして、原告だけが救済内容を特定する責任を負うのか、それとも、救済内容について裁判所が介入することもあり得るのかという点が挙げられる。

4　申請型義務付け訴訟と非申請型義務付け訴訟

　上記の通り本書は、従前取消訴訟の機能とされていたもののうち、義務付け訴訟が果たすべき機能を考察することを主眼に置くことから、取消訴訟と関係が深い申請型義務付け訴訟を中心に考察することとする。

　ここで、非申請型義務付け訴訟、すなわち「行政庁が一定の処分をすべきであるにかかわらずこれがされないとき」であって「法令に基づく申請又は審査請求がされた場合」に該当しないときに、「行政庁がその処分又は裁決をすべき旨を命ずることを求める訴訟」（行訴法3条6項1号・2号、同項柱書）については、以下のような要件が必要とされ、それに応じた問題があるが、これらは、基本的には、非申請型義務付け訴訟固有の問題であると思われる。

非申請型義務付け訴訟については、まず、文言上、求められた行政活動が処分に該当することが求められる。さらに、「すべきである」という文言から見て、被告である行政機関にその求められた処分をなす権限があることが前提となっている。そして、原告に申請権が存在しないことも、申請型義務付け訴訟との区別との関係で、非申請型義務付け訴訟の前提となっている。非申請型義務付け訴訟と申請型義務付け訴訟は、この「法令に基づく申請又は審査請求」の有無という区別によって、訴訟要件が大きく異なっており、非申請型義務付け訴訟についてのみ、「重大な損害」要件と「補充性」要件が加重されている。

非申請型義務付け訴訟の訴訟要件の1つである「重大な損害」要件に関し、行訴法37条の2第2項は、同条第1項の「重大な損害が生ずるおそれ」が生じるか否かを判断するにあたり、「損害の回復の困難の程度を考慮するものとし、損害の性質及び程度並びに処分の内容及び性質をも勘案するものとする」と定める。裁判例においても、生命・身体に関する損害であるから一律に認められるとか、経済的な利益であるから一律に認められないというものではなく、事案に即して議論されている。その際、原告適格（37条の2第3項）と併せて論じられることが多い。

さらに、行訴法37条の2第1項は、「〔重大な〕損害を避けるため他に適当な方法がないときに限り」非申請型義務付け訴訟を提起できると定める。これは「補充性」要件といわれている。これについても、他に適当な方法があるとして訴えが却下された例[16]もあれば、申請型義務付け訴訟と非申請型義務付け訴訟の端境に存在する事例もある。在留特別許可と「異議の申出に理由がない旨の裁決」に対する取消訴訟の関係について、東京地判平成19年5月25日（裁判所ウェブサイト平成18年(行ウ)第265号・平成18年(行ウ)第266号）およびその控訴審である東京高判平成19年10月17日（裁判所ウェブサイト平成19年(行コ)第217号）は、「入管法49条3項による異議の申出には理由

---

(16) 損害を避けるための救済手段が個別法の中に特別に定められている場合が代表例である。独占禁止法の課徴金納付命令（東京地判平成22年4月28日判タ1349号87頁、課徴金の額を争わずに納付した後の納付命令一部取消しの義務付け請求を却下した）や、法人税の減額更正処分（札幌高判平成24年6月19日税資262号順号11969）がある。

がないとの裁決は、24条各号の退去強制事由の存否の判断と在留特別許可の当否の判断を踏まえた上でなされるものであり、その意味では、在留特別許可の当否の判断は上記裁決の理由の一部に関する判断であるということができる。したがって、法務大臣の入管法49条3項の裁決とは別に在留特別許可を与えることが不相当であるとの独立した決定があるということはできない」とした。この理解を前提に、異議の申出に理由がない旨の裁決を争う取消訴訟が認容されれば、その拘束力（行訴法33条）により、その後なされる法務大臣の裁決によって在留資格を得るという目的を達することができるため、在留特別許可を求める義務付けの訴えは「補充性」要件を満たさないとして訴えを却下した。

　これらの問題のうち、申請型義務付け訴訟と非申請型義務付け訴訟の端境に存在する事例に限っては、本書においても取り上げる。しかし、それ以外の問題、すなわち、「重大な損害」要件の解釈や「補充性」要件の意義については、本書は検討の対象とはしていない。

　この点、ドイツにおいては申請型と非申請型という区別を置かず（詳細については第2章を参照）、それゆえに我が国における義務付け訴訟ないしは行政介入請求権の発展においても、現在いう非申請型にあたる事例を想定して議論されてきたこととの矛盾が生じる、と思われる読者もいるかもしれない。さらにいえば、あるべき義務付け訴訟制度の実現のために、「義務付け訴訟の機能」を謳う本書において、非申請型義務付け訴訟を除外して議論を進めることを、構造上の問題として指摘する向きもあることだろう。

　しかし、本書の主眼はあくまで「平成16年行訴法改正が取消訴訟中心主義から脱却するために行った義務付け訴訟制度の変更が、義務付け訴訟や取消訴訟の機能に関する従来の議論との関係でいかなる意味を持つのか」という点にある。この観点から、取消訴訟だけで運用されてきた実務において、申請型義務付け訴訟が付加されたことによりいかなる変化が生じたのか（第1章で詳述する）、そしてそれを皮切りに漸進的に理論を積み上げていくにはどのような考え方があり得るのかについて議論する。そのような本書の立場を前提とすれば、検討対象となる義務付け訴訟としてはどうし

ても申請型義務付け訴訟が中心とならざるを得ない。本書の考察はその意味では通過点であり、行訴法第 2 次改正へ向け、平成16年改正がもたらした変化を捉え、その枠組での義務付け訴訟の機能を明らかにしようとしているものである。

III 行政手続・行政訴訟と時間

　行政事件訴訟においては、司法過程のみを単独で考察することは不適切であり、その前後の行政過程との連続性を意識しなければならない。すなわち、事前の行政過程において、行政処分に至る様々な利害関係調整の試みがなされ、(少なくとも取消訴訟と併合提起される義務付け訴訟の場合には) それが行政処分という形で結実している (その後場合によっては審査請求等の手続が前置されることがある)。そして行政処分に対し、当事者が行政事件訴訟という形で異議を申し立て、司法審査が行われる。司法審査の結果、たとえば義務付け判決が下された場合においても、それで全てが終わるというものではない。義務付け判決は、行政庁の処分に代わるものではなく、行政庁としては、義務付け判決に拘束され (行訴法38条 1 項・33条) ながら、新たな行政処分を下すことになる。この新たな行政処分に対して、再度当事者が行政事件訴訟という形で異議を申し立てることもあり得る。

　このような司法と行政の間の連続性に関して、たとえば三浦大介が行政訴訟と時間の問題という観点から論じている。

　三浦は、「行政手続と行政争訟手続」というテーマの下で、行政処分が事前手続から行政争訟の手続を経て確立する過程の途上、主として争訟過程において外的要因により処分に影響が及ぼされることに着目して、事前手続としての行政手続と事後の救済制度たる行政争訟手続との関係を考察している。[17]三浦は、従来の議論が模式的に捉えている「事前」と「事後」を相対化する試みを行っている。その検討過程において、行政庁が案件を

---

(17)　三浦大介「行政手続と行政争訟手続」現代行政法講座編集委員会 (編)『現代行政法講座 II 行政手続と行政救済』(日本評論社、2015) 25頁。

処理する過程と裁判所における訴訟との関係を分離し、裁判所の介入は権力分立原理に反しない限度にとどめられるべきであるとする思考があることを指摘する。そして、この「事後審査を原則とする」観念は、同時に行政庁の第一次判断権の尊重と義務付け訴訟等の排除につながることを喝破する[18]。すなわち、行政庁が正式になした処分は、「適法性の推定」を受けるものであり、処分が当該の妥当性を伴って発効した時点以降の手続とそれ以前の手続は相当程度性質が異なるとの認識があったのではないか、そしてその議論がもととなって抗告訴訟における司法権の限界論が指摘され、裁判所の役割は事後の「再審査」にとどまると理解されていたのではないか、と指摘しているのである。しかし、このような公定力観は近年においてはとられていない考え方である。

　三浦自身は、義務付け訴訟と差止訴訟の法定化により行政と裁判所の権能が重層的になっていると指摘するにとどまり、義務付け訴訟を特に取り上げて議論してはいない。しかし、取消訴訟の違法性判断の基準時については詳細に検討しており、処分時説に対して疑義を唱えている。その理由を、「行政処分が時の経過において影響を受けるのは、法治主義、名宛人・第三者等私人の権利利益保護、法的安定性の確保、迅速処理その他公益性確保といった諸々の要素を取り込む器だからであり、またそれを最大限取り込むことが要請されているから」だと主張している[19]。

　事案によっては標準処理期間において十分に個別事情等を踏まえた判断をすることができ、そうすべき場合はあるだろうが、その点を除けば、三浦の主張する通り、必ずしも標準処理期間内に個別事情を十分に踏まえた判断ができる事案ばかりではなく、争訟手続における審理を通じて行政・裁判所によって個別事情に対する判断が補充される。そのような意味で、ある処分を基準に、事前手続たる行政手続と事後の争訟手続は連結可能である[20]。

　本書では、三浦論文と共通の問題意識に立ち、行政処分を基準とする

---

(18)　三浦・前掲注(17)43頁。
(19)　三浦・前掲注(17)43頁。
(20)　三浦・前掲注(17)44頁。

「事前」と「事後」の観念を相対化し、行政訴訟ないしは行政手続における時間の観点を重視する立場から、申請型義務付け訴訟が導入されたことに伴う重層化された行政と司法の関係を取り上げることとしたい。

Ⅳ　本書の検討の方向性

　本書は、平成16年行訴法改正によって創設された義務付け訴訟が果たすべき機能を考察するものである。平成16年行訴法改正後の我が国の行政訴訟制度下において、取消訴訟と義務付け訴訟の関係をどのように解するべきかという問題を検討することを通じて、義務付け訴訟の果たすべき機能を炙り出そうとする。
　まず、第１章において、平成16年行訴法改正以降に下された義務付け訴訟に関する裁判例を紹介し、その中で、義務付け訴訟と取消訴訟の関係に関する限りでどのような問題が生じているのかを検討する。
　次に、第２章において、改正前後を通じて参照されてきたドイツ法における義務付け訴訟制度を分析する[21]。ドイツにおいて、取消訴訟と義務付け訴訟の関係がどのように考えられてきたのか、そして判決内容の特定が緩和されている判決類型の登場について、それぞれの歴史的経緯と理論状況を探る。
　さらに、第３章において、平成16年の行訴法改正の前後においてどのような議論がなされていたかを検討する。行訴法改正以前において、学説が義務付け訴訟の機能についてどのような期待を抱いていたかを、当時学説が想定していた義務付け訴訟の内容（主に取消訴訟と義務付け訴訟の関係）に踏み込んで検討した上で、行訴法の立法過程において、義務付け訴訟と取消訴訟の関係や義務付け訴訟の機能についてどのような議論がされていたのかを考察する。その上で、平成16年行訴法改正後の新たな義務付け訴訟と取消訴訟の関係や義務付け訴訟の機能に関する議論を概観する。

---

(21)　ドイツ法における義務付け訴訟の詳細な紹介と日本法との比較については既に、山本隆司「義務付け訴訟と仮の義務付け・差止めの活用のために(上)(下)」自研81巻４号（2005）70-103頁、81巻５号（2005）95-120頁がある。

これらの検討を踏まえ、第 4 章において、取消訴訟と義務付け訴訟の関係に関して検討する。その中から、現実に生起する問題のより適切な解決のためには取消訴訟と義務付け訴訟の区別を相対化することが望ましいという考え方が生まれることを論証する。その際には、義務付け訴訟と取消訴訟の基準時、救済内容の特定の程度を検討した上で、取消訴訟と義務付け訴訟の区別を相対化する考え方や実際の訴訟の審理のあり方等を提示する。

　このような義務付け訴訟と取消訴訟の間を相対化する見解を前提に、第 5 章では、義務付け訴訟の機能について検討する。そして、このような義務付け訴訟と取消訴訟の間の相対化を前提とすると、義務付け訴訟においては、違法の段階についても、救済の段階についても多様な内容（違法の階梯・救済の階梯）があり得るのであって、一口に義務付け訴訟と言ってもその内容が様々であるということが明らかになる。そのような前提の下で、義務付け訴訟に共通する機能としては、嚮導機能が挙げられる。すなわち、行政と裁判所の協働の中で、義務付け判決を通して裁判所が行政に対してその後の行政が行うべき行為に関してメッセージを送るということである。このような観点から、現実の解釈論と運用・立法論を再検討し、また、このような私見への批判に応答する。

　終章においては、本書のエピローグとして、義務付け訴訟に関する「嚮導機能」観が示唆するものについて、非申請型義務付け訴訟や政策法務等との関連をふまえつつ触れる。

第1章

義務付け訴訟に関する日本の裁判例の検討

　本章では、取消訴訟と義務付け訴訟の関係、そして義務付け訴訟の機能を考えるための手がかりを、実際の事例から抽出することを目的として下級審裁判例を紹介する（I）。そして本書で論じる問題点を整理する（II）。

I　義務付け訴訟の機能をめぐる裁判例の紹介

1　本書で取り上げる裁判例の特色

　取消訴訟と義務付け訴訟の関係、そして義務付け訴訟の機能を考えるために、本書では、取消訴訟と義務付け訴訟の関係を考察するための素材となる平成16年行訴法改正後の下級審裁判例を主に取り上げる。その観点から、処分が違法であることが確定すれば判決後に行政がなすべき処分の内容が完全に一義的に特定される類型の事案、たとえば、供託に関する後述の最判平成28年3月31日（判タ1425号116頁）については、本節7で簡潔に説明するにとどめる。

　本書で中心的に論じる事例は、判決内容の特定について示唆的な類型の事案であり、道路運送法のタクシー運賃認可をめぐる事件、障害者居宅支援費、生活保護開始決定といった社会保障給付をめぐる事件、そして出入国管理及び難民認定法（以下、本書において「出入国管理法」という）をめぐる事件である。出入国管理法関係については、執筆時現在においては必ずしも申請型義務付け訴訟による解決が主流ではない傾向にあるが、その判決内容が本書で取り上げる問題に深く関連しているため、詳述するものである。これら以外の事例に関し、裁判例の歴史上重要なものに関しては、本節7にて概要のみ紹介する。

2　480円タクシー訴訟

はじめに取り上げるのは、初乗り運賃を570円から480円に変更することを主たる内容とする個人タクシー事業の運賃変更認可申請の却下処分に対する事件(以下「480円タクシー訴訟」という)[1]である。本件は、個人タクシー事業者である原告(第2次訴訟控訴審においては控訴人)が道路運送法9条の3第3項に基づき近畿地方運輸局長に対して行った運賃変更申請が、当該運賃が低過ぎることを理由に拒絶されたことから、取消訴訟と義務付け訴訟を併合提起したところ、計三つの判決(第1次判決、第2次訴訟第一審判決、第2次訴訟控訴審判決)が下された[2]。

第1次判決は、却下処分取消請求と運賃変更申請認可処分の義務付け請求に対して、行訴法37条の3第6項前段が適用されて取消請求についてのみなされた認容判決(分離取消判決)[3]である。第2次訴訟第一審判決は、第1次判決後に再度下された拒否処分を受け、原告が再却下処分に対しても取消訴訟を提起し、当初から係属していた義務付け請求と併合したところ、取消請求と義務付け請求の両方について認容した判決である[4]。そして、第2次訴訟第一審判決に対して被告からの控訴があり、第2次訴訟控訴審判決では再却下処分に対する取消請求を棄却、義務付け請求に対しては却下判決がなされた[5]。事案の詳細については既に別稿にて紹介したところではある[6]が、ここで改めて本件当時の実体法の枠組を確認した上で、各判決の判断枠組を中心に見ていくこととする。

---

(1) 「480円タクシー訴訟」という通称を用いる理由は、本件原告がワンコイン(500円)よりも下回る初乗り運賃に大きなこだわりを持っていたからである(平成23年6月29日に原告および原告代理人に対して行った聞き取り調査より)。
(2) 第二次訴訟控訴審に対しても原告から上告および上告受理申立がなされたが、最高裁第二小法廷は平成23年9月16日に上告不受理決定を下した(判例集未登載、原告代理人からの提供による)。
(3) 大阪地判平成19年3月14日判タ1252号189頁。
(4) 大阪地判平成21年9月25日判時2071号20頁。
(5) 大阪高判平成22年9月9日判時2108号21頁。
(6) 横田明美「行政判例研究 タクシー運賃変更認可申請却下処分に対する取消判決後の許可処分義務付け訴訟」自研87巻6号(2011) 95-111頁。第2次訴訟第一審判決の評釈であるが、事案の詳細について第1次判決からの経緯も含めて検討した。

⑴　当該訴訟の前提となる実体法の枠組

　道路運送法は、他人の需要に応じ、有償で、自動車を使用して旅客を運送する事業（旅客自動車運送事業、道路運送法2条3項）について、各類型ごとに規制を及ぼしている。一個の契約により国土交通省令で定める乗車定員未満の自動車を貸し切って旅客を運送する事業は、一般乗用旅客自動車運送事業と定義されている（同法3条1号ハ）。タクシー業務適正化特別措置法2条は、一般乗用旅客自動車運送事業を経営する者がその事業の用に供する自動車のうち、当該自動車による運送の引受けが営業所のみにおいて行われるものを「ハイヤー」、それ以外のものを「タクシー」とそれぞれ定義し、タクシーを使用して行う一般乗用旅客自動車運送事業を「タクシー事業」、タクシー事業を経営する者を「タクシー事業者」とそれぞれ定義している。また、タクシー業務適正化特別措置法施行規則29条1項2号は、当該許可を受ける個人のみが自動車を運転することにより当該事業を行うべき旨の条件の附された一般乗用旅客自動車運送事業の許可を受けた者を「個人タクシー事業者」としている。

　道路運送法9条の3第1項は「一般乗用旅客自動車運送事業を経営する者（以下「一般乗用旅客自動車運送事業者」という。）は、旅客の運賃及び料金（旅客の利益に及ぼす影響が比較的小さいものとして国土交通省令で定める料金を除く。）を定め、国土交通大臣の認可を受けなければならない。これを変更しようとするときも同様とする」と規定する。

　そして、同条3項は「一般乗用旅客自動車運送事業者は、第1項の国土交通省令で定める料金を定めようとするときは、あらかじめ、その旨を国土交通大臣に届け出なければならない。これを変更しようとするときも同様とする」としているので、タクシー事業者がその料金を変更する場合には国土交通大臣に届け出る必要がある。

　そして本件で争われた処分時において、同条2項は、「国土交通大臣は、前項の認可をしようとするときは、次の基準によつて、これをしなければならない」として、国土交通大臣がタクシー料金の変更を認可するにあたり、以下の四つの基準を定めていた。

一　能率的な経営の下における適正な原価に適正な利潤を加えたものを超えないものであること。
二　特定の旅客に対し不当な差別的取扱いをするものでないこと。
三　他の一般旅客自動車運送事業者との間に不当な競争を引き起こすこととなるおそれがないものであること。
四　運賃及び料金が対距離制による場合であつて、国土交通大臣がその算定の基礎となる距離を定めたときは、これによるものであること。

　本件は、本件運賃が低過ぎるということを理由として認可申請が拒絶されたものであることから、道路運送法9条の3第2項3号の「他の一般旅客自動車運送事業者との間に不当な競争を引き起こすこととなるおそれがないものであること」が特に問題となっていた。

　同条の国土交通大臣の認可権限は、道路運送法88条2項、道路運送法施行令1条2項により地方運輸局長に委任されている。近畿運輸局長は、平成14年1月18日付で、道路運送法9条の3第2項に基づく審査基準として、「一般乗用旅客自動車運送事業の運賃及び料金の認可申請の審査基準について」（平成14年近運旅二公示第11号。以下「審査基準公示」という）を公示し、また、同日付で、審査基準公示に基づき、「一般乗用旅客自動車運送事業の自動認可運賃について」（平成14年近運旅二公示第12号。以下「自動認可運賃公示」という）を公示した。

　審査基準公示においては、自動認可運賃公示の定める一定の基準を満たす料金の認可申請（変更の認可申請を含む）については、これを自動的に認可されたものとみなすとした上で、基準を満たさないものについては、当該申請による運賃等を設定することによる労働条件への影響等も含めて、当該申請が道路運送法9条の3第2項各号の要件を充足するものであるか否かを個別具体的に審査、判断すべきことを定める。(7)

（7）　正確には、「(a)自動認可運賃に該当する運賃の認可申請については、速やかに認可を行う。(b)自動認可運賃に該当せず、かつ運賃の値上げである運賃改定を伴わない運賃及び料金にかかる申請がされた場合には、実績年度の申請者の原価及び収入を基に平年度における申請者の原価及び収入を査定し、それを基に平年度における収支率が100％となる変更後の運賃額（運賃査定額）を算定して、当該申請にかかる運賃等の額が運賃査定額以上である場合は、それ以上個別の審査をすることなく、その額で運賃等の設定又は変更の認可をする。(c)上記(b)の場合において、申請に係る運賃及び料金の額が運賃査定額に満たない場合は、

初乗り480円という基準は自動認可運賃公示の定める一定の基準を満たしていないことから、審査基準公示の基準が満たされるかが個別に検討されることになる。

審査基準公示においては様々な基準が定められているが、その中でも、特に重要なのは、道路運送法9条の3第2項3号を具体化するものとして定められた、「個人タクシー事業者についての原価を法人タクシー事業者の平均を根拠とする数値から算出し、かつ法人タクシー事業者についてのみ一定の例外を認める」とする規定（標準人件費の90％条項）である。要するに、個人タクシー事業者については、法人タクシー事業者の人件費の平均値を基準として定められた標準人件費の90％未満となるような運賃は、あまりにも低額で「他の一般旅客自動車運送事業者との間に不当な競争を引き起こすこととなるおそれ」（道路運送法9条の3第2項3号）があることから、このような運賃は認可しないと定められていたのである。

本件においては、長期間の経過の間に累次の道路運送法改正がなされている。そのうち、特に重要なのは、道路運送法9条の3第2項1号である。既に見た通り、本件の処分時において同号は「能率的な経営の下における適正な原価に適正な利潤を加えたものを超えないものであること」と規定されており、運賃の上限規制とされていた。その後平成21年10月1日に施行された特定地域における一般乗用旅客自動車運送事業の適正化及び活性化に関する特別措置法の附則により「能率的な経営の下における適正な原価に適正な利潤を加えたものであること」とされ、運賃の下限規制を規定するものとなった（当該改正に伴い同日審査基準公示も改正されている）。なお、本書執筆時点では再度「能率的な経営の下における適正な原価に適正な利

運賃査定額を申請者に通知し、当該申請者から2週間以内に当該申請額を運賃査定額に変更する旨の申請がない場合には、当該申請による運賃を設定することによる労働条件への影響等についても審査の上、その適否を判断する」という内容である。
(8) 全ての事業者の原価査定において、申請者の運転者1人当たり平均給与月額（福利厚生費を含む）が当該地区の原価計算対象事業者の運転者1人当たり平均給与月額の平均の額（標準人件費）を下回っているときは、標準人件費で人件費を査定するものとし、個人タクシー事業者が自動認可運賃を下回る運賃を設定しようとする場合にあっては、申請にかかる運賃適用地域における既存のタクシー事業者において認可されている最低の運賃を下回る運賃は認めないこととされた。

潤を加えたものを超えないものであること」と規定されており、運賃の上限規制に戻っている。

これらの点以外にも、様々な改正（たとえば、訴訟時点で存在していた一般乗用旅客自動車運送事業者を定義する道路運送法8条4項が削除された等）がなされているが、以上の説明に影響を与えるものではないため割愛する。

(2) 第1次判決

第1次判決において裁判所は、まず道路運送法の平成12年改正法の立法趣旨を詳細に検討した。この改正により、改正前に下限規制として機能していた道路運送法9条の3第2項1号が改正され、「能率的な経営の下における適正な原価に適正な利潤を加えたものを超えないものであること」という上限規制となった。そのため、残る下限規制は9条の3第2項3号の「他の一般旅客自動車運送事業者との間に不当な競争を引き起こすこととなるおそれがないものであること」のみとなっていた。裁判所は、3号の解釈についての判断指針を示し、その判断において行政庁に裁量があることを認定した。

次に、裁判所は、裁量基準である審査基準公示の合理性を上記解釈との関係で検討した。その際、「個人タクシー事業者についての原価を法人タクシー事業者の平均を根拠とする数値から算出し、かつ法人タクシー事業者についてのみ一定の例外を認める」ことを内容とする規定（標準人件費の90％条項）が問題になった。しかし、公示された運賃査定額は、この金額に満たない請求を一律に却下するという趣旨ではなく、運賃査定額に満たない申請に対しては個別具体的に審査、判断すべきことを定める趣旨であることを重視して、この規定を含む審査基準公示の合理性を認めた[9]。そして、本件は個別具体的な審査が必要である事案であると判断し、審査基準公示の定める運賃査定額に満たない申請の場合に必要となる個別審査のための判断基準を示した。その上で、その判断基準を具体的に当てはめて裁量権の範囲を超えまたはその濫用があったものとして違法とした。すなわち、却下処分当時には他の事業者が原告に追従して運賃を引き下げるよう

---

(9) 判タ1252号189（214）頁。

な状況がなかったこと、他の運賃査定額に満たない申請をした事業者（ただし、その事業者の設定した初乗り運賃は500円であり、480円ではない）に対しては期間を1年間と区切り、報告を提出させて推移を監視する運用にしていたこと、個別審査として原告の申請した原価に基づいて計算すると原価を償わないものと即断できる数値ではないこと等を認定して、道路運送法9条の3第2項3号の解釈についての判断指針である「不当な値下げ競争を引き起こす具体的なおそれがある」ことを直ちに推認することはできないと判示した。その上で、個別審査のための様々な判断要素を示した。(10)行政庁がこれらの判断要素を純分に斟酌せず、単に運賃査定額を下回る申請だったこと、他の初乗り運賃500円のタクシー事業者に対しては期間を1年間と区切り、報告を提出させて推移を監視する運用にしていたこと、初乗り500円を下回る運賃は法人タクシー運賃では存在していないことを考慮しただけで却下処分を下したことを、裁量権の範囲を超えまたはその濫用があったものとして違法とし、取消しは免れないと判示した。(11)

しかし、義務付けの訴えについては、行訴法37条の3第6項を適用して認容も棄却もしなかった。その理由として、第1次判決は37条の3第6項の趣旨を、「この規定の趣旨は、申請却下処分等の取消訴訟等が判決をするのに熟しているにもかかわらず義務付けの訴えに係る請求に理由があるか否かについての審理を続けた場合、当該義務付けの訴えに係る処分等の内容の専門性、技術性等のため審理が遅延し迅速かつ適切な救済が得られ

---

(10) 原告の営業区域である大阪府域におけるタクシー事業者の構成（個人タクシー事業者の車両数に占める割合および売上高に占める割合等）、法人タクシー事業者および個人タクシー事業者の各営業形態、利用者の利用の実態、運賃および料金の内容、態様等に加えて、距離制運賃の初乗り運賃を500円とする運賃ないし5000円を超える金額について5割引の遠距離割引運賃とする運賃といった低額運賃の認可を受けた事業者のその後の営業実績の推移、売上高に占める割合、利用者の利用状況、当該運賃の設定に対する他の事業者の対応、追随状況など当該認可が当該区域の市場に及ぼした影響の内容、態様、程度等を考慮して本件認可申請を認可することにより他の一般旅客自動車運送事業者との間において過労運転の常態化等により輸送の安全の確保を損なうことになるような旅客の運賃および料金の不当な値下げ競争を引き起こす具体的なおそれがあるか否かを社会通念に従って判断すべきであるとした。
(11) なお、本件ではそれ以外に理由付記の不備についても違法と認定されている（第1次判決・判タ1252号189（219）頁）。

ない場合が考えられることから、同条4項の規定の例外として、取消訴訟等についてのみ終局判決をすることができるとしたものであると解される」と述べた。そして本件については以下のように判示して、37条の3第5項の該当性は否定し、6項の該当性を肯定して、義務付けの訴えについては係属させたままとした。

　　本件義務付けの訴えと併合提起された本件却下処分の取消訴訟は判決をするのに熟していると認められるものの、本件義務付けの訴えについては、当該訴えに係る請求に理由があるか否かについての判断に必要かつ十分な主張、立証が尽くされていないところ、本件義務付けの訴えについて審理を続けた場合、本件認可申請に対する判断の専門性、技術性等や立証の困難等のためその審理が遅延し、迅速かつ適切な救済が得られないおそれがあると考えられる。また、現在の主張、立証状態に基づいて本件義務付けの訴えに係る請求を棄却する旨の判決をするのが本件却下処分に関する紛争の迅速かつ適切な解決に資するということもできない。他方で、国土交通大臣ないしその権限の委任を受けた近畿運輸局長は、道路運送法9条の3の規定に基づく一般乗用旅客自動車運送事業の旅客の運賃及び料金の設定又は変更に係る認可権限を有する者として、専門的、技術的な知識経験を有し、判断の基礎となる事情に精通しているものと考えられる。そうであるとすれば、本件については、行政事件訴訟法37条の3第6項前段の規定により、本件却下処分の取消訴訟についてのみ請求認容の終局判決をし、近畿運輸局長において当該判決の趣旨に従って本件認可申請が道路運送法9条の3第2項各号とりわけ同項3号の基準に適合するか否かについて審理、判断することとした方が、より迅速な争訟の解決に資するものと認められる。[12]

そして、結論において、再度の処分がなされるまでの間は義務付け訴訟の審理を進めない方法も考えられること、再度却下処分が出た場合にはその取消訴訟と併合提起して審理を進めることを示唆している。

(3) 第2次訴訟第一審判決

　第2次訴訟第一審判決は、再却下処分を受けた原告が再却下処分に対する取消訴訟を提起し、第1次判決後も係属中の義務付けの訴えとの併合提起をしたので、それに応える判決である。この再却下処分に至るまでに生じた、注目すべき事実が2点ある。

---

(12)　判タ1252号189 (222) 頁。

一つは係属したままとなっていた義務付けの訴えに対する裁判所の訴訟指揮である。原告代理人によると、当初、裁判所は再度の処分がなされるまでの間は係属中の義務付けの訴えの審理を進めないという趣旨で口頭弁論期日の指定をしなかった。原告は、被告との間で話し合いを行い、第1次判決の示唆を踏まえた行政処分を行うことを求めた。しかし、被告が面会してくれず交渉が進行しないため、原告は、裁判所に対し、係属したままとなっている義務付けの訴えについて、進行協議期日（民事訴訟規則95条）の設定を申し立てた。裁判所は、3か月に1回の割合で計4回指定することで、裁判官の前で原告と被告が話し合う機会を設け、和解的解決を模索していたという[13]。

　もう一つは、処分庁が再却下処分をするまでの間に、法改正へ向けた動きがあったことである。480円タクシー訴訟と並行して、道路運送法改正および審査基準公示の見直しの動きが進行しており、処分庁である近畿運輸局長は審査基準公示の見直しに加えて審査基準公示設定のもとになっている基本通達の改正も視野に入れて検討を行っていた。近畿運輸局長は当初、再度の処分をなすにあたって、内閣府の物価安定政策会議、そして「運賃改定を契機として提起されたタクシー事業を巡る諸問題」について検討するワーキンググループでの議論を考慮に入れることを試みたが、途中でそれらを待って処分を保留するのは相当でないと判断して、再却下処分を行った[14]。原告はこの点を不当な遅延であるとして第2次訴訟においては再却下処分の取消請求に併合して、国家賠償請求を提起した。なおこれらの検討は、第2次訴訟第一審判決後、第2次訴訟控訴審の口頭弁論終結時までに行われた法改正と審査基準改定につながっている。

　第2次訴訟第一審判決の判断枠組は、基本的には第1次判決の枠組を踏襲し、道路運送法9条の3第2項3号の解釈についての判断指針と、審査基準公示の定める運賃査定額に満たない申請であるために必要になる個別審査のための判断基準についての判示を引用している。しかし、第1次判

---

(13)　以上の訴訟指揮に関する状況は、平成23年6月29日に原告および原告代理人弁護士金子武嗣、奥村秀二、竹中宏一、伊勢田道仁（兼関西学院大学教授）の各氏に対して行った聞き取り調査による。
(14)　判時2071号20（37）頁。

決が合理性を認めていた審査基準公示について、その合理性を否定した。特に個人タクシー事業者についての原価を法人タクシー事業者の平均を根拠とする数値から算出し、かつ法人タクシー事業者についてのみ一定の例外を認める規定の合理性を否定した[15]。そして、再却下処分については、法人タクシー事業者では認可されていない運賃であることや初乗り運賃500円という従前の最低額ラインを割り込む運賃であることといった重視すべきでない事情をことさらに重視していることを捉えて、裁量権の範囲を超えまたはその濫用があったものとして、取消しを免れないとした[16]。

次に、義務付け請求については、第2次訴訟第一審判決は義務付け請求にとっての訴訟要件である行訴法37条の3第1項2号の「当該法令に基づく申請又は審査請求を却下し又は棄却する旨の処分又は裁決がされた場合において、当該処分又は裁決が取り消されるべきものであり、又は無効若しくは不存在であること」における「当該処分」は、本件においては再却下処分であるとした上で、再却下処分が「取り消されるべきもの」であることを理由として訴えを適法とした。その上で、義務付け請求の違法の基準時を「現時点」、すなわち判決時と解した上で、再却下処分時点で裁量権の逸脱または濫用があったというべきこと、再却下処分後の事情について特段の主張立証がないことから、判決時においても裁量権の逸脱または濫用があると認定した[17]。

その上で、結論部に「(ただし、本件申請の認可に付すべき条件の有無及び内容については、なお近畿運輸局長の裁量判断にゆだねられるというべきである。)」という、附款の内容に関する括弧書きないしは付言を付している[18]。

なお、原告は被告が違法な再却下処分を行ったことと、第1次判決から再却下処分まで約1年が経過したことを理由として本件再却下処分の国家賠償法上の違法性を主張していたが、第2次訴訟第一審判決は前者についてのみこれを認め、後者については認めなかった。その理由として裁判所

---

(15) 判時2071号20 (31)頁。
(16) 判時2071号20 (36)頁。
(17) 判時2071号20 (36)頁。
(18) 判時2071号20 (37)頁。

は、再却下処分を下す前に同種申請に対する対応のあり方について見直しが必要であり、審査基準公示やそのもととなった基本通達の見直しを視野に入れた近畿運輸局長の判断を直ちに不合理であるとはいえないとした。[19]

(4) 第2次訴訟控訴審判決

第2次訴訟第一審判決（平成21年9月25日）の6日後の平成21年10月1日に「特定地域における一般乗用旅客自動車運送事業の適正化及び活性化に関する特別措置法」が施行され、その附則において、道路運送法の附則が改正され[20]、「第9条の3第2項第1号の規定の適用については、当分の間、『加えたものを超えないもの』とあるのは、『加えたもの』とする」とされた。そのため、控訴審口頭弁論終結時での1号は「能率的な経営の下における適正な原価に適正な利潤を加えたものであること」となり、再び下限規制となった。これに合わせて改正された審査基準公示（平成21年10月1日近運自二公示第36号）は、全ての事業者の原価査定において、申請者の運転者1人当たり平均給与月額（福利厚生費を含む）が当該地区の原価計算対象事業者の運転者1人当たり平均給与月額の平均の額（標準人件費）を下回っているときは、標準人件費で人件費を査定するものとし、個人タクシー事業者が自動認可運賃を下回る運賃を設定しようとする場合にあっては、申請にかかる運賃適用地域における既存のタクシー事業者において認可されている最低の運賃を下回る運賃は認めないこととされた。[21]

---

(19) 判時2071号20（38）頁。
(20) この条文は衆議院における修正で挿入された。第171回国会衆議院閣法27の経過を参照。
(21) タクシーの運賃制度のあり方については、交通政策審議会答申「タクシー事業を巡る諸問題への対策について」（平成20年12月18日）(http://www.mlit.go.jp/report/press/jidosha03_hh_000031.html) における過度な運賃競争への対策等に関する指摘を受けて、国土交通省ではタクシー運賃制度研究会を設置した。タクシー運賃制度研究会報告書「タクシー運賃の今後の審査のあり方について」（平成21年8月）(http://www.mlit.go.jp/common/000046879.pdf) 15頁は、「(7)個人タクシーの取扱い」について次のように述べている。「個人タクシーについては、その事業運営のあり方が個々の事業者ごとに千差万別であり、法人タクシーと同様の考え方で下限割れ運賃の審査を行うことは困難であることに加え、個人タクシーによる下限割れ運賃を無限定に認めることによる不当競争の惹起が懸念されること等に鑑み、当該地域の法人タクシーで認められた下限割れ運賃以外の下限割れ運賃は、個人タクシーに対しては認めないこととすることが適当である」。この判断は、480円タクシー訴訟第1次判決が、個別審査の可能性があることを根拠に審査基準の合理性を認定したこととは対照的である。

なお、本書におけるウェブサイトの最終アクセス日は全て2016年12月19日である。

第 2 次訴訟控訴審判決は、再却下処分の違法性を認めず、再却下処分の取消請求を棄却した。そして、第 2 次訴訟第一審判決と同様に、義務付け請求にとっての行訴法37条の 3 第 1 項 2 号にいう「当該処分」は再却下処分であると捉え、再却下処分が取り消されるべきものではないことを理由に、義務付けの訴えを却下した。

第 2 次訴訟第一審判決と正反対の結論になった理由は、第 1 次判決の判断枠組を踏襲しながらも各考慮事由についての認定判断が変更されたこと、第 2 次訴訟第一審判決が認定した「初乗り運賃500円という最低額ラインを設定して、本件申請がそれを下回る運賃額であるとの理由のみから本件再却下処分をした」という事情は認められないと変更したことにある。

さらに、控訴審では第 1 次判決の拘束力の範囲について、原告と被告の双方から主張が追加されたため、それに対して判断している。第 2 次訴訟控訴審判決は、拘束力が及ぶ範囲について、最判平成 4 年 4 月28日（民集46巻 4 号245頁）を引用して「行政訴訟における取消判決の拘束力は、判決主文が導き出されるのに必要な事実認定及び法律判断について生じる」と述べた上で、第 1 次判決の拘束力が及ぶ範囲を第 2 次訴訟控訴審判決が第 2 次訴訟第一審判決を補正して引用した部分であるとした。[22]

すなわち、道路運送法 9 条の 3 第 2 項 3 号の総合判断についての基準の部分に関して、却下処分では、総合判断をすることなく、現在検証中である運賃水準をさらに下回るものを認可することが適切ではないことと、法人タクシーで存在しない範囲の運賃を設定することは慎重に考えるべきものと思料されることだけを理由として行われたことの指摘、そして、近畿運輸局長には、裁量権の範囲を超え濫用があったというほかなく、却下処分が違法であって取消しを免れないとした部分である。

そして、第 2 次訴訟控訴審判決は、「前判決が本件却下処分を違法と判断した理由は、近畿運輸局長が考慮すべき諸事情を十分に斟酌しないで本件却下処分をしたことにあったのであるから、同局長が前判決が考慮事項として挙げた事項を考慮した上で行った本件再却下処分は、前判決の拘束

---

(22) 判時2108号21（36-37）頁。

力に反するものではなく、本件訴訟における控訴人の主張及びこれに対する前記当裁判所の判断も前判決と抵触するものではない[23]」とした。

なお、違法性判断の基準時については、「本件再却下処分の適否を判断するための基準時は、本件再却下処分がなされた平成20年2月27日であり、同日時点における法状態と事実状態によって本件再却下処分の適法、違法を判断することになる。ただし、同日時点における事実関係（甲事実）を立証するために、当該処分後の事実（乙事実）を事情（間接事実）として認定し、乙事実の存在によって甲事実の存在を推認することはできる[24]」とした。それを受けて、再却下処分がなされた後に出された国土交通省自動車交通局の資料（平成20年7月）や交通政策審議会答申（同年12月8日）を、タクシー事業についての最近の状況等という考慮事項を判断するための資料として用いた。[25]

(5) 小　括

480円タクシー訴訟第1次判決は初めての分離取消判決の実例を示し、第2次訴訟第一審判決は分離取消判決後の義務付け認容判決を示した初めての例である。ただ、第2次訴訟控訴審判決によってその判断は覆され、その理由には分離取消判決の拘束力をめぐる議論が隠されている。また、これらの一連の過程において事実状態・法状態の変動が生じたために違法性判断の基準時が問題となりうるほか、被告行政主体の対応のあり方についても多くの課題を示した。

3　障害者居宅支援費訴訟

申請した内容から比べると不満足な申請認容処分を受けた申請人は、申請を完全に満足させるために申請認容処分の変更を求める義務付け訴訟を提起できるか。この問題について裁判例が積み重なりつつある類型が、障害者福祉における居宅介護支援費をめぐる紛争である。以下では、第1次

---

(23) 判時2108号21 (37)頁。
(24) 判時2108号21 (28)頁。
(25) 判時2108号21 (32)頁。

鈴木訴訟[26]、第2次鈴木訴訟[27]、石田訴訟第一審判決[28]について検討するが、本論に入る前にこれらに共通する居宅介護支援費の法的仕組みとその歴史について概観する。

(1) 当該訴訟の前提となる実体法の枠組

これらの事件で問題となったのは居宅介護支援費制度である。身体障害者は様々な支援を必要とするところ、その一つとして、移動機能や四肢機能に障害を持つ者（身体障害者等）が自宅等においていわゆるヘルパー等により入浴、排せつ、食事等の介護支援を受ける、居宅介護支援がある。平成18年4月1日に重要な改正がされている。各事件において争われた居宅介護支援費の支給決定が対象とする期間は、平成16年3月31日（第1次鈴木訴訟）から平成21年7月15日（石田訴訟）までと幅広いところ、改正前後の法的仕組みの概要をそれぞれ説明する。

平成16年3月31日から平成18年3月31日までの身体障害者福祉法4条の2第1項は、「身体障害者居宅支援」とは「身体障害者居宅介護、身体障害者デイサービス及び身体障害者短期入所をいう」としていた。このうち、本件で特に問題となる、「身体障害者居宅介護」については、同条2項で、「身体障害者につき、居宅において行われる入浴、排せつ、食事等の介護その他の日常生活を営むのに必要な便宜であって厚生労働省令で定めるものを供与することをいう」と定義され、身体障害者福祉法施行規則1条は「厚生労働省令で定める便宜は、入浴、排せつ及び食事等の介護、調理、洗濯及び掃除等の家事、生活等に関する相談及び助言並びに外出時における移動の介護その他の生活全般にわたる援助」としていた。

このような身体障害者居宅支援の支給（身体障害者福祉法17条の4）は、身体障害者による市町村（地方自治法283条2項の規定により、東京都特別区を含む。以下同じ）への申込み（身体障害者福祉法17条の5第1項）と、それに対する支給決定（同条2項）という枠組で行われる。

---

(26) 東京地判平成18年11月29日賃社1439号55頁。
(27) 東京地判平成22年7月28日賃社1527号23頁。
(28) 和歌山地判平成22年12月17日賃社1537号20頁。なお、控訴審は大阪高判平成23年12月14日賃社1559号21頁。

身体障害者福祉法17条の4第1項は、「市町村は、次条第5項に規定する居宅支給決定身体障害者が、同条第3項の規定により定められた同項第1号の期間（以下「居宅支給決定期間」という。）内において、都道府県知事が指定する者（以下「指定居宅支援事業者」という。）に身体障害者居宅支援の利用の申込みを行い、当該指定居宅支援事業者から当該指定に係る身体障害者居宅支援（以下「指定居宅支援」という。）を受けたときは、当該居宅支給決定身体障害者に対し、当該指定居宅支援（同項の規定により定められた同項第2号に規定する量の範囲内のものに限る。以下この条及び次条において同じ。）に要した費用（身体障害者デイサービスに要した費用における日常生活又は創作的活動に要する費用のうち厚生労働省令で定める費用及び身体障害者短期入所に要した費用における日常生活に要する費用のうち厚生労働省令で定める費用（以下「特定費用」という。）を除く。）について、居宅生活支援費を支給する」としていた。

身体障害者福祉法17条の5第1項は「身体障害者は、前条第1項の規定により居宅生活支援費の支給を受けようとするときは、身体障害者居宅支援の種類ごとに、厚生労働省令の定めるところにより、市町村に申請しなければならない」と定め、同条2項は「市町村は、前項の申請が行われたときは、当該申請を行つた身体障害者の障害の種類及び程度、当該身体障害者の介護を行う者の状況、当該身体障害者の居宅生活支援費の受給の状況その他の厚生労働省令で定める事項を勘案して、居宅生活支援費の支給の要否を決定するものとする」と定め、同条3項は「前項の規定による支給の決定（以下「居宅支給決定」という。）を行う場合には、次に掲げる事項を定めなければならない」として、1号において「居宅生活支援費を支給する期間」、2号において「身体障害者居宅支援の種類ごとに月を単位として厚生労働省令で定める期間において居宅生活支援費（次条第1項に規定する特例居宅生活支援費を含む。）を支給する指定居宅支援（同項に規定する基準該当居宅支援を含む。）の量（次条第1項及び第17条の7において「支給量」という。）」と定めていた。

要するに、身体障害者が居宅支援費の支給を市町村に申請し（身体障害者福祉法17条の5第1項）、市町村はこれを審査した上で、支給の可否を決定する（同条2項）。その結果支給決定を行う場合には、支給期間と支給量を

定める必要がある（同条3項）。そして、このように居宅支給決定を受けた身体障害者（同条5項で「居宅支給決定身体障害者」と定義されている）は、当該期間内においてかつ支給量の範囲内で、指定業者から受けた居宅支援に関する費用について居宅支援費の支給を得ることができる（同法17条の4第1項）。

平成18年4月1日に障害者自立支援法が施行され、支援費の支給根拠規定が身体障害者福祉法17条の4および5（附則34条により廃止）から障害者自立支援法19条以下に切り替わった。切り換え後も基本的な仕組みは身体障害者福祉法を根拠としていた時代と共通する。

障害者自立支援法において「『障害福祉サービス』とは、居宅介護、重度訪問介護、行動援護、療養介護、生活介護、児童デイサービス、短期入所、重度障害者等包括支援、共同生活介護、施設入所支援、自立訓練、就労移行支援、就労継続支援及び共同生活援助をいい、『障害福祉サービス事業』とは、障害福祉サービス（障害者支援施設、……その他厚生労働省令で定める施設において行われる施設障害福祉サービス（施設入所支援及び厚生労働省令で定める障害福祉サービスをいう。以下同じ。）を除く。）を行う事業をいう」とされた（障害者自立支援法5条1項）。

このうち、本法で問題となる「居宅介護」については、障害者自立支援法5条2項で「この法律において『居宅介護』とは、障害者等につき、居宅において入浴、排せつ又は食事の介護その他の厚生労働省令で定める便宜を供与することをいう」と定義された。障害者自立支援法の下においても、障害者（または障害児の保護者）による市町村に対する申請と支給決定という基本的な仕組みは維持されている。すなわち、「介護給付費、特例介護給付費、訓練等給付費又は特例訓練等給付費（以下「介護給付費等」という。）の支給を受けようとする障害者又は障害児の保護者は、市町村の介護給付費等を支給する旨の決定（以下「支給決定」という。）」を受けなければならず（障害者自立支援法19条1項）、このような決定は原則として障害者または障害児の保護者の居住地の市町村が行う（同条2項）。支給決定を受けようとする障害者または障害児の保護者による申請に基づき（同法20条1項）、市町村は、支給要否決定を行う（同法22条1項）。その際、「市町村は、

支給決定を行う場合には、障害福祉サービスの種類ごとに月を単位として厚生労働省令で定める期間において介護給付費等を支給する障害福祉サービスの量（以下「支給量」という。）を定めなければならない」（同条項）とされている。支給量の決定は、支給決定に伴って実施されるわけである。

なお、平成25年4月1日から障害者自立支援法は障害者総合支援法（障害者の日常生活及び社会生活を総合的に支援するための法律）へと改正されている。

(2) 第1次鈴木訴訟

本件は、脳性麻痺による両上肢機能障害および移動機能障害を有し、障害者と健常者の交流を促進する活動も積極的に行っている原告の居宅介護支援費に関する事件である。原告は、平成15年3月6日から、後に触れる障害者自立支援法制定に伴う廃止前の身体障害者福祉法17条の4・17条の5（当時）に基づいて被告大田区による支援費支給決定を受けていた。支給までの流れは、身体障害者が市町村に対し申請（身体障害者福祉法19条の5第1項）し、それを受けて市町村が勘案調査の上支援費支給決定を行い（同条2項）、支給決定を受けた身体障害者が指定居宅支援事業者からのサービスを受けた際に市町村が障害者に支援費を支給する（同法19条の4）と定められていた。

当初の処分である平成15年3月6日の平成15年支援費支給決定の内容は、期間を平成15年4月1日から平成16年3月31日までの1年間、居宅支援の種類を身体障害者居宅介護、支給量は移動・身体介護有（月124時間）と日常生活支援（月310時間）とするものであった。

平成15年4月1日付で被告大田区は「大田区支援費の支給に関する規則」（以下「支援費支給規則」という）を策定、施行し、支援費の支給決定に関する申請と支給決定手続を定めた。同年7月1日には、支給決定時に勘案すべき事項等について定める「大田区居宅介護支援費（移動介護）の支給決定に関する要綱」（以下「本件要綱」という）を策定した。本件要綱では移動介護に関する支給量を決定するための算定基準として、「社会生活上必要不可欠な外出」を通院、公共機関や金融機関等の手続など「当該外出を行わないことにより、日常生活において著しい不都合を生じるとして区長が必要があると認める外出」（2条2項）と前項に該当しない外出である

「余暇活動等の社会参加のための外出」(同条 3 項) とを区別した。前者については勘案調査の結果に基づく必要な時間数を算定する (6 条 1 号) としたものの、後者については勘案結果を基準として月32時間 (全身性障害者の場合) を上限として支給量を算定するものとした (同条 2 号)。その例外として、6 条 3 項で「特段の事情により区長が必要と認める場合」は必要な時間数を算定できるものとしていた。

　この支援費支給規則と本件要綱の制定は、原告にとって社会参加のための外出が月32時間に制限されることを意味する。平成15年支援費支給決定は本件要綱施行後の平成16年 3 月 4 日に変更された。ただ、この時点での勘案調査により作成された書面には、社会生活上必要不可欠な外出としては月32時間12分、社会参加のための外出として、原告が中心となって活動している障害者と健常者の共生・共走マラソンのための外出として月97時間45分を要するとの記載があるところ (計129時間57分)、その後なされた変更決定でも、支給量は移動・身体介護有につき月124時間、日常生活支援について月372時間とされ、移動・身体介護有の支給量に変更はなく、日常生活支援はむしろ増加している。

　これに対して、平成15年支援費支給決定の期間経過後の支給決定は 3 か月ごとになされるようになり、移動・身体介護有に関する支給量は激減した (移動・身体介護有につき月32時間、日常生活支援につき月465時間)。移動・身体介護有の支給量が激減した経緯は以下の通りである。大田区職員が平成16年 3 月下旬に勘案調査のために改めて原告宅を訪問した際、本件要綱のことに話が終始し勘案調査ができなかったとして、直前の調査をもとに勘案調査関係書類を作成した。従前の原告の外出がほとんど本件要綱 6 条 2 号における「社会参加のための外出」であり、原告が従前通りの外出の意欲を示していたため、「社会参加のための外出」にかかる支給量を32時間、「社会生活上不可欠な外出」にかかる支給量を零と算定した。原告はこれを不満に思い、以後の勘案調査を拒否し、申請書も提出しなかった。そのため同じ内容の支給決定が 3 か月ごとに 4 回なされた。

　その後、原告は勘案調査に応じ、共生・共走マラソン以外の社会的活動 (障害者雇用問題、介護保障を求める運動、学校や県などの依頼による講演、議会傍聴

や請願など）に関する説明と、月平均として移動・身体介護有部分について124時間が必要である旨が記された「移動介護聞き取り調査」と題された記録が作成されたものの、職員が作成した「勘案事項整理票（居宅生活支援費）」および「日常生活支援聞き取り票」には社会生活上必要不可欠な外出は月10時間、社会参加のための外出は共生・共走マラソンのために48時間を要する旨の記載があるのみであった。その後なされた平成17年7月1日付の支給決定では、期間を平成17年7月1日から平成18年6月30日、支給量を移動・身体介護有につき月42時間、日常生活支援につき月455時間とされた。なお、その際に大田区職員から本件要綱6条3号の「特段の事情」を適用するための書類があれば社会参加のための外出につき32時間以上の支給量算定の用意があるとの提案がなされたが、原告はそれを拒否した。

　原告は平成16年度の4回の支給決定および平成17年7月1日付の支給決定の計五つの処分につきそれぞれ不服申立てをした上で、平成17年8月30日、各処分を移動・身体介護有部分について124時間に満たない部分については拒否処分であると見て、その部分の取消請求と、不足部分についての申請型義務付け請求との併合提起をした。

　その後、訴訟係属中の平成18年4月1日に障害者自立支援法が施行され、支援費の支給根拠規定が身体障害者福祉法17条の4および5から障害者自立支援法19条以下に切り替わった。障害者自立支援法附則において、身体障害者福祉法廃止に伴う経過規定[29]が定められた。平成17年7月1日付の支給決定の終期は平成18年6月30日であり、本改正の施行日をまたいでいた。

　東京地裁は、拒否処分の取消しの訴えについて、以下のように訴えの利

---

(29) 附則34条により支援費支給の根拠規定であった身体障害者福祉法17条の4および5が廃止された。そして、附則5条1項は「施行日において現に……附則34条の規定による改正前の身体障害者福祉法第17条の5第2項の規定により居宅生活支援費の支給の決定を受けている障害者……については、施行日に、第19条第1項の規定による支給決定を受けたものとみなす」と規定し、その内容については、附則36条により「施行日前に行われた附則34条の規定による改正前の身体障害者福祉法（……）第17条の4第1項に規定する指定居宅生活支援費の支給については、なお従前の例による」とされている。施行令の附則5条6項・7項によって、居宅介護と外出介護それぞれにつき施行日に支給決定を受けたものとみなされる。

益が消滅したとして却下し、それと併合提起された申請型義務付けの訴えについても却下した。

　一般に、申請に対する拒否処分の取消訴訟における訴えの利益は、申請に対する許可等の処分によって生ずべき法律上の地位の取得それ自体にではなく、このような地位取得の可能性の回復という点に存するのであるが、この両者の間には密接な関係があり、拒否処分の取消しの結果行政庁が当初の申請に対し改めて許否の決定をすべき拘束を受けることとなっても、既に何らかの理由によって適法にこのような許可等の処分をすることができず、ひいてはこれによる法律上の地位の取得自体が不可能となるに至ったと認められるような事由が生じた場合には、許可等の処分を受ける可能性の回復を目的とする拒否処分の取消しを求める訴えの利益もまた、失われるに至ったものといわなければならない（最高裁昭和51年(行ツ)第24号同57年4月8日第一小法廷判決・民集36巻4号594頁参照）。[30]

　同条〔引用者注：身体障害者福祉法17条の4・17条の5〕は、障害者自立支援法附則34条により平成18年4月1日をもって廃止されており、……介護給付費の支給決定を受けたものとみなされる（同条7項）のであるから、仮に本件各処分を取消したとしても、処分行政庁は改めて原告が本件訴えにおいて求めている処分をする法律上の根拠を失っており、これによる法律上の地位の取得自体が不可能となるに至ったといわざるを得ないから、本件各処分の取消しを求める訴えの利益もまた、失われるに至ったものといわなければならない。[31]

しかし、東京地裁は、「本件処分の取消しを求める訴えは、訴えの利益を欠く点において不適法な訴えというべきであるから、却下を免れないが、審理の経過及び事案の性質を考慮し、本件処分の適法性について検討することとする」と述べて、本件各処分の適法性について引き続いて判示した。[32]まず、勘案調査を原告が拒否したことをもって社会生活上不可欠な外出にかかる支給量を零と判断したことについて、平成16年3月2日の勘案調査の時点で金融機関等への外出があったことを認識していたのであるから、考慮すべきことを考慮しなかった違法があることを指摘した。

---

(30)　賃社1439号55 (65)頁。
(31)　賃社1439号55 (65)頁。
(32)　賃社1439号55 (66)頁。

次に、本件要綱の違法性を認定した。旧身体障害者福祉法は身体障害者の外出時間は各人により千差万別であることを前提にして個別の勘案調査を前提にしていること、それに対して本件要綱は特段の事情がない限り月32時間に限るとしていることについて、裁判所は本件要綱の規定と実際の運用との関係を、「このような本件要綱の『特段の事情』の有無の判断が厳格に行われた場合には、それまで必要として支給されていた移動介護に係る支給量が激減することになる者が現れることも考えられるところ、そのような事態は、旧身体障害者福祉法等の趣旨に反するものといわざるを得ない」と評価した。[33]

「健常者の1週間当たりの平均的な余暇活動の時間が8時間であるという社会生活基本調査の結果を元に32時間を定めた」との被告の主張に対しては、裁判所は「そのことから、直ちに身体障害者の『余暇活動等の社会参加のための外出』に係る支給量として一律に1か月当たり32時間という基準を設けることが合理的であるということは困難」であるとした。また、「1か月当たり32時間という基準と被告における財政上の制約との間に合理的な関連性を見出すことはできない」ため、本件要綱のように特段の事情のない限り社会生活上不可欠な外出以外の外出を32時間に限ることは「少なくとも、当該決定によってそれまで必要として支給されていた移動介護に係る支給量が激減することとなる障害者についてこれを行う限りにおいては、裁量権の範囲を逸脱し、又は濫用したものとして違法となるというべきである」としている。[34]そして、本件処分は旧身体障害者福祉法等の趣旨に反して、違法な処分というべきものとした。[35]

(3) 第2次鈴木訴訟

障害者自立支援法施行に伴い、同法附則5条1項によって、原告に対して、従前の支給決定（期間を平成17年7月1日から平成18年6月30日、支給量を移動・身体介護有につき月42時間、日常生活支援につき月455時間）と同一内容の介護

---

(33) 賃社1439号55 (68)頁。
(34) 賃社1439号55 (68)頁。
(35) 賃社1439号55 (69)頁。

給付を平成18年9月30日まで支給する旨の決定が、平成18年4月1日になされたものとみなされた（処分1）。平成18年9月21日に、処分1の変更決定（処分2）が下されたが、外出介護の支給量は月42時間のままであった。同月29日に、期間を平成18年10月1日から平成20年2月29日までとし、種類を重度訪問介護、支給量のうち移動中介護の部分を月65時間とする支給決定を行った（処分3）。

被告大田区は平成18年12月27日付で要綱を改正し、障害者自立支援法の重度訪問介護にかかる介護給付費の支給決定を行う際に必要な事項について定める「大田区重度訪問介護に係る介護給付費の支給決定の基準に関する要綱」（以下「重度訪問介護要綱」という）を策定した。同要綱は、余暇活動等のための社会参加のための外出については聞き取り事項等をもとに勘案した上で、基準となる時間を「月32時間以内とする」とした（7条1項、別表1の4）。また、「特段の事情」ありとされた場合は必要な時間を加算することができるとした（同条2項）。しかし、第1次鈴木訴訟の判決が平成18年11月29日に言い渡され、その判決理由において処分の違法性が指摘されたことから、別表1の4は平成18年12月27日付の区長決定で改定され、「月32時間以内とする」とした部分が「標準として月32時間とする」に改められた。

重度訪問介護要綱の策定を受けて、被告は平成19年1月12日に、処分2を取り消す処分（処分6）と処分3を取り消す処分（処分7）をした上で、処分2の期間の「外出・身体介護有」支給量を月90時間に、処分3の期間の「移動中介護」支給量を月113時間にする決定を行った（処分4、処分5）。

さらに、平成21年2月27日に、期間を平成21年3月1日から平成22年2月28日、重度訪問介護の「移動中介護」支給量を113時間とする決定を行った（処分8）。

---

(36) 平成18年厚生労働省令19号の障害者自立支援法施行規則15条による。現在、この規定は改定されているが、改定前の規定は期限を平成18年9月30日と定めていた。この改定前規定は、施行日をまたぐ支給決定についてのみ適用されたと思われる。
(37) 平成20年2月29日にも期間1年間、月113時間の支給決定が行われているが、本件訴訟においてはそれに対する請求はなされていない。

原告は各処分について東京都に対して審査請求を行ったがいずれも却下または棄却された。そこで、東京地裁に、大田区に対して処分1から処分8のうち、それぞれが認めた支給量を超える部分を支給しないものとした部分を取り消す訴えを、東京都に対して裁決の取消しの訴えを、そして両者に対し国家賠償訴訟を提起した。

　東京地裁は、障害者自立支援法施行に伴うみなし規定による処分である処分1と、平成19年1月12日に大田区が行った処分の変更における変更前の処分（処分2、処分3）と変更のためにそれらを取り消す処分（処分6、処分7）についての取消しの訴えは不適法却下とした。処分1については第1次鈴木訴訟と同旨の理由により処分権限を欠いていることをもって訴えの利益がないとした。[38] 処分2、処分3、処分6、処分7については変更後の処分である処分4と処分5が取り消されない限り、介護給付費にかかる支給量の増量という目的は達せられないから、それらを取り消す法律上の利益がないことを理由にしている。[39]

　処分4、処分5については、区長決定による改正後の重度訪問介護要綱別表1の4が「標準として月32時間」としている点が争いになったが、「標準としての32時間が余暇・娯楽等の余暇活動に充てられることを想定したものと定められ」、それ以外の社会参加活動については個別の事情の確認・勘案により移動中介護の時間数を加算するという仕組みになっていること、標準時間としての32時間を超える加算についても実体がある限りは「特段の事情」がなくても加算され得る仕組みがとられているので、「この仕組みが同要綱の定めの通り運用される限りにおいては、別件訴訟の判決の指摘する障害者自立支援法の施行前からの支給量の激減という結果を招来することはないと解されるから、要綱の前記(ｱ)の定め〔引用者注：標準として月32時間とするとの定め〕は一定の合理性を肯認し得るものということができる」とした。[40]

　その上で、具体的な資料をもとに、特に共生・共走マラソン以外の団体

---

(38) 賃社1527号23 (62)頁。
(39) 賃社1527号23 (64)頁。
(40) 賃社1527号23 (67)頁。

への参加や講演等について加算を認めなかったことは考慮すべき事情を考慮しないことによりその内容が社会通念に照らして妥当性を欠くものと認められ、障害者自立支援法が処分行政庁に与えた裁量権の範囲を超えたものであるとして、処分4と処分5、処分8の不足部分についての拒否処分を取り消す判決をした。[41]

(4) 石田訴訟第一審判決

本件は出生時から脳性麻痺による体幹機能障害および四肢の著しい機能障害等の障害を有している身体障害者が原告となった事件である。自力では排尿ができず、自己の意思とは関係なく頸部や体幹が動いてしまう不随意運動があるために尿取りパッドでは対応できない場合があることから、原告は24時間の介護が受けられるよう、重度訪問介護の支給量を月当たり744時間分とするよう希望している。

平成18年10月1日に、和歌山市から重度訪問介護の支給量を478時間（うち移動介護加算分20時間）とする支給決定（平成18年度決定）を受けた。その後、原告は平成19年7月13日には支給量を478時間とする申請をしたものの、10月23日付で重度訪問介護支給量を月377時間（うち移動介護加算分20時間）とする支給決定（平成19年度決定）を受けたので審査請求を行ったが、棄却された。平成20年7月7日には支給量を744時間とする旨の申請をしたが、平成20年7月29日付で月396時間（うち移動介護加算分20時間）とする支給決定を受けた（平成20年取消前支給決定）。そのため、審査請求を行ったところ、和歌山県障害者介護給付等不服審査会の審査を経て和歌山県知事は裁決により平成21年3月30日付で同支給決定を取り消した。そして、平成21年6月23日に、支給量を402時間（うち移動介護加算分20時間）とする支給決定（平成20年度決定）を行った。これに対する審査請求は棄却されている。

平成21年7月5日、原告は重度訪問介護支給量を月821.5時間（うち移動介護加算分57.5時間。入浴および移乗時の2人介護を77.5時間申請しているため、合計時間数は744時間を上回る）とする旨の申請をしたが、平成21年8月5日、支

---

(41) 賃社1527号23（68-72）頁。

給量を407.5時間（うち移動介護加算分20時間）とする支給決定（平成21年度決定）が行われた。これに対する審査請求は棄却されている。

　原告は平成19年度、20年度、21年度決定の各取消請求と、各決定に対応する形で「重度訪問介護の支給量を月744時間（うち移動介護124時間）とする障害者自立支援法に基づく介護費給付決定をせよ」との義務付け請求を併合提起した。

　和歌山地裁は、障害者自立支援法に基づく支給決定について、以下の通り裁量決定の枠組を示した。

> 　市町村が介護給付費の支給量を決定するに当たっては、その市町村の財政を考慮することが必要不可欠であり、自立支援法22条1項に基づく同法施行規則12条には、勘案すべき9事項が抽象的に規定されているにすぎないことからすると、各障害者に対していかなる種類の障害福祉サービスをいかなる支給量で行うかは、市町村の合理的裁量に委ねられていると解するべきである。したがって、市町村が各障害者に対してした介護給付費の支給決定の適否を裁判所が審査するに当たっては、当該決定が裁量権の行使としてされたことを前提とした上で、その勘案要素の選択等の過程に合理性を欠くところがないかを検討し、処分行政庁に与えられた裁量権の範囲を超え、又は濫用した場合に限って違法になると判断するべきである。すなわち、その勘案の過程において、重視すべきでない要素を過度に評価し、考慮すべき要素を考慮しないこと等により、当該決定が社会通念に照らし著しく妥当性を欠くものと認められるような場合には、処分行政庁に与えられた裁量権の範囲を超え、又は濫用したものとして違法となると解するのが相当である。[42]

　そして、平成19年決定、平成20年決定、平成21年決定のいずれについても、重視すべきでない事情を過度に重視したものとして違法であるとして、取消請求を認容した。[43]そして、義務付け請求については、2段階の判断をした。まず、原告の請求の趣旨の通り24時間介護にあたる支給量を給付しないと裁量の逸脱濫用になるかという点については、これを否定した。その理由は、「各障害者に対していかなる種類の障害福祉サービスをいかなる支給量で行うかは、市町村の合理的裁量に委ねられて」おり、「1日24

---

[42]　賃社1537号20（33）頁。
[43]　賃社1537号20（20、31-35、37）頁。

時間介護を前提とする介護給付費の支給を処分行政庁がしなければ、原告の生命身体に重大な侵害が生じるおそれがあるとまではいえ」ず、支給量の判断は「極めて政策的な判断を要する」からである[44]。

しかし和歌山地裁は、それにとどまらず、原告の請求の趣旨には、「本件各決定に係る支給量を超える介護給付費の支給決定の義務付けを求める趣旨も含まれると解される」として、処分が認めなかった部分についての支給決定を求める義務付けの訴えも予備的に含まれていると解した[45]。さらに、「そして、行政事件訴訟法37条の3第5項、3条6項2号が、処分行政庁において一定の処分をしないことが裁量権の逸脱濫用になると認められることを義務付けの訴えの本案勝訴要件としていることからすれば、裁量権の逸脱濫用にならないような重度訪問介護の支給量を一義的に決めることができない場合であっても、ある程度幅のある支給量の介護給付費支給決定をしないことが裁量権の逸脱濫用になると認められる場合には、裁判所は、その幅のある一定の支給量の介護給付費支給決定を義務付ける判決をすべきであると解される」として、「一定の処分」を求める義務付け請求として検討した[46]。原告代理人によると、判決前に請求の趣旨の意図を確認する求釈明があったという[47]。

その結果、移動介護加算については月20時間とした処分庁の判断が正当であるとしつつ、平成19年度決定については月470時間以上478時間以下、平成20年度決定については月495時間以上744時間以下、平成21年度決定については500.5時間以上744時間以下にせよとの義務付け判決を下した[48]。

本判決には、それぞれの下限となっている数値について、以下の付言がある。

---

(44) 賃社1537号20 (35)頁。
(45) 賃社1537号20 (35)頁。
(46) 賃社1537号20 (35)頁。
(47) 平成24年6月7日に実施した原告の石田雅俊氏、長岡健太郎弁護士、青木志帆弁護士（控訴審から原告代理人として関与している）への聞き取り調査による。長岡弁護士によれば、「当時、幅のある義務付けについて裁判所自身も勉強しているとのことで、求釈明があった。思えば、あれは一部認容でもよいのかという意思確認でもあったのだろう。そうでもよいという趣旨の答弁書を提出した」とのことである。
(48) 賃社1537号20 (35-37)頁。

なお、付言するに、上記の判断〔引用者注：平成19年度決定についての判断〕は、あくまで口頭弁論終結時に本件訴訟に現れた事情を総合考慮し、裁量権の逸脱濫用になる支給量の範囲を判断したものであり、下限の「1か月470時間」という数字は、適正な支給量を当裁判所が算定したものではない。処分行政庁は、自立支援法1条の目的に適合するように、1か月470時間以上478時間以下の範囲で、より適切な支給量を算定するべきである。[49]

その後、第一審判決に対しては原告・被告の双方が控訴した。大阪高裁は平成23年12月14日に原判決を変更する判決を下した。[50] そこでは、平成19年決定については「478時間とする介護給付費支給決定」、平成20年度決定と平成21年度決定については「578時間を下回らない介護給付費支給決定」をせよとの主文に変更されている。つまり、第一審判決の範囲内でその幅をさらに限定する内容の判決となった。本判決は上告されることなく確定した。[51]

(5) 小　　括

障害者居宅支援をめぐる一連の訴訟は、適切な支給量を決定するためのプロセスについて問い直しを迫った。平成16年行訴法改正により「一定の処分」と変更されたことの実質的な意味が問われ、これが、「幅」を持った義務付け請求認容判決として結実するに至った。

4　新宿七夕訴訟

(1) 当該訴訟の前提となる実体法の枠組

生活保護法は、憲法25条の生存権を具体的に保障するため、「すべて国民は、この法律の定める要件を満たす限り、この法律による保護（以下「保護」という。）を、無差別平等に受けることができる」こと（無差別平等原則、生活保護法2条）、「保護は、生活に困窮する者が、その利用し得る資産、能力その他あらゆるものを、その最低限度の生活の維持のために活用することを要件として行われる」こと（補足性、同法4条1項）等の原則に基づ

---

(49) 賃社1537号20（37）頁。
(50) 賃社1559号21頁。
(51) 青木志帆「和歌山24時間介護訴訟控訴審判決の意義」賃社1559号（2012）4-10（4）頁。

き、生活困窮者への保護を定めている。

　原則として、保護は、要保護者、その扶養義務者またはその他の同居の親族の申請に基づいて開始し（生活保護法7条1項）、保護の種類としては、①生活扶助（同法11条1項1号）、②住宅扶助（同項3号）等が存在する。まず①生活扶助は、困窮のため最低限度の生活を維持することのできない者に対して、衣食その他日常生活の需要を満たすために必要なものを含む法定事項の範囲内において行われる（同法12条柱書・1号）。そして②住宅扶助は、困窮のため最低限度の生活を維持することのできない者に対して、住居を含む法定事項の範囲内において行われる（同法14条柱書・1号）。

　生活保護上の保護決定の実施機関は知事および市町村長であるが（同法19条1項柱書）、その権限は委任が可能であり（同条4項）、新宿区では新宿区福祉事務所長に委任されていた。実施機関は、「その管理に属する福祉事務所の所管区域内に居住地を有する要保護者」（同条1項1号）および「居住地がないか、又は明らかでない要保護者であつて、その管理に属する福祉事務所の所管区域内に現在地を有するもの」（同項2号）に対し、「この法律の定めるところにより、保護を決定し、かつ、実施しなければならない」（同項柱書）。

　なお、ホームレスに関しては、ホームレスの自立の支援等に関する特別措置法（ホームレス自立支援法）が制定されている。ホームレス自立支援法においては、自立の意思があるホームレスに対する相談・指導を実施することにより、これらの者を自立させること等が目標とされ（ホームレス自立支援法3条1項1号）、ホームレスは、「その自立を支援するための国及び地方公共団体の施策を活用すること等により、自らの自立に努めるもの」とされている（同法4条）ほか、地方公共団体の責務として、「3条1項各号に掲げる事項につき、当該地方公共団体におけるホームレスに関する問題の実情に応じた施策を策定し、及びこれを実施するもの」とされている（同法6条）。

　厚生労働大臣および国土交通大臣は、ホームレスの自立の支援等に関する基本方針を策定しなければならず（ホームレス自立支援法8条1項）、基本方針においては、ホームレスに対する相談および指導に関する事項（同条

2項1号)のほか、ホームレスに対し、一定期間宿泊場所を提供した上、健康診断、身元の確認ならびに生活に関する相談および指導を行うとともに、就業の相談およびあっせん等を行うことにより、その自立を支援する事業であるホームレス自立支援事業に関する事項(同項2号)等が記載される。

　このようなホームレス自立支援法上の地方公共団体の責務を踏まえ、東京都知事と特別区の区長は、路上生活者対策事業にかかる都区協定を締結し、路上生活者に対し一時的な保護および就労による自立など路上生活からの早期の社会復帰に向けた支援を行うため、巡回相談事業、緊急一時保護事業、自立支援事業および地域生活継続支援事業を共同で実施しており、「自立支援システム」と呼ばれることがある(路上生活者対策事業実施大綱第1・第2)。

　このうち、緊急一時保護事業は、特別区内の路上生活者の一時的な保護およびその実状に応じた社会復帰への支援を目的として、宿所、食事等の提供、生活相談および指導、健康診断ならびに利用者の意欲、能力、希望等の把握および評価を行うものであり、この事業を実施するために千代田寮、江戸川寮等の緊急一時保護センターが設けられている(ただし、江戸川寮は5年間の設置期間の満了により、平成21年3月をもって運営を終了し、その業務は江東寮に引き継がれた)。緊急一時保護センターは、特別区内の路上生活者を一時的に保護し、心身の健康回復と利用者の状況に応じた適切な支援のための調査および評価を行うものであるところ、その利用期間は1か月とされ、処遇方針の検討のため必要がある場合に1か月に限り延長することができる。緊急一時保護センターにおいては、入所者が求職活動を行うことは予定されておらず、食事および衣類等の日用品類が現物で提供されるだけで、金銭の給付は行われない。

　自立支援事業は、緊急一時保護事業による調査および評価の結果、就労意欲があり心身の状態が就労に支障がないと認められた者の就労自立を目的として、宿所、食事等の提供、生活、健康、職業、住宅等の相談および指導という利用者の就労自立に向けた支援を行うものであり、この事業を実施するために中央寮、葛飾寮等の自立支援センターが設けられている。

自立支援センターは、利用者を対象に生活支援、就労支援、社会生活支援を中心とした自立支援プログラムを策定し、常用雇用を基本とする自立支援を行うものであるところ、その利用期間は2か月とされ、自立のための収入が満たない者、試験雇用期間中の者など就労状況が不安定な者は1か月、就労はしているものの住宅確保に時間を要する者はさらに1か月延長することができる。自立支援センターにおいては、食事および衣類等の日用品類が現物で支給され、日用品費として1日当たり400円が支給されるほか、求職のための交通費や就労開始時の支度金、住宅確保のための必要経費の一部も支給される。

当時、新宿区においては、以下で述べる通り、生活保護申請をする路上生活者に対し、自立支援事業を含む自立支援システムの利用を促し、自立支援システムの利用をしないで生活保護を申請する者の申請を拒絶する扱いをとっていたことから、自立支援システムと生活保護の関係が問題となっている。

(2) 事案の経緯

新宿七夕訴訟東京地裁判決では、ホームレスの男性に対する生活保護開始決定の義務付け請求認容判決が下された。[52] これは、生活保護における稼働要件に関する解釈のみならず、義務付け訴訟における判断においても画期的な判決である。[53]

本件の原告は新宿で路上生活をしていた50代の男性であり、平成20年6月2日に新宿区に対してした生活保護申請に対する申請却下処分が争われた。申請時、新宿区職員は生活保護申請の前に自立支援システム等の利用を勧めたが、原告はいずれも拒否した。その理由は、かつて原告は自立支援システムを利用し就労自立を試みたが環境が合わず結局退寮したという[54]

---

(52) 東京地判平成23年11月8日賃社1553=1554号63頁。戸舘圭之「新宿七夕訴訟東京地裁判決弁護団報告」賃社1553=1554号4-12(4)頁によれば、新宿七夕訴訟との命名は原告氏名を明らかにしないで支援活動を行うという配慮からであり、提訴日が平成20年7月7日であることに由来するという。
(53) 控訴審判決(東京高判平成24年7月18日賃社1570号42頁)は事実認定に若干の変更があるほかはほぼ第一審の枠組を維持して被告新宿区の控訴を棄却し、確定した。
(54) 退寮時の経緯の詳細については原告と被告に争いがある。

経緯があったからである。そこで、原告は自立支援システムを利用するのではなく、居宅保護を内容とする生活保護を受けてアパートに入居し安定した居宅を確保した上で求職活動を行うことを希望している旨を申請時に口頭で伝え、申請書にも明記していた。その後、計3回申請するなど交渉を続けたものの、新宿区の担当者は自立支援システム等の利用を勧めるばかりで、話が折り合わなかった。

　6月13日に、最初の申請に対する却下処分がされた。却下決定の通知書に付された決定理由は、「申請人（原告）には重大な就労阻害要因があるとは見受けられない。更に、業種を問わなければ就労努力により適切な仕事は充分に確保できるものと考えられる。申請人にはこれまで稼働能力を活用する機会が複数あったにもかかわらず、活用に至っていない。したがって、生活保護法4条1項にある『稼働能力』を十分に活用しているものとは判断できない。また居住地を持たない申請人の自立のためには、更正施設を事実上代替する自立支援システムがあり、その利用が先ず求められるものである」というものであった。[55]

　審査請求およびその却下裁決を受けて、原告は平成20年7月7日に、本件訴えと仮の義務付けの訴えを提起した。仮の義務付け申立てについては8月13日に却下決定が下された。[56] 8月25日に原告は板橋区に生活保護の開始申請をし、同日、生活保護開始決定を受けた。その後、就職支援により就職し就業している。

　原告の請求は6月13日付の生活保護開始申請却下処分の取消請求と生活保護開始決定の義務付け請求（保護の種類および方法につき居宅保護の方法による生活扶助および住宅扶助とするもの）、そして実質的当事者訴訟（行訴法4条後段）としての扶助費および遅延損害金の給付請求である。この扶助費算定の根拠になっている期間は6月2日（本件申請日）から8月24日（板橋区での生活保護開始決定の前日）となっている。

---

(55)　賃社1553=1554号63 (65)頁。
(56)　戸舘・前掲注(52) 6頁、森川清『権利としての生活保護法〔増補改訂版〕』（あけび書房、2011）40頁。

(3) 東京地裁の判断

東京地裁は、取消請求を認容し、生活保護開始決定の義務付け請求を認容したが、扶助費および遅延損害金給付請求は棄却した。義務付け判決の主文第2項は、「処分行政庁は、原告に対し、平成20年6月2日から生活保護を開始する決定（保護の種類及び方法につき居宅保護の方法による生活扶助及び住宅扶助とするもの）をせよ」である。

本件の争点は多岐にわたる。生活保護法の解釈としては、取消請求との関係では稼働能力活用要件の解釈が、義務付け請求との関係では居宅支援の原則が主として問題となった。さらに、提訴後の事情変更によって現在は別の地方公共団体による生活保護を受けていることから、訴えの利益が問題になり得る事案であったため、判決はそれについても判断した。

まず、本件申請却下処分の理由は、補足性の要件（生活保護法4条1項）を満たしていないことであった。具体的に問題になっているのは、稼働能力活用要件である。判決は、その判定基準として、生活に困窮する者が有している稼働能力が、その意思に基づいて直ちに利用することができるかどうかを基準とした。意思に基づいて直ちに活用できる場合は活用していないことがそのまま稼働能力不活用との評価を受けるが、稼働能力があってもその活用が本人の意思により直ちに利用できない場合は、活用する意思があるかどうかが問題になる。その理由は、法は不可能を強いることができないからである。本人の意思により稼働能力を直ちに活用できないが、活用する意思が客観的に認められる場合は、稼働能力の活用要件を充足していると見るべきであるとしている。

さらに申請拒否処分の理由に応答して、東京地裁は自立支援システム等が生活保護法4条2項により同法の保護に優先して行われるべき「他の法律に定める扶助」にあたるかを検討した。それらの施策は他の法律に定められている扶助とはいえない上、提供される便益が生活保護法における扶助とその内容の全部または一部を等しくするものとはいえないとして、「他の法律に定める扶助」該当性を否定している。原告がこれらの施策の利用を拒んだことそれ自体がたとえ合理的ではないとしても、単なる選択肢の提示以上のものではないから、これを理由として保護を拒否すること

はできないとする。[57]

　拒否理由のうち前半の「活用する機会が複数あった」ことに対しては、裁判所は自立支援システム利用中の行動を「社会的規範の観点からすれば難のあるもの」としつつも、生活保護法が社会的規範を逸脱した者についても保護対象から一律に除外することはしていないとして[58]、客観的に稼働能力を活用する意思があるかどうかを審理すれば足りるとした。そして、原告が求職活動を何度も行っていたことを踏まえて、申請当時に稼働能力を活用する意思を有していたことを認定している。そして活用の場が実際にあったかどうかについては、緊急一時保護センターの援助では求職活動はできないから、居宅を有しないために確実な連絡先を持たず身だしなみを整えて面接等に赴く所持金も有していなかった原告がその意思のみに基づいて直ちに就労の場を得ることは実際上は困難であったと判断した。以上から、却下決定は違法であり取り消されるべきとした。[59]

　次に、義務付け請求については、保護の要否については取消請求についての認定に沿って、生活保護開始決定をすべきであることがその根拠となる生活保護法4条1項の規定から明らかであると述べた。

　そのため主として問題となるのは原告が求めていた保護の種類および方法によることまで認めるかどうかである。生活扶助（生活保護法12条）を行うべきか否かについては、「困窮のため最低限度の生活を維持することのできない者」であることが明らかであるとして、これを認めている。居宅保護の方法によるべきかについては、判決は生活保護法30条1項の解釈として、同項本文において示されているように居宅で行うのが原則であるとしつつ、但書の「保護の目的を達しがたいとき」の要件に該当するか否かの判断については保護の実施機関に裁量があるとした。居宅保護によらないとする判断が、裁量権の範囲の逸脱または濫用と認められるときに初めて、裁判所は居宅保護によるべき旨を命じる判決をすると述べる。そして、

---

(57) 賃社1553=1554号63（78）頁。
(58) 昭和25年改正前の旧生活保護法2条では、勤労の意思のない者や素行不良な者であることを絶対的欠格事項としていた。
(59) 賃社1553=1554号63（85-86）頁。

居宅を有しない場合であっても、居宅の確保の可能性をも考慮して居宅保護によるべきか施設保護によるべきかを検討すべきとしている。その上で、居宅保護によりアパートに入居して求職したいとの原告の希望、健康状態に問題がなかったこと、生活保護の実務で居宅確保のための支援もされてきたこと等を斟酌して、「保護の目的を達しがたいとき」の要件に該当するとして居宅保護の方法によらないことが裁量権の範囲を超えまたはその濫用になると認められると判断した[60]。

　最後に、訴えの利益の消失に関する疑念についても判決は応答している。原告は平成20年8月25日の板橋区による生活保護開始決定を受け、現時点では新宿区に居住するわけでも居所不明であるわけでもないことから、現時点では処分行政庁は保護の実施責任を有しておらず、申請に対する保護決定をすることができないのではないか、あるいは、現在の最低限度の生活を維持するのに必要な限度を超えて、過去の生活保護に遡って保護を実施する必要があるのか、という問題である。判決は藤木訴訟第1次判決を参照して[61]、以下のように訴えの利益消失を否定した。生活保護による給付は要保護者が生存することができる程度では足りず、健康で文化的な生活水準を維持することができるものでなければならない（生活保護法3条）のであるから、時の経過で消滅するものではない。過去の生活保護について申請権または実施機関の地位が消滅しているために給付を求めることができないとすると、国家賠償では職務上の違法性や故意過失が問題になるために必ずしも十分な救済が受けられるものではないから、生活保護法の目的に照らして容認することができない。そのため、「保護の実施機関は過去の生活保護に遡及して開始決定をし、扶助費を支給することが可能である」と述べる。そして、本件については、申請時からその後、実施機関としての地位を失うまでの生活保護の開始決定をすべき旨を義務付けることができるとする[62]。

　そして、給付額の算定については特段何も述べることなく、開始決定義

---

(60)　賃社1553=1554号63（85-86）頁。
(61)　東京地判昭和47年12月25日行集23巻12号946頁。
(62)　賃社1553=1554号63（88-89）頁。

務付け請求を認容した。給付の額についての判断は扶助費および遅延損害金請求においてなされている。原告は具体的な額を算定して扶助費および遅延損害金を求めていたところ、裁判所は扶助費支給請求権は生活保護開始決定時に初めて具体化するものであって、それまでは開始申請権を有しているに過ぎないから、扶助費支給請求権は有しないとして、請求を棄却した。そして、仮に本請求が非申請型義務付けの訴えと解したとしても、扶助費の支給等は開始決定を具体化する事実行為であってそれにより直接国民の権利義務を形成しまたはその範囲を確定することが法律上認められているものではないとして、保護費の支給等自体についての処分性を否定して非申請型義務付けの対象該当性を否定し、不適法却下した。[63]

(4) 小　括

新宿七夕訴訟では、生活保護給付の保護の種類および方法という給付内容の形成に関する裁量にまで踏み込んで審理することで、原告が望んでいた形（居宅保護）での給付に限定した義務付け認容判決に行き着いた。これは、障害者居宅支援をめぐる訴訟と相まって、申請型義務付け訴訟における内容決定に関し、重要な視点を提供するものである。

5　退去強制手続と在留特別許可に関する訴訟

出入国管理及び難民認定法（以下「入管法」という）の退去強制手続（入管法27条以下）と在留特別許可（同法50条1項）については、その複雑な条文構造と事案の特性から、取消訴訟と義務付け訴訟の関係について興味深い裁判例が複数登場している。ここでは、在留特別許可を求める義務付け請求を認容したガーナ人在留特別許可義務付け訴訟第一審判決[64]とそれを覆した控訴審判決[65]をまず取り上げる。次に、退去強制手続に関する取消訴訟において違法性判断の基準時について特徴的な判示をしたペルー人家族裁決[66]および退去強制令書発付処分取消訴訟[67]を紹介する。

---

(63)　賃社1553=1554号63（89-90）頁。
(64)　東京地判平成20年2月29日判時2013号61頁。
(65)　東京高判平成21年3月5日裁判所ウェブサイト平成20年(行コ)第146号。
(66)　東京地判平成22年1月22日判時2088号70頁。
(67)　なお、本書で紹介する入管法事案は、平成16年行訴法改正後比較的早い時期に出された

(1) 当該訴訟の前提となる実体法の枠組

(a) 退去強制手続と在留特別許可　　在留特別許可と義務付け訴訟の関係を理解するには、退去強制手続との関係を整理する必要がある。第一審判決を詳細に検討した中嶋直木[68]によれば、退去強制手続と在留特別許可の関係は以下のように整理される。

退去強制手続の中には、3段階の手続が組み込まれている。収容令書の発付（入管法39条1項）によって収容施設に収容された、退去強制事由（同法24条各号）に該当すると「思料」されている外国人（以下「容疑者」という）は、収容後にまず①入国審査官による審査を受け（同法45条）、退去強制事由の認定（同法47条2項）を受ける。認定に異議がある場合は、容疑者の請求に基づき②特別審理官による口頭審理（同法48条1項）を経て判定がなされる。入国審査官の認定に誤りがないとする判定（同条8項）を受けた場合には、この判定に異議がある容疑者は異議を申し出ることができ、③法務大臣等が裁決（同法49条1項・3項・6項）を行う。異議申出に理由なしとの裁決を受けた場合には、主任審査官による退去強制令書の発付（同条6項）と、入国警備官による退去強制令書の執行（同法52条1項）がなされる。[69]

③法務大臣等の裁決において、「法務大臣は、前条第3項の裁決に当たって、異議の申出に理由がないと認める場合でも、当該容疑者が次の各号のいずれかに該当するときは、その者の在留を特別に許可することができ

ものであり、現在の訴訟の流れを適切に反映していない可能性がある。すなわち、本書で紹介するガーナ人在留特別許可義務付け訴訟第一審判決が本事案を申請型に分類した唯一の例であり、控訴審判決を含む他の裁判例においては、非申請型と分類している。そのため、現実には裁決の取消訴訟のみを提起するか、（主として裁決後の事情を考慮したいのであれば）裁決の「撤回」の義務付けと在留特別許可の義務付けの訴え（いずれも非申請型）を提起するということが行われているようである（例として、東京地判平成27年7月28日裁判所ウェブサイト平成26年(行ウ)第585号）。本判決を素材に、訴訟類型の選択そのものに技巧的な検討を要するとの批判として、水野泰孝「一若手実務家としてみた、行政訴訟の活性化を妨げているもの」第16回行政法研究フォーラム（レジュメ集）(2016) 23-44 (42) 頁。

ただ、本書の検討の過程において、申請型／非申請型の限界事例を見るという意味においても、また、基準時の問題を検討するためにも、不可欠の存在であろうと考えて取り上げた次第である。

(68) 中嶋直木「退去強制手続と抗告訴訟(上)(下)」東北法学35号 (2010) 41-58頁、36号 (2010) 133-159頁。
(69) 中嶋・前掲注(68)(上)43頁。

る」（入管法50条１項）と規定されており、これが在留特別許可の法的根拠である。同条だけを見ると、在留特別許可は、③法務大臣等による裁決の段階でのみ行われるとも思われる。すると、たとえば、裁決の段階で在留特別許可が出されなかったものの、退去強制令書の発付後に生じた事由により、50条１項各号に該当するようになったときといった場合に、酷な結果を生じさせることがある。そこで、実務慣行上「再審情願申立書」等の適宜な表題・様式の書面に必要書面を添付することで、退去強制令書が発付されているものの送還が未執行である案件について、法務大臣の職権発動による在留特別許可と主任審査官による退去強制令書の発付処分の撤回が行われる場合があり、認められない場合にはその旨が口頭で伝達されるとされる。[70] これはあくまでも実務慣行に過ぎないが、このような再審情願により、後発事情が生じた場合の適切な救済が図られている。

(b) **制度の理解**　このような複雑な制度について、中嶋直木は、①入国審査官による認定、②特別審理官による判定、③法務大臣等による裁決の３段階の手続の関係をどのように理解するかという観点と、③法務大臣等による裁決と在留特別許可の関係をどのように理解するかという観点に分けて論じて、従来の裁判例や学説における説明を整理している。[71]

３段階の手続の関係については、①の認定と③の裁決とに行訴法上の「処分性」と「裁決性」をそれぞれ認めて分節的に理解する「分節的理解」と、①から③の手続を一体として理解した上で①、②を事前手続と理解し③にのみ処分性を認める、あるいは、①から③の手続全てを事前手続と理解した上で退去強制令書発付処分についてのみ処分性を認める「一体的理解」とを対置する。従来の裁判例は主として分節的理解に立っており、③の裁決は処分としてではなく裁決として扱われてきた。

法務大臣等による裁決と在留特別許可の関係については、法務大臣等の裁決に、退去強制事由該当性についての入国審査官の認定に対する判断権限（分節的理解による説明）あるいは退去強制事由該当性それ自体の判断権

---

(70) 児玉晃一＝関聡介＝難波満（編）『コンメンタール 出入国管理及び難民認定法2012』（現代人文社、2012）352頁。
(71) 中嶋・前掲注(68)(上)44-52頁。

限(一体的理解による説明)だけでなく在留特別許可についての判断権限も一個の処分権限に組み込んだものと理解する「同居的理解」と、退去強制手続と在留特別許可を切り分け、在留特別許可はたまたま異議の申出をした容疑者に与えられ得る恩恵に過ぎないと見る「別個独立的理解」とを対置する。行政実務は「別個独立的理解」をとっているが、裁判例は、「同居的理解」をとっている。[72]

これを取消訴訟および義務付け訴訟に即して説明すれば、(1)どの段階の行為を対象に取消訴訟を提起することができるのかという問題意識(3段階手続の関係)と、(2)在留特別許可を義務付ける訴訟は申請型義務付け訴訟か、非申請型義務付け訴訟かという問題意識(法務大臣等による裁決と在留特別許可の関係)が存在する。

(1)については、一体的理解をとる場合には、③法務大臣等による裁決(ないしはその後の退去強制令書発付処分)の段階で初めて取消訴訟を提起することができることになるが、裁判例は分節的理解をとり、①入国審査官による認定を対象に取消訴訟を提起することができるとしている。

(2)については、③異議申出に理由なしとの裁決を行う法務大臣は、在留特別許可を行うことができるところ、これを、異議申出を通じた一種の在留特別許可「申請」に対する応答と捉えるべきか(同居的理解)、それとも法務大臣はいつでも自由に恩恵的な在留特別許可を行う権限を持っているところ単にたまたま異議申出に理由なしとの裁決を行う際にこの許可が行われるというだけなのか(別個独立的理解)が問題となる。この分類に即した申請型義務付け訴訟と非申請型義務付け訴訟とを区別する議論は、後述(II-2(4))する。

(2) ガーナ人在留特別許可義務付け訴訟

ガーナ人在留特別許可義務付け訴訟第一審判決は、在留特別許可を申請型義務付け訴訟で求めることができるという構成を採用した唯一の下級審

---

(72) 代表的な例として、最判平成18年10月5日判時1952号69頁。なお、中嶋は同居的理解をとる裁判例の中でも入管法50条1項および3項の規定のみから導き出すものと、入管法規則42条4号が異議の申出の理由として「退去強制が著しく不当であること」をも理由に加えているものがあることを指摘している(中嶋・前掲注(68)(上)47頁)。

判決である。これに対して、控訴審判決は、他の下級審判決と同様に非申請型義務付け訴訟とする構成を採用した上で、原判決を取り消し、請求を棄却した。

ⓐ　ガーナ人在留特別許可義務付け訴訟第一審判決　　本判決の特徴は二つある。一つは、義務付けの訴えを申請型義務付け訴訟として適法な訴えと判断した上で請求を認容したことである。原告は、入管法49条1項に基づく異議の申出に理由がない旨の裁決の取消しと、「在留特別許可をしないこととした決定」の取消しと、在留特別許可発令の義務付けを求めていた。これに対して、裁判所は、「在留特別許可をしないこととした決定」の取消しは不適法であるとした。

>　法49条1項の異議の申出があった場合の法務大臣の応答については、同条3項が、法務大臣は、同条1項の規定による異議の申出を受理したときは、異議の申出が理由があるかどうかを裁決しなければならないと定め、また、法50条1項が、法務大臣は、上記の裁決に当たって、異議の申出が理由がないと認める場合でも、当該容疑者が同項各号のいずれかに該当するときは、その者の在留を特別に許可することができると定めている。しかしながら、法務大臣が法50条1項の在留特別許可をしないとの判断をしたときに、その旨の処分をすべき旨を定めた規定は存在しない。したがって、法は、法49条1項の異議の申出に対しては、法務大臣が、〔1〕異議の申出が理由がある旨の裁決、〔2〕異議の申出が理由がない旨の裁決、〔3〕在留を特別に許可する旨の処分の3通りの裁決又は処分を行うことを予定し、これらとは別に、在留特別許可をしない旨の処分を独立の処分として行うことは予定していないものと解される。そして、法務大臣が法50条1項の在留特別許可をしないとの判断をしたときは、異議の申出が理由がないとの判断に従って、異議の申出が理由がない旨の裁決をすれば足りるとしたものと解される。[73]

つまり、在留特別許可をしないこととした決定というものは存在しないことを認めた上で、裁判所は「異議の申出に理由がない旨の裁決」は「異議の申出が理由がなく、かつ、在留特別許可を付与しないとの判断」を示していると理解した。そして、「在留特別許可を付与しないとの判断の当否を裁判で争おうとする場合には、異議の申出が理由がない旨の裁決を対

---

(73)　判時2013号61 (64) 頁。

象としてその取消訴訟を提起しなければならず、かつ、それで足りる」[74]とした。

そして、本件義務付け請求が申請型として認められることを、法の仕組みを以下のように解釈した上で認めている。異議の申出と在留特別許可の関係について、入管法50条1項の在留特別許可は、同法49条1項の異議の申出があったときに初めて付与され得るものであり、同項の異議の申出とは無関係に50条1項の在留特別許可が付与されることはないことを確認した。そして、特別審理官の判定を争う趣旨ではなく、在留特別許可を求めるためにする異議の申出（入管法49条）も認められるとした。最後に、在留特別許可を与えるかどうかの判断は「容疑者の重大な利益」にかかわるために、異議の申出を受けた法務大臣は判断権限を発動しないことは許されず、異議の申出に理由がないと判断した場合は、在留特別許可の事由にあたるかを必ず判断しなくてはならないと判断した[75]。

本判決のもう一つの特徴は、義務付け判決の理由中で処分内容に関し行政裁量がある旨を明示したことである。具体的には、主文では許可を与えるべきことを義務付けた上で、理由中に内容についての裁量の余地を認めた。ここでは、どの在留資格で期間を何年にして認めるべきかの条件に関する部分については裁量があるとする。具体的には、婚姻の実質があること、口頭弁論終結時には法律上の婚姻をしていることを認定した上で、入管法50条2項および同法施行規則44条2項により在留資格の選択の余地（「日本人の配偶者等」か「永住者」か）、それに伴う在留期間の選択の余地（前者につき「3年」か「1年」、後者につき「無期限」）を示した[76]。本件では原告は申請型義務付け訴訟として在留特別許可をなすことを義務付けることを請求の趣旨としており、原告の主張は継続的かつ真摯な意図に基づく内縁関係であることを看過しているのは違法である旨であったから、東京地裁の上記判示部分はその主張に沿う一定範囲内の内容の処分とすべきことを示したといえる。

---

(74) 判時2013号61（65）頁。
(75) 判時2013号61（65）頁。
(76) 判時2013号61（68）頁。

(b) **ガーナ人在留特別許可義務付け控訴審判決**　控訴審判決では、在留特別許可の義務付けを求める訴えを非申請型義務付け訴訟として審理した。その理由は、「法務大臣等が恩恵的処置として日本に在留することを特別に許可するものであると解されるから、法24条に該当する外国人には、自己を本邦に在留させることを法務大臣に求める権利はない」からである。そのため、訴訟要件として「補充性」要件が加重される。そして、入管法49条1項に基づく異議の申出には理由がない旨の裁決の取消訴訟を提起して争えば拘束力により在留特別許可を得ることができるから、「補充性」要件を満たさないとされ、義務付けの訴えは不適法として却下された。

　さらに、本件裁決、在留特別許可をしない決定および退去強制令書発付処分の取消しについても、不法残留であることを隠すために日本人と婚姻して在留資格を持っている友人の経歴を自分の経歴のように話して入国管理当局や警察官を欺いたこと等も発覚したため、請求棄却となっている。

(3) **ペルー人家族裁決および退去強制令書発付処分取消訴訟**

　退去強制手続に関する取消訴訟において処分後に事情の変化が生じたために、違法性判断の基準時について特徴的な判示をした判決がある。ペルー人家族裁決および退去強制令書発付処分取消訴訟では、不法入国したペルー人夫婦と日本で出生した同夫婦の未成年の子（長女・長男）に関し、退去強制事由の認定に誤りがないとの判定に対する異議申出に理由なしとの裁決と退去強制令書発付処分の取消しが求められた。在留特別許可の発給義務付け請求はされていない。本件では長男についてのみ請求が認容された。[77]

　その理由は長男の病気である。脳腫瘍摘出手術を受け成功したものの5年間の経過観察が必要であるところ、ペルーに帰国した場合に適切な診療および治療を受けることができるかどうかが非常に疑わしいという事実認定がされている。脳腫瘍が発覚したのは裁決の約10か月後であり、初期の自覚症状が現れたのも裁決から6か月が経った時点であった。しかし、裁

---

(77) 裁判所は、原告ごとに裁決を区別するため「本件裁決（父）」などの略称を用いている。判時2088号70（73）頁。

判所は「〔発見時の〕平成21年4月の時点で最大約3cmに及ぶ比較的大きなもので、既に右頸静脈孔から右小脳橋角部へと伸展していたこと、同20年9月ころには症状が現れていたことなどに照らせば、本件裁決（長男）の時点で、既に一定程度の大きさの腫瘍として存在していたものと推認することができる」と述べ、「事後的にその存在が明らかとなった以上、本件裁決（長男）の当時の事情として考慮すべき」として、脳腫瘍を看過して出された裁決を違法であるとした。

さらに、妻が裁決後に無免許運転で有罪判決を受けた事実についても、「なお、本件各裁決後の事情であるが、原告母は、執行猶予期間中に無免許運転を行って罰金刑に処せられており、遵法精神に問題があることもうかがわれる」として触れた。

(4) 小 括

在留特別許可に関する一連の訴訟では、入管法の複雑な規定ぶりだけでなく、(違法滞在)外国人に認められる法的利益をどのように性質決定するのかという観点から、他の分野とは異なる利益衡量が働いているように思われる。他方、手続がそのまま進行すれば本邦からの退去強制処分という結末に至るため、考慮すべき事項に対する慎重な取扱いが求められる。処分内容や附款に踏み込んだ判断や、違法性判断の基準時についての議論は、これらの複雑な事情に対して裁判所が取り組んだ結果といえよう。

6 情報公開に関する裁判例

(1) 情報公開に関する裁判例とその特徴

(a) 情報公開に関する裁判例概観　情報公開に関しては多数の義務付け訴訟が提起されており、裁判例も多数存在する。

たとえば、取消請求を棄却するとともに義務付けの訴えを却下したものとして、最判平成23年10月14日（裁時1541号4頁）等がある。

---

(78) 判時2088号70（82）頁。
(79) 判時2088号70（80）頁。
(80) その他、この類型のものとして一部紹介すると、東京地判平成23年4月12日判例集未登載、横浜地判平成23年3月10日判例集未登載、大阪地判平成22年9月9日判自345号11頁、

また、取消請求とともに義務付け請求が認容される例がある[81]。ただし、これらの多くは第一審段階のものであり[82]、控訴審・上告審において原判決が取り消され、義務付け請求が棄却されている。一例を挙げると、エネルギーの利用の合理化に関する法律に基づく事業者から経済産業局長に対して提出された定期報告書の開示請求が争われた事案で、大阪地判平成19年1月30日（裁判所ウェブサイト 平成17年(行ウ)第126号）は、不開示決定の理由である情報公開法5条2号イの不開示情報該当性は未だ抽象論のレベルにとどまるとし、その他の不開示事由にあたるという主張立証もないとして、不開示決定を取り消した。そして、情報公開法3条・5条に照らして開示の決定をすべきであることは明らかであるとして開示決定を義務付ける判決を下した。しかし、控訴審である大阪高判平成19年10月19日（裁判所ウェブサイト 平成19年(行コ)第19号）は同法5条2号イの不開示情報該当性を肯定し、上記の最判平成23年10月14日もその結論を維持した（公益上の義務的開示（同法5条2号但書）の該当性も否定した）。

さらに、取消請求ないしは不作為違法確認請求を認容したものの、義務付け請求を棄却したものがある。

東京地判平成19年12月26日（判時1990号10頁）は、一部の行政文書についてのみ開示決定をし、その余の部分について開示決定等をしないことの不作為が争われ、その部分についての開示決定の義務付けが求められた事案について、「相当の期間」を経過したとして、不作為の違法確認請求を認

名古屋地判平成22年8月23日裁判所ウェブサイト平成20年(行ウ)第110号。参照、米田雅宏「情報公開訴訟の諸問題」現代行政法講座編集委員会（編）『現代行政法講座Ⅳ 自治体争訟・情報公開争訟』（日本評論社・2014）195-227（211）頁注47。
(81)　この類型のものとして一部紹介すると、東京地判平成23年8月2日判時2149号61頁、横浜地判平成23年6月15日判自353号9頁、東京地判平成22年4月9日判時2076号19頁、東京地判平成19年9月28日裁判所ウェブサイト平成17年(行ウ)第363号。参照、米田・前掲注(80)211頁注48。
(82)　なお、品川区政務調査費につき監査委員が任意に提出を受けた文書に関する開示請求が争われた事件においては、第一審（東京地判平成19年12月21日判時2054号14頁）は取消訴訟について請求棄却、義務付け訴訟につき訴え却下、控訴審（東京高判平成20年7月17日判時2054号9頁）は第一審判決を取り消して取消訴訟についても義務付け訴訟についても請求を認容したが、上告審（最判平成21年12月17日判時2068号28頁）においては原判決破棄、控訴棄却（つまり、第一審判決の結論を維持）となった。

容した。そして、開示決定の義務付けについては、記載内容が本件において明らかになっていないために、その内容に「情報公開法5条3号等の不開示情報が記載されている可能性が否定できない」ことを指摘した。そして、「情報公開法の規定から明らかであると認められ又は開示決定をしないことがその裁量権の範囲を超え若しくはその濫用となると認められるということはできない」として、義務付け請求を棄却した。

岐阜地判平成22年11月24日（裁判所ウェブサイト平成22年(行ウ)第1号）は、市議会議員である原告が、市議会に対し、自己の非違行為について検討された「議会の規律に関する検討委員会」の「議事録及び議事の録音しているもの」について開示せよとの情報公開請求の非公開決定が争われた事件である。裁判所は、非公開決定の理由とされた「秘密会として開催されたため」というだけでは情報公開が否定されるものではないとして、非公開決定を違法とし、取消判決を下した。しかし、併合された義務付け訴訟については、インカメラ審理をすることができないことから、裁判所において当該文書に含まれる個人情報の分離可能性や分離をした場合に請求の趣旨を害しないか等を判断できないとして、義務付け請求を棄却している。(84)

(b) **情報公開に関する裁判例の特徴**　　情報公開法・情報公開条例に基づく開示決定義務付け訴訟は、申請型義務付け訴訟の典型として議論されているが、義務付け訴訟の機能を探究しようとする本書において、情報公開訴訟に関する裁判例の多くは検討の主たる対象とはしない。なぜなら、情報公開訴訟においては情報公開審査会とは異なり、裁判所のインカメラ審理制度は存在しないため、裁判所が対象文書の文面をもとに開示・不開示

---

(83)　なお、原告は個人情報保護条例に基づく開示請求も行っており、その拒否決定に対する判決も同日付でなされている（岐阜地判平成22年11月24日裁判所ウェブサイト平成22年(行ウ)第2号）。こちらでは、請求された行政文書の一部（公開で行われた会議分）については開示義務付け請求まで認容されたが、一部（秘密会として行われた会議分）については不開示事由に該当しないことが明らかであるとはいえないとして、情報公開請求と同様に取消請求認容・義務付け請求棄却となっている。
(84)　東京地判平成22年3月30日判自331号13頁も、理由付記義務違反を理由に取消請求を認容した上で、処分行政庁が当該文書を現実に支配・管理していたとはいえず当該文書は「公文書」にあたらないとして、義務付け請求を棄却している。
(85)　越智敏裕「行政訴訟の審理と紛争の解決」現代行政法講座編集委員会（編）『現代行政法講座Ⅱ　行政手続と行政救済』（日本評論社、2015）173-208 (191) 頁。

を判断することができず、情報公開義務付け判決を下すために必要な情報を十分に得ることができないという構造的問題があるからである。

　上記の東京地判平成19年12月26日においては、救済内容は対象文書の開示という意味では一義的に明らかであって厳密には救済内容の特定は問題となっていない。むしろ、インカメラ審理ができないという情報公開訴訟の特殊性から、（行政庁が開示すべきとされる）対象文書の特定が問題となったといえる。同様に、上記の岐阜地判平成22年11月24日において取消請求認容の判断はできたものの、義務付け判決に至らなかったのは、情報公開請求に関する義務付け訴訟において裁判所が当該文書をインカメラ審理し、判断することができないという制度上の問題の表れと評することができる。

　このように、義務付け訴訟制度そのものの問題というよりも、情報公開訴訟制度に特徴的な問題によって、情報公開訴訟における義務付け訴訟が制限・制約されてしまっているため、情報公開訴訟に関する裁判例は、義務付け訴訟をめぐる行政と裁判所の役割分担を論じるための素材としてはやや不適当な面が否めないのである。[86]

　なお、情報公開関係では、いわゆる外務省の「密約」に関する文書の不開示決定取消しと開示義務付けを求めた訴えにつき、最判平成26年7月14日（判タ1407号52頁）が下されているが、上告はあくまでも取消訴訟に限り認められており、しかも判断事項は当該不開示決定時に当該行政機関が当該行政文書を保有していたことの主張立証責任に関するものである。

(2)　三鷹市耐震性調査資料開示請求事件

　上記のような理由から、情報公開訴訟に関する義務付け訴訟の判決を網羅的に紹介・検討することはしないものの、ここでは情報公開訴訟における分離取消判決である、三鷹市耐震性調査資料開示請求事件を紹介したい。[87]

---

(86)　情報公開訴訟における申請型義務付け訴訟の導入に伴う議論の変化について、米田・前掲注(80)211-214頁。
(87)　東京地判平成24年3月22日判自377号13頁。理由付記の違法および各非公開事由についての評釈は、大林啓吾「判例解説3　耐震性調査資料開示請求事件」季報情報公開個人情報保護47号（2012年）47-52頁。なお、その控訴審である東京高判平成24年8月29日判自377号11頁は基本的には地裁判決の判示を引用して控訴を棄却しているが、「本件各情報の非公開事由に関する控訴人の主張は、必ずしも首尾一貫しておらず、現時点でもなおその整理を待つ段階にある」ところ「本件決定における理由付記の在り方には、非公開決定の理由の

この事案では、三鷹市情報公開条例（以下「本件条例」という）に基づき、同市所在の建築物の耐震性調査に関する資料の開示が請求された。

処分行政庁は情報非公開決定を下し、その際に処分理由として「本件条例8条1項1号、3号、4号ア及びエに該当」と根拠条文のみを記載した決定書を原告に交付したことから、原告は異議申立て後、東京地裁に対して当該資料の開示につき義務付け訴訟と取消訴訟を提起した。

裁判所は事案の概要冒頭において、「原告は、本件訴えにおいて、本件決定の取消しを求めると共に本件各情報についての公開決定の義務付け（以下「本件義務付けの訴え」という。）を併せて求めているが、当裁判所は、審理の状況その他の事情を考慮し、本件決定の取消しの訴えについてのみ終局判決をすることがより迅速な争訟の解決に資すると認め、本件から本件義務付けの訴えの弁論を分離した上、本件決定の取消しの訴えについてのみ終局判決をすることとしたものである」と判示して、分離取消判決を選択した。

そして、裁判所は根拠条文のみの記載が理由付記として十分かについて検討を行い、単に一定の法条に該当する旨の記載があるだけでは、開示請求者において、非公開決定の理由がいかなる根拠により当該法条所定の事由に該当するのかを知ることは困難である等として、取消しが免れられない違法があると判断した。

もっとも、この分離取消判決では、上記の理由付記の違法について判示するのみならず、「所論に鑑み」、弁論終結時における当事者の主張に基づき、被告の主張する各非公開情報該当性について検討している。

その結果、被告の主張する4類型の非公開情報のうち、法令秘情報（本件条例8条1項1号）、協力関係情報（同項4号ア）および事業執行情報（同号エ）についてはいずれも該当しないとした。法人等情報（同項3号）の該当性については、建築物の耐震性調査に関する資料には当該建築物の設計図書等著作権等で保護される文書が含まれ、その著作者が公開に反対してい

有無について実施機関の判断の慎重と公正妥当を担保してその恣意を抑制するという制度の趣旨にもそぐわない面がある」と、理由付記についてさらなる言及をしている。

るところ、本件公開請求にかかる市政情報部分と設計図書中の著作物に該当する部分とを容易に、かつ、公開請求の趣旨を損なわない程度に合理的に分離できる可能性もあると考えられることから、個別具体的な検討が必要であることや、法人等情報であってもなお公開すべき場合の要件を満たすかどうか等については、被告が主張する諸事情から必ずしも明らかであるとはいえず、なお慎重な検討が必要であるとした。[88]

その上で、「本件公開請求については、処分行政庁において、本件各情報が非公開情報に該当するかどうかを部分開示の可否を含めて慎重に検討すべきであり、仮に本件各情報が非公開情報に該当するとしても、本件条例8条1項は同項の適用がある市政情報につき実施機関の公開義務（本件条例5条1項）を免除するものにすぎないと解されるから、本件各情報が本件建物の耐震性を判断する基礎資料であること等に照らすと、処分行政庁の裁量により本件各情報の公開をすることの当否をも併せて検討すべきである」として、部分開示の可能性も踏まえた非公開情報該当性の慎重な検討や、裁量による公開等を視野に入れるよう処分行政庁に求める判示をしている。

これらの判示からは、裁判所は、インカメラ審理をすることができないという情報公開争訟の制度的問題により、どこまでが著作権の及ぶ部分かを自ら検討し、部分開示の判断をすることが容易ではないと考え、分離取消判決を選択したことが推察される。その意味では、本判決はやはり、上述の情報公開訴訟制度に特徴的な問題が表出している事案と評することができるだろう。

もっとも、法人等情報であってもなお公開すべき場合の要件等、比較衡量が必要な要件にも言及しているほか、裁量開示の可能性に言及しており、裁判所は、裁判所に対して詳細な資料を提出させて裁判所自らが開示すべきかを判断するよりも、裁判所が示す判断枠組をもとに行政に判断させる

---

[88] 本件各情報を非公開とすることにより害されるおそれのある人の生命、身体、健康または生活の保護の必要性と、これを公開することにより害されるおそれのある法人等の競争上または事業活動上の地位その他正当な利益の保護の必要性とを比較衡量して、後者が前者に優越するかどうか等、である。

ことが適切と考えたことも推察されるところ、この点は、情報公開以外の類型にも関係するところと思われる。

(3) 小　括

　情報公開をめぐる訴訟は、既に指摘したように、(行政過程における争訟である情報公開審査会では可能である) インカメラ審理が、裁判所においては認められていないこともあり、裁判所の審理が十分に及びにくい類型である。情報公開法の改正がなされない現状において、分離取消判決の必要性が高い分野であると考えられる。

7　その他の裁判例

　上記で検討した裁判例以外にも、平成16年行訴法改正後、様々な義務付け訴訟が提起され、義務付け判決も下されている[89]。以下では、個別法の種類を問わず、裁判結果の類型ごとに、各判決の特徴とともに紹介する。

(1) 義務付け請求が認容された事案

　東京地判平成18年10月25日（判時1956号62頁）は、肢体不自由児通園施設に通園していた児童が（看護師が1名ずつ配置されている）保育園のいずれかに入学するために承諾を求めていた事例であった。東京地裁は承諾拒否処分の取消しを認容し、「原告（親）に対し、原告（娘）につき、A保育園、B保育園、C保育園、D保育園又はE保育園のうち、いずれかの保育園への入園を承諾せよ」との判決を下した。なお、本件については仮の義務付け決定（東京地決平成18年1月25日判時1931号10頁）が先行しており、ここでは「処分行政庁は、申立人に対し、申立人の長女である〔○○○○〕につき、A保育園、B保育園、C保育園、D保育園、又はE保育園のうち、いずれかの保育園への入園を仮に承諾せよ」との主文で認容決定が下された。それを受けて、被告市はA保育園への入園を仮に許可し、その後通園が開始

---

(89)　本書ではこれらの裁判例についての網羅的検討は行わないことから、小早川光郎＝青柳馨（編）『論点体系　判例行政法2』（第一法規、近刊）所収の筆者の分析結果を併せて参照されたい（以下の記述と取り上げている判例が一部共通することをお断りしておく）。なお、非申請型に関するものとしては特に最判平成21年4月17日民集63巻4号638頁（住民票の記載）、最判平成21年2月27日民集63巻2号299頁（運転免許）、最判平成23年10月14日裁時1541号4頁（情報公開）等参照。

されたという経緯がある。本判決は、原告が五つの保育園のいずれか一つという、一定の「幅」を持って義務付け内容を特定し、裁判所もこのような「幅」を持った義務付け判決を下したという特徴がある。

温泉法に基づく温泉掘削許可の不許可処分の取消しと許可義務付けが争われた金沢地判平成20年11月28日（判タ1311号104頁）および同控訴審である名古屋地裁金沢支判平成21年8月19日（判タ1311号95頁）において、裁判所は拒否処分理由である温泉法4条1項2号該当事由が存在しないとして不許可決定を取り消し、さらに同条各号の不許可事由全てが存在しないとして温泉掘削許可を義務付ける判決を下した。

最判平成28年3月31日（判タ1425号116頁）は、宅地建物取引業法の営業保証金の取戻請求を却下する決定の取消しと、取戻請求に対する払渡認可決定の義務付け請求がなされた事件である。本件においては、消滅時効期間が経過したとして、払渡認可拒否処分がなされたが、原告は義務付け訴訟を提起し、取戻請求権の消滅時効の起算点について争った。このような事案の特徴から、なさねばならない処分（営業保証金を払い渡す決定）の内容が一義的に導かれており、行政の法解釈が正しければ取消請求が棄却・義務付け請求が却下され、誤っていれば認容されるというだけであった。そのため、最高裁の判決理由においても、違法であることが確定すれば自然となすべき処分が一義的に定まる典型例として紹介する。なお、関係する第三者はほかにおらず、後述する附款による調整も考えにくい事案である。

(2) 取消請求等についてのみ請求を認容し、義務付け請求は棄却した例

ⓐ 申請拒否処分が手続瑕疵により取り消された例　産業廃棄物処理業の事業範囲変更の不許可処分取消訴訟と許可義務付け訴訟について、長野地判平成22年3月26日（判自334号36頁）は、本件事情の下では問題のある事業計画について補正の機会を与えるべきであったのにそれをしなかったという手続的な理由で不許可処分を取り消したが、義務付けの訴えについては棄却した。その理由は、「これらの不許可理由を解消させるために資料等が提出された場合には、第一次的には処分行政庁たる長野県知事が、これらの資料も審査対象として専門的、技術的見地からの検討を加えて廃棄物処理法施行規則10条の5第1号の基準に適合するか判断すべきである

といえる。結局、本件各申請に対し、『行政庁がその処分をすべきであることが法令の規定から明らかである』とも、『行政庁がその処分をしないことが裁量権の範囲を超え若しくはその濫用になる』とも認めることはできない」からとしている。

　(b)　**不作為の違法確認訴訟についてのみ請求を認容した例**　　上述した通り、情報公開法に基づく開示決定に関する東京地判平成19年12月26日（判時1990号10頁）は、一部の行政文書についてのみ開示決定をし、その余の部分について開示決定等をしないことの不作為が争われ、その部分についての開示決定の義務付けが求められた事案について、「相当の期間」を経過したとして、不作為の違法確認請求を認容した。そして、義務付け請求を棄却した。

　採石法33条に基づく岩石採取許可申請に関し、不作為の違法確認訴訟と申請型義務付け訴訟とが併合提起された事件について、名古屋高判平成27年7月10日（判時2285号23頁）は、双方について請求を認容した原審判決（津地判平成26年4月17日判時2285号39頁）を取り消して、不作為の違法確認についてのみ請求を認容し、申請型義務付け訴訟については棄却する判決を下した。なお、これらの裁判例で分離不作為違法確認判決（行訴法37条の3第6項）の可能性が検討されたか否かについては、判決文中からは明らかではない。

　(c)　**申請拒否処分の理由とは別の拒否事由がある例**　　農地の特定遺贈を受けた相続人による所有権移転登記申請に対する却下処分の取消しと登記の義務付けが争われた京都地判平成24年5月30日（裁判所ウェブサイト平成23年(行ウ)第32号（大阪高判平成24年10月26日裁判所ウェブサイト平成24年(行コ)第102号が控訴を棄却））は、法律上許可を要さないにもかかわらず許可書がないことを理由としてなされた却下処分を取り消したが、申請書には不備が残ったままであるとして、義務付けの訴えを棄却した。なお、行政庁はこの

---

(90)　本件については脱稿後に詳細が判明したため、本書の議論においては検討の対象外となっている。不作為違法確認判決を受けて、被告三重県は不認可処分を平成28年8月5日付で行ったとのことである（筑紫圭一上智大学准教授による情報提供）。今後、第2次訴訟が提起される可能性もあるため、本件についての詳細な検討は他日を期すこととする。

不備を認識していたにもかかわらず許可書が要ると誤信して補正の機会を与えなかったという事情があったが、これについて裁判所は「処分行政庁が違法に補正の機会を付与しなかったからといって、補正する必要がなくなるものでないことは論を待たない」としている。

⑶　分離取消判決

　分離取消判決の事案として、原子爆弾被爆者に対する援護に関する法律に基づく被爆者健康手帳の交付申請却下処分の取消しと交付の義務付け、そしてそれを踏まえた健康管理手当支給申請却下処分の取消しと手当支給の義務付けがそれぞれ求められた事案において、長崎地判平成20年11月10日（判時2058号42頁）は、手帳交付却下処分の取消しと手帳交付義務付け、そして健康管理手当支給申請却下処分の取消しまでは認容したものの、健康管理手当の義務付けについては行訴法37条の3第6項前段を適用して、結論を出さなかった。その理由は、健康管理手当の支給を受けるためには法定障害を伴う疾病にかかっていることが要件であり、その認定のためには現段階の証拠関係では困難であり、また被告もこの点については何らの判断もしていないという状況であることから、健康管理手当の義務付けの訴えについては、審理の状況、現在の証拠関係に基づいて判断することが本件処分に関する紛争の迅速かつ適切な解決に資するということはできないからである、としている。

II　問題点の整理

1　分離取消判決

⑴　480円タクシー訴訟が浮き彫りにした問題点

　平成16年行訴法改正により、申請型義務付け訴訟を提起する場合において、取消訴訟等との併合提起が義務付けられたことから、裁判所は、義務付けの訴えについて結論を出す前に取消請求に理由があるとの心証を得た時点で分離取消判決を出すという選択肢も有している。そして480円タクシー訴訟や三鷹市耐震性調査資料開示請求事件等において、分離取消判決が現実に下されている。もっとも、480円タクシー訴訟の審理から、分離

取消判決の様々な問題が浮かび上がった。[91]

　まず最初に、分離取消判決をいつ下すべきかという問題がある。すなわち、本件において大阪地裁は、それが「迅速な争訟の解決」に資するという考えから分離取消判決を下しているものの、具体的な事案の経緯を見る限り、果たして「迅速な争訟の解決」に資する結果になったのか疑問があるところであり、分離取消判決ではなくその時点ないしはその後審理を尽くして義務付け判決を下すべきではなかったかという問題がある。そこで、分離取消判決をいつ下すべきかが問題となる。

　また、分離取消判決が下された場合において、行政庁は「判決の趣旨に従い」再度処分を行う必要があるところ（行訴法33条2項）、行政庁がどの範囲で拘束されるのか、通常の取消判決における拘束力（同条1項）と同様に考えるべきか、それとも別異に考えるべきかという問題が生じる。本件において、第2次訴訟第一審判決と第2次訴訟控訴審判決の間でこの問題に関する見解が分かれており、検討の参考になる。

(2)　分離取消判決をいつ出すべきか

　行訴法37条の3第6項は、裁判所は、審理の状況その他の事情を考慮して、同条3項各号に定める訴え（申請却下処分等の取消訴訟等）についてのみ終局判決をすることがより迅速な争訟の解決に資すると認めるときは、当該訴えについてのみ終局判決をすることができるとして、分離取消判決を規定する。480円タクシー事件第1次訴訟第一審判決は、「この規定の趣旨は、申請却下処分等の取消訴訟等が判決をするのに熟しているにもかかわらず義務付けの訴えに係る請求に理由があるか否かについての審理を続けた場合、当該義務付けの訴えに係る処分等の内容の専門性、技術性等のため審理が遅延し迅速かつ適切な救済が得られない場合が考えられることから、同条4項の規定の例外として、取消訴訟等についてのみ終局判決をすることができるとしたものであると解される」としており、分離取消判決を下すべき場合は、「当該義務付けの訴えに係る処分等の内容の専門性、

---

(91)　なお、第5章以下で後述する本書の立場からすれば、本件の事案において分離取消判決を選択することそのものにも疑問をさしはさむ余地がある。しかし、前述の時代背景からすると分離取消判決自体が画期的であったことに留意されたい。

技術性等のため審理が遅延し迅速かつ適切な救済が得られない場合」であると考えているようである。その上で、当該事案について「本件義務付けの訴えについては、当該訴えに係る請求に理由があるか否かについての判断に必要かつ十分な主張、立証が尽くされていないところ、本件義務付けの訴えについて審理を続けた場合、本件認可申請に対する判断の専門性、技術性等や立証の困難等のためその審理が遅延し、迅速かつ適切な救済が得られないおそれがあると考えられる。また、現在の主張、立証状態に基づいて本件義務付けの訴えに係る請求を棄却する旨の判決をするのが本件却下処分に関する紛争の迅速かつ適切な解決に資するということもできない。他方で、国土交通大臣ないしその権限の委任を受けた近畿運輸局長は、道路運送法9条の3の規定に基づく一般乗用旅客自動車運送事業の旅客の運賃及び料金の設定又は変更に係る認可権限を有する者として、専門的、技術的な知識経験を有し、判断の基礎となる事情に精通しているものと考えられる」として分離取消判決を下したが、上記で説明した経緯の通り、行政庁は必ずしも大阪地裁の意向に沿うとはいえない第2次却下処分を行い、それに対する第2次訴訟が提起されるという事態が生じている。つまり、ある意味では、分離取消判決が「迅速な争訟の解決」に資さない事態が生じており、分離取消判決ではなくその時点ないしはその後審理を尽くして義務付け判決を下した方が「迅速な争訟の解決」に資する結果になったのではないかという批判も可能である。そこで、分離取消判決をいついかなる場合に下すべきかという点は、理論上のみならず実務上も大変重要な問題といえる。

(3) 分離取消判決後の再度の却下処分に対する第2次取消訴訟

480円タクシー事件の第2次訴訟においては、もともと係属していた義務付け請求の訴訟要件としての行訴法37条の3第1項2号の要件および同条3項により併合して提起される「訴えに理由があること」の（併合された）「訴え」を、当初の拒否処分に対する取消訴訟ではなく、再拒否処分の取消訴訟と理解した。第一審判決においては請求が認容されたためにこの問題は顕在化しなかったものの、控訴審判決は取消請求を棄却したために、当初から係属していた義務付けの訴えは却下された。この取り扱いが、平

成16年改正行訴法の趣旨に照らして相当であるかが問題となり得る。
(4) 分離取消判決の基準時

　第2次訴訟第一審判決と第2次訴訟控訴審判決では、第1次判決の判示のうちどこまでが拘束力を有する部分であるのか、見解が分かれた。問題になった箇所は、訴訟中に裁判所が示した判断枠組を前提に、処分時以降の状況に関する資料に基づいて判断した部分である。

　第1次判決は、条文解釈にあたっての判断枠組を提示し、審査基準公示の合理性を個別審査の可能性があるとして認定し、個別審査の判断枠組を提示した。その後で、処分時以降である平成17年12月前後の事情を基準に当てはめて判断をしている[92]。そこでは、「事業を運営するのに十分な能率を発揮して合理的な経営をしている場合において必要とされる原価を償わないものであると即断することはでき」ず、不当な値下げ競争を引き起こす「具体的なおそれがあると直ちに推認することはできない」として、第1次判決時点で収集、提示された資料からだけでは拒否事由該当性をもたらす要素が認定できないことを示している。

　しかし、この部分には複数の問題があると指摘されている[93]。第1に、申請却下処分の取消訴訟としては、法的観点の指摘と法解釈を踏まえた判断枠組での総合考慮義務を判示したことで足りるのではないか、という疑念がある。第2に、この部分で認定の根拠に使われている事実の一部は本件却下処分が下された平成16年2月13日以降の事実であるため、処分時の事実状態ではなく判決時の事実状態を基礎に置いていることである。第3に、上記に引用した拒否事由該当性は、行政処分の理由には含まれていない部分であって、裁判所の法解釈によって導き出された考慮事項についての判断である[94]。

---

(92) 判タ1252号189 (217-218) 頁。
(93) 日野辰哉「タクシー運賃認可却下処分をめぐる取消判決の拘束力の範囲に関連付けて国賠法上の違法性が認められた事例」早稲田法学86巻4号 (2011) 323-342 (335-339) 頁。
(94) 日野・前掲注(93)336頁は、「行政は処分時には存在しない事実 (……) に基づいて裁判所が判示した法解釈に沿うように主張を再構成していると解される」と指摘する。確かに、本件での理由付記は適用法条を示しただけ (判タ1252号189 (194) 頁) の杜撰なものであり、被告の主張が訴訟過程中で練り上げられたものであることは推察できる。ただ、被告の主張からは処分時の事情は見受けられない (判タ1252号189 (195-200) 頁)。

II 問題点の整理　73

　このように、第1次判決は、単なる取消判決と見るべきなのか、それとも取消判決の枠を超えた部分についてまで判示したものと評価すべきなのか悩ましい箇所が複数ある。取消判決を支える理由を超えて判断している上、取消訴訟の違法性判断の基準時が処分時であるという通常の理解からもかけ離れているように見えるからである。このような、単なる取消判決と見た場合の違和感は、第2次訴訟において第一審判決と控訴審判決が第1次判決の拘束力について異なる理解を示したことにつながる。

　第2次訴訟第一審判決は、「前判決の段階で主張立証されていた事情のみでは……具体的なおそれが認められないということも、その説示内容から明らか」とした上で、運賃査定基準の不合理性の指摘と義務的考慮事項（収支率、運賃の最低ライン）の重み付けを誤っていることを理由に、拘束力違反であるとした。しかし、第1次判決は運賃査定基準の合理性を肯定しているし、考慮事項については列挙するのみで重み付けまでは行っていない、という指摘がなされている。

　これに対して第2次訴訟控訴審判決は、第1次判決による却下処分の取消理由を「総合判断をしないまま、その手前で別の理由によって却下したこと」であると理解し、その範囲についてのみ取消判決の拘束力が発生すると考えた。すると、第1次判決が示した個別の拒否事由該当性についての判断は拘束力を持たない。

　日野辰哉は第1次判決について、「差戻し後の行政庁の判断過程における裁量権行使を限定しより迅速な紛争解決に資するために、あえて踏み込んだ判断を示したが、拘束力の客観的範囲を超えていたことから、取消訴訟の審理・判決のあり方から見ると、やや勇み足の感があったとの評価になる（中断された義務付け訴訟の審理・判決のあり方からは別の評価もあり得よう）」と評している。第1次判決はそもそも通常の取消訴訟ではなく、申請型義務付け訴訟と併合提起された取消請求についての分離取消判決であること

---

(95)　判時2071号20（37）頁。
(96)　判時2071号20（37-38）頁。
(97)　日野・前掲注(93)338-339頁。
(98)　日野・前掲注(93)341-342頁。

を、どのように位置付けるかが課題である。

(5) 和解を念頭に分離取消判決を下したことへの評価

　480円タクシー訴訟第1次判決後の経緯からもわかるように、第1次判決が分離取消判決を下した際には、和解的解決が念頭に置かれていた可能性がある。このような分離取消判決を行政訴訟における和解のための手段として利用することへの評価は、行政訴訟における和解についての考え方とも関連して、問題となり得るだろう。

　ただし、本件における特殊事情として、将来の適法化が見込まれる事案だったことに留意が必要である。すなわち、当時、原処分を適法にする方向での法改正が見込まれており、被告行政庁として、和解に応じるインセンティブがあまりない事案だったともいえるだろう。

(6) 分離取消判決の拘束力の範囲

　480円タクシー訴訟第1次判決の分離取消判決については、当該判決の判示のうち、どの部分に拘束力があるかも問題となる。すなわち、分離取消判決たる同判決の主文は「近畿運輸局長が平成16年2月13日付で原告に対してした一般乗用旅客自動車運送事業に係る旅客の運賃及び料金の変更認可申請を却下する旨の処分（平成16年近運自二第1077号）を取り消す」というものであるところ、その結論を直接基礎付けるのは、原処分の違法性に関する判断部分に過ぎない。しかし、その「判決の趣旨」（行訴法33条2項）は、単に原処分が違法であるとした理由付けだけなのだろうか。たとえば、義務付け判決ではなく分離取消を選択した理由部分については拘束力が及ばないのだろうか。

　この点がより大きな問題となるのは、もう一つの分離取消判決である、三鷹市耐震性調査資料開示請求事件の判断である。同判決は、原処分が違法とした理由として主に理由付記の違法を指摘しており、理由付記部分のみが「判決の趣旨」として拘束力を持つようにも思われる。しかし、そこにしか拘束力がなければ、せっかく裁判所が、「所論に鑑み」できる限り実体違法についても審査をした意味がなくなってしまうように思われる。すると、実体違法についても可能な範囲で審理したものの、法人等情報の該当性については判断枠組を提示するに至ったが、最後まで決めきれなか

ったという、(義務付け判決ではなく)分離取消しを選択した理由部分についても拘束力を認めることが必要なのではないかが問題となる。

2　基準時の問題
(1)　480円タクシー訴訟

480円タクシー訴訟では、分離取消判決である第1次判決において処分時以降の判断をもとにした判示があり、基準時の問題を提起していたことは前述の通りである。また、第2次訴訟においては、第2次訴訟第一審判決後に法改正がなされたため、第2次訴訟第一審の判決時の法状態と、控訴審の判決時の法状態が異なっていた。

第2次訴訟控訴審は取消請求を認容しなかったが、仮に控訴審段階で取消請求が認容されたとすると、問題になるのは義務付け訴訟の基準時である。判決時であるとすると、改正法と改正後の審査基準公示が適用されることになるが、その場合は審査基準公示の趣旨が改めて問題になる。改正後の審査基準公示は、個人タクシー事業者に対する別異の取扱いの中でも従来の運賃を下回る変更を認めていない。そのため、第1次判決のような「個別的審査を排除するものではない」という理由での合理性認定はできず、当該条項の合理性の審査を直截に行うことになるだろう。また、この時点で新たな審査基準公示に従って判断すべきこととなれば、そもそも第1次判決が平成12年改正法の趣旨から導き出した判断枠組はその根拠を失うことになり、それに基づいて行政が行った総合考慮も新法との関係では意味がないことになる。この場合、取消請求が認容されても、改正法の下では再度却下処分が出ることになると考えられる。

(2)　障害者居宅支援費訴訟

鈴木訴訟では、平成18年4月1日の障害者自立支援法の施行日に、支援費の支給根拠規定が身体障害者福祉法から障害者自立支援法に切り替わったため、施行日をまたいでいる支給決定に対する移行規定の適用が問題となった。

第1次鈴木訴訟では、移行規定の解釈から、取消訴訟の訴えの利益が否定されている。理由付けとしては、家永教科書第2次訴訟上告審(最判昭

和57年4月8日民集36巻4号594頁）を参照して、「拒否処分の取消しの結果行政庁が当初の申請に対し改めて許否の決定をすべき拘束を受けることとなっても、既に何らかの理由によって適法にこのような許可等の処分をすることができず、ひいてはこれによる法律上の地位の取得自体が不可能となるに至ったと認められるような事由が生じた場合には、許可等の処分を受ける可能性の回復を目的とする拒否処分の取消しを求める訴えの利益もまた、失われるに至ったものといわなければならない」との一般論を述べた上で、「処分行政庁は改めて原告が本件訴えにおいて求めている処分をする法律上の根拠を失っており、これによる法律上の地位の取得自体が不可能となるに至ったといわざるを得ない」としている。

類似判例として、船引町支援費訴訟[99]がある。そこでは「経過規定は、居宅支給決定身体障害者が改正法の施行日前に受けた指定居宅支援について、施行日後であっても同様に居宅生活支援費を支給するという趣旨であって、障害者自立支援法の施行後も旧身体障害者福祉法17条の5第2項による居宅支給決定を行うことができるとするものではない」と判示されている[100]。

第2次鈴木訴訟は、施行日以後のみなし決定部分については、みなし支給決定自体を対象とする審査請求および取消訴訟の提起は予定されていないとした。その理由としては、みなし規定による決定は処分行政庁の現実の行為として行われたことではないこと、旧身体障害者福祉法下での申請が障害者自立支援法での申請とみなされるわけではないから対応する申請がないこと、新しい処分をなす権限がないこと、施行日以降の介護給付費にかかる支給量に不服がある者は障害者自立支援法24条の変更申請（それが拒否された場合は審査請求、取消訴訟）で争うことができることを挙げている。

これらの判決に対し、施行日以前から施行日以前の支給決定を争って施行日後に判決が出たにもかかわらず、この問題に触れないまま取消判決をした大阪ホームヘルプサービス不支給事件もある[101]。

---

(99) 福島地判平成19年9月18日賃社1456号54頁。
(100) これについて賛成する評釈として、中野妙子「生活保護の受給を勘案した支援費支給決定の適否」ジュリ1364号（2008）158-161 (158) 頁。
(101) 大阪高判平成19年9月13日賃社1479号63頁。

第1次鈴木訴訟、船引町支援費訴訟、第2次鈴木訴訟の移行規定の理解に従うと、この改正によって施行日以前の処分については争うことがもはやできなくなり、施行日以降のみなし決定については対応する申請も権限も消滅しているので、みなし決定だけが独立に存在し、不服を申し立てるには再度変更申請からやり直すということになる。これに対しては不服の対象も当事者の構造も変わらないことから不合理であるとの批判がある。[102] つまり附則36条が「なお従前の例による」とした趣旨を、その効果だけが引き継がれると見るのか、それとも処分権限も処分に対する不服も全て引き継ぐものと見るかの争いである。処分の効果だけが残存して処分権限が消滅するとなると、「同様に同じ附則34条で削除された支給量の変更（身体障害者福祉法17条の7）および支給決定の取消（17条の8）についても同様に障害者自立支援法の施行後は行い得ないことになるが、支給決定を受けていた身体障害者が他市町村に転出していたのを看過していたような場合であっても、支援法の施行後は取り消せなくなってしまうという不都合が生じる」との指摘もある。[103]

そもそも、家永教科書第2次訴訟上告審自体が、例外的に訴えの利益が残る可能性を認めているため、その射程も問題となる。処分後判決前に学習指導要領の変更がなされたとしても、その程度によっては、旧審査基準の下における検定を経た教科書をそのまま使用させ、あるいはこれにつき新審査基準による改訂検定を経て部分改訂をしたものを使用させることとしても、必ずしも教科書検定の趣旨、目的に反せず、諸般の事情からしてそれが最も合理的と認められるような場合も想定されないではなく、その場合には例外的に訴えの利益が残るとして、本件がこの例外的場合にあたるかの審理を尽くさせるため、原判決を破棄し、差し戻している。[104] 鈴木訴訟では「従前の例による」ため、根拠規定が変動しただけであって審査基

---

(102) 交告尚史「第二次鈴木訴訟意見書」賃社1527号13-19（14）頁、原田啓一郎「移動介護料の一律上限を定めた要綱に基づく障害者支援費の支給決定の違法性」賃社1439号（2007）14-21頁。
(103) 田中達也「障害者施策によるホームヘルプサービスと介護保険制度による訪問介護との適用関係」賃社1479号（2008）54-62（60）頁。
(104) 最判昭和57年4月8日民集36巻4号594（603-604）頁。

準には実質的な変更はないから、家永教科書第2次訴訟上告審の基準に当てはめるとむしろ例外にあたるような事案ではないかとも考えられる。

(3) 新宿七夕訴訟

　新宿七夕訴訟の原告は口頭弁論終結時までの間に別の地方公共団体において開始決定を受けており、判決時を基準とすると、新宿福祉事務所の所管区域内に居住地を持つ者でもなく、居住地がないまたは不明な者でもない。そのため、処分行政庁は、原告について保護の実施責任を有しておらず、義務付け判決を受けたとしても、申請に対する保護の決定をすることができないのではないかという疑問が生じ得る。さらに、現在の最低限度の生活を維持するのに必要な限度を超えて、過去の生活保護に遡って保護を実施する必要があるのかという疑問もある。しかし、判決はこれらの点につき、二つの理由で丁寧に反駁している。

　一つは、生活保護法の保護がただ生存することができる程度では足りず、健康で文化的な生活水準を維持するのに足りるものでなければならないから、生活保護開始請求権は保護を受けなくとも生存することができたという事情のみによっては消滅しないという理解である。もう一つは、過去の生活保護についての申請権および実施機関としての地位が消滅しているために過去の生活保護が受けられないとすると、適正な実施をしなかった保護の実施機関が要保護者の犠牲の下に利益を受けることになるが、それは生活保護法の目的に照らして容認することができない、という理由である。なお、国家賠償の訴えによることも考えられるが、公務員の故意過失が要求されるため、必ずしも十分な救済が受けられないことを指摘している。

　上記の理由から、同判決は、取消しの訴えの利益はいまだ失われず、義務付けの訴えにより生活保護開始決定を求めることも可能であるとしている。この二つの理由付けが、第1次鈴木訴訟での議論とどのように対応するかも検討しなければならない。

(4) 退去強制手続と在留特別許可に関する訴訟

　ⓐ 申請型・非申請型の理解と違法性判断の基準時　　中嶋直木は、在留特別許可に関する訴訟をガーナ人在留特別許可義務付け訴訟第一審判決の理解に従って申請型義務付け訴訟と理解すると、法務大臣等の裁決後に発

生した事情が織り込めなくなる不都合があると指摘する。すなわち、併合提起される法務大臣等の裁決の取消訴訟では違法性判断の基準時が処分時であり、後発的事情が織り込まれないことになってしまうというのである[105]。

この指摘に言葉を補うと、以下のような考えであると思われる。申請型義務付け訴訟は本案勝訴要件として、併合された訴えに理由があることを求めている（行訴法37条の3第5項）。併合された訴えである取消訴訟についての違法性判断の基準時を処分時と理解してしまうと、処分時に違法性がないこととなれば、申請型義務付け訴訟の本案勝訴要件である「併合された訴えに理由があること」を満たさなくなる。つまり、通例いわれている「義務付け訴訟は判決時」という理解が成り立たなくなるということである。

後発事情によって在留特別許可の発給を検討すべき状況になった場合には、「取消訴訟等を提起しても、勝訴することができないのであるから、このような場合には、上記取消訴訟等の提起によって目的を達することができないことは明らか」だとして、非申請型義務付け訴訟の提起を適法とする裁判例（東京地判平成17年11月25日裁判所ウェブサイト平成15年（行ウ）第429号）もある。このような見解に対しては、中嶋は上述した在留特別許可制度に関する「別個独立的理解」に立つものであると指摘している。つまり、非申請型と見るためには、法務大臣等の裁決ないし退去強制令書発付後にも在留特別許可の発給が可能だと理解していると見るほかなく、裁決時にしか在留特別許可を出す権限がないと理解してしまうと成り立たない解釈だからである。また、「法務大臣において、外国人の事実上の上申（いわゆる再審情願）に基づき、退去強制令書の発付後に生じた事由に基づいて在留特別許可を付与する実例も存在しており、口頭審理を放棄している外国人に対しても、在留特別許可が付与される余地がないとはいえないから、口頭審理を放棄している外国人であっても、退去強制令書の発付後に生じた事情の変更等を理由に在留特別許可の義務付けの訴え（非申請型）を提起することは可能であると解するのが相当である」として、実務慣行である[106]

---

(105) 中嶋・前掲注(68)(下)145頁。
(106) 名古屋地決平成19年9月28日裁判所ウェブサイト平成19年（行ク）第19号。

「再審情願」を根拠に事情変更による非申請型義務付け訴訟の提起を認める解釈を示した裁判例も紹介している。[107]

　これに対し、上述した在留特別許可制度に関し、あくまで「同居的理解」に立つ場合、非申請型義務付け訴訟に対して処分後の事情を考慮した義務付け判決を下すことについては、法務大臣等の裁決の効力との抵触が問題になる。事後的変動が生じた場合にも訴訟要件の充足性を否定する裁判例はこの点を理由としている。すなわち、在留特別許可を求めるためには、その前提として「裁決の撤回」が必要になり、裁決の取消しを求めず、単独に在留特別許可を求める訴えは「広義の訴えの利益を欠く」、「行政庁に法的権限のない処分を求めることにほかならない」として否定されている、という。そこで、「裁決の撤回」を義務付ける訴えと一緒に在留特別許可義務付け訴訟を提起している場合には、裁決の撤回それ自体については審理がなされていることを紹介している。[108]

　このような過去の裁判例が既に指摘してきた非申請型と理解した場合の問題点に加え、中嶋は、非申請型との理解に立つと、翻って退去強制手続の3段階の手続の関係につき、従来の裁判例がとってきた「分節的理解」ではなく、「一体的理解」に立つことになり、大きな枠組の変化が生じると指摘する。その理由は、「裁決」についての非申請型義務付け訴訟は法定されていないため、「分節的理解」が前提としている第3段階目の法務大臣等の裁決に「裁決性」を認めることと矛盾してしまうからだという。[109]

　以上、中嶋による検討を敷衍すると、在留特別許可の義務付け訴訟を申請型と理解するか、非申請型と理解するかの問題がある。そして、仮に申請型と構成すると後発事情の処理、すなわち違法性判断の基準時において困難が生じてしまう。他方、非申請型と構成すると通常は非申請型にのみ要求される要件である補充性がないために却下されることとなることが多いこと、ただし後発事情の発生がある場合においては非申請型義務付け訴

---

(107)　中嶋・前掲注(68)(下)148頁注60。
(108)　東京地判平成20年8月22日裁判所ウェブサイト平成20年(行ウ)第28号、中嶋・前掲注(68)(下)148-149頁。
(109)　中嶋・前掲注(68)(下)149-150頁。

訟を認める裁判例もあるが、その理由付けは複数あることが指摘されている。つまり、在留特別許可をめぐる議論は、申請権の有無で訴訟類型を区別する日本法のあり方についての試金石であると同時に、申請型義務付け訴訟における判断基準時の問題点をも浮き彫りにしている。

(b) **裁決および退去強制令書発付処分取消訴訟での基準時**　ペルー人家族裁決および退去強制令書発付処分取消訴訟では、処分後に不利な事情（母の無免許運転による有罪判決）と、有利な事情（長男については処分後に重大な脳疾患に罹患している事実）が明らかになった。本件は取消請求のみがなされている事案なので、これらを正面から考慮することは、従来の定式での「取消し＝処分時説」から逸脱することになる。そのため、「本件裁決（長男）の時点で、既に一定程度の大きさの腫瘍として存在していたものと推認することができる」、「事後的にその存在が明らかとなった以上、本件裁決（長男）の当時の事情として考慮すべき」と、処分時の事情を事後的な事実で推認する方法を採用している[110]。

在留特別許可に関する取消訴訟においては、しばしば処分時説を前提としつつ、処分後の事実から処分時に予測可能（または予測すべき）だったという論法を用いて、処分後の事情も考慮に入れるという手法が採用されている[111]。たとえば、在留特別許可を認めないこととした裁決の後に外国人が日本国内の大学に合格したという場合[112]において、被告行政側から控訴人春夫が日本国内の大学への進学を予定していたことや、控訴人春夫の大学合格といった事情は、不法滞在という違法状態の継続を前提として、仮放免という退去強制手続が終了するまでの一時的な状態において形成された事実に過ぎない上、本件裁決後の事情であることから、在留特別許可の許否を判断するにあたって積極的に評価すべき事情ではないという主張があったにもかかわらず、大阪高裁は「不法滞在という違法状態の継続については、

---

(110)　判時2088号70（71）頁の匿名コメントは「処分時説を前提としつつ、処分後の事実から処分時に存在した事実を推認するという手法を採ったもの」と評している。なお、同コメントによれば、判決後家族全員について在留特別許可がなされたという。
(111)　坂東雄介「外国人に対する在留特別許可における親子関係を維持・形成する利益」札幌学院法学29巻1号（2012）93-167（150）頁。
(112)　大阪高判平成20年5月28日判時2024号3頁。

控訴人春夫に帰責性が認められないのであるから、控訴人春夫を自ら違法状態を作出した者と同一視して、不法滞在という違法状態の継続中に築かれた事情という点を強調することは相当でなく、また、本件において、控訴人春夫に在留特別許可を付与するかどうかの判断については、あくまで、本件裁決時までの控訴人春夫自身の事情や同控訴人を取り巻く事情・環境等に基づいており、上記認定中の本件裁決後の事情についても、本件裁決時に予測可能な事情であり、かつ、本件裁決時までの控訴人春夫の性格や行状等の認定に資するものであって、本件裁決当時予測不可能な事後の事情を積極的に評価して、控訴人春夫に在留特別許可を付与すべきであるとする判断をしているものではない」として、あくまで処分時説を前提とした判断であることを強調している。

　しかし、本件のように、処分後に腫瘍が一定の大きさになったことで初めて自覚症状が現れ、病気であることが発覚したという事情において、自覚症状が現れる前の時点で一定程度の大きさがある腫瘍だったと予測可能あるいは予測すべきであった、というのは非常に擬制的な判断である[113]。同じ問題は、裁決時以後の法律違反を捉えて、裁決時における原告妻の遵法精神をうかがい知るというところにも現れている。この２点についての判断は、取消訴訟ではあるが判決時の全事情を織り込んでいるかのように見える。

　本件の最大の疑問は、なぜ取消訴訟であるにもかかわらず義務付け訴訟であるかのような判断をすることに追い込まれたのだろうか、という点にある。裁判例上通説である考え方、すなわち、退去強制手続と在留特別許可の関係について「同居的理解」に立った上で、非申請型義務付け訴訟であると理解すると、通常は補充性がなく排斥される。そのため、原告の選択としては単純に裁決の取消訴訟を提起すべきことになる。ここで、仮に「非申請型の義務付け訴訟を併合提起しなかったのであるから、後発事情の発生について全く考慮しない」という考えをとると、後発事情の発生に

---

(113)　坂東・前掲注(111)152頁も、「結論は支持できるが、原告長男の病気の要素を入れた結果、理論的な説明が苦しい判決が出来上がった」と批判して、義務付け訴訟の提起を検討している。

ついては「裁決の撤回」を求める非申請型義務付け訴訟を提起すべきことになるが、それはあまりに技巧的に過ぎると考えたのであろうか。

　以上のように考えると、申請型・非申請型の義務付け訴訟のみならず、取消訴訟についても、違法性判断の基準時の意義を再論する必要性があることがわかる。

3　原告による救済内容の特定

　さらに、原告による救済内容の特定という問題も重要な問題として浮かび上がってきた。

　たとえば、障害者居宅支援費訴訟（第2次鈴木訴訟と石田訴訟）における争点は、障害者自立支援法に基づく居宅介護支援費や重度訪問介護支援費の支給量の認定であるところ、法令上、当事者には支援費の給付を受けるための手続を開始してもらう利益は保障されているものの、どのような内容の給付が受けられるかについては行政による認定を待たなければならないことから、義務付け訴訟において原告が具体的な給付の内容について主張することには困難が伴う。また、新宿七夕訴訟では、保護を行うべきことを前提に、当事者が保護の内容および方法として居宅支援とすべきであると争ったことから、このような具体的な保護の内容の特定・設定が問題となった。さらに石田訴訟においては、いわゆる一部認容を行っており、ある意味では、原告の特定した救済内容とは異なる救済が命じられている。

(1)　障害者居宅支援費訴訟

　障害者支援費給付をめぐる鈴木訴訟と石田訴訟においても、実体法上の権利・利益の存否が潜在的に問題であった。

　第1次鈴木訴訟では、障害者自立支援法制定以前の旧身体障害者福祉法下での、第2次鈴木訴訟と石田訴訟においては障害者自立支援法に基づく居宅介護支援費や重度訪問介護支援費の支給量の認定について争いが生じている。給付の手続の開始は申請（障害者自立支援法20条）であるが、申請書には支給量についての記載はない。支給量が決定されるのは障害者自立支援法20条2項による面接調査と同法21条による支給程度区分の決定を経た後の支給要否決定（同法22条1項）の時点である。つまり、原告には支援

費の給付を受けるための手続を開始してもらう利益は保障されているものの、どのような内容の給付が受けられるかについては行政による認定を待たなければならない。これは社会福祉行政にはよく見られる性質である[114]。そして、法は支給決定において個別の障害者にかかる勘案事項を勘案すること以外は定めていないので、どのような支給をなすべきかは各市町村の合理的裁量に委ねられている。このため、第1次鈴木訴訟の裁判官は当初、申請型義務付けの訴えであるのか、それとも非申請型のそれであるかを迷っていたと伝えられている[115]。

(2) 新宿七夕訴訟

新宿七夕訴訟では、裁判所は保護の必要性と保護の内容および方法について区別して判断をした。そして、保護の必要性を肯定した上で、保護の内容および方法が居宅支援であるかどうかについても判断した。その上で、保護の方法を居宅支援にしない判断には裁量性があるとしつつも、本件においては居宅保護の方法によらないことが裁量権の範囲を超えまたはその濫用となると判断された。

(3) 石田訴訟

本件においては、原告が「処分行政庁は、原告に対し、重度訪問介護の支給量を1か月744時間（うち移動介護124時間）とする障害者自立支援法に基づく介護給付費支給決定をせよ」という請求をしたところ、裁判所は処分の時期に応じて「1か月470時間以上478時間以下」、「1か月495時間以上744時間以下」、「1か月500.5時間以上744時間以下」の処分を命じる義務付け判決を下した。

本判決は「処分行政庁が、原告に対し、重度訪問介護の支給量を、1日24時間介護を前提とした1か月744時間とする介護給付費支給決定をしないことが、裁量権の逸脱濫用になるとは認められない」としており、原告

---

(114) 石崎誠也「社会福祉行政上の処分と義務付け訴訟の機能」法時79巻9号（2007）22-27（23）頁。ほかにも、生活保護決定、労災給付決定、介護保険法上の要介護認定等が挙げられている。なお、鈴木訴訟の原告代理人である藤岡毅弁護士への聞き取り調査によると、本件申請書には支給量についての時間を記入する欄はなかったので、付記する形で希望受給量を記載したとのことである。

(115) 石崎・前掲注(114)24頁。

の救済内容の特定責任を厳しく解すれば、原告の措定した「一定の処分」をすることが法令上義務付けられているとはいえないことから、請求を全部棄却することも選択肢としては考えられたところである。しかし、裁判所は、上記の通り、原告の措定した「一定の処分」とは異なる内容を義務付ける手法をとっており、その意味では、裁判所が救済内容の特定に後見的に関与している判決とも評することができる。

なお、本件において、裁判所は、原告代理人に対し請求の趣旨に関する求釈明を通じて、その趣旨が「744時間でなければ請求を全部棄却して欲しい」というものではなく原告としても744時間以下の裁判所が相当と考える時間を認定する義務付け判決を予備的に求めるというものであることを確認している。そこで、裁判所による救済内容の特定の事案というよりは、いわゆる量的な一部認容判決であると理解することも可能である。

4　裁判所による救済内容への言及

義務付け判決というと、裁判所が、単純に具体的な行政処分を措定しそれを行うよう行政に対して命令するものをイメージする読者もいるかもしれない[116]。しかし、上記の裁判例を見ると、そのような理念型とは異なるものが少なくない。裁判所の判断の中には、行政庁が義務付け判決を踏まえて再度検討を行い新たな行政処分を行うという、後続の行政過程を踏まえ、判決の中で、行政庁の行うべき処分について一定の「幅」を持った救済内容に言及するものがある。

たとえば、ガーナ人在留特別許可義務付け訴訟においては、在留特別許可を行うべきではあるものの、在留特別許可に伴い与えられる在留資格の内容については一定の範囲を示すにとどめている。また、石田訴訟においては、重度訪問介護支援費の支給量の認定において、支給量につき「幅」を持って認定した。さらに、480円タクシー事件第 2 次訴訟においても、原告の申請した運賃の認可自体は義務付けるものの、認可に伴いどのような附款を付すべきかについては、行政庁の裁量に委ねられる旨付言してい

---

(116)　本書で紹介した裁判例でいえば、宅地建物取引業法の営業保証金取戻請求に関する最判平成28年 3 月31日判タ1425号116頁などが典型である。

る。
(1)　ガーナ人在留特別許可義務付け訴訟

　質的な「幅」を認めたように思える判決がある。それはガーナ人在留特別許可義務付け訴訟第一審判決である。

　ガーナ人在留特別許可義務付け訴訟第一審判決は、主文では許可を与えるべきこととし、判決の理由中で処分内容に関し行政裁量がある旨を明示した。具体的には入管法50条2項および同法施行規則44条2項により在留資格の選択の余地（「日本人の配偶者等」か「永住者」か）、それに伴う在留期間の選択の余地（前者につき「3年」か「1年」、後者につき「無期限」）を示している[117]。本件では原告は申請型義務付け訴訟として在留特別許可をなすことを義務付けることを請求の趣旨としており、原告の主張は、原告と日本人女性とが継続的かつ真摯な意図に基づく内縁関係にあることを看過しているのは違法である旨であったから、その主張に沿う一定範囲内とすべきことを述べている。この事件も、「申請」の内容によってどのような条件での在留特別許可を求めることができるかが確定しているわけではない。しかし、裁判所が一定の範囲を示すことで、行政に対し、認定事実に沿った合理的な裁量行使を促そうとしている。

(2)　石田訴訟

　石田訴訟第一審判決では、原告が24時間介護に足りる支給量を求める義務付け請求をした。これに対して、裁判所が請求の趣旨を求釈明の上で解釈して、処分が決めた支給量を超える給付の義務付けを求める趣旨と理解した。そして、それを受けて「幅」のある義務付け判決を実際に下している。平成16年改正行訴法の要件としての「一定の処分」は原告の請求定立の場面と、判決の内容についての場面の2か所に登場するが、石田訴訟では原告が当初主張した一定の処分と、裁判所が最終的に認容した処分の内容が異なっている。しかも、一定の「幅」を持たせて、社会福祉における受給者の権利擁護のあり方に一石を投じた[118]。

---

[117]　判時2013号61（68）頁。
[118]　金川めぐみ=大曽根寛「障害者への自立支援給付に関する義務付け判決の意義と課題」賃社1537号（2011）4-12（9）頁はこの点を高く評価している。

石田訴訟第一審判決の判断は、あくまで口頭弁論終結時に本件訴訟に現れた事情を総合考慮し、裁量権の逸脱濫用になる支給量の範囲を判断したものであり、下限の「1か月470時間」という数字は、適正な支給量を裁判所が算定したものではないことに留意が必要である。このような判決を受け、処分行政庁は、障害者自立支援法1条の目的に適合するように、月470時間以上478時間以下の範囲で、より適切な支給量を算定しなければならない。

(3)　480円タクシー訴訟

　480円タクシー事件第2次訴訟第一審判決では、求められた処分は運賃変更認可であるから、法的仕組み上、原告の申請内容が処分の内容を決める。しかし、裁判所は「（ただし、本件申請の認可に付すべき条件の有無及び内容については、なお近畿運輸局長の裁量判断にゆだねられるというべきである。）」という、付すべき附款の内容に関する括弧書きをつけている。この点の明示がなくとも附款を付すこと自体は可能であるから、この付言は無駄であるようにも思える。しかし、あえて意味があると理解すると、判決後の審理について柔軟な運用への配慮を示した部分であると考えられる。[119]

5　義務付け訴訟における審理の順序

　行訴法37条の3第5項は、義務付け訴訟の本案勝訴要件として「義務付けの訴えが第1項から第3項までに規定する要件に該当する場合において、同項各号に定める訴えに係る請求に理由があると認められ、かつ、その義務付けの訴えに係る処分又は裁決につき、行政庁がその処分若しくは裁決をすべきであることがその処分若しくは裁決の根拠となる法令の規定から明らかであると認められ又は行政庁がその処分若しくは裁決をしないことがその裁量権の範囲を超え若しくはその濫用となると認められるときは、裁判所は、その義務付けの訴えに係る処分又は裁決をすべき旨を命ずる判決をする」と規定する。ここでは、「同項各号に定める訴えに係る請求に理由があると認められ」ること、すなわち、取消訴訟が併合提起されてい

---

(119)　横田・前掲注(6)109頁。

る場合においては、取消訴訟の本案勝訴要件が満たされていることが、義務付け訴訟の本案勝訴の前提となっている。すると、理論的には、取消訴訟を先行して審理し、その結果、取消判決を下すべきという心証を形成した後で原告の主張する処分を行うことが義務付けられているかという、義務付け訴訟固有の審理を行うということになるだろう。

　ところが、実際の訴訟を見ると、このような取消訴訟の審理と義務付け訴訟の審理について明確な区分を行わず、一体として違法性を検討しているように思われ、むしろ義務付け訴訟を先行して審理しているように見える。

　たとえば、石田訴訟第一審判決は、取消訴訟の違法性判断枠組としての裁量権審査と義務付けの訴えにおける支給量の算定とを一応分けて行っているのに対し、その控訴審においては、争点(2)（本件各決定について裁量権の逸脱濫用があるか）と争点(4)（義務付けの訴えが本案勝訴要件（行訴法37条の3第5項）を具備するか）について、同じ項で判断した。そして、その判断においても、まず「市町村が行う支給要否決定並びに支給決定を行う場合における障害者福祉サービスの種類及び支給量の決定が裁量権の範囲を逸脱し又は濫用したものとして違法となるかどうかは、当該決定に至る判断の過程において、勘案事項を適切に調査せず、又はこれを適切に考慮しないことにより、上記の各決定内容が、当該申請に係る障害者等の個別具体的な障害の種類、内容、程度その他の具体的な事情に照らして、社会通念上当該障害者等において自立した日常生活又は社会生活を営むことを困難とするものであって、自立支援法の趣旨・目的（自立支援法1条）に反しないかどうかという観点から検討すべきである」として、裁量の逸脱・濫用の審査枠組を設定し、その上で、24時間介護を認めなくても裁量の逸脱濫用とはならないことを述べた上で、「想定可能な介護計画に基づく必要な基本時間」を独自に算定し、「本件各決定は、いずれも基本時間を1か月558時間を下回る時間数としているから、その限度において、1審被告が考慮すべき、自立支援法22条、1項所定の勘案事項である『障害者等…の心身の状況』（本件規則12条1号）を適切に考慮せず、その結果、裁量権の範囲を逸脱濫用したものと認められる」として、取消訴訟における違法性判断と、義

務付け訴訟における「一定の処分」の内容を同時に判断しているのである。

　このような観点からすると、取消訴訟の結果を踏まえて義務付けの判断をしているというよりは、義務付け訴訟についての結果を先取りしているという可能性もあるのである。そして、特定の処分（典型的には被告行政庁が拒絶した処分）の義務付けをすべきであると裁判所が判断する場合においては、その判断の中に、それと異なる被告処分庁の原処分を取り消すべきという判断が含まれているといえるだろう。

　このような審理方法が、平成16年改正行訴法制定時の議論では前提とされていたのか。また、多様な判決類型との関係で、どのように説明されるべきか。本書では、第3章・第4章において、この問題を取り上げる。

第 2 章

ドイツにおける義務付け訴訟の成立と発展

　本章においては、ドイツにおける義務付け訴訟とこれに対応する判決類型がいかなる過程を経て成立し、発展していったのかを分析的に跡付ける。具体的には、第二次世界大戦直後の分割占領期に制定された行政裁判法・行政裁判に関する軍令から始まった義務付け訴訟制度が、現在の条文構造にたどり着くまでの間に、どのような変遷や対立を経験したのかを明らかにすることを試みる。

I　本書におけるドイツ法研究の位置付け

　ドイツの現行法である連邦行政裁判所法では、義務付け訴訟の判決内容に関する規定は113条5項に置かれている（1）（本条項の沿革については本章 II‐1(1)および2(1)において詳述する）。

> 113条5項1文　　行政行為の拒否又は不作為が違法であり、原告がそれによって自己の権利を毀損されているときは、事案が判決に熟している場合（wenn die Sache spruchreif ist）には、裁判所は行政庁に対して、請求された職務行為を遂行することを義務付ける判決を下す。
> 2文　　その他の場合〔訳者注：事案が判決に熟していない場合〕は、裁判所は、原告に向けて裁判所の法解釈を顧慮して判断を下すべきことを行政庁に義務付ける判決を下す。

　1文は特定行為義務付け判決（Vornahmeurteil）、2文は決定義務付け判決（Bescheidungsurteil）と呼ばれている。この二つの違いに筆を進める前

（1）　Verwaltungsgerichtsordnung in der Fassung der Bekanntmachung vom 19. März 1991（BGBl. I S. 686), die zuletzt durch Artikel 3 des Gesetzes vom 21. Dezember 2015（BGBl. I S. 2490）geändert worden ist.

に、後者についての訳語選択について私見を述べておきたい。本書にとっては Bescheidungsurteil の訳語がもたらすイメージが決定的な意味を持つからである。

　従来は Bescheidungsurteil の訳語として、「指令判決」の語を用いるのが一般的であった。しかし、山本隆司は外国法制研究会委員としての報告以降「再決定判決」(2)あるいは「再決定義務付け判決」(3)という語を用いている。その理由は、Bescheidung という原文からは「指令」という語がもたらす「行政庁に対する裁判所からの命令」という意味合いは読み取れず、むしろ当初の拒否処分において判断した申請に対する再決定を促すという語感であるという点にあると思われる。興津征雄も(4)、Bescheidung に指令という意味がないこと、当該判決により行政庁が「原告に対して」決定を行うことを義務付けられること、ドイツの制度に通じていない読者にとっても判決内容が理解しやすいことを考慮して、「再決定義務付け判決」の語を採用している。

　しかし、本書では Bescheidungsurteil の Bescheidung は、必ずしも「再度の決定」を意味しないことを重視して、「決定義務付け判決」という訳語を採用する。現行法である連邦行政裁判所法は作為（拒否処分）と不作為を区別していない上、行政行為の発令を求める申請から3か月が経つと、処分がなされていなくても、また、異議前置手続を経ていなくても提訴が可能である（連邦行政裁判所法75条）ことから、不作為の場合には、一度も決定（拒否決定・異議決定）がなされていないにもかかわらず Bescheidungsurteil が下されることになる。これを「再」決定と呼ぶことは適切ではないだろう。

　そして、より実質的な理由として、沿革上の問題がある。後述するようにアメリカ占領地区の行政裁判法において明文上認められていたのは不作為の義務付け訴訟に対する Bescheidungsurteil のみであった。拒否処分

（2）　山本隆司「行政訴訟に関する外国法制調査―ドイツ㊤」ジュリ1238号（2003）86-106（91）頁。
（3）　山本隆司「義務付け訴訟と仮の義務付け・差止めの活用のために㊤㊦」自研81巻4号（2005）70-103頁、81巻5号（2005）95-120頁。
（4）　興津征雄『違法是正と判決効』（弘文堂、2010）312頁注153。

に対する Bescheidungsurteil が明文上認められていない以上、その当時に限れば「決定義務付け判決」としか表現しようがない。不作為にしか認められていなかった Bescheidungsurteil が、拒否処分が先行する場合にも認められていく過程こそが、現在の連邦行政裁判所法における義務付け訴訟を特徴付けているのである。そこで、本書では拒否処分が先行する場合と拒否処分が先行しない場合を区別する立場においても区別しない立場においても中立的に用いることができるという点を理由として、Bescheidungsurteil には一貫して「決定義務付け判決」という訳語をあてる。

特定行為義務付け判決と決定義務付け判決の区別は、「事案の成熟(Spruchreife)」の要件により画される。詳細については後述するが、現在の通説的な見解によれば、事案の成熟が認められる状態とは、裁判所が行政に対し、特定の行政行為を行うよう義務付けるにあたり、その特定の行政行為に関する全ての事実上・法律上の要件が充足していると裁判所が判断できる状態をいう。つまり、逆にいえば、事案の成熟が認められないという場合は、求められている行政行為を発令すべきか否か、あるいは、求められている行政行為の内容について、裁判所が決めきることができない場合を指すとされる。典型的には処分庁に行政裁量がある場合が挙げられる。この場合には、裁判所は、行政庁に対し、裁判所の法解釈を顧慮した

---

(5) 興津・前掲注(4)313頁注155が述べるように、Spruchreife にいかなる訳語を充てるかの選択においては、「裁判の成熟（Entscheidungsreife)」との区別可能性を考慮しなければならない。「裁判の成熟」とは、民事訴訟法（Zivilprozessordnung, ZPO) 300条1項が終局判決の要件として要求している「訴訟が終局判決をするに熟した（der Rechtsstreit zur Entscheidung reif ist）状態」を指す語である（vgl. Wolfgang Grunsky, *Zivilprozessrecht*, 13. Aufl.（2008), Rn. 197)。Spruchreife を欠いている決定義務付け判決も終局判決であって、裁判の成熟は満たしている必要がある。Entscheidung も Spruch も裁判ないし判決を意味するため、「判決の成熟」としてしまうと、Entscheidungsreife と区別がつかないおそれがある。そのためかつて筆者は「判決への成熟」という語を充てたが（横田明美「学界展望―行政法 Christian Bickenbach, Das Bescheidungsurteil als Ergebnis einer Verpflichtungsklage: Streitgegenstand, verfassungsrechtliche Grundlagen, verwaltungsprozessrechtliche Voraussetzungen, Wirkungen（Schriften zum Prozessrecht, Bd. 197)（Duncker & Humblot, 2006, 247 S.)」国家122巻7＝8号（2009）234-236頁)、方向を指す「への」という指示がかえって混乱を招くおそれがあった。そこで本書では原語からは離れるが、先行研究である野村武司「西ドイツ義務づけ訴訟と現代行政㊀㊁㊂㈣・完）」自研64巻11号（1988) 121-132頁、65巻2号（1989) 110-123頁、65巻3号（1989) 100-115頁、65巻4号（1989）101-115頁）が採用している訳に従って「事案の成熟」とする。

上で決定すべしと判決し得るに過ぎない。

　特定行為義務付け判決と決定義務付け判決はいずれも認容判決である。従って、義務付け訴訟を提起した原告に対しては、特定行為義務付け判決あるいは決定義務付け判決という2種類の認容判決と、棄却（あるいは却下）判決という終局判決があることになる。見方を変えれば、特定の行為に決めきることができない場合でも棄却にならないような判決類型が用意されているともいえる。

　しかしながら、「事案の成熟」の有無につき、何かしら定義的な明文の規定が置かれているわけではなく、また連邦行政裁判所法制定時点において、「決定義務付け判決」の概念が上記の通説的解釈と結び付いていたわけではない。

　日本におけるのと同様に、ドイツにおいても取消訴訟中心の行政裁判制度に対して後から義務付け訴訟が立法的に継ぎ足されており、次の二つの問題が日本法と同じく中心的問題を形成している。一つは取消訴訟と義務付け訴訟の関係をどのように整理して位置付けるかという問題であり、もう一つは義務付け訴訟が提起された際に、裁判所がどこまで内容に踏み込んで判断をなすかという問題である。この二つの問題は相互に連関し、変転し、現在に至るまで議論が分かれている。ドイツ法における義務付け訴訟に関するこうした議論の確認と分析は、日本法を分析する際の試金石となるであろう。

　以下、IIでは、決定義務付け判決の登場の経緯と、その変質を跡付ける。第二次世界大戦後の占領期において、南ドイツのアメリカ占領地区において成立した行政裁判制度と、イギリス占領地区で成立したそれは、相互に類似の構造を持ちながらも、有意な差異を有していた。この二つの制度における判例と学説の展開が後述の1954年判決につながり、現在の決定義務付け判決の原型を形成している（II-1）。次に、現行法である連邦行政裁判所法について、1960年までの制定過程と、その直後の学説・判例状況を検討する（II-2）。

　IIIでは、IIでの検討において現れてきた二つの立場、すなわち、司法過程での完全審査により一回的解決を志向する立場と、行政過程への差戻し[6]

を認めて段階的解決を志向する立場の間で揺れ動く制度と学説の変遷を見ていく。まず、連邦行政裁判所法の制定により取消訴訟と義務付け訴訟が峻別されたことに対して、これに逆行する学説・判例の動きを紹介する（Ⅲ-1）。次に、「事案解明のための取消し」を認めた1991年改正に至る経緯を明らかにする（Ⅲ-2）。最後に、決定義務付け判決の範囲や理念についての論争を検討する（Ⅲ-3）。

本書は、日本法の義務付け訴訟と取消訴訟の関係およびその背景の下での義務付け訴訟の機能を検討するものであるが、その検討の参考になる範囲でドイツ法を紹介したいと考えている。そこで、必ずしも議論の全てを網羅的に紹介するという形にはなっておらず、ドイツ法上の議論の流れを紹介した上で、上記の検討における重要性という観点から特筆すべき学説等を中心的に論じていることに留意されたい。[7]

Ⅱ　決定義務付け判決の登場と変質

1　分割占領期の行政裁判法（米占領地区行政裁判法と軍令165号）

(1)　条文構造

1945年、ドイツの第二次世界大戦における全面降伏を受けて、連合国占領軍はドイツを分割占領することとし、各占領地区ごとの行政裁判所の再構成に取りかかった。アメリカ占領地区においては「ハイデルベルク草案 (Heidelberger Entwurf)」[8]に基づき1946から1947年にかけて、各ラントごと[9]

---

(6)　この表現は、行政庁と行政裁判所が審級関係・上下関係にあるわけではなく、後述する連邦行政裁判所法113条3項による取消しもあくまで終局判決であることを考えると適切ではないが、イメージしやすい比喩として用いることとする。

(7)　なお、須田守「取消訴訟における『完全な審査』(1)〜(5・完)」法論178巻1号（2015）33-57頁、2号（2015）37-78頁、3号（2015）1-24頁、5号（2016）27-68頁、6号（2016）34-67頁は、「事案の成熟性導出義務」の取消訴訟における影響等を論じている。

(8)　ハイデルベルク大学の教授であったヴァルター・イェリネックが中心となって起草したためにこう通称された。Vgl., Walter Jellinek, DRZ 1948, 269ff.

(9)　バイエルン、ヘッセン、ヴュルテンベルク＝バーデンの行政裁判法（Bayern VGG: Gesetz Nr 39 v. 25. 9. 1946 (GBBl S. 281); Hessen VGG: Gesetz v. 31. 10.46 (GBBl S. 194), idF v. 30. 6. 1949 (GBBl S. 137); Württemberg-Baden VGG, Gesetz Nr 110 v. 16. 10. 1946 (RegBl S. 221)) のコンメンタールであるEyermann/Fröhler, Verwaltungs-

に多少の異同はあるものの共通の構造を持つ行政裁判法（Gesetz über Verwaltungsgerichtsbarkeit, VGG（以下「米占領地区行政裁判法」と総称する））が制定、公布された。イギリス占領地区では、ハイデルベルク草案を引き継ぎつつも新たに検討がなされ、1948年に、軍政府命令165号（Die Militärregierungs-Verordnung Nr. 165（以下「軍令165号」という））が施行され、行政裁判所についての命令として機能した。フランス占領地区においては、実質的には米占領地区行政裁判所法と近似する内容のラント法が、1947年から1954年にかけて各ラントごとに制定された。

米占領地区行政裁判法においては、取消訴訟と義務付け訴訟が同一の条文で規定され、抗告訴訟（Anfechtungsklage）という上位概念によって定義されていた。そして、要件については、取消し、不作為に対する抗告訴訟、拒否に対する抗告訴訟について、以下のように規定を置いていた。なお、35条2項と79条1項においてバイエルンの行政裁判法にはなく、ヘッセンとヴュルテンベルク＝バーデンの行政裁判法にのみ存在する部分は［　］で示す。

【米占領地区行政裁判法】
35条1項　抗告訴訟は、原告が行政行為によって自己の権利を侵害された場合にこれを提起することができる。

---

gerichtsgesetz für Bayern, Bremen, Hessen und Württemberg-Baden mit einem Anhang ergänzender Vorschriften (1950) では、差異がある箇所についてはバイエルンとヘッセンとヴュルテンベルク＝バーデンの条文を併記する形で収録している。
(10)　アメリカ占領地区以外のラントにも行政裁判法は存在しており（たとえばベルリンも独自の行政裁判法を有していた）ため、本書で取り上げたアメリカ占領地区の行政裁判法を総称する際に、「南ドイツ行政裁判法」と呼ぶこともある。ただ、本書ではイギリス占領地区で妥当していた軍令165号と対置し、アメリカ占領地区のラント法に共通する規定のみを取り上げる趣旨で米占領地区行政裁判法という略号を用いる。
(11)　Die militärregierungs-Verordnung Nr. 165（Britische Zone）vom 15. September 1948（VOBl. der Britischen Zone, 1948, S. 263. 以上の経緯について、秋山義昭「西ドイツ行政裁判所法に於ける一般概括主義と行政裁判所の管轄権(一)」北法18巻3号（1968）569-609（583-584）頁。
(12)　Eyermann/Fröhler, *Verwaltungsgerichtsordnung*, 1. Aufl.（1960）, S. 60.
(13)　参考、高木光「メンガー＝雄川理論の意義」『行政訴訟論』（有斐閣、2005〔初出1990〕）150-153頁。
(14)　Eyermann/Fröhler, a. a. O.（fn. 12）, S. 10, 24.

35条2項　抗告訴訟は、申請者が職務行為の発令につき請求権を有すると主張する場合には、当該行政行為の不作為に対しても提起され得る。行政庁が職務行為をなすべきことを求める申請に対して正当な理由なく相当の期間内に決定をなさない場合には、不作為とみなす。［その場合不作為は拒否と同視される。］

36条　行政庁が自らの裁量に基づいて決定する権限を与えられている限り、抗告訴訟は、法律に別段の定めのない限り、この裁量が法律の目的に反して行使されていること、とりわけ、裁量の濫用があることを理由としてのみ提起できる。

79条1項　裁判所が抗告訴訟に理由があると判断するときは、裁判所は異議ないし不服申立てに対する決定と、争われた行政行為を取り消す。行政行為がそれ以前に撤回あるいは他の方法によって処理されていたときには、裁判所は申立てにより、行政行為が許されないものであったことを［判決によって］宣言する。

79条3項　裁判所が職務行為の拒否に対する抗告訴訟に理由があると判断し、全ての点において事案が成熟している（die Sache in jeder Beziehung spruchreif ist）ときは、裁判所は拒否を取り消し、同時に、行政庁に、要求された職務行為を実行する義務があることを宣言する。

79条5項　裁判所が求められた職務行為の不作為に対して向けられた抗告訴訟（35条2項）に理由があると判断したときは、裁判所は申請について決定すること（den Antrag zu bescheiden）を行政庁に対して義務付ける。第3項は準用される。

さらに、米占領地区行政裁判法では、訴訟進行中に新事実が明らかになった場合に行政庁等に事案を差し戻すことができるとする規定を設けていた。

【米占領地区行政裁判法】
59条1項　訴訟関係人が新事実あるいは新たな証明方法を提出したときは、行政裁判所は、両関係人の意見を聴取した上で、行政行為を行った行政庁又は行政不服審査庁に、再度の審理と決定をさせるために決定により事案を差し戻すことができる。この行政庁の決定に対しては、本法律に従った法的救済が与えられる。

59条2項　裁判所は差戻決定において費用に関する判断を留保するものとする。

これに対して軍令165号では、訴訟類型として取消訴訟と義務付け訴訟

をそれぞれ別の条文で規定し、判決主文については一つの条文内で規定していた。また、米占領地区行政裁判法59条にあたる「差戻し」の規定は存在しなかった。

【軍令165号】
23条1項 行政行為の取消しの訴えは、行政行為が違法であり原告の権利を侵害しているという理由でのみ提起され得る。この訴えは、行政行為が無効の場合にも許される。
23条2項 行政行為は、行政行為を正当化するとされていた事実が、実際は存在しなかったときにも、違法とみなされる。
23条3項 行政庁に自由裁量に基づいて行動する権限が与えられているときは、取消しは、裁量の法律上の限界を超えているか、あるいは裁量がその授権の目的にそぐわない方法で行使されていることを理由としてのみ認められる。
24条1項 申請された行政行為をなすことを求める訴えは、原告が行政行為を求める請求権を有し、かつ行政庁が申請を拒否し又は正当な理由なく2か月間決定をなさなかったときのみ提起され得る。
24条2項 23条2項と3項の規定は本条1項に準用される。
75条1項 裁判所が行政行為に対して向けられた訴えを理由があるものと判断するときに限り、裁判所は異議ないし不服申立てに対する決定（44条・49条）と争われた行政行為を取り消し、あるいはそれらを無効と宣言する。
　行政行為がそれ以前に撤回あるいは他の方法で処理されていた場合には、原告が正当な利益をこの確認について有している限りで、裁判所は申立てに基づいて、判決によって、行政行為が違法あるいは無効であったことを宣言する。
75条3項 裁判所が職務行為の拒否あるいはその他の不作為を違法と判断し、事案が全ての点において成熟している（die Sache in jeder Beziehung spruchreif ist）ときは、裁判所は行政庁に、職務行為を実行する義務があることを宣言する。

この時点で既に、取消訴訟と義務付け訴訟、そして裁量審査についての規定が揃っていることに驚かされるが、よく見ると、米占領地区行政裁判法と軍令165号は細部の規定において相違が見られる。

---

(15) Hans Klinger, *Die Verordnung über die Verwaltungsgerichtsbarkeit in der britischen Zone*, 2. Aufl. (1953), S. 447.

第1に、拒否処分に対する訴訟（Versagungsgegenklage）に対応する判決類型が異なる。米占領地区行政裁判法は取消訴訟と義務付け訴訟を上位概念の抗告訴訟（Anfechtungsklage）でまとめていることから、拒否に対する抗告訴訟が認容された場合の判決は、拒否処分を取り消すことと、求められている職務行為の実行を命じることの二つを含む（米占領地区行政裁判法79条3項）。これに対して、軍令165号75条3項では職務行為の実行について言及するのみで取消しについては明言していない。

　第2に、拒否処分に対する訴訟（対拒否（処分）訴訟　Verweigerungsgegenklage）と不作為に対する訴訟（対不作為訴訟 Untätigkeitsklage）を区別するか否かについても違いがある。米占領地区行政裁判法では両者を区別して、請求認容判決について別個の規定を置いている。拒否処分に対する訴訟の請求認容判決（米占領地区行政裁判法79条3項）は、抗告訴訟に理由があり、事案が全ての点において成熟しているときに、拒否を取り消し、同時に、求められた行政行為を実行する義務があることを宣言する。これに対して、不作為に対する訴訟の請求認容判決（同法79条5項1文）は、抗告訴訟に理由があるときには裁判所は申請について判断することを行政庁に義務付ける、となっている。ここでは事案の成熟は要件となっていない。もっとも、5項2文によって3項が準用されている。その趣旨は、事案が全ての点において成熟しているときは、対不作為訴訟の場合であっても、裁判所が求められた行政行為の実行を言い渡すことができるということである。

　これに対して、軍令165号では、拒否と不作為を区別することなく、拒否あるいは不作為が違法であり、事案が全ての点において成熟しているときに、求められた職務行為の実行を言い渡すと規定されている（軍令165号75条3項）。

　第3に、事案の成熟が認められない場合についての明文規定があるかどうかという観点も興味深い。軍令165号には事案の成熟が認められない場合についての規定はない。これに対し、米占領地区行政裁判法には不作為の場合についてのみ、事案の成熟がない場合についての規定がある。むしろ、米占領地区行政裁判法は不作為に対する訴訟については申請に対して相当の期間内に決定がないことを要件として出訴を許しており（米占領地

区行政裁判法35条2項2文)、この場合には異議申立前置を経る必要がない(同法38条3項)こととされているから、不作為に対する訴訟は文字通り裁判所に「申請について決定すること」を求める訴訟である。つまり、「職務行為を求めて申請したにもかかわらず、未だ拒否決定すらなされていないので、決定すべきことを求める」という内容の訴訟が、米占領地区行政裁判法における対不作為訴訟であった。しかし、軍令165号の明文上、不作為の場合についての決定義務付け判決は認められていない。この「規定の欠缺」は、学説においても指摘されており、軍令165号適用地域における米占領地区行政裁判法79条5項の「類推適用」の可否が議論されていた。[16]

つまり、条文から明文で読み取れる範囲では、軍令165号と米占領地区行政裁判法の時代においては、特定行為義務付け判決の要件として「事案が全ての点において成熟していること」が求められており、軍令165号における対拒否訴訟と対不作為訴訟、米占領地区行政裁判法における対拒否訴訟では認容判決の選択肢として唯一のものであった。これに対して、米占領地区行政裁判法における対不作為訴訟は、原則としての形態が「申請に対する決定を命じる」判決であり、例外的に「事案が全ての関連において成熟していること」がある場合には、対拒否訴訟の規定が準用されて特定行為義務付け判決が下された。つまり、この時代における Bescheidungsurteil とは条文上は米占領地区行政裁判法における対不作為訴訟の認容判決としての「申請に対する決定を命じる判決」のことであった。そうすると、条文をその文言通り解釈する限りにおいて、軍令165号適用地域には Bescheidungsurteil はそもそも存在せず、また、米占領地区行政裁判法適用地域であっても拒否処分がある場合は Bescheidungsurteil はなされないはずであった。

(2) 救済内容の特定と連邦行政裁判所1954年判決

1949年に基本法が成立し、行政裁判所の設置が必要となった(基本法94条)。しかし、既に述べたように占領地区ごとに異なった行政裁判法が既

---

(16) Otto Bachof, *Die verwaltungsgerichtliche Klage auf Vornahme einer Amtshandlung* (1951), S. 53; Christian-Friedrich Menger, *System des verwaltungsgerichtlichen Rechtsschutzes* (1954), S. 203; Klinger, a. a. O. (fn. 15), S. 463.

に存在するため、それらを統一するには時間がかかることが懸念された。そこで、1952年に制定された連邦行政裁判所に関する法律（Gesetz über das Bundesverwaltungsgericht（BVerwGG）(1952年9月23日)（BGBl. I S. 625））は連邦行政裁判所の設置とラント裁判所に対する上告審の規定のみを置いた。結局、連邦全域の行政訴訟手続の統一は1960年の連邦行政裁判所法（Verwaltungsgerichtsordnung（VwGO））の成立によって達成された。それまでの間は、米占領地区行政裁判法と軍令165号は各ラント法として引き続き効力を持ち続けた。

連邦行政裁判所はその期間に、取消訴訟と義務付け訴訟の関係について後の解釈を決定付ける重要な判決を下した。1954年12月17日の連邦行政裁判所判決（1954年判決）である。本判決は、軍令165号が適用されるラントにおいて、しかも、拒否処分が存在するという事案について判示したものである。取消請求と義務付け請求の関係、違法性判断の基準時、そして拒否処分が存在する場合の決定義務付け判決の可能性について判断した。上述の通り、決定義務付け判決の条文を持つ米占領地区行政裁判法においても、条文上決定義務付け判決を下すことができるのは不作為の場合に限られており、拒否処分に対する義務付け訴訟において事案の成熟がない場合に、全部棄却判決をするのではなく、決定義務付け判決を下すことができるという明文規定はなかった。まして、本判決の事案である、軍令165号適用地域においては、そもそも決定義務付け判決という概念自体が条文上存在しなかった。しかし、本判決は取消請求と義務付け請求の関係を考察することを通じて、この二重の類推適用を肯定し、軍令165号が適用されるラントにおいて、しかも、拒否処分が存在するという場合においても、決定義務付け判決を下すことができることを示唆したものである。

本件は、住宅統制法における住宅交換の認可申請の拒否決定に対し、原

---

(17) 田上穣治「ドイツ行政法」田中二郎=原龍之助=柳瀬良幹（編）『行政法講座 第一巻』（有斐閣、1956）131-149（143-144）頁。なお、本法とバイエルン行政裁判法、そして軍令165号の邦訳が、最高裁判所事務総局（編）『西ドイツ行政裁判法』（法曹会、1955）に収録されている。
(18) BVerwG Urt. v. 17. 12. 1954, E 1, 291.
(19) Karl August Bettermann, Die Verpflichtungsklage nach Bundesverwaltungsgerichtsordnung, *NJW* 1960, S. 649-657（651）.

告が特定行為義務付け判決を求めて提起した訴訟である。第一審が全部棄却判決を下したのに対して、控訴審は控訴を認容した。連邦行政裁判所は、上告を受け、基本的には上告は認容されるべきとし、事案の成熟はないことから、特定行為義務付け判決を下すことはできないとしたものの、判決理由の末尾において、住宅供与という他の解決の可能性があり、行政庁はそれを審査すべきであったので、行政庁の拒否判断の取消判決が認められ、その意味で第一審の棄却判決は変更されるべきであると述べており、これは、実質的に、決定義務付け判決を認めたと評しうるものであった。

　しかしながら、管轄する行政庁は、原告が住宅統制法（Wohnraumbewirtschaftungsrecht）の意味における住宅交換を意図するかだけに限定して審理し、そのような交換が存在しないゆえに求められた許可を拒否しさえすればよかったわけではない。むしろ行政庁は原告Mの申請を通例の入居許可として、つまり原告Sの統制住宅との関係で取り扱い、決定しなければならなかった。
　なぜなら、W地区の原告の住居は住宅局の統制下になかったので、原告の申請は、原告Sが彼のこれまでのS地区の住居を原告Mに引き渡した上で、原告Mがそこに入居することの許可を目的とするものとしてのみ認識し得るからである。そのような申請を管轄する住宅行政庁は住宅交換が存在しないというだけの理由をもって拒否してはならなかった。それは原告Mが原告Sの舅のために建築補助金を用立てたことからして住宅購入なのである。むしろ住宅行政庁はこれまでの原告Sの住居を原告Mに供与することが公の住宅管理の規定に反するかどうかを審査しなければならなかった。この限りにおいて事案は成熟しておらず（Insoweit ist die Sache nicht spruchreif）、この事案は改めて住宅行政庁によって、しかも住宅統制法の供与条項にも従って判断されなければならない。その限りで行政庁による拒否決定は取り消されなければならなかった。ラント行政裁判所〔訳者注：第一審〕による完全な棄却判決は変更されるべきであった。[20]

　連邦行政裁判所は、いかなる論理で法の欠缺を乗り越え、軍令165号が適用されるラントで、しかも拒否処分があった本件において、決定義務付け判決を認める結論に行き着いたのか。実は、この判決に示された考え方が、取消訴訟と義務付け訴訟の関係に関する議論を決定付けることになっ

---

(20)　BVerwG Urt. v. 17. 12. 1954, E 1, 291, 302-303.

た。義務付け訴訟も提起できる対拒否訴訟事例において、義務付け訴訟が優先されること、そして違法性判断の基準時も義務付け訴訟のために判決時が基準となる旨を示したからである。

本件はそもそも、原告が訴訟提起した後に、適用される法令が変動した事案であった。この判決の直前に連邦行政裁判所は別件の不利益処分の取消訴訟について、「行政訴訟における取消手続では、行政行為の適法性は原則としてその発令時の法関係において判断されるべきであり、そのため法状態の事後的変動は考慮されない」として、違法性判断の基準時が処分時である旨の判決を下していた。[21] これに対し、本判決は「この決定（訳者注・上記の先行判例）は不利益処分に対する取消訴訟について扱っており、他方本件では、訴えは要求された行政行為の拒否と、その行政行為の発令が問題になっている」として、先例にあたらないと判断した。そして、「義務付け訴訟にとっては一般に事実状態・法状態の時点は行政裁判所の判決時が基準となる」として、判決時説に立った。[22]

> 現在の法に基づいてそのような義務がもはや存在しないときは、裁判所はこの法に矛盾して義務付けを宣告することはできない。そんなことをしたら裁判所は、現行法ではないものを法であるとして宣告してしまうことになるだろう。行政庁が申請時あるいは拒否処分時に妥当していた法に基づいて求められた職務行為をなすことを義務付けられていたという事実は、行政庁が求められた行政行為の発令を義務付けられていたことを裁判所が確認することだけは正当化できるが、今なお職務行為を発令することを行政庁に命じることは正当化できない。[23]

そして、このような解釈は軍令165号の義務付け訴訟が、取消訴訟と異なり給付訴訟として理解されていること、通常の民事訴訟においては口頭弁論終結時の法状態で判断していることから、上記の先行判例の解釈に照らしても矛盾はないとした。[24]

問題は、本件のような拒否処分がある場合の義務付け訴訟において、基

---

(21) BVerwG Urt. v. 19. 11. 1953, E 1, 35.
(22) BVerwG Urt. v. 17. 12. 1954, E 1, 291, 295.
(23) BVerwG Urt. v. 17. 12. 1954, E 1, 291, 295.
(24) BVerwG Urt. v. 17. 12. 1954, E 1, 291, 296.

準時をどのように考えるべきかという点である。取消訴訟であれば処分時、義務付け訴訟であれば判決時を基準とすることから、拒否処分に対する取消訴訟としての側面を重視するのか、それとも処分の発令を求める義務付け訴訟としての側面を重視するのかが問われることになる。ここで連邦行政裁判所は、拒否処分を重んじるのではなく、処分の発令を求める義務付け訴訟としての性質が重視されるとした。

> 軍令165号の24条に基づく訴えの法状態の基準時は行政裁判所の判決時であるという原則は、原告が申請したが拒否された職務行為の発令を求めるだけでなく、その申立てを拒否した行政庁による決定の取消しを求める場合についても適用される。つまり、義務付け請求だけでなく、取消請求についても現在有効な法に基づいて判断されるべきである。取消請求は義務付け請求に付随しており、何らの独自の意味を持たないからである。取消請求への判断をしなくても、原告がそれについて請求目的の達成を侵害され、それについて手に入れようと望んだ権利保護を失わせられることはない。被告が求められたが拒否した職務行為の発令を義務付けられると宣告されるときには、同時に被告の申請拒否決定を取り消すことがないままであっても、そのことによる不利益はない。[25]

ここで示された取消請求が義務付け請求に対して付随的な意味しか持たないという理解は、拒否処分があった場合とそうでない不作為の場合との区別を相対化する。そのことは、拒否処分と不作為を区別する方針をとる米占領地区行政裁判法の考え方と、双方を区別しない軍令165号の考え方とを接近させる機能を持っていた。連邦行政裁判所は、拒否処分の取消し自体には独自の意味はなく、その点で不作為の場合と拒否処分のあった場合とを区別する必要はないと考え、本件が軍令165号適用地域であることは認識しつつも、軍令165号と米占領地区行政裁判法との共通性を次のように指摘した。

> 確かに軍令165号の75条3項も、米占領地区行政裁判法79条3項と合致して、求められた職務行為を裁判上義務付ける判決の要件として、「事案が全ての点において成熟している」と認められることを要求している。しかしな

---

(25) BVerwG Urt. v. 17. 12. 1954, E 1, 291, 296.

がら、仮にこの事案の成熟を欠く場合にも原告の申請を拒否した被告の決定を取り消す必要はない。そもそもその拒否決定は軍令165号の75条3項において同様に規律される単なる不作為の事例においては全く不可能である。原告の作為要求に対する正式な拒否決定がある場合にも、事案の成熟を欠いているならば、原告の申請に対して改めて行政裁判所の判決理由の基準に基づいて判断すべき義務が被告にあると宣告するだけでよい。[26]

このように、連邦行政裁判所法制定前は拒否決定に対する訴訟において事案の成熟性を欠く場合についての規定が、米占領地区行政裁判法にも軍令165号にもなかったにもかかわらず、連邦行政裁判所は原審がした全部棄却判決を変更し、このような場合には、（米占領地区行政裁判法が適用される場合でも、軍令165号が適用される場合でも）決定義務付け判決と同様の効果を生じさせる判決が可能であると判断した。裁判所は、拒否決定が前提とした枠組とは異なる枠組での取扱いの可能性があることから、事案の成熟性を欠くと判断している。つまり、行政庁が未だ判断していない枠組に照らして判断することが必要という結論に達したことから、自ら判断するのではなく、行政庁に対して（再度）判断を求めたのである。

そのような意味では不作為に近い事例であり、本件で掲げられた条文および法解釈からすれば、住宅入居許可は裁量行為ではないようである。後の議論との関係でいえば、本判決は行政裁量を前提として事案の成熟性を欠くと判断した事案ではないことを指摘しておきたい。

また、この判決が対不作為訴訟と対拒否処分訴訟との区別を相対化し、対拒否処分訴訟における拒否処分の取消しに大きな意味付けを与えないこととしたことも注目に値する[27]。この理由付けをあえて敷衍すれば、もともと決定義務付け判決は、米占領地区行政裁判法において、不作為についての条文で明文上認められたものであった。そうすると、不作為である以上

---

(26) BVerwG Urt. v. 17. 12. 1954, E 1, 291, 297.
(27) しかもこの判決は、義務付け判決の違法性判断の基準時についての先例的判決として掲げられることが多い判決である。違法性判断の基準時については、取消訴訟の基準時は処分時だとする先例があったにもかかわらず、本件はその射程外であるとした。つまり、拒否処分取消訴訟の独自性を重視せず、義務付け訴訟の基準時である判決時に全て判断すればよいと判示したのである。詳細については、(4)で述べる。

先行している処分はなく、取り消すべき処分はないこととなる。そこで、拒否処分がある場合に同条を類推適用するにあたっても必ずしも拒否処分の取消しを行う必要はない、ということである。

(3) 取消訴訟と義務付け訴訟をめぐる学説の状況

対拒否訴訟において事案の成熟がない場合についても、全部棄却ではなく、何らかの救済を与えるべきであるという方向に解釈したこの1954年連邦行政裁判所判決は、連邦での統一された連邦行政裁判所法を制定しようとするさなかにあって、学説上様々な議論を巻き起こした。

(a) 不作為・拒否の区別の相対化　義務付け訴訟の被告行政庁が、申請に対する拒否処分をした場合と、そうではない不作為の場合を区別するのか否かについて、米占領地区行政裁判法と軍令165号は異なる立場に立っている。

米占領地区行政裁判法は、まず不作為と拒否処分とを区別した上で、異なる判決類型を規定している。その理由として考えられることは、先行する拒否処分が存在するか否かの区別に意味を持たせていることにある。先行する拒否処分があるなら、それを取り消すことが大前提となり、無視することができないが、不作為ならばその必要はないという考え方である。これに対しては、何をもって「不作為」あるいは「拒否処分」とするのかの認定は事実上難しいのではないかという批判が可能である。事実、米占領地区行政裁判法35条2項も一部の地域では「不作為を拒否とみなす」旨が規定されている。

軍令165号は不作為と拒否を区別することなく、「拒否決定あるいは不作為の場合」としてまとめて規定している。その理由は、1954年判決と同様の、取消請求を重視しない考え方にあるといえる。不作為であれ、拒否であれ、訴訟の焦点はいずれにしても原告が望む行為を求める請求権があるかどうかに帰着するのであって、両者を区別することに意味を見出せないという立場である。

(b) 取消訴訟と義務付け訴訟の関係　戦後の各占領地区における行政裁判所法・軍令の制定により、取消訴訟に加えて義務付け訴訟も訴訟類型として認められるようになった。これを受けた、取消訴訟と義務付け訴訟の

双方が提起可能な場合に、両者の関係をどのように捉えるかについては、大きく分けて三つの考え方があった。これには、条文構造それ自体も反映されている。

　第1の考え方は、取消しと同時に義務付け判決が行われるとするものである。米占領地区行政裁判法79条3項はこの立場をとっていることがわかる。米占領地区行政裁判法は拒否処分と不作為を区別する代わりに、拒否処分があり、本案勝訴要件が満たされている場合には、同時に取消しと義務付け判決を行うという条文構造になっている。これに対する批判としては、拒否処分の違法性の存在と義務付け請求権の存在では審理すべき要件が異なることがあるため、複数の要件が複雑に絡み合う場合に、常に義務付け判決が付いてまわる、あるいは、義務付けに至るほど事案が成熟していないと取消判決も出せないというのでは不都合であるというものがある。バッホフ（Bachof）とイーデル（Idel）は、米占領地区行政裁判法79条3項に対し批判的立場に立ち、同項は「取消し、それに加えて事案が成熟している場合には取消しに加えて義務付けを命じる」という形に直すべきではないかと提案している。[28]

　第2の考え方は、義務付け訴訟が提起されたなら、義務付け判決のみが下されるべきであるというものである。軍令165号の75条3項は、文言を見る限りでは拒否処分についても不作為についても義務付け判決のみを予定しているようである。第3の考え方との対比からすれば、義務付け訴訟がこのように規定されていることで、拒否処分取消訴訟が排除されるという考え方である。

　第3の考え方は、義務付けを提起したとしても、あるいは義務付け訴訟が提起できる状況であっても、取消判決のみが下されることも許容されるという考え方である。バッホフとイーデルの提案通りに米占領地区行政裁判法79条3項を改定すればこの立場になる。この考え方については、当初

---

(28) Bachof, a. a. O. (fn. 16), S. 46; W. Idel, *NJW* 1955, S. 1744, 1745. もっとも、イーデル自身は義務付け訴訟においてはあくまで義務付け請求権が確定されるべきであり、争点の一部に過ぎない拒否処分違法性確認だけを狙う場合は確認訴訟を提起すべきであるとしている。

から取消訴訟のみを提起することを認めるかどうか（単独取消訴訟の可否）の問題と、義務付け訴訟が提起（あるいは、義務付け訴訟と取消訴訟とが併合提起）されたにもかかわらず取消判決のみを言い渡すことが可能かどうか（分離取消判決の可否）、あるいはそれが適切である場合があるのか（分離取消判決の必要性）の問題がある。

(C) **決定義務付け判決の適用事例の拡張** 義務付け判決の内容について、特定行為義務付け判決（Vornahmeurteil）と決定義務付け判決（Bescheidungsurteil）の区別は、米占領地区行政裁判法の段階で既に登場している。この両者が事案の成熟（Spruchreife）の有無によって区別される点、しかしその定義は条文上与えられていないという点も、現行法である連邦行政裁判所法と共通している。しかし、1954年判決前の Bescheidunsgurteil を語る上で忘れてはならない現行法との相違点がある。それは、明文上は米占領地区行政裁判法における対不作為訴訟についてだけ Bescheidungsurteil が下されることである。つまり、この時代の共通了解としての Bescheidungsurteil のイメージは、あくまで未だ決定をなしていない行政庁に対して決定をなすことを義務付けるというものであった。その上で、決定義務付け判決という仕組みを拒否処分が先行する場合にまで拡張するのかどうかは、論者によって分かれていた。また、米占領地区行政裁判法での対不作為訴訟では Bescheidungsurteil が原則であるのに対し、軍令165号においてはそもそも Bescheidungsurteil が存在しないことも、論者ごとの温度差を生み出している。

すなわち米占領地区行政裁判法の対不作為訴訟の認容判決の類型として規定されている Bescheidungsurteil が、軍令165号における対不作為訴訟にも拡張されるのか、そして対不作為ではなく対拒否訴訟にも拡張されるのかどうかという、観点の異なる二つの問題がある。

第1に、米占領地区行政裁判法79条5項を軍令165号適用地域の対不作為事例に類推適用することは可能か。この可否を論じるにあたっては、上述した米占領地区行政裁判法と軍令165号の条文構造の違いを踏まえる必要がある。

米占領地区行政裁判法は拒否と不作為を区別して、不作為であることを

解消するための判決として Bescheidungsurteil を用意しており、対拒否処分とは区別しているのだと考えると、不作為を拒否とは区別していない軍令165号との違いは明らかであるようにも思われる。また、米占領地区行政裁判法59条は事案解明のための「差戻し」を明文で認めているが、軍令165号には対応する規定はない。これらの違いから、米占領地区行政裁判法は軍令165号に比べて裁判所の完全解明義務をそこまで厳密には捉えない、翻っていえば裁判所から行政庁への「差戻し」を必要とあらば認める立場であるのに対し、軍令165号はそのような立場にはないとして、類推適用を認めない考え方があった[29]。

これに対し、軍令165号適用地域においても決定義務付け判決を認めるべきであるとする議論もあった。バッホフは、軍令165号適用地域では、明文では認められていないけれども、対不作為訴訟について決定義務付け判決を認める可能性は開かれていると述べるにとどめているが[30]、オーバーマイアー (Obermayer) はより積極的に、軍令165号適用地域での Bescheidungsurteil の必要性を以下の通り力説した。

> 行政庁が不充分な調査しか行っていない場合、あるいはそれどころかまだ事案審査を始めてもいないような場合にも、裁判所が自ら事案の成熟に至るまで事態を解明してしまうとしたら、裁判所は活動行政の任務を遂行していることになり、権力分立原理が執行権と司法権との間に引いた境界線を無視することになってしまうだろう。そのような手続は行政裁判所の原則として統制的な任務と相容れない。その例外は、明示的な法律の根拠に基づいて特別の場合にのみ許容されるべきである[31]。

つまり、オーバーマイアーから見れば、行政裁判所の事案解明義務は終局的には行政裁判所が担っている統制任務に根拠を持つ。そして、事案の成熟性がないと、仮に原告の訴訟に理由がある場合でも請求棄却になってしまうという運用ではその統制任務を十分に果たすことができないから、軍令165号における法の欠缺を埋めるために、事案の成熟性がない場合に

---

(29) Idel, a. a. O. (fn. 28), S. 1746.
(30) Bachof, a. a. O. (fn. 16), S. 53.
(31) Klaus Obermayer, Die Untätigkeitsklage und das Recht auf Bescheid, *NJW* 1956, S. 361-362, 361.

はBescheidungsurteilができるという解釈に至っているのである。

　第2に、決定義務付け判決の適用事例拡張のもう一つの方向として、軍令165号適用地域への適用ではなく、拒否処分が既に発令されている場合にも適用することは可能かというものがあった。この場合、決定義務付け判決の意味は「未だなしていない決定」を促すという意味から、「再考を求める」という意味に決定的に変化する。また、この場合、拒否決定取消判決と決定義務付け判決の関係が問題になる。いずれも行政庁への「差戻し」という機能を担い得るからである。

　1954年判決以前には、対拒否訴訟についてBescheidungsurteilを適用するというよりは、拒否処分の取消判決のみを下すことができ、それで足りるのではないかという議論が存在した。バッホフは、米占領地区行政裁判法79条3項が対拒否訴訟としての義務付け訴訟提起に対する認容判決が「取消しと同時に義務付け」しかないことは不合理であると述べ、取消しにとどまるべき場合があることを示唆していた[32]。また、1950年に出版されたアイアーマンとフレーラー（Eyermann/Fröhler）の米占領地区行政裁判法コンメンタールでは、「事案の成熟は、決定が行政庁の裁量にかからしめられるときは決して存在しない」と解釈した。そして、米占領地区行政裁判法は対拒否訴訟について、特定行為義務付け判決を下すべき場合を事案の成熟が認められる場合に限っていることから、対拒否訴訟で行政行為に裁量があり、事案の成熟が認められない場合は取消しについてのみ判決が下されると解している[33]。すなわち、米占領地区行政裁判法では「抗告訴訟（Anfechtungsklage）」を取消訴訟と義務付け訴訟の上位概念として捉えていた。そのため、「抗告訴訟」としては取消請求と義務付け請求のいずれもがあり得るから、対拒否訴訟で行政行為に裁量があり、事案の成熟が認められない場合には、2種類の抗告訴訟のうち、義務付け訴訟の方が認められない以上、条文通り、取消請求のみを認容するという解決が自然に出てきたのであろう。

---

(32)　Bachof, a. a. O. (fn. 16), S. 53.
(33)　Eyermann/Fröhler, a. a. O. (fn. 9), S. 245.

これに対して、連邦行政裁判所1954年判決は、対拒否訴訟について決定義務付け判決を下すことを厭わなかった。その理由付けが、拒否処分取消請求は義務付け請求に従属するという見方にあることは上述の通りである。

(4) 違法性判断の基準時

ⓐ 「取消しは処分時、義務付けは判決時」という判例法理と継続行政行為という例外　1954年判決は、義務付け訴訟についての違法性判断の基準時を判示した判決として紹介されることが多い。前述の通り、この判決に先立ち、1953年に連邦行政裁判所は、取消訴訟については、原則として最終の行政決定時点が基準となるとしていた(34)。その理由として、取消訴訟においては処分時以降の法変動を考慮しないことは判例法上の確立した原則であるとした上で、抗告訴訟の本質についての議論を行っている(35)。「抗告訴訟の目的は原告が行政行為によって自らの権利を侵害され、それゆえ行政行為が違法であることの裁判所による確認であ」り、「関係人の権利領域に対する、過去に行われた行政庁の侵害の適法性は、性質上、行政庁による侵害、すなわち行政行為の発令時の法的・事実的関係によってのみ判断される(36)」という。

これに対し、連邦行政裁判所1954年判決は、義務付け訴訟については、拒否処分が先行する場合であっても、基準時は最終口頭弁論終結時、つまり、いわゆる判決時であるとした。その理由付けは、義務付け訴訟が給付の訴えであることに基づく(37)。この際、併合提起された取消訴訟は独自の意義を持たないとされる。このように「取消しは処分時、義務付けは判決時」という原則は、既に1954年判決の時点で登場していた。1954年判決は、取消訴訟と義務付け訴訟を峻別する立場に立って、基準時の原則論を立てたのである。この原則論は、1980年代の判例により修正を受けるまで、長

---

(34) BVerwG Urt. v. 19. 11. 1953, E 1, 35.
(35) この点については、疑念が呈されている。マーガー（Ute Mager, *Der maßgebliche Zeitpunkt für Beurteilung der Rechtswirdigkeit von Verwaltungsakten* (1994), S. 22）は、このような判例実務が存在していたかは疑わしく、引用されているプロイセン上級裁判所の判例は取消訴訟で原告有利に変動した場合ではなくて、義務付け訴訟で原告不利に変動した場合であるから、例証としてふさわしくないとしている。
(36) BVerwG Urt. v. 19. 11. 1953, E 1, 35, 37.
(37) BVerwG Urt. v. 17. 12. 1954, E 1, 291, 296.

く判例実務を支配した。

ただし、唯一の例外として考えられ始めていたのが、継続的行政行為と称されるカテゴリーである。連邦行政裁判所の判決としては、やや時期が遅れるが、1965年8月5日判決において初めて登場した。本判決は、営業禁止（Gewerbuntersagung）はいわゆる継続的行政行為にかかわることなので、基準時としてふさわしいのは判決時であると判断した。

> 営業禁止はその性質上、行政行為発令時点だけでは使い果たされない。それは有効性のある全期間の間、そのつど妥当する法に適合しなければならない。行政行為発令時点で法関係の適法な規律からは当該規律が後になってもずっと適法であり続けることは出てこない。措置のみならず、規律の内容が決定的である。なぜなら関係人の将来の行動が規定されるからである。もはや営業禁止は正当化されないのにもかかわらず、行政庁が関係人の意に反して営業禁止命令を維持し続けるならば、行政庁は関係人が法律上彼に認められ、基本法によって保障されている権利の行使を妨げている。法改正によって当初から存在した法的基礎が消滅したにもかかわらず、遡求した期間の間に妥当していた法に適合している行政庁の禁止命令は、もはや法秩序と一致していない。
>
> もしそのような事例において攻撃された禁止命令が撤回されない、あるいは争訟の主文がそれについての記述を欠いているときは、行政訴訟で処分を取り消すことができ、その際は新法の発効時点から違法である、と宣言される。

裁判所は以上のように継続的行政行為を、基準時について判断する場合における重大なカテゴリーだと認めることで、むしろ規律の内容こそが判断されるべきであるという解釈を示した。

(b) **学説の反応**　学説でも、取消訴訟の違法性判断の基準時については処分時、義務付け訴訟については判決時が原則であるとした上で、特殊な行政行為の性質から例外を導き出そうとする説、抗告訴訟の本質論から取消訴訟でも義務付け訴訟でも原則が判決時であるとする説、逆に（取消訴訟でも義務付け訴訟でも）原則が処分時であるという説、そして原告の訴え

---

(38) BVerwG Urt. v. 5. 8. 1965, E 22, 16.
(39) BVerwG Urt. v. 5. 8. 1965, E 22, 16, 23.
(40) BVerwG Urt. v. 5. 8. 1965, E 22, 16, 23. Vgl, BverwGE 59, 5, 7.

の申立て (Klageantrag) が取消訴訟なのか義務付け訴訟なのかに応じて判断されるべきであるという説が登場し、議論が分かれていた。ここでは、一部1960年以降の議論も含めて、学説の分岐点を確認しておく。[41]

(i) 取消訴訟については処分時、義務付け訴訟については判決時とした上で例外を認める説　取消訴訟については処分時（行政の最終判断時点（異議申立庁の判断も含む））が原則であるという説は、ウレ (Ule) が代表的な主張者である。[42] 取消訴訟においては遡及的な法改正がない限り、それ以後の法状態・事実状態の変動は考慮されない。その根拠として、原告が取消訴訟で主張しているのは行政行為による侵害が違法であってそれゆえに彼の権利が侵害されているということであり、もし事後的に原告有利に法状況が変わったのであれば再申請をすればよい、とする。これに対し、義務付け訴訟においては、どんな場合でも事実審での裁判所における最終口頭弁論時を基準としている。この説は異なった範囲での多数の例外を承認する。たとえば時限法 (Zeitabschnittsgesetz)、遡求効のある法改正、いわゆる継続的行政行為、未執行の行政行為、新しい状況の顧慮が規範の目的と矛盾するか、あるいは既に獲得された権利が違法に侵害される行政行為などである。

(ii) 取消訴訟も義務付け訴訟も判決時であるとする説　これに対して、取消訴訟についても義務付け訴訟についても基準時を判決時とする見解もある。メンガー (Menger) は抗告訴訟の上訴類似性説からなる破毀的性質論から、過去について完結した訴訟対象について判断するのでない限り、「継続する積極的行政行為の取消しや義務付け訴訟だけではなく、拒否に対する取消訴訟においても、基準時を判決時とすべき」という見解を示している。[43] 1960年以降の議論でも、チェルマク (Czermak) は、連邦行政裁判所法113条1項・4項（現5項）の文言を手がかりとしている。113条1項・4項からは、口頭弁論終結時、つまり判決時しか基準になり得ない、

---

(41)　1950年代までの学説分布は、宮田三郎「抗告訴訟における行政処分の違法の判断基準時」専修大学論集30号（1962）76-90頁に詳しく紹介されている。
(42)　Ule, *Verwaltungsprozeßrecht* (1960), §57, II.
(43)　Menger, a. a. O. (fn. 16), S. 216.

なぜなら「毀損された状態（Verletztsein）」は現在の侵害状態のみを意味し得るからであるという。

(iii) 取消訴訟も義務付け訴訟も処分時であるとする説　逆に、コップ（Kopp）は取消訴訟のみならず義務付け訴訟についても処分時が基準となる見解をとっている。その理由は、取消訴訟と義務付け訴訟とを区別する理由がないこと、そして、事後的に原告に有利な法変動・事実変動が生じたのであれば、義務付け訴訟を提起するのではなく、申請人は再申請すればよいのだから、取消訴訟と同様に棄却されるべきであることを挙げる。取消訴訟と異なり、義務付け訴訟の場合は（特に不作為に対する訴訟においては）行政庁が一度も判断していない事実状態・法状態が出てくるが、それについての判断は決定義務付け判決で行われるべきである、というのである。

(iv) 原告の請求の内容に依存するとする説　原告の請求の内容に依存するという説を唱えたロップフ（Loppuch）は、取消訴訟についての判例と義務付け訴訟についての判例とを統合的に理解しようとしている。この説が基準時問題につき着目するのは訴訟類型でもなく、実体法でもなく、「原告の利益が最終口頭弁論時において何に向けられており、彼は何を得ようとしているのか」という点である。すなわち、取消訴訟だけが提起される場合には原告の請求内容は取消しを求める趣旨であるが、義務付け訴訟が提起される場合は、たとえそれに取消訴訟が併合提起されていても、その取消請求は独自の意義を持たず、原告は判決時からの変動を求める趣旨である。

---

(44) Czermak, *NJW* 1964, 1662; ders., *BayVBl* 1978, 662.
(45) Kopp, Der für die Beurteilung der Sach-und Rechtslage maßgebliche Zeitpunkt bei verwaltungsgerichtlichen Anfechtungs-und Verpflichtungsklagen, in: *System des verwaltungsgerichtlichen Rechtsschutzes (Festschrift für Christian-Friedrich Menger zum 70. Geburtstag)* (1985), S. 693-707（704-706）.
(46) Loppuch, Der Einfluß neuer Tatsachen auf das Urteil im Anfechtungsprozeß, *DVBl* 1951, S. 243-245; Eyermann/Fröhler, *VwGO*, 3. Aufl., 1962 §113 Rn. 1-14.
(47) 日本の行政法改正前のコンメンタールである南博方〔編〕『注釈行政事件訴訟法』（有斐閣、1972）302頁〔山内敏彦〕では、当時無名抗告訴訟として可否の議論が分かれていた義務付け訴訟の基準時について、給付訴訟とする理解からウレの議論に則り判決時を妥当としつつも、「取消訴訟と給付訴訟とが併合提起されたときの基準時は、処分時とすべきであろうか」として、アイアーマンとフレーラーの説（本書でいう(i)例外認容説）に言及している。

(5) 事案の成熟性と裁量の関係

(a) **事案の成熟性（Spruchreife）**　いかなる状態が事案の成熟にあたるのか、逆からいえば、事案の成熟が認められない状態とはいかなる事態を指すのかについては、米占領地区行政裁判法と軍令165号のいずれにおいても争いになっていた。なぜならば、米占領地区行政裁判法にも軍令165号にも、spruchreif という単語はあっても、その定義規定は置かれなかったからである。

ファン＝フーゼン（Van Husen）は米占領地区行政裁判法79条3項の「全ての点において事案が成熟している（für spruchreif hälten）とき」という要件について、「この限定によって何が意味されているのかが明確でなく、つまり裁判所は常に事案の成熟があるものとして判断できる」と述べて、この限定を無視しようとする。[48]

クリンガー（Klinger）は軍令165号のコンメンタールにおいて、酒場の営業許可申請が、「申請人が営業に必要な信頼性を有していない」という要件（営業法（GastG）2条1項1号）で被告行政庁に拒否された場合を例に挙げて、他の要件（営業法2条1項2号から5号）に該当するか否かを判断するための資料が訴訟に登場しない以上、事案が成熟しない場合があるとしている。[49] 具体的な例を挙げることで事案の成熟性を欠く場合は何であるかを明らかにしようとしたものであるが、一般的な定義を導くところまでは至っていない。

これに対して、上述(3)の通り、アイアーマンとフレーラーの米占領地区行政裁判法コンメンタールでは、Bescheidungsurteil がまだ米占領地区行政裁判法における不作為についてしか規定されていなかったときにも、「事案の成熟は、決定が行政庁の裁量にかからしめられるときは決して存在しない」と位置付けていた。そして、米占領地区行政裁判法は対拒否訴訟については特定行為義務付けの規定しかなく、決定義務付けの規定がないことから、対拒否訴訟で行政行為に裁量があり、事案の成熟が認められ

---

(48) Paulus van Husen, *Gesetz über die Verwaltungsgerichtsbarkeit in Bayern, Württemberg-Baden und Hessen mit Kommentar* (1947), S. 106.
(49) Klinger, a. a. O. (fn. 15), S. 462.

ない場合は取消しについてのみ判決が下されると解釈している[50]。事案の成熟それ自体の定義を試みるというよりも、裁量の存否によって事案の成熟を判断しようとする立場は、既にこの段階において登場していた。

(b)　**裁量審査**　「行政に裁量がある場合は裁判所において一切審理することはできない」という立場は、行政裁判所の審理事項が列挙主義から概括主義に移行した1945年以降はとられていない。米占領地区行政裁判法36条と軍令165号の23条3項は、いずれも裁量の踰越・濫用に対する司法審査を明示に規定している。しかし、裁量がある場合は司法審査が何らかの形で制限されるという点においては学説上一致を見ていた。その制限がどの程度まで強固なのか、また、そのような制限がある場合には、どの判決類型を選択すべきかについては1960年以前の段階では決着がついていない。裁量理論が徐々に形成されている途上であったからである。

義務付け訴訟において、裁量がある場合をどのように扱うのか。1950年時点で、上述のアイアーマンとフレーラーの解釈が登場していた。すなわち、明文の定義が存在しない事案の成熟性概念を、裁量の存否と結び付ける解釈である。また、一部のラント裁判所の判決においても、特定行為義務付け訴訟の要件としての事案の成熟を、「個別事例の特殊な事情に基づいて、法的に許される裁量判断が唯一残り、他の全ての選択肢は裁量の瑕疵がありそれゆえ違法である場合である」とするものが現れていた[51]。

ただ、多くの裁判例においては、裁判所は裁量決定の事件について義務付けの訴えを認容しなかった。「基準に従えば事案の成熟がないために義務付け訴訟は失敗する、なぜなら裁判所は入念な審理によって裁量判断の為に関係する全ての観点を認識し、一つの価値判断をできる立場にないからだ」と考えられていたからである[52]。

ここで見た裁量と事案の成熟要件の結び付きは、米占領地区行政裁判法と軍令165号の文言上は見出せない。それに理論的な支えを与えたのは、

---

(50)　Eyermann/Fröhler, a. a. O. (fn. 9), S. 245.
(51)　OVG Münster Urt. v. 17. 3. 1953, DÖV, 1954, S. 27. 野村・前掲注(5)㈡117頁。Tanja Schmidt, *Die Subjektivierung des Verwaltungsrechts* (2003), S. 232.
(52)　Schmidt, a. a. O. (fn. 51), S. 233.

バッホフが義務付け訴訟を主題として研究した1951年の著書において展開した、無瑕疵裁量行使請求権である。

バッホフは、既に1948年の論文において、無瑕疵裁量行使請求権の根拠付けを示していた。

> しかしながら例外的に、純粋な裁量決定が、ちょうどこの事例のような特定の状況で、事案に即した考慮をなす際に、唯一の意味においてのみ適合的な結果になる場合があり得る。そこではつまり、抽象的にはより広い裁量の限界が事実状態によって具体的に狭まり、特定の決定のみがなし得るほどに狭まった結果、それ以外の決定全てが概念必然的に裁量瑕疵のあるものとならざるを得ない。このような事例において裁判所に対する実体的請求権が許容される。

そして、1951年の著書では、義務付け判決を下すことは、行政に裁量がある領域においても少なくとも理論的には認められ得ると判断した1940年代の判決を示しつつ、主観的権利をここでは裁量行使の法的拘束の程度との関係で捉え、具体的事例について完全な裁量拘束を実体法の解釈から導き出そうとした。そこでは様々に可能性のある裁量縮減要因がたとえば「多数の異なる規範」、「多数の形式的主観的公権の組み合わせ」、あるいは「個別事例の具体的状態」と列挙されている。ここで展開された議論は、すぐには学説および判例の支持を得られなかった。全面的に受け入れられるようになったのは、1960年になってからのことである。

(C) **裁判所の事案成熟性導出義務** 義務付け訴訟の審理において、裁判所の行うべき審理範囲はどこまでなのか。当初、この問題は行政庁が不十分な事案解明しかしていないときに、裁判所は差戻し的な取消しを行うことができるか、という場面で議論された。米占領地区行政裁判法においては59条が新事実・新証拠に基づく差戻決定を規定しているが、連邦行政裁判所1955年5月26日判決は、「行政裁判所による行政決定の取消しは、それが行政庁の不十分な事案解明を理由とするときは、原則として全ての戦

---

(53) Bachof, a. a. O. (fn. 16).
(54) Bachof, *SJZ* 1948, 742ff. (S. 748). Vgl. Schmidt, a. a. O. (fn. 51), S. 229.
(55) Bachof, a. a. O. (fn. 16), S. 93-95.
(56) BVerwG Urt. v. 26. 5. 1955, E 2, 135.

後の行政裁判規定に含まれている職権による裁判所固有の事案解明義務と相容れない」として、軍令165号適用地域だけではなく、米占領地区行政裁判法適用地域においても、「裁判所の事案解明義務が存すること」を確認し、それにより差戻的取消判決は許されないと判示した。

判決理由は以下の通り述べている。

> 軍令165号の61条は「裁判所は事実関係を職権により解明する」と規定し、行政裁判法63条も同様に事案解明義務を規定している。確かに裁判所はその裁量の枠内で、事実解明のために必要な審理と措置を決定する。しかしこの裁判所の裁量は、事案解明義務によって、判決を下すために必要な範囲において制限される。前審はこれらの一般的な手続規定に反している。前審は自らの事案解明義務を誤解して、自らの判決のために必要な事実解明を自ら行うのではなく、行政行為を取り消すことによって行政庁に委ねた。先行している行政裁判所の判決は、実際のところ事案解明を欠いているがゆえに許されない差戻しを示している。しかしながら、戦後の行政裁判所は、アメリカ占領地区法令に例外規定〔訳者注：米占領地区行政裁判法59条〕があるほかは、原則としてそのような差戻しを知らない。行政裁判手続においては職権調査原則と職権主義が妥当する。裁判所は、裁判所自身の解釈に従えば事実の基礎が行政行為の取消しについて裁判所が適切な判断をなすためにまだ十分ではないときには、職権により判断のために必要な範囲の事案解明を自ら行わなければならない。つまり、行政裁判手続において判決にとって重大 (entscheidungserheblich) な事実関係が、上述の事例のように、裁判所の解釈に従えばまだ解明されていないときに、事案を解明に導くことは行政裁判所の義務である。行政裁判所はそれゆえに行政決定の取消しをなすことは許されない。差戻しと同視されることになってしまうからである。[57]

この判決により、事案解明が十分ではないという理由での取消判決は原則として封じられた。この判決に対しては、ラウテンベルク (Rautenberg) が以下のように痛烈な批判を展開した。[58] この判決では行政庁の方がよりよく判断できる場合についての考慮がない上、司法の停滞、あるいは少なくとも行政裁判所の過剰負担による司法の価値低下が懸念される。そして、当時の行政裁判所の実務として、裁量性のある年金決定については実際に

---

(57) BVerwG Urt. v. 26. 5. 1955, E 2, 135, 136.
(58) Rautenberg, *NJW* 1955, S. 1545, 1546.

は取消判決のみを行っており、これも「差戻し」にあたり得るところ、同判決はこのような取扱いが禁止される差戻しと区別されることを示していない（ため、現状の年金決定についての実務上の取扱いが全て否定されるおそれがある）という。そして連邦行政裁判所判決に対する何よりも決定的な反論は、「上述の事例において、何が完全な事実関係の解明とみなされるかを審理していない」という点である。つまり、判決の文言からは、裁判所は、行政庁が申請に対しての決定をなす際に必要である全ての事実解明を行うべきことを判示したものと読めるが、このような幅広い事案の解明が、常に行政裁判所の判決にとって必要なわけではないからである。どのような事実が行政裁判所によって解明されなければならないのか、つまり、「何が『完全な事案解明』なのかは、職権調査主義と職権主義のみによって与えられるのではなく、各々の行政訴訟手続の目的によっても決まり、さらに我々の法システムにおける行政裁判所の任務によっても左右されるのである」と批判する。

ラウテンベルクの批判を受けてもなお、条文上の職権調査主義から事案解明についての裁判所の義務を導き出した連邦行政裁判所の論理は、事案の成熟性の導出にも当てはめられた。連邦行政裁判所1958年6月12日判決[59]は、1955年判決が示した路線をさらに拡張した。本判決は、職権調査原則により、行政裁判所は争われた行政行為についての事実関係・法関係の全ての範囲にわたり調査する義務を負うこと、その範囲は原告および被告が争点にした範囲に制限されず、文字通りあらゆる範囲にわたることを示した[60]。そのため、事案の成熟性についても、裁判所が自ら導出しなければならなかったと判断したのである[61]。

この判例法理に素直に従えば、条文によって明示的に、あるいは類推適用等の解釈によって事案の成熟性が認められない場合についての判決類型を用意したとしても、原則としては裁判所は「完全な事案解明」に向けて努力し続けることになる。米占領地区行政裁判法が決定義務付け判決や59

---

(59) BVerwG Urt. v. 12. 6. 1958, E 7, 100.
(60) BVerwG Urt. v. 12. 6. 1958, E 7, 100, 103.
(61) BVerwG Urt. v. 12. 6. 1958, E 7, 100, 105-106.

条による差戻し規定を置いていたことを例外に位置付ける判例法理ができあがっていった。

2 連邦行政裁判所法成立直後の議論状況
(1) 連邦行政裁判所法の制定
(a) 連邦行政裁判所法の制定過程　以下ではまず、連邦行政裁判所法（VwGO）の成立過程を見ることにする。この法案に関する議案は、連邦議会審議資料に 4 回登場する（1953年 4 月15日（BT-Drs. 1/4278)、1954年 4 月12日（BT-Drs. 2/462)、1957年12月 5 日（BT-Drs. 3/55）および1959年 5 月12日の法務委員会報告要約（BT-Drs. 3/1094))。[62]しかし、法務委員会での議論を経るまでの当初の法案では、spruchreif という言葉は、執行された行政行為の取消しについて執行の方法をも命じる判決についての要件（法案114条 1 項 3 文）については登場するが、義務付け判決の要件（同条 4 項）には登場しなかった。BT-Drs. 1/4278、BT-Drs. 2/462、BT-Drs. 3/55 における、現在の連邦行政裁判所法113条 1 項および 5 項にあたる法案114条 1 項および 4 項は、[63]以下の通りであった。

> **114条 1 項**　裁判所は、行政行為が違法であると認めるときは、行政行為と、異議決定を取り消す。行政行為が既に執行されているときは、裁判所は申立てに基づいてどのように行政庁が執行を取り消すべきかをも宣告できる。この宣告は行政庁がこの事案において判断を下す状態（spruchreif）に至っているときにのみ認められる。行政行為がそれ以前に撤回やその他によって解消されていたときには、裁判所は申立てに基づいて、原告が保護に値する確認の利益を有している場合に限り、行政行為が違法であった旨を宣言する判決を下す。

> **114条 4 項**　裁判所は、行政行為の拒否又は不作為を違法と認めるときは、行政官庁が申請に係る職務行為をなすべき義務があること、その他の場合は（sonst）原告に対し裁判所の法解釈に従って決定をなすべき義務があ

---

(62) このうち、BT-Drs. 2/462 の邦訳として、南博方『法務資料第342号 ドイツ連邦共和国連邦行政裁判所法案』(法務大臣官房調査課、1956）がある。
(63) 法案114条は、公布までの間に、一つ繰り上がって113条となった。また、現行法において 4 項が 5 項に変わったのは、後述する1991年の第 4 次連邦行政裁判所法改正法によって、113条 3 項が挿入されたためである。

ることを宣言する。

　この政府案に対して、連邦参議院は「明確化のために」字句の変更を提案した。その後法務委員会での審議において、連邦参議院の提案が受け入れられ、BT-Drs. 3/1094における法案は、以下のように変更された（変更・挿入された箇所は太字および傍線で示す）。

　　114条1項　行政行為が違法であり、**原告がそれによって自己の権利を毀損されているときは**、裁判所は行政行為と、異議決定**がある場合はそれ**を取り消す。行政行為が既に執行されているときは、裁判所は申立てに基づいてどのように行政庁が執行を取り消すべきかをも宣告できる。この宣告は行政庁がこの事案において判断を下す状態（spruchreif）に至っているときにのみ認められる。行政行為がそれ以前に撤回やその他によって解消されていたときには、裁判所は申立てに基づいて、原告が保護に値する確認の利益を有している場合に限り、行政行為が違法であった旨を宣言する判決を下す。

　　114条4項　行政行為の拒否又は不作為が違法であり、**原告がそれによって自己の権利を毀損されており、事案が判決に熟している場合には（wenn die Sache spruchreif ist）**、裁判所は行政庁に対して、請求された職務行為を遂行することを義務付ける判決を下す。**そうではない場合（事案が判決に熟していない場合）は（Andernfalls）**、裁判所は、原告に向けて裁判所の法解釈を顧慮して判断を下すべきことを行政庁に義務付ける判決を下す。

　そして、この法案での修正を経た条文がそのまま1960年の連邦行政裁判所法113条として1条繰り上がり、成立した。

　(b)　「**行政庁への差戻し**」**規定の不継受**　　連邦行政裁判所法には、新事実や新証明方法の提出による行政庁への差戻しを認めた米占領地区行政裁判法59条にあたる規定は置かれていない。この不継受について、法務委員会報告要約は以下のように述べている。

　　　かつての行政裁判法では関係人が新事実あるいは新証拠を提出したときに事案を行政庁に差し戻すという可能性が開かれていた。そこで委員会はこの手続類型についても検討した。しかし委員会に招集された専門家たちの多数がそのような差戻しを諦めるよう助言したので、法務委員会はこの観点を法案に取り入れることを見合わせた。[64]

---

(64)　DT-Drs. 3/1094, S. 11.

それでは、法務委員会では何が議論されたのだろうか。法務委員会で意見を述べた専門家は、1959年4月15日の会ではバッホフと連邦社会裁判所長官のシュナイダー（Schneider）、連邦行政裁判所長官のヴェルナー（Werner）であった。

バッホフによれば、米占領地区行政裁判法59条の差戻しによって、行政庁が救済を与えると関係人はそれで満足してしまうため、まだ費用決定については未決着のままであるのにもかかわらず音信不通になったり、手続に重大な遅滞が生じたりと、行政裁判所に負担しかもたらさないため、米占領地区行政裁判法59条の条文は目的にそぐわないという。

これにはヴェルナーが反論した。連邦行政裁判所の負担調整部門は連邦行政裁判所法において、米占領地区行政裁判法59条に対応する条文を置くことに賛成している、なぜならたとえば原告が戦災復興貸付（Aufbaudarlehen）を申請したが、これを行政庁が拒否し、原告が義務付け訴訟を起こしたところ、審理過程で書類が十分ではないことが判明したときに、米占領地区行政裁判法59条に対応する条文があれば、事案を行政庁に差し戻すことが可能になるからである。

また、シュナイダーも、社会裁判所でもこの問題は意味があると補足した。たとえば年金決定が待機期間が十分ではないという理由で拒否されたときに、しかしながら他の理由（就業不能や外国滞在期間の算入）についてはまだ審理されていないときなどに重大な問題となるというのである。

1959年4月23日の会で呼ばれた専門家は、バイエルン行政裁判所上席検事のグロス（Gross）であった。グロスは、米占領地区行政裁判法59条は確かにミュンヘンにおいて第二次世界大戦被害者への補償政策である負担調

---

(65) Vgl., Holger Jakobj, *Spruchreife und Streitgegenstand im Verwaltungsprozess* (2001), S. 91-93.
(66) Protokoll der 61. Sitzung des Rechtsausschusses des 3. Bundestages (15.04.1959), S. 50-54.
(67) A. a. O. (fn. 66), S. 51-52.
(68) A. a. O. (fn. 66), S. 53.
(69) A. a. O. (fn. 66), S. 54.
(70) Protokoll der 61. Sitzung des Rechtsausschusses des 3. Bundestages (23.04.1959), S. 15-17.

整事案（Lastenausgleichsachen）については時折用いられると前置きした上で、それでもこの条文は二つの理由から不要であると証言した。一つは、米占領地区行政裁判法59条による「差戻し」を行うと、手続があまりにも複雑化すること、もう一つは、事案解明が足りないのであれば、行政裁判所は行政庁により必要な事案解明が行われるまで一旦手続を停止させることができ、この問題はこのような方法で解決可能だからである。[71]

　法務委員会でのバッホフとグロスの意見が取り入れられた結果、米占領地区行政裁判法59条に相当する規定を連邦行政裁判所法に取り入れることは見送られた。

(2)　連邦行政裁判所法成立当初の解釈論

　連邦行政裁判所法施行直後の1960年4月、ベッターマン（Bettermann）が新法における義務付け訴訟について、これまでの解釈論と新規定の意義との関係を整理する論考を発表した。[72] この論考はその後の義務付け訴訟についての解釈論において通説的地位を占め、今日でも頻繁に参照される論文である。ベッターマンは、連邦行政裁判所法が米占領地区行政裁判法と軍令165号との関係で何をどのように変更し、選択したのかについて検討し、新たに取り入れた部分を整合的に説明する。

　ベッターマンが示した解釈のポイントをまとめると、三つの特徴がある。一つ目は、連邦行政裁判所法は軍令165号を踏襲して取消しと義務付けを峻別する立場に立っていること。二つ目は、事案の成熟性の観念を裁量審査と結び付けること。そして、三つ目は、連邦行政裁判所法で新たに付け加わった観点である、「裁判所の法解釈を顧慮」することの意味を、裁量処分の拒否決定の違法性との関係で位置付けたことにある。これらは相互に関連して、決定義務付け判決を対不作為訴訟への原則的認容形態として規定していた米占領地区行政裁判法からの変質を形作っている。

　(a)　連邦行政裁判所法における取消訴訟と義務付け訴訟の関係　　ベッターマンは、連邦行政裁判所法の訴訟類型の立て方として米占領地区行政裁判

---

(71)　A. a. O.（fn. 70), S. 16-17.
(72)　Karl August Bettermann, Die Verpflichtungsklage nach Bundesverwaltungsgerichtordnung, *NJW* 1960, S. 649-657.

法のように拒否と不作為を区別するのではなく、軍令165号のようにこれを区別しない立場をとった。そして、むしろ区別したのは事案が成熟しているかであって、これが肯定されるか否かで特定行為義務付け判決と決定義務付け判決とを区別する立場に立っていることを指摘した[73]。そして、決定義務付け判決であっても、特定行為義務付け判決であっても、義務付けの訴えの本案勝訴要件が基本線としては取消しと同じく「行政行為の違法性と原告の権利毀損」にあると理解した[74]。その上で、ベッターマンは、行政行為の拒否と不作為に対する訴えは（単純な）義務付け訴訟であり、かつそれで足りると考えた。つまり、義務付け訴訟が取消訴訟とは区別されているだけにとどまらず、拒否・不作為事例に対応する権利救済でもあるとした。そして、連邦行政裁判所法においては、米占領地区行政裁判法79条3項とは異なり、義務付け訴訟が取消訴訟に並び立つ形で単独で成立し、特定行為義務付け判決でも決定義務付け判決でも行政の拒否決定に対する取消しが命じられるわけではない、とした[75]。

　それでは拒否決定の取消しは不要なのだろうか。この疑問に対して、ベッターマンは行政庁が再度の決定をなすためには当初の拒否決定が取り消されていることが必要だと述べる。しかし、あくまで再決定のために必要であるに過ぎず、訴訟の目的そのものではないから、明示的になされている必要はなく、むしろ再決定を命じる判断そのものに拒否決定の取消しが含まれていると解釈している。再決定をせよという判断と矛盾する拒否決定を、法的明確性のために裁判所が明示的に取り消すことは差し支えないとしている。その上で、連邦行政裁判所法88条が裁判所と原告の申立ての関係について、裁判所は申立ての範囲には拘束されるものの形態については拘束されないと規定していることから、原告が取消しを求めなくとも、決定義務付け判決には、このような当然の拒否決定取消しの効果があるとする[76]。

---

(73) Bettermann, a. a. O. (fn. 72), S. 649-650.
(74) Bettermann, a. a. O. (fn. 72), S. 650.
(75) Bettermann, a. a. O. (fn. 72), S. 651.
(76) Bettermann, a. a. O. (fn. 72), S. 651.

Ⅱ　決定義務付け判決の登場と変質　　*125*

(b)　**事案の成熟性と裁量、事案の成熟性導出義務の関係**　　ベッターマンはまず、米占領地区行政裁判法79条5項においては対拒否訴訟において事案の成熟性を欠く場合の規定がなく、あくまでも、不作為の場合についてしか適用がないという法の欠缺（Lücke）があったと説明した。軍令165号においては不作為でも対拒否でもそもそも事案の成熟性がない場合の規定が全く存在しなかったために、米占領地区行政裁判法79条5項の類推適用の可否が争われていた状況を説明した。それを踏まえて、連邦行政裁判所法の制定により、事案の成熟がない場合には全て決定義務付け判決が認められることになったため、この欠缺は埋められていると評価した。[77]

不作為に限らず、拒否決定がある場合でも決定義務付け判決が可能であるとすると、いかなる場合に特定行為義務付け判決を下すべきで、いかなる場合に決定義務付け判決を下すべきなのかが判然としなくなる。そこでベッターマンは、両者の区別において重要なのは自由裁量の程度であって、「事案の成熟性」だけで決まるのではないと述べた。むしろ特定行為義務付け判決と決定義務付け判決の区別においては「事案の成熟性」は第二次的で従属的な判断指標に過ぎず、第一次的な判断指標は法問題と裁量問題の区別にあると明言した。[78]対拒否訴訟においても、裁量があればspruchreifが認められないと述べた上で、その場合には決定義務付け判決が下されると解説したのである。[79]別の箇所では、「連邦行政裁判所法は特定行為義務付け判決と決定義務付け判決の区別を事案の成熟性に係らしめており、結論として、職務行為の遂行について行政庁に裁量があるか否か、そして遂行を義務付けられているか否かで判断している[80]」と言い直している。

さらに、ここで裁判所の事案解明義務と結び付いた事案の成熟性導出義務にも言及する。求められた行政行為が裁量のない羈束行為である場合は、拒否であっても不作為であっても裁判所は自らの責任において事案を解明し、完全に審理する義務を負っている。そのため、出てくる結論は違法

---

(77) Bettermann, a. a. O. (fn. 72), S. 651.
(78) Bettermann, a. a. O. (fn. 72), S. 655.
(79) Bettermann, a. a. O. (fn. 72), S. 654.
(80) Bettermann, a. a. O. (fn. 72), S. 655.

性・権利侵害がないゆえに請求棄却となるか、さもなくば特定行為義務付け判決となる。[81]

これに対して、裁量がある場合はどうか。ベッターマンは全て決定義務付け判決になるという結論には至っていない。ここで初めて拒否と不作為の区別が重要な区別となって立ち現れる。裁量行為の拒否の場合は、裁量が行使された「拒否」との行政決定において、瑕疵のない裁量行使がなされたか否かが無瑕疵裁量行使請求権の観点から審査される。この点で、ベッターマンは裁量がある行為についてそれが拒否処分である場合には「決定義務付け訴訟〔傍点は訳者による〕」（Bescheidungsklage）が認められるべきであるとしている。[82] これに対して、裁量がある行為についてそれが不作為である場合は未だ申立てに対する決定はされていないため、「申請に対して決定すること」を義務付けられているかどうかで請求が認容されるか棄却されるかが決まる。[83]

(C) 「裁判所の法解釈を顧慮」することの位置付け　(a)と(b)の検討からわかる通り、ベッターマンの理解では決定義務付け判決は裁量決定について違法性および権利侵害がある場合に限定され、その上で決定義務付け判決には明示的ではないが拒否処分の取消しが含まれていると解している。ベッターマンは、連邦行政裁判所法の制定により新たに付け加わった観点である、〈決定義務付け判決後、行政庁が「裁判所の法解釈を顧慮」するべきこと〉の意義についても、上記の理解を前提とした解釈論を展開している。[84] あくまで訴訟の目的が求められた処分発令の義務付けを行政庁に命じることであるとすれば、前提となる拒否処分の違法性は後景に退くことになる。この点を捉えて、「拒否決定の明示又は黙示の取消しを基礎付ける」裁判所の法解釈が拘束力を有するとしている。そして、その判決の拒否処分の取消し部分を基礎付ける（民事訴訟法565条2項）、違法性およびそれにより原告の権利毀損があるとされる理由部分についても新決定をなす行政庁を拘束すると理解している。

(81) Bettermann, a. a. O. (fn. 72), S. 654-655.
(82) Bettermann, a. a. O. (fn. 72), S. 656.
(83) Bettermann, a. a. O. (fn. 72), S. 656.
(84) Bettermann, a. a. O. (fn. 72), S. 651.

後の学説による理解との比較でいえば、あくまで拒否処分の違法性についてのみ着目した解釈であって、その後なされる処分の内容についての法判断などに関する解釈は想定されていない。

(3) 判例による追従

ベッターマンの示した連邦行政裁判所法の解釈は、判例においても受け入れられ、学説においても多数説を形成していく。

(a) 裁量と事案の成熟性との関係　　まず、「帯鋸判決」と通称される連邦行政裁判所1960年８月18日判決[85]で明言されることによって、裁量と事案の成熟の関係はより強固に説明され、以後の議論を支えていくことになる。ここでは、裁量的判断事項であった建築法上の監督規制権限発動についての義務付け訴訟がどのような要件で認められるかについての判示に着目したい。形式的＝手続的権利しか有さない第三者による請求であっても、無瑕疵裁量行使請求権を媒介とした義務付け訴訟の提起が可能であることが示された。そして、裁量があれば原則として決定義務付け判決となるが、例外的に、妨害・危険の程度あるいは重大性が高く、裁量のゼロ収縮が生じて行政の裁量が介入の時期や方法についてのみしか残っていない場合には、特定行為義務付け判決も認められることが示された。[86]

帯鋸判決で示された判断枠組は、その後多少の反駁にさらされたものの、[87]その後の判例の展開によって追従され、確立した判例法理となっていく。

本書における研究の視座との関連から、さらにもう１点指摘しておきたい。それは、帯鋸判決において裁判所が、裁量のゼロ収縮が起こって特定行為義務付け判決が認められる場合についても「せいぜいのところどのように介入するかについての裁量が残るだけ」と判示していることである。[88]

---

(85) BVerwG Urt. v. 18. 8. 1960, E 11, 95. 本判決は、第三者による行政介入請求権を認めた点で画期的であり、日本においても広く紹介されている。原田尚彦「行政法における公権論の再検討」『訴えの利益』（弘文堂、1973［初出1968］）1－60 (54) 頁、同『行政責任と国民の権利』（弘文堂、1979）64-66頁、阿部泰隆「義務付け訴訟論」『行政訴訟改革論』（有斐閣、1993）223-295 (252) 頁（初出、田中二郎先生古稀記念『公法の理論 下Ⅱ』（有斐閣、1977）2132-2182頁）、野村・前掲注（５）㈡112-113頁等を参照。

(86) 本判決以前にも申請者について同様の判示をするものはあったが、第三者についても上記のような判示をしたことが画期的であることにつき、野村・前掲注（５）㈡112-113頁。

(87) Bettermann, *NJW* 1961, 1097, 1099; Menger, *VerwArch* 52 (1961), S. 92, 103-104.

(88) BVerwG Urt. v. 18. 8. 1960, E 11, 95, 97.

これは学説においてしばしばいわれる「裁量のゼロ収縮論」を前提に特定行為義務付け判決の内容を検討した場合、特定行為義務付け判決を受けてもなお残る行政裁量の存在を見落としてしまうことを示唆する。帯鋸判決の残したこの傾向は、現在においても引き継がれており、山本隆司は特定行為義務付け訴訟といっても詳細についての裁量が残ること、それゆえに決定義務付け判決との相対化が起こっていると指摘している。[89]

この頃になると、特定行為義務付け判決と再決定義務付けを区別するメルクマールである事案の成熟性の存否を裁判所が事案を解明して判断する責務があることが、確定した判例法理となっており、これは、裁判所の[90]「事案の成熟性導出義務（Verpflichtung zum Herbeiführen der Spruchreife）」と呼ばれるようになる。これは、上述の通り判例で形成された概念であるが、[91]現在の通説的見解となっている。この義務の存在により、特定行為義務付け判決と決定義務付け判決の関係は、原則と例外の関係に置かれている。つまり、原則として、裁判所は行政庁が行政処分をする上で必要な全ての点について審理し、事案の成熟が認められるように努めなければならないのである。

その義務が免除される例外要件も、判例法により積み重ねられている。それは、行政行為の本質的変更があった場合、行政権限に対する許されない侵害がある場合（その主たるものとして裁量と判断余地がある）、原告の権利の侵害の場合が挙げられている。[92]これらがある場合、裁判所は、例外的に、事案の成熟性導出義務から解放され、義務付け訴訟の場合には、決定義務付け判決が出されるということになる。

この枠組をどれだけ強固なものと捉えるかが、決定義務付け判決にどこまでの意味を与えるのか、言葉を換えると、行政過程に一度投げ返すこと

---

(89) 山本・前掲注（3）(上)73頁。
(90) 山本・前掲注（3）(上)71頁。
(91) 発端となった判例は、BVerwG Urt. v. 12. 6. 1958, E 7, 100 である。参照、Kopp, *VwGO* 10. Aufl., §113 Rn. 83.
(92) Gregor Marx, *Das Herbeiführen der Spruchreife im Verwaltungsprozeß* (1996), S. 92-104 に詳細な紹介があるほか、事案の成熟性導出義務と行政裁判所法86条（職権調査原則）との関係、そして審理のあり方との関係については、須田・前掲注（7）、とくに同(4)28-34頁に詳しく論じられている。

をどこまで許容するかの分かれ目である。もっとも、連邦行政裁判所法86条の職権調査原則から事案の成熟性導出義務を導き出すことを、権力分立原則に反するのではないかと批判する学説も登場した。コップは、連邦行政裁判所法113条4項1文は権利侵害と違法性と事案の成熟が揃った場合にのみ裁判所は義務付け判決を許されているとして、裁判所の判断権限を制限的に理解する。そのような立場からすれば、判例においてかなり広範な範囲で承認されている事案の成熟性導出義務は、条文上は全く規定がなく、その上連邦行政裁判所法86条1項で規定されている裁判所が職権により事案を解明する義務にも含まれず、裁判所の判断権限からは全く導かれないものだということになる。コップは、事案の成熟性導出義務を当初から批判していたラウビンガーの議論を正当であると評価した上で、以下のように続ける。「このような義務が仮に必要とされる場合があるとすれば、それは、行政裁判に至るまで原告が十分に主張を尽くせなかったという状況がある場合であろう。しかし、通常は行政手続の段階で主張を尽くすことができるのだから、そのような状況は存在しない。裁判所の事案解明義務からは事案の成熟性導出義務は導かれていない」というのである[93]。しかし、コップの見解は、連邦行政裁判所に採用されることはなかった。

(b) 「裁判所の法解釈」の意義　ベッターマンが示した裁判所の法解釈についての議論は、究極的には既判力の範囲を拡張することに眼目があった。こうしたベッターマンの主張は判例実務のとるところとなった。たとえば連邦行政裁判所は、決定義務付け判決である1967年12月21日判決[94]において、原告が求めた行政行為の発令を要求し得るかどうかは決定義務付け判決の形式的既判力の発生時にはまだ確定されていないけれども、裁判所の法解釈に適合しないときには行政庁によって発せられるべき決定は同じ事実関係・法関係では違法である旨を判示した。連邦行政裁判所はこの帰結を、この場合には存在する既判力由来の判決理由の拘束力によって基礎付けた。「判決を支える (tragen) 判断基礎——決定義務付け判決にとって基準となっていた"法解釈"——は121条の意味における既判力を限界付

---

[93]　Kopp, *Verfassungsrecht und Verwaltungsverfahrensrecht* (1971), S. 100-101.
[94]　BVerwG Urt. v. 21. 12. 1967, E 29, 1, 2.

け、判決主文についてのみ及ぼすのではない。既判力とその限界は判決理由に従っても決定されるべきである」と述べた。それゆえ、本判決は決定義務付け判決の中で主文と判断理由とを区別していると指摘されている。[95]「裁判所の法解釈は拒否決定による法違反に関する限りでは既判力を定める」というベッターマンの解釈に沿うものとなっている。[96]

　他方、それに先立つ連邦行政裁判所1966年12月15日判決は、義務付け訴訟の枠内での拒否決定取消しは、「結果として違法」(im Ergebnis rechtwidrig)であるときのみ行われると判示した。[97]すなわち、一つの取消事由があったとしても、他の事由から結論として拒否決定が維持できるのであれば決定義務付け判決は下されないことになる。つまり、拒否決定取消判決は、全ての点において拒否決定が維持不能な場合にのみ下されることになり、ここにおいても取消判決の独自の意義は縮小したものとなっている。

　この判決を前提に1967年12月21日判決における「裁判所の法解釈」を解釈すると、全ての取消事由について判断し、結果として違法であると裁判所が判断した拒否処分の違法性については、後行する行政庁をも拘束するということになる。

　(C)　**申請拒否処分取消訴訟についての判例の動向**　連邦行政裁判所法における拒否処分取消訴訟は、義務付け訴訟との関係では独自の意義を持たないというベッターマンの解釈は、後の判例においても引き継がれた。まず、申請の仕組みをとる受益行政行為の発令について、申請が拒否された場合、申請拒否という意思表示そのものが不利益行政行為であると考える[98]

---

(95)　Gerhardt in: Schoch/Schmidt-Aßmann/Pietzner, *VwGO*, §113, Rn. 215. なお、連邦行政裁判所1981年12月3日判決（BVerwG Urt. v. 3. 12. 1981 DVBl 1982, 447, 448）においても本判決が「既判力の範囲と裁判所が示した法解釈に適合した判決理由の拘束力の範囲」を示した先例として参照されている。
(96)　Bettermann, a. a. O.（fn. 19）, S. 651.
(97)　BVerwG Urt. v. 15. 12. 1966, E 25, 357, 362.
(98)　申請拒否処分を独自に取消訴訟の対象になる不利益行政行為と考えない見解もある。Friedhelm Hufen, *Verwaltungsprozessrecht*, 9. Aufl.（2013）, §14 Rn. 13によれば、申請拒否処分それ自体を取り出すのは適切ではなく、義務付け訴訟と取消訴訟は相互に排他的で、かつ二者択一（Alternative）の関係にあるという。ここでいう「二者択一」は文字通りというよりも、処分の性質上（原告の選択にかかわらず）あらかじめ決まってしまうという意味であるから、後述するラウビンガー説とは異なる。

と、申請拒否処分の取消訴訟と、申請により求められた行政行為発令の義務付け訴訟との関係を考える必要に迫られる。連邦行政裁判所法42条1項も113条5項も、対拒否訴訟型の義務付け訴訟提起に取消訴訟を併合することは求めていないが、併合提起それ自体は排斥されていない。そこで、連邦行政裁判所は、1976年5月21日判決において、義務付け訴訟の給付請求が拒否処分の取消請求を含むと解釈した。[99]

それでは、あえて併合提起した場合はどうか。連邦行政裁判所1968年4月26日判決[100]では、拒否決定の取消申立ては仮に併合されたとしても通常は独自の意味を持たず、義務付け申立てと運命を共にするだけであることを強調している。また義務付け訴訟のみを提起してきた原告に対して認容判決(特定行為義務付け判決・決定義務付け判決を問わない)を出すときに、明確化のために主文において申請拒否処分を取り消す旨を明示することも一般的に行われているという。[101]

さらに問題となるのはいわゆる単独取消訴訟 (isolierte Anfechtungsklage) の可否である。[102]単独取消訴訟とは、申請の仕組みをとる受益行政行為の発令について、申請が拒否された場合に、求める受益行政行為の発令の義務付け訴訟を提起することなしに、申請拒否処分の取消訴訟のみを提起する場合の取消訴訟をいう。

この問題について、連邦行政裁判所法施行後すぐの1962年7月3日に、フランクフルト行政裁判所は取消訴訟と義務付け訴訟は互いに排斥しあうものだとして、明確に単独取消訴訟提起を認めないとの判断を下した。[103]フランクフルト行政裁判所は、「正当にも連邦行政裁判所法は取消訴訟を個人に対して不利益に働く権利設定に対する判断(侵害行為)についてのみ用意しており、単に給付が拒否された場合については考えていない」と明

---

(99) BVerwG Urt. v. 21. 5. 1976, E 51, 15, 21.
(100) BVerwG Urt. v. 26. 4. 1968, E 29, 304, 309. もっとも、いずれの理解においても、取消訴訟の出訴期間制限よりも義務付け訴訟の出訴期間制限が優先されるため、明示することの実務上の意義はわずかである。Eyermann, *Verwaltungsgerichtsordnung Kommentar*, 13. Aufl. (2010), §42 Rn. 30.
(101) Gerhardt, a. a. O. (fn. 95), §113 Rn. 64, 72, 75.
(102) BVerwG Urt. v. 28. 1. 1971, E 37, 151.
(103) VG Frankfurt Urt. v. 3. 7. 1962, DVBl 1962, 875.

言した。つまり、「取消訴訟は純粋な防御機能のみを満たすものであり、単なる破棄をもたらす。これに対して、行政が申請を拒否あるいは未だ決定していないときに、申請人は行政裁判所に対していわば攻撃手段としての義務付け訴訟（42条1項、113条4項〔訳者注：当時〕）を提起する」ことになるからだという。つまり、目的が違うために相容れないことを主たる理由としているのである。

そしてさらに続けて、「この目的の違いによる相互排斥が仮に法律から強制的に与えられていないとしても、義務付け訴訟の内部にある取消請求は独自の意味を持たないから認められない[104]」とする。

さらに追加的に、フランクフルト行政裁判所は取消訴訟と義務付け訴訟の基準時についての判例法理の違いを以下の通り指摘した。

> 以上の理由に従って訴訟法上の理由から与えられた42条の二つの訴訟類型の区別は、「破棄申立てについては争われた行政行為が発令された時点の法に基づいて判断されるべきであり（BVerwGE 1, 35）、義務付け訴訟により追求された要求については裁判所の口頭弁論終結時に適用される法に基づいて判断されるべきである（BVerwGE 1, 291, 295）」という原則に適合する。二つの訴訟類型を区別することがいかに重要であるかは、法状態が変動し、それゆえに当初違法であった行政行為が適法になったときにますます明白である。より詳細にいえば、原告が明示的に要求したように、拒否行政行為に対しては旧法に従った取消訴訟を提起する一方で、同時に新法に従った義務付け訴訟の判断を強いられるとすれば、裁判所は矛盾する判断を強いられることになる。つまり拒否行政行為の破棄をしたとしても、原告は何も得ることができない、なぜなら原告が被告に対し何らの請求もすることができないという結果により、同時に新法においては義務付け請求権が成果のないままにされるからである。義務付け訴訟と同時に提起された取消訴訟は、それゆえ役に立たないものである、法的保護利益が彼について正当なものであると判断され得ないからである。[105]

連邦行政裁判所法成立以前に確立した基準時に関する判例法理が、取消しと義務付けの峻別を判断する際の一要素として、あたかも所与の前提のように取り扱われていることがうかがえる判示である。

---

(104) VG Frankfurt Urt. v. 3. 7. 1962, DVBl 1962, 875.
(105) VG Frankfurt Urt. v. 3. 7. 1962, DVBl 1962, 875.

現在の判例においては、単独取消訴訟の提起は原則として許されないとする原則否定説がとられている。単独取消訴訟の提起が原則的に否定されている理由は主として二つある。一つは、取消訴訟と比較した場合における義務付け訴訟の特殊性のために、義務付け訴訟を提起し得る場合には通常は取消訴訟が排除され、それゆえ不適法であるというものである。つまり、条文構造上、113条 5 項は特別規定であるために 1 項の適用は排斥されるというのである。もう一つは、権利保護の必要性がない、というものである。原告は義務付け訴訟によれば満足を得ることができるが、申請拒否処分を取り消すのみでは、認容判決の効果は原告にとって何の役にも立たないということである。

　逆にいえば、拒否処分に対する不服申立てを目的とする訴訟であっても、義務付け訴訟を直ちに観念できない場合や、取消しだけを求めることによる権利保護の必要性がある場合については、例外的に単独取消訴訟が認められているという状況にある。

(4)　小　　　括

　これまで見たように、米占領地区行政裁判法、英占領地区の軍令165号、連邦行政裁判所法は、対拒否／対不作為訴訟の区別、事案の成熟性の有無、取消訴訟／義務付け訴訟の区別に応じて、多様な請求認容判決を想定していたことが明らかになった。後掲の**図表 1** は、これらがいかなる（請求認容）判決類型を用意していたのかを概観し、整理した図である。比較の便宜のため、参考として日本の平成16年行訴法改正後の状況についても記載した。

　連邦行政裁判所法の制定とその解釈論、そしてその後の判例の展開は、全体的な構成枠組としては軍令165号によりつつ、判決類型としての決定義務付け判決を米占領地区行政裁判法から引き継ぐという1950年代の判例法が示した方策を引き継ぐ流れを生み出した。ベッターマンはこれらの変化を解釈論としてまとめ上げ、以後は判例においても取消訴訟と義務付け

---

(106)　BVerwG Urt. v. 28. 1. 1971, E 37, 151.
(107)　単独取消訴訟の可否については本章Ⅲ- 1 において詳述する。

図表1　取消訴訟と義務付け訴訟に対応する請求認容判決類型の一覧

米占領地区行政裁判法

拒否か不作為か		対拒否訴訟		対不作為訴訟	
事案の成熟性		事案の成熟性なし	事案の成熟性あり	事案の成熟性なし	事案の成熟性あり
訴訟類型	抗告訴訟		取消し＋（特定行為）義務付け判決	決定義務付け判決	取消し＋（特定行為）義務付け判決

※ほかに、裁判所から行政庁への事案の「差戻し」規定がある

英占領地区　軍令165号

拒否か不作為か		拒否か不作為の区別がない			
事案の成熟性		事案の成熟性なし	事案の成熟性あり	事案の成熟性なし	事案の成熟性あり
訴訟類型	取消訴訟	（取消訴訟は侵害行政処分を想定しており、拒否処分に対する取消しは用いない）			
	義務付け訴訟		特定行為義務付け判決		特定行為義務付け判決

※条文上、決定義務付け判決は存在しない

連邦行政裁判所法

拒否か不作為か		拒否か不作為の区別がない			
事案の成熟性		事案の成熟性なし	事案の成熟性あり	事案の成熟性なし	事案の成熟性あり
訴訟類型	取消訴訟	（取消訴訟は侵害行政処分を想定しており、拒否処分に対する取消しは用いない）			
	義務付け訴訟	決定義務付け判決	特定行為義務付け判決	決定義務付け判決	特定行為義務付け判決

※取消訴訟については、事案解明のための取消判決が1991年改正で追加された

参考：日本の行訴法（申請型義務付け訴訟）

拒否か不作為か		対拒否訴訟		対不作為訴訟	
事案の成熟性		（「事案の成熟」という概念は条文上存在しない）			
訴訟類型	取消訴訟等	拒否処分取消訴訟・判決		不作為の違法確認訴訟・判決	
	義務付け訴訟	(37条の3第6項による分離→分離取消判決確定後も係属)	「一定の処分」義務付け判決	(37条の3第6項による分離→分離不作為違法確認判決確定後も係属)	「一定の処分」義務付け判決

※取消（不作為違法確認）訴訟と義務付け訴訟は併合提起

訴訟を峻別し、裁判所の事案解明義務から導かれる事案の成熟性導出義務を強く認め、そして事案の成熟性が欠ける場合を裁量がある場合と定位する流れがしばらく定着することになる。また、制定過程における法務委員会の議論において、米占領地区行政裁判法のもう一つの特徴である、裁判所から行政庁への「差戻し」規定は放棄されることになった。

このように、1960年の連邦行政裁判所法制定後しばらくは、軍令165号の枠組に、米占領地区行政裁判法の対不作為訴訟にその出自を持つ決定義務付け判決だけが植え付けられたかのような形の運用が繰り返された。決定義務付け判決は裁量審査と結び付いて、新たな活躍の場を与えられたことになる。そして、決定義務付け判決に付け加えられた「裁判所の法解釈の顧慮」は、拒否・不作為の違法性に関する判断部分に、後訴裁判所と後行の行政決定へ拘束力を持たせる規定として機能し始めた。

これらの動きは総じていえば、裁判所から行政過程への安易な差戻しを認めず、裁判所による完全審理を目指す方向を志向しているといえよう。このことは事案の成熟性導出義務に関する議論についてまさに当てはまる。また、決定義務付け判決の変質についても、義務付け訴訟に決定義務付け判決という出口を整備することで、裁量があったとしても違法性と権利侵害がある限り、裁判所は判断を放棄して行政に委ねるのではなく、事案を解明してなにがしかの判断を下し、その判断に行政が拘束されるという構えであると理解することが可能である。

III 司法過程での完全審査（一回的審理）と行政過程への差戻し（段階的審理）

1960年の連邦行政裁判所法の制定とその後の解釈論、判例によって、取消訴訟と義務付け訴訟の峻別が確定されるとともに、裁判所の事案の成熟性導出義務が定着したことにより、行政過程へと事件を「差し戻す」判決類型である決定義務付け判決に至る場合は例外として扱われるようになったかに見えた。しかし、事案の成熟性導出義務を前提としたとしても、それが何らかの要因で免除され得ると考えるのであれば、決定義務付け判決

は事案の成熟を待たずに行政過程へと事件を「差し戻す」判決として積極的に評価することも可能である。つまり、この文脈においては、司法過程での完全審査を志向するのか、それとも、適宜行政過程への差戻しを認めた段階的審理を志向するのかが焦点となる。

以下では、まずは1970年代以降に登場した、取消訴訟と義務付け訴訟の峻別に逆行する動きを紹介する（1）。次に、「差戻し」規定の復活とも評価できる1991年の連邦行政裁判所法改正までに至る経緯とその規定の限界について述べる（2）。そして、決定義務付け判決を主題とする博士学位請求論文を書いたヘーデル＝アディック（Hödl-Adick）[108]とビッケンバッハ（Bickenbach）[109]が、現在における段階的審理と完全審査のそれぞれの立場を代表していると思われるので、この両者の議論を比較検討する（3）。

1 「取消訴訟と義務付け訴訟の峻別」に逆行する動き

1970年代から生じた判例法の変化と有力な学説は、取消訴訟と義務付け訴訟の峻別を基礎に置く連邦行政裁判所の法解釈に対して疑問を投げかけた。とりわけ、単独取消訴訟提起の禁止と、違法性判断の基準時について、有力な批判を行い、修正を迫る学説や判例が登場した。

(1) 単独取消訴訟提起の禁止に対する疑念

ラウビンガー（Laubinger）は、単独取消訴訟提起を原則禁止する判例が掲げる理由に対して、処分権主義を根拠として反論した。[110]

まず、原則否定説が「取消訴訟と義務付け訴訟の条文構造上前者は後者

---

(108) Marcus Hödl-Adick, *Die Bescheidungsklage als Erfordernis eines interessengerechten Rechtsschutzes* (2001), S. 63.
(109) Christian Bickenbach, *Das Bescheidungsurteil als Ergebnis einer Verpflichtungsklage* (2006). この文献についての拙稿、横田明美「学界展望 行政法 Christian Bickenbach, Das Bescheidungsurteil als Ergebnis einer Verpflichtungsklage: Streitgegenstand, verfassungsrechtliche Grundlagen, verwaltungsprozessrechtliche Voraussetzungen, Wirkungen (Schriften zum Prozessrecht, Bd. 197) （Duncker & Humblot, 2006, 247 S.)」国家122巻7＝8号（2009）234-236頁も参照されたい。
(110) Hans-Werner Laubinger, Die isolierte Anfechtungsklage, in: *System des verwaltungsgerichtlichen Rechtsschutzes (Festschrift für Christian-Friedrich Menger zum 70. Geburtstag)* (1985), S. 443-459.

によって排除される」と述べる点については、そのような理解は立法趣旨に反していると批判する。その根拠として、連邦行政裁判所法制定時の政府提出理由を挙げる。政府提出理由は、ベッターマンの解釈とは異なり「申請拒否処分がある場合はその取消しを求める取消訴訟を提起するだけでは足りず、義務付け訴訟を追加的に提起しなければならない」という立場をとっていた（傍点は訳者による）。取消訴訟に加えて、義務付け訴訟も追加的に提起することを要求することから、義務付け訴訟は取消訴訟を「補足」する関係にあると見ているのだろう。ラウビンガーはこれを根拠に、義務付け訴訟が取消訴訟を排除するという趣旨ではなかったと指摘する。

もっとも今日においては、義務付け訴訟を提起する場合において、拒否決定を消滅させるために追加の取消訴訟を提起することは不必要であり、単に義務付け訴訟を提起するだけで足りるという点については意見の一致があるため、この立法者の説明は確かに時代遅れである。義務付け訴訟単独提起が認められ、たとえ併合提起されていても取消請求には何ら独自の意味が認められない以上、義務付け訴訟は「取消しを補足する」ものであるという理解は現在ではとられていないと考えられる。

そこで、ラウビンガーは続けて、「仮に原告が単独取消訴訟を選択できないとすると、行政訴訟においても基礎にある処分権主義（連邦行政裁判所法88条）と調和しない」と非難する。義務付け訴訟により取消訴訟が排除されると考えると、原告は実体法上の権利を手続において完全に使い果たすことを常に義務付けられてしまい、拒否決定取消しだけで満足してはならないことになる。しかし、このような状況は処分権主義に反しており、原則的には原告は自律的にどの目的を求めようとするのかを決めることができると考えるべきであるとラウビンガーは述べる。つまり、原告は彼の権利において求めることができる全てを請求することを義務付けられるのではなく、より少ないものを求めることに満足することができるから、不受理に終わった申請人は請求権をフル活用して追求することを諦めて、単

---

(111) BT-Drs. 3/55 S. 31（zu §41）.
(112) Laubinger, a. a. O.（fn. 110）, S. 452-453.
(113) Vgl., Kopp/Schenke, *Verwaltungsgerichtsordnung*, 22. Aufl.（2016）, §42 Rn. 29.

なる取消決定だけを求めることも禁じられていないというのである。⁽¹¹⁴⁾

　原告は処分権主義に基づき拒否処分の取消請求のみに請求を縮減することもできるとの理解に基づいて、⁽¹¹⁵⁾ラウビンガーは原則否定説の二つ目の根拠である「単独取消訴訟〔の提起〕を選ぶ権利保護の必要性を欠くために不適法である」という議論についても反論する。まず、拒否決定の取消し自体に、再申請時に問題になる拒否決定が持つ存続力（Bestandskraft）を排除する作用があることを重視する。つまり、原告が自らの申請をやり直したときに先行する拒否決定の存続力が原告に対して向けられることを、拒否決定取消判決は阻止するからである。⁽¹¹⁶⁾

　次に、拒否決定の取消しによって申請は未判断状態になるから、申請人が申請を取り下げない限り行政庁は原則的に申請に対して改めて判断することを義務付けられる。これは事案が成熟するに至っていない場合（連邦行政裁判所法113条4項2文〔訳者注：当時。現在の113条5項2文〕）における決定義務付け判決の内容に酷似している。つまり、原告は単独取消訴訟を用いることで義務付け訴訟による決定義務付け判決の助けを借りるのとほとんど同じ結果に到達する。⁽¹¹⁷⁾ラウビンガーは決定義務付け判決と同様の結果に至り得ることを認めつつも、それにより単独取消訴訟の意義が没却されるとは考えていない。⁽¹¹⁸⁾むしろ、このことをもって単独取消訴訟にも独自の権利保護の利益、訴えの利益があると主張しているのである。おそらくは、決定義務付け判決が義務付け認容判決の一種として許容されている以上、それと同一の結果に到り得る単独取消訴訟にも独自の意義がある、というのであろう。

　以上のように、ラウビンガーによれば、原告が義務付け訴訟によって完全に請求権を行使するのではなく、取消訴訟のみを提起することにも意義があり、原告は自らそれを選択することができる。

---

(114)　Laubinger, a. a. O. (fn. 110), S. 453-454.
(115)　Laubinger, a. a. O. (fn. 110), S. 454.
(116)　Laubinger, a. a. O. (fn. 110), S. 456.
(117)　Laubinger, a. a. O. (fn. 110), S. 454-456.
(118)　Laubinger, a. a. O. (fn. 110), S. 454-456.

ただし、裁判所の過剰利用に対する懸念から、この選択にリスクを伴わせている。ラウビンガーは、義務付け訴訟を併合する可能性を教示されたにもかかわらずあえて単独取消訴訟提起を選択した原告は、義務付け請求については自らあえて喪失したもの、あるいは放棄したものとみる。そのため、単独取消訴訟が認容され、当初の拒否処分が取り消された後に再拒否処分がなされたときは、場合によっては、権利保護の必要性を欠き、再拒否処分後の義務付けの訴えができないことがあるという。

日本法との比較の観点からいえば、ラウビンガーの見解それ自体と、ラウビンガーが指摘した連邦行政裁判所法制定当時の政府提出理由のいずれもが注目に値する。ラウビンガー自身は取消訴訟と義務付け訴訟が二者択一的なものであると捉えた上で単独取消訴訟の提起を認めているが、これは日本法において、あえて義務付け訴訟を併合提起せず、取消訴訟のみを単独で提起することが許容されていることに近い。そうすると、日本法においても、申請型義務付け訴訟の併合提起が可能であることが原告自身が理解しており、あるいはその旨を教示されたにもかかわらず、あえて取消訴訟のみを提起してきた場合にこの議論を参照できる。すなわち、そのような原告の意思を、当該処分理由によっては拒否処分を維持することができないことを確定して早期に再処分を求める趣旨であると考える、というように。

(2) 違法性判断の基準時に関する新判例と学説

ⓐ 「取消訴訟は処分時、義務付け訴訟は判決時」テーゼの例外　　取消訴訟と義務付け訴訟という訴訟類型の区別によって違法性判断の基準時をそれぞれ異なるものと判示した1953年判決と1954年判決のテーゼは、一度は原則として広く受け入れられた。しかしながら、早いものでは既に1957年から、徐々にこのテーゼの例外を認めたものと解し得る連邦行政裁判所判

---

(119) BVerwG Urt. v. 30. 4. 1971, E 38, 99, 103 は、ラウビンガーと同様に単独取消訴訟の提起を原則肯定する立場に立ちつつ、「単独取消訴訟についての本案判決によって新しい争点が原告によって最終的に求められている目的を達するための途に呼び起こされること、あるいはそれゆえに新しい裁判所の過剰利用が浮き上がってくることについて考慮あるいは少なくとも重要な配慮を示さなければならないとき」は、義務付け訴訟の代わりに単独取消訴訟を選ぶ権利保護の必要性を欠く場合があることを認めている。

(120) Laubinger, a. a. O. (fn. 110), S. 456-458.

例が登場した。取消訴訟については、建築法、兵役義務法と交通法の領域の処分を争う事案で、取消訴訟であるという訴訟類型よりも実体法の内容に着目して判断する判決が登場した。他方、義務付け訴訟についても、社会扶助を求める請求や大学入学許可を求める請求について、(判決時ではなく) 拒否処分時の法状態・事実状態を基礎に判断する判決が登場した。さらに、当初例外として切り出されていた継続的行政行為の代表格だと目されていた営業法についても、法改正を契機に判例変更がなされている。

　取消訴訟の違法性判断の基準時についての最初の例外は、当初は適法に発令されたが、後に違法となった撤去命令についての連邦行政裁判所1957年11月14日判決である[121]。この事件では、訴訟係属中に法律によって定められる建築分類区分 (Bauklasseneinteilung) が変更になり、既に存在する建物についても遡及的に適用された。裁判所は、以下の理由から、撤去命令の判断の際には (取消訴訟であるにもかかわらず) 新しい建築分類区分を適用すべきであると判示した。まず、憲法上の所有権保護の考慮の下で、確かに建築時点では有効であった法には反していたが、しかし現行法には反していない建築物を実体上違法であると判断することは正当化されない。さもないと撤去の後にすぐに行う再建築のための建築計画を許可しなければならなくなる。それは原告の権利保護要求の真の内容に適合しない。(取消訴訟では一応処分時を基準に判断した上で) 後の執行手続においてこの問題の審理をせよと指示する方策は、当法廷に現れた事柄に即しているとは思われない。執行手続の対象は他の機関が下した規律の実行のみであるから、後の行政手続においてはもはやその規律の適法性自体は判断されることがないという[122]。

　これに対して、実体法の枠組上、後の行政手続において事情変更が考慮され得る場合には、連邦行政裁判所は前の手続の取消訴訟で事情変更を考慮しない姿勢を打ち出した。兵役義務法 (Wehrpflichtgesetz) 18条1項1文の徴兵検査除外についての事例においては、兵役義務免除以降の事情変更が問題になったが、連邦行政裁判所は「実体法が (旧手続における処分時以降

---

(121)　BVerwG Urt. v. 14. 11. 1957, E 5, 351.
(122)　BVerwG Urt. v. 14. 11. 1957, E 5, 351, 352-353.

III 司法過程での完全審査（一回的審理）と行政過程への差戻し（段階的審理）　*141*

の）事情変更を新手続でのみ考慮できるとするのなら、裁判所も考慮してはいけない」と判示した。また、交通法（Verkehrrecht）における免許剥奪処分と再許可についても両者を区別して、再許可手続で剥奪処分後の事情を考慮するのだから、免許剥奪処分取消訴訟においては原告に有利な後発事情を考慮してはいけないと判断した。

　義務付け訴訟については、社会扶助を求める請求について実体法の解釈から処分時の法状態と事実状態を基準とする判決が現れた。連邦社会扶助法（Bundessozialhilfegesetz, BSHG）が問題となった本判決では、行政庁の判断以後の事実の進展は考慮すべきでないと理解されている。その理由は、生活費の請求は年金のような継続的給付ではなく、一定の苦境にある特定の人への給付（連邦社会扶助法3条）である。そうであるならば、常に変動する事実に適合すべきであって、「判決時において裁量を適切に行使せよ」という請求は認められない。裁判所の任務はあくまで社会保険庁の行動の法的統制であり、それをないがしろにしてしまえば、この分野で特に重要な事前手続の条文の意味がなくなるからだという。つまり、ここでは行政庁に行政手続法規を履践させるために、処分時を基準時とするということであろう。

　義務付け訴訟における、大学入学許可を求める請求についても、実体法の観点からユニークな判示がなされた。連邦行政裁判所は、大学入学許可を求める義務付け訴訟の判断の基準となる法状態・事実状態の時点を、その学期の時点であるとした。その理由として一つは、原告が当該学期に妥当する規則および事実関係の下で修学が認められるべきであると要求していること、もう一つは在籍権を得るための競争状態における特定学期での平等的取扱いが求められていることを挙げた。

　継続的行政行為であるとして不利益処分の取消訴訟であるにもかかわらず判決時の法状態を考慮することになっていた営業禁止命令についても、

---

(123) BVerwG Urt. v. 22. 10. 1969, E 34, 115, 159.
(124) BVerwG Urt. v. 28. 6. 1963, DVBl 1964, 483, 484.
(125) BVerwG Urt. v. 30. 11. 1966, E 25, 307, 308-309.
(126) BVerwG Urt. v. 22. 6. 1973, E 42, 296, 300.

判例変更がなされた。形式的な契機は1974年の営業法改正である。この法改正を契機として、連邦行政裁判所は1982年2月2日判決で最終の行政処分時に改めた。しかし、実はこの法改正で問題になった営業法35条6項の文言の変化は「権限ある官庁に書面での申立てをもって」を挿入するだけであった。実質的には、文言の変更に伴う判例変更というよりは、解釈が変更されたと見るべきであろう。

(b) **新判例の登場**　個別の判例における例外の積み重ねが進むにつれ、1970年代後半から1980年代にかけて、判例では新たな一般論が説かれるようになった。行政訴訟において原告は、訴訟上は判決時において行政行為の取消しを求める請求権あるいは義務付けの給付請求権がある場合のみ、その要求を貫徹することができる。しかし、そのような請求権が存在するかは、つまり、侵害行政行為が連邦行政裁判所法113条1項の意味における「彼の権利を毀損し」ているかどうか、あるいは求められている行政行為の拒否が同条5項の意味において違法であるかどうかは、実体法に従って判断される。単に請求権の構成要件自体が存在するだけでなく、どの時点においてこれらの要件が満たされていなければならないかという問題に対する回答は、実体法に従って判断されなければならない。そして、処分後に法・事実状態に変更があった場合には、傾向として、取消訴訟では処分時が、義務付け訴訟では判決時を出発点として検討される。つまり、新判例は従来の枠組を踏襲しつつも、混乱する議論に一応の決着をつけたといえるだろう。

(c) **違法性の主観化？**　学説の側でも、この新しい判例理論を前提に行われる実体法ごとの検討の理論化を試みるものが現れた。マーガー

---

(127)　BVerwG Urt. v. 2. 2. 1982, E 65, 1, 2.
(128)　BVerwG Urt. v. 21. 5. 1976, E 51, 15, 24-25; BVerwG Urt. v. 3. 11. 1986, E 78, 243, 244; BVerwG Urt. v. 1. 12. 1989, E 84, 157, 160-161; BVerwG Urt. v. 23. 11. 1990, NVwZ 1991, 372, 373. 山本・前掲注(3)(下)99頁、人見剛「行政行為の『後発的瑕疵』に関する一考察」阿部泰隆先生古稀記念『行政法学の未来に向けて』(有斐閣、2012) 717-731 (723-724) 頁。
(129)　Ute Mager, *Der maßgebliche Zeitpunkt für die Beurteilung der Rechtswidrigkeit von Verwaltungsakten* (1994), S. 33; 山本・前掲注(3)99頁。なお、マーガーの議論の後半である、第三者による抗告訴訟に関する部分については、宮田三郎「第三者取消訴訟における違法の判断基準時」朝日14号 (1996) 1-26 (24)頁において紹介されている。

(Mager) は事例ごとに例外を認めていく判例の集積を、実体法に着目して問題解決を模索した結果であるとして原則的に賛成し、それを理論化することを試みた。[130]

　まず、違法判決の違法性を、法令に反していることという客観的違法性と、原告の権利侵害という主観的違法性の両方で捉える（二分肢的違法性概念）。そして、原告の権利侵害の中身には、法令で守られている権利利益だけではなく、基本権も含める。そして、基本権への侵害を違法な行政活動による侵害だけに限定すると効果的な保護にはならないことから、行政行為が当初適法に行われたかどうかと基本権侵害があるかどうかは独立した事象であると理解する。このことが、マーガーの基準時に関する議論を特徴付けている。[131]

　彼女は当初から違法な行政行為が途中で適法になることは、客観的違法性の関係ではあり得ても主観的違法性の関係ではあり得ないとしている。つまり、当初の段階で主観的権利侵害が存在した場合には、たとえ事後的な法変動があってもなくならない。これに対して、当初適法であった場合、かかる行政行為が事後的に違法になり、行政の法適合性の確保義務の観点から撤回が必要になるかどうかは、規律の内容と主観的権利によって定まるとしている。いずれの場合においても、主観的権利が単なる法律に適合した行政を求める権利に過ぎないのか、それとも法律に依存せずにそれ自体として行政に保護義務を生じさせる基本権なのかどうかが基準時決定のメルクマールになるという議論を展開する。[132]

　侵害行政においては、主観的権利の源は基本権の防御的機能にあり、立法府は法律によって自由の範囲を制限するとともに、防御請求権の内容を明確化し、基本権を制限する行政の権限を規定する。侵害留保の観点から、行政自身が基本権侵害を行う、命令的行政行為（警察処分など）の権限を付与する法制度と、立法府がまず一般的な禁止を行って基本権を制限し、形成的行政処分である許可によってその禁止を解除する法制度（許可留保・例

---

(130) Mager, a. a. O. (fn. 129), S. 22, 60.
(131) Mager, a. a. O. (fn. 129), S. 75.
(132) Mager, a. a. O. (fn. 129), S. 76-78.

外留保）とを区別する。[133]

　前者に対しては、基本権侵害が行政行為によって直接行われているので、国民は基本権侵害の除去に向けられた請求権を持ち、この基本権侵害効果は行政処分後も継続しているものであるから、判決時がその基準時になるとする。後者の許可については、立法府によって行われた禁止による基本権制限が暫定的禁止しか認められない場合と、終局的禁止まで認められる場合を区別する。基本権保障があるために暫定的禁止しか許されない場合には、基本権侵害行政による爾後の基本権侵害の差止めを求める請求権を主張する原告により、義務付け訴訟は許可発給そのものに向けられる。これに対して、基本権を立法により制限し、法律上の保障しかない領域、すなわち、立法による終局的禁止が可能な領域では、行政は形成的行政行為の発令権限だけを持つので、基本権侵害の是非の判断は立法時に行われている。行政が基本権侵害効果を惹き起こしているのではなく、単に法律上与えられた法的帰結を惹き起こすに過ぎないから、基準時は行政処分時になるとする。[134]このように、義務付けか取消しかではなく、基本権保障の趣旨が個別の行政処分を争う場合にも及ぶのか、それとも法律上の要件に解消されているのかを基本軸としている。

　給付行政の領域では、授権規定が請求権の根拠を形作るとしている。給付請求を法的帰結から二分し、特定の給付を求める覊束的給付請求権がある場合と、行政の裁量によって形作られる給付請求権があり、後者についてはただ無瑕疵裁量行使請求権のみを認める。そして、特定の給付を求める覊束的給付請求権については個別の判断が必要であるとし、無瑕疵裁量行使請求権では、行政の判断が決定的な意味を持つから、基準時は行政処分時になるとする。[135]そして、判例で区々になっている議論について、授権規定で内容の確定する年金給付については個別的考慮を必要とし、受領する給付の内容決定とそれへの異議に特別な手続がある社会扶助給付には行政の予測権限の考慮から処分時、大学入学許可については特定の学期での

---

(133)　Mager, a. a. O. (fn. 129), S. 90-104.
(134)　Mager, a. a. O. (fn. 129), S. 95-104.
(135)　Mager, a. a. O. (fn. 129), S. 115-117.

受講を認めるかどうかが争点である点を捉えて処分時とした各判例の結論を肯定的に説明する。[136]

そして第三者効を持つ許可処分の取消し[137]については、第三者は法律上「行政に法に従った行動を求める」請求権の限度でしか保護されていないため、国家の保護義務たる防御権の機能としての基本権が適用されるか否かとは別問題と判断し、処分時説によることを正当としている。[138]

以上、マーガーによる基準時論を概観してきたが、マーガーの所説に対しては、さしあたって次のことが指摘できる。一つは、訴訟類型によらずに議論を組み立て、かつ主観的権利侵害が爾後の法状態・事実状態の変動によっても影響を受けない場合を示すことを目的として、基本権を持ち出している。しかし個別の実体法に即して議論を行おうとする場合に、基本権の意義を特筆大書することにどれだけの意味があるのか、十分な留意が必要であろう。マーガーは一般論としては基本権侵害を基準とした分類論を展開しているようにも見えるが、しかし彼女の個別事例の評価に目を移すと、判例において現に行われているような経過規程の趣旨解釈から出発する実直な個別的法解釈に基づいているのであって、基本権から直接的一義的に帰結されているわけではないのである。マーガーの意図は、その個別法解釈における指針としての基本権制限の方向性を示すことにあるのだろう。しかし、判例が「傾向として取消訴訟では処分時を、義務付け訴訟では判決時を」出発点としていることとマーガーの考察は乖離しており、混迷していると評価せざるを得ない。

そうすると、彼女の議論の主眼は、権利侵害を違法性の一要素に入れ込むことで、事後的な法変動が生じて一見適法な行為になったかのように見える「適法化」事例でも、権利侵害が残る限りは裁判所がこれを「違法」と認定することができる可能性を盛り込むことにあるのではないか。違法性への主観的要素の取り込みは逆の事例である「違法化」事例においても

---

(136) Mager, a. a. O. (fn. 129), S. 117-122.
(137) なお、第三者に対する不利益処分の義務付けについては議論の対象にしていない。処分時が想定できず、そもそも基準時問題の埒外と考えているのだろう。
(138) Mager, a. a. O. (fn. 129), S. 162-183.

行われる。たとえ当初は適法な処分であったとしても処分後の法変動により違法となる事案では、権利侵害の性質と程度を「違法化」を認めるかどうかのメルクマールとして挙げている。つまり、彼女の議論では権利侵害に対する救済の可能性がなお残るのかどうかを、訴えの利益の観点においてのみ考察するのではなく、違法性それ自体においても考察されるべきであるという考え方に立っていると考えられる。

2 「事案解明のための取消し」の導入と限界

　連邦行政裁判所法113条3項は、1991年の連邦行政裁判所法第4次改正法にて導入された規定であり、取消訴訟において、裁判所に、事案解明が尽くされていない場合に、特定の要件の下で、事案について判断をしないまま行政行為を取り消す終局判決を許容する規定である。この条文は職権調査主義に基づく裁判所の事案解明義務を緩和する目的で導入されたが、現在まであまり使われておらず、立法政策上疑問があると評価されている[139]。また、義務付け訴訟にとっても、直接適用・類推適用のいずれについても判例上否定されている。本規定が義務付け訴訟について直接適用も類推適用もされないことは、判例によって明らかにされているところである。しかし立法準備段階において本規定を義務付け訴訟にも適用し、事案解明義務を軽減しようとする案が存在した事実は、裁判過程から行政過程への「差戻し」の構造を分析しようとする本書の立場からは無視できない。以下では、当該規定がなぜ導入されたのか、そしてそれがなぜ不首尾に終わっていると評価されているのかを明らかにしながら、義務付け訴訟への直接適用・類推適用の可否をめぐる議論を跡付けたい。

(1) 行政訴訟法草案の挫折

　1982年、連邦政府は連邦行政裁判所法、連邦財政裁判所法、連邦社会裁判所法を一つの条文にまとめるために、行政訴訟法草案（EVwPO）[140]を連邦

---

(139)　Gerhardt, a. a. O. (fn. 95), §113, Rn. 56.
(140)　Entwurf einer Verwaltungsprozeßordnung, BT-Drs. 9/1851（1982年）、BT-Drs. 10/3437およびBT-Drs. 10/3477（1985年）。1982年段階の法案についての解説として、乙部哲郎「西ドイツ『行政訴訟法』草案の作成とその概要」神院14巻2号（1983）1-33頁がある。

議会に提出した。これは、既に連邦行政裁判所法制定前から望まれていた法案の統一を図る動きを受けたものであり、1967年の「シュパイヤー草案(Speyerer Entwurf)」以来、連邦政府内の共同委員会での審議、連邦司法大臣および連邦労働社会秩序大臣の参事官らの検討案を経て、ようやく提出されたものである。連邦行政裁判所法、連邦財政裁判所法、連邦社会裁判所法において発展した規定を統合し、裁判所の負担軽減と裁判手続の促進を目指す行政訴訟法案は、まさしくドイツ裁判制度史上有数の大事業であった。しかしこの法案は1985年にも連邦議会に再提出されたものの、結局成案とならずに頓挫した。

行政訴訟法草案の規定は、連邦行政裁判所法、連邦財政裁判所法と社会裁判所法の取消判決と義務付け判決の規定を受け継いだものである。判決内容に関してそのもととなった規定は連邦財政裁判所法(FGO) 100条2項2文である。本条は、1978年制定の裁判所負担軽減法(VGFGEntlG)によって「部分的判決」ができるように補充されている。この二つの規定をまとめる形で、行政訴訟法草案(EVwPO) 124条が策定された。

【連邦財政裁判所法】
100条2項　訴えが公租法348条による方式に対して、あるいはその他の金銭

---

(141) 既にBT-Drs. 2/2435 にて、統一的な行政訴訟法案を検討すべきとの決議がなされている。
(142) Entwurf eines Verwaltungsgerichtsgesetzes: zur Vereinheitlichung der Verwaltungsgerichtsordnung, der Finanzgerichtsordnung und des Sozialgerichtsgesetzes (Schriftenreihe der Hochschule Speyer; Bd. 40), 1969.
(143) Bundesministerium d. Justiz, Synopse zum Entwurf einer Verwaltungsprozessordnung: bestehend aus Entwurf einer Verwaltungsprozessordnung, Entwurf eines Verwaltungsgerichtsgesetzes, Speyerer Entwurf, Verwaltungsgerichtsordnung, Finanzgerichtsordnung, Sozialgerichtsgesetz, 1978.
(144) この間の経緯、および論点の変遷については、乙部・前掲注(140) 4-7頁およびそこに掲記の文献参照。また、須田・前掲注(7)(1)50-52頁も連邦財政裁判所法改正から1991年連邦行政裁判所法改正に至る過程を紹介している。
(145) BT-Drs. 10/3437.
(146) BT-Drs. 9/1851, S. 133-134.
(147) Gesetz zur Entlastung der Gerichte in der Verwaltungs-und Finanzgerichtsbarkeit v. 31. 03. 1978, BGBl I S. 446. 1992年の連邦財政裁判所法改正法6条によって廃止されている。参照、Birgit Piendl, *Die verwaltungsprozessuale Bedeutung des §113 Abs. 3 VwGO*, 1998, S. 189.
(148) 1992年の連邦財政裁判所法改正法による変更前のものである。

給付に向けられた行政行為（強制金と遅延割増金の確定行為を除く）の取消しを求める訴えであるときは、裁判所は、これと異なる金額を認めるときは、自らその金額を確定することができる。裁判所が重大な手続瑕疵を認定し、かつ、重大な費用と時間の費消を要するさらなる解明が必要であると判断したときは、行政行為及び裁判外の権利救済手続における判断を、事案について自ら判断することなしに取り消すことができる。第１項第１文後半は準用される。

1項1文後半 税務行政庁は、取消しの基礎になった法的判断と、新しく生じた事実が異なる結論を正当化しない限りにおいて、事実についての判断にも拘束される。

【裁判所負担軽減法】
3条4項 裁判所が連邦財政裁判所法100条２項１文により、取消訴訟について特別な経費を費消することなく金額について自ら確定できるときは、原告及び被告の異議がない限りで、行政行為を部分的に取り消し、あるいは行政庁が判決に基づいて金額を計算できるように、違法に考慮され、あるいは考慮されていない事実上・法律上の関係についての言明（Angabe）を定めることができる。

【行政訴訟法草案】
124条　取消訴訟についての判決
1項 争われている行政行為が違法であり、それによって原告の権利が毀損されているならば、裁判所は行政行為と裁判所外の法的救済についての決定を取り消す。
2項 行政行為が金額の給付又は確認に関するものであるとき、裁判所は異なる価額の給付を確定、又は確認することができる。裁判所が価額を特別な費用なしには自ら確定できないときには、原告又は被告の異議がない場合において、行政行為を部分的に取り消し、そして行政庁が判決に基づいて金額を計算できるように、違法に考慮され、あるいは考慮されていない事実上・法律上の関係についての言明（Angabe）を定めることができる。
3項 行政手続においてなされるべき事案解明がなされないままになっており、取消しが必要な事案解明の方法・範囲ゆえに関係人の利益を考慮してもなお有用（sachdienlich）であるときには、裁判所は、事案について判断することなしに、行政手続と裁判所外の法的救済についての判断を取り消すことができる。申立てに基づいて、裁判所は新しい行政行為がなされるまで仮の規律、とりわけ担保が提供されることあるいは全部又は部分をそのままにすること、あるいは給付はさしあたり返却されなくてもよいことを定めることができる。この決定は常に変更、取り消され得る。本項に

III　司法過程での完全審査（一回的審理）と行政過程への差戻し（段階的審理）

基づく裁判は行政庁の書類が裁判所に到達してから6か月以内にしか行えない。
4項　行政行為の取消しとともに給付あるいは確認も請求されているときは、同時に給付や確認についても判決することが許される。
5項　違法な行政行為の執行が取り消されるべきであり、さらに違法な公権力の行使の結果が排除されるべきときは、どの結果がどのように排除されるべきであるかを判決において宣言することができる。
125条　義務付け訴訟とその他の給付訴訟についての判決
1項　行政行為の拒否又は不作為が違法であり、原告がそれによって権利侵害を受けているときにおいて、事案が判決に熟しているときには、裁判所は争われた行政行為を発令する義務付けを宣告する。
2項　義務付け訴訟において事案が判決に熟していないときは、裁判所は、裁判所の法解釈を顧慮して原告に対して決定することの義務付けを宣告する。裁判所は必要な事案解明の方法及び範囲ゆえに有用（sachdientlich）であるときは、給付の程度（Höhe）を行政手続において確定する決定を義務付けることもできる。第2文は、取消訴訟に結び付けられたその他の給付訴訟にも準用される。

　行政訴訟法草案は、旧連邦財政裁判所法と裁判所負担軽減法の規定をそのまま受容したわけではなく、大きく二つの変更を加えている。まず、行政訴訟法案124条は仮の規律および6か月の期間制限を規定しているが、この期間制限は旧連邦財政裁判所法100条2項には存在しなかった。政府見解によれば、仮の規律の必要性については、取り消された後になされる行政行為が本質的には変更のない可能性があることから、裁判所が目的に沿った形で必要な特別な規律を設けることで、特に法的安定性と返還義務について規定する権限を与えることにあるという。そして、6か月に期間を制限する理由としては、ただ「迅速化の要請」のみを挙げている[149]。

　次に、旧連邦財政裁判所法100条2項は、要件として「重大な手続瑕疵」を挙げていた。これに対して、行政訴訟法草案124条は、そのような要件を置かず、代わりに有用性の要件を置いている。政府見解は、重大な手続瑕疵を削除した趣旨として、違法性判断をする必要はないからであると明言している。つまり、重大な手続瑕疵を想定して定められた条文を、より

---

[149]　BT-Drs. 9/1851, S. 134.

一般的な形に規定し直したものが行政訴訟法案であった。
(2) 連邦行政裁判所法第4次改正法による113条3項の挿入
　その後、1991年1月1日に発効した連邦行政裁判所法第4次改正法は、[150]行政訴訟法草案が成立しなかったために取り込まれなかった種々の規定を、連邦行政裁判所法の改正として取り込むものであった。このとき制定された連邦行政裁判所法（VwGO）113条3項は、取消訴訟の判決について定める同条1項と義務付け訴訟の判決について規定する同条5項（旧4項）の間に、行政訴訟法草案124条3項を本質的な変更のないまま挿入したものである。

【連邦行政裁判所法】
113条3項　裁判所がより広範な事案解明を必要と考えるときには、種類及び範囲について相当な調査が今なお必要であり、取消しが関係人の利益を考慮してもなお有用である限りにおいて、裁判所は、事案について自ら判断することなしに、行政行為と異議決定を取り消すことができる。申立てに基づいて裁判所は新しい行政行為の発給までの間仮の規律を定めることができ、とりわけ、担保を提供するか、完全に又は部分的に留置しなければならないこと、そして給付はさしあたり返還しなくてもよいこと等を定めることができる。上記の決定はいつでも変更、取り消され得る。第1文に基づく判断は裁判所に行政庁の書類が到着してから6か月以内にのみ行われ得る。

　この条文は、後に見るように、立法時の政府見解と学説との間で、違法性を必要とするかについて議論が分かれている上、実際上使われていないという現実に直面している。

　(a) 「事案解明のための取消し」と違法性の確定　　上記の通り、行政訴訟法草案の段階から、政府見解は事案解明のための取消しについては違法性の確定は不要と解しており、113条3項の制定時もその見解を維持している。[151]あくまで事案解明のために必要であれば、元の行政行為が違法であるかを完全に確定しなくても取消しが可能であるという立場である。

---

(150)　Das 4. VwGO-Änderungsgesetz vom 17. 12. 1990（BGBl I 2809）.
(151)　DT-Drs. 11/7030, S. 30. 以下、113条3項の不分明さに対する議論の紹介として、須田・前掲注（7）(4)37-38頁参照。

しかし、学説においては違法性必要説が多数を占めている。デンメル (Demmel) は、処分権主義の観点から違法性が必要であると主張する。連邦行政裁判所法88条により裁判所は原告の訴え申立てには拘束されていることから、あくまで違法で権利侵害を生じている行政行為の取消しを求める訴えに対して、違法性を要件としない形での判決を行うことを同法113条３項が認めているのだとすると、処分権主義に違反することになる上、取消訴訟の訴訟物で説明することが困難になるためである。[152]

また、シェンケ (Schenke) は、連邦行政裁判所法113条３項は行政庁による十分な事案解明が欠けているゆえに違法な行政行為を取り消すことを行政裁判所に許容する規定だと位置付ける。このような不十分な事案解明は行政庁が瑕疵のある理由付けで行政行為を発令したことによって生じるところ、そのこと自体が手続法上の違法性を惹き起こすからである。[153]

これらの学説も踏まえてへーデル＝アディックは、行政行為の少なくとも一部分については違法性が確認されなければならないと主張する。その理由は二つある。一つは、司法に救済を求めていたのに、行政による決定になってしまうと、原告の申し立てていない決定権限の変更になってしまうからという理由である。これはデンメルの議論を踏まえたものであろう。もう一つは、裁判所が全く適法な行政行為を取り消し得ることとすると、権力分立国家における行政裁判権の機能と相容れないことになってしまう。この瑕疵は立法で規定しても乗り越えられないという。[154]

(b) **113条３項の機能不全**　　連邦行政裁判所法113条３項は、今日においてはあまり肯定的な評価を受けていない。というのも、適用例が少な過ぎ、すなわち機能不全を起こしているからである。[155] それではなぜ活用され

---

(152)　Annette Demmel, *Das Verfahren nach § 113 Abs. 3 VwGO* (1997), S. 71-72.
(153)　Kopp/Schenke, a. a. O. (fn. 113), §113 Rn. 164. なお、シェンケが補訂する直前の版である Kopp, *Verwaltungsgerichtsordnung*, 10. Aufl. (1994) では、113条３項が違法性を要件とするかどうかについては触れられていない。
(154)　Hödl-Adick, a. a. O. (fn. 108), S. 62-63, 114.
(155)　Gerhardt, a. a. O. (fn. 95), §113 Rn. 56 では、「行政訴訟法案が負の遺産であることが明らかとなった。この規定はせいぜいのところ政治家のプラシーボ（効果のない疑似薬）であり、最悪の場合は責任転嫁の道具である（「裁判官の拒否姿勢」）」とまで酷評されている。

ていないのかが問題となる。同改正直後における113条3項の制定過程を論じる著作においても、機能不全に陥る危険性が指摘されていた。

　まず、連邦行政裁判所法113条3項4文が定める期間制限が問題となっている。この規定は、行政書類が裁判所に到達してから6か月以内に判決が下されなければならないと定めている。この規定については、この規定が挿入された行政訴訟法草案の政府理由は「迅速化のため」としか述べていない。(156)しかしながら、実際の訴訟進行を前提にすると、6か月の期間制限を守って連邦行政裁判所法113条3項の取消しを適用することは不可能であると批判されている。(157)

　さらに致命的なことに、連邦行政裁判所法113条1項による取消しとの関係が不明確であることも指摘された。問題になるのは、それぞれの取消しにおいて違法性が必要とされるか、および仮に必要であるとしてその程度である。

　連邦行政裁判所法113条3項の取消しが違法性を必要としないとする政府見解の立場に立てば、113条3項の取消しは同条1項の取消判決とは異なり、行政行為の違法性が確定していない段階においても可能であるから、1項とは異なる意義を持つことになる。しかし、学説では違法性を必要とする立場に立つから、1項での取消しと区別された3項独自の意義が見えにくくなっているのである。

　このことは、母体となった規定である旧連邦財政裁判所法100条1項2文についても指摘されていた。連邦行政裁判所法113条3項とは異なり、旧連邦財政裁判所法100条1項2文は「重大な手続瑕疵」という限定要件を持っていた。それでも、いかなる場合が重大な手続瑕疵にあたるのかが問題視され、重大な手続瑕疵は100条1項1文でいう違法性にあたるのではないかと議論された上で、2文は不必要な規定ではないかと批判されていたという。(158)

　連邦行政裁判所法113条3項は明示的には違法性を要件にしていないが、

---

(156)　BT-Drs. 9/1851, S. 134.
(157)　Demmel, a. a. O. (fn. 152), S. 151-152.
(158)　Piendl, a. a. O. (fn. 147), S. 82.

上述したように、学説の大半は連邦行政裁判所法113条3項について違法性が必要であるとの解釈をとっているから、この解釈を前提にする限りで同じ問題を抱えている。連邦財政裁判所法の規定からこの問題を検討したピエンドル（Piendl）は、統一的行政裁判法典を制定しようとした行政訴訟法草案が、当時においてすら連邦財政裁判所法に関する判例で考慮されていなかった不必要な規定を無理に加えてしまった名残が、現在の連邦行政裁判所法113条3項であると結論付けている。[159]

　すると、問題の本質は1項の取消しの違法性の要件をどの程度だと理解するのか、そして、3項において必要とされる違法性の程度との間における区別をするのかしないのかということになろう。つまり、1項の取消しについて、理由の差替えに対して厳格な態度をとれば、違法である理由に基づいて取り消してしまえばよいことになり、期間制限などの厳格な要件を要する3項を適用するまでもなく、1項の取消しで十分であることになる。そのため、3項が適用される場面はそもそも不明確であった。

(3)　113条3項の義務付け訴訟への類推適用の可否

　(a)　義務付け訴訟への類推適用を否定した連邦行政裁判所判例　　取消訴訟についての行政訴訟法草案124条3項が連邦行政裁判所法113条3項に取り込まれたのに対して、義務付け訴訟についての行政訴訟法草案125条に対応する規定は、第4次連邦行政裁判所法改正法においては何の手当てもなかった。そのため、義務付け訴訟について、連邦行政裁判所法113条3項が、直接適用にせよ類推適用にせよ適用されるのか否かが学説上争われた。この議論に対して、連邦行政裁判所はようやく1998年になって、義務付け訴訟に対しては、直接適用はもちろん、類推適用もされないとの見解を示す判決を下した。[160]

　この判決の原告は、難民認定を求める外国人である。原告は、行政庁による手続においては、事案解明に関する重大な欠缺があり、とりわけ聴聞をした者と決定をした者が同じ人間ではなかったという瑕疵があり、連邦

---

(159)　Piendl, a. a. O. (fn. 147), S. 89.
(160)　BverwG Urt. v. 6. 7. 1998, E 107, 128.

行政裁判所法113条3項により行政庁に差し戻されるべきと主張した。

この判決において、義務付け訴訟への直接適用・類推適用を共に否定した理由は、大きく分けて三つあった。一つ目は、連邦行政裁判所法113条の体系性（Systematik）である。同条3項の位置は、内容上取消訴訟について適用される旧1項から3項（現1項、2項、4項）の間に規定され、義務付け訴訟の判決について規定する5項よりも前に置かれている。

二つ目は、連邦行政裁判所法113条3項の取消判決が終局判決であるにもかかわらず、義務付け訴訟が提起される事例では何らの救済をもたらさないという、取消訴訟と義務付け訴訟の質的な差異である。

> 113条3項に従って、原告の権利を侵害した行政行為を単に完全な範囲の事案解明が部分的にしか行われていないことのみを理由にして取り消すことを認めると、この点では判断を必要とする残された訴訟対象は全く残っていないことになる（参照、Gerhardt in: Schoch/Schmidt‐Aßmann/Pietzner VwGO §113 Rn. 51)。これに対して原告が行政庁にある特定の行政行為の発令を求める場合には、彼は単なる拒否決定の取消しだけでは、部分的な勝利しか勝ち取っていない。その部分的勝利は、彼の実体法上の立場の改善を何らもたらさない。つまり、拒否決定の取消しは、要求された行政行為の発令を求める可能性のある請求については、原則的には何も述べない、特に、本件のように行政裁判所が行政庁の拒否決定を完全に手続の瑕疵のみによって取り消すときには、全く述べることがない。裁判所の判決が原告にとっては結果として行政庁の手続の繰り返しになりかねない。[161]

三つ目は、行政訴訟法草案125条2項2文を、第4次連邦行政裁判所法改正法が引き継がなかったという経緯から、義務付け訴訟には事案解明のための特別な規定を必要としないとの立法者の判断を読み取ったことである。

> 113条3項の義務付け訴訟への適用がないことは、条文の発展史によっても確認される。113条3項は不成功に終わった行政訴訟法草案の124条3項に相当する（BT‐Drs. 10/3437, S. 30 f., さらに、明文をもって関連付けを示す BT‐Drs. 11/7030, S. 29 を参照）。この条文は本質的には変わらないまま第4次連邦行政裁判所法改正法に引き継がれ、113条2項とともに「特定の取消訴訟事

---

(161) BverwG Urt. v. 6. 7. 1998, E 107, 128, 130.

案について」(BT-Drs. 11/7030, S. 21) 妥当する。取消訴訟についてのみ関連する規定である行政訴訟法草案124条とともに、行政訴訟法草案125条２項２文は「裁判所は必要な事案解明の方法および範囲ゆえに有用であるときは、給付の程度を行政手続において確定する決定を義務付けることもできる」と規定して、義務付け訴訟と他の給付訴訟について追加の決定義務付け判決の可能性を組み入れていた。この、多少なりとも行政訴訟法草案124条３項に相当し、既に本件ではもう受け入れられていない規定を、立法者は連邦行政裁判所法には取り入れなかった。それゆえ、連邦行政裁判所法113条３項の要件が存在していようといまいと、本件への適用は初めから問題にならない。[162]

さらに、本判決は難民認定に関する事案であり、本件について要求された義務付けは難民手続における覊束行政行為であって、本件の行政庁は裁判所に対して評価の優先権を持つような行政庁にあたらないから、連邦行政裁判所法113条５項２文ではなく、同項１文が適用され、裁判所は訴訟物を113条５項１文に従って、全体について、自ら事案を解明し、事案を成熟させなければならないと述べた。[163]

(b) **類推適用を肯定する説の理解**　　上記の判例の見解は、裁判例においても学説においても多数説となっていた説を適宜引用し、引き継いだものである[164]。しかし、これに対する批判説、すなわち連邦行政裁判所法113条３項の事案解明取消しは義務付け訴訟にも類推すべきであるとする学説が存在する。それらの説は、113条３項の存在を、義務付け訴訟についても意義深いものであると説明するので、比較のために紹介する。

類推適用否定説に対する疑念を当初から示していたのは、事案の成熟性導出義務の広範さに疑念を持っていたコップである[165]。彼は、行政訴訟法草

---

(162)　BverwG Urt. v. 6. 7. 1998, E 107, 128, 131.
(163)　BverwG Urt. v. 6. 7. 1998, E 107, 128, 129-130.
(164)　本判決自体が掲げている（BverwG Urt. v. 6. 7. 1998, E 107, 128, 129）だけでも、以下の判例が類推適用を否定する立場をとっていた。OVG Münster, Beschluss vom 13. Januar 1992-18 A 10/92. A-NVwZ-RR 1992, 520; OVG Hamburg, Beschluss vom 26. Marz 1992-Bs V 208/91-NVwZ-RR 1993, 55.
　　また、学説においても、第４次連邦行政裁判所法改正法が制定された直後の解説である Stelkens, *NVwZ* 1991, 209, 216f.や、既に紹介した Gerhardt, a. a. O. (fn. 95), §113 Rn. 55, Demmel, a. a. O. (fn. 152), S. 27-29 などが類推適用を否定していた。
(165)　Kopp, a. a. O. (fn. 153), §113 Rn. 68, 83.

案125条2項が引き継がれなかったことの理由が不明であると指摘しつつ、たとえば、行政庁が既に、法律上必要な信用性がないために許可を拒否し、それゆえに必要な他の許可要件（たとえば専門的適性）についてそれ以上判断していなかったときなどに適用されると解釈する。そして、この規定の挿入が、憲法上の権力分立原則をよりよく基礎付けると述べる。この規定により、裁判所は事案解明について単に不必要な負担を負わないだけでなく、それによって裁判所は事案の成熟性導出に伴って法の執行に関する第一次的権限者である行政庁の権限（「執行権」）を不適当な方法で侵害してしまうことを避けることができる、と理解するのである。つまり、コップによれば連邦行政裁判所法113条3項は事案の成熟性導出義務を適切な形で制限する規定だと理解される。このような理解に従えば、義務付け訴訟についても同項は類推適用されるべきことになる。

　シュミット（Jörg Schmidt）[166]は、まず、類推適用否定説の理由付けのうち、条文の体系性、すなわち連邦行政裁判所法113条3項が義務付け判決について定める同条5項よりも前に規定されていることについては、同条1項4文の事後違法確認訴訟についての規定が同条5項の義務付け判決についても準用されていることを指摘し、理由にならないとする。その上で、より本質的かつ決定的な批判として、拒否処分の取消しを内包している義務付け訴訟と侵害行政行為の取消訴訟を区別して、後者についてのみ裁判所に事案解明なき取消権限を与える積極的な根拠がないことを指摘する。彼によれば、侵害行政行為の適法性への疑いがあるだけで裁判所に包括的な事案解明義務を負わせることなくその取消権限を与えるならば、かえって、このことはむしろ（義務付け訴訟が提起されるべき場合である）拒否処分の違法性が確定されたときにも妥当しなければならない。また、行政裁判所の過剰負担と手続の長期化が非難されるのであれば、裁判所の能力が行政庁を上回る保障がない以上、裁判所に長期間を要する事案解明の任務を負わせることにほとんど意味はないとする。

　このように、連邦行政裁判所法113条3項の類推適用が必要だと考えて

---

(166) Jörg Schmidt in: Eyermann/Geiner, *VwGO*, 14. Aufl. (2014), §113 Rn. 40.

いる論者は、113条3項が示している強過ぎる事案解明義務の緩和を、取消訴訟だけでなく義務付け訴訟においても必要であると考えている。113条3項の導入は、現象面だけ見れば活用されていない以上、決して大きな意義を有するものではない。しかし、理論面から見れば、裁判所と行政庁の事案解明についての役割分担について、再考を迫る契機であったといえる。

3 決定義務付け判決をめぐる議論の深化
(1) 事案の成熟性の欠缺をめぐる判例

事案の成熟性については、事案の成熟性導出義務と相まって、裁判所は原則として事案の成熟性を導出できるまで審理しなければならず、その例外にあたるのは裁量または判断余地がある場合であるという理解がなされていたのは上述した。この理解は一般論として定着したが、裁量と判断余地が残されている場合以外にも、判例によって、一定の場合に事案の成熟性の欠缺が認められてきた。[167]

現在、事案の成熟性についての定式を示したと目されている連邦行政裁判所1992年2月20日判決[168]は、「事実審が事案の成熟性導出を諦めることができる場合はごく限られた例外である」としつつも、その場合は「行政庁に裁量または判断余地が残されている場合と、それに加えて、特定の事実に関する試験・審理が特別な行政庁に委任されている場合や、完全な事案解明のために必要な方法を備えた行政庁が必要とされる場合にも、決定義務付け判決のみを下すことができる」との一般論を述べた。これは広く受け入れられているようである。

特定の事実に関する試験・審理が特別な専門行政庁に委任されている例としては、「軍飛行士適用適性」についての連邦行政裁判所1974年12月4日判決[170]や、銃砲取締法上の専門審理に関する連邦行政裁判所1993年12月8

---

(167) 参照、山本・前掲注(3)(上)80-81頁。
(168) Kopp/Schenke, a. a. O. (fn. 113), §113 Rn. 195.
(169) BVerwG Urt. v. 20. 2. 1992, E 90, 18, 24.
(170) BVerwG Urt. v. 4. 12. 1974, E 46, 356, 359.

日判決が知られている。また、完全な事案解明のために必要な方法を備えた行政庁が必要とされる場合とは、必要な事案解明の特殊性に起因すると理解されている。連邦イミシオン防止法上の許可が「途中でつっかえた」（"steckengebliebene"）場合に個別事案への審理を詳細に行うのは裁判所の任務ではないと判示した連邦行政裁判所1989年4月14日判決や、「事案の複雑性に鑑みて」（Auf die "Komplexität der Sache"）決定義務付け判決にとどめることを許容した連邦行政裁判所1991年7月23日決定が知られている。

しかし、山本隆司が既に指摘しているように、どの範囲で例外を認めるのかについては判然としていないし、判例変更もしばしば行われている。また、判例を分析したヤコービ（Jakobj）は1990年代以降、連邦行政裁判所は裁量または判断余地に関して裁判所の判断義務を強化する方向での改革を行っていると指摘している。その上で、どのような要因で決定義務付け判決が容認されるのかについては、確定した判例法理があるというよりは、個別具体的判断に落とし込まれていると捉えるべきだという。

これを判例法理の深化と捉えるべきなのか、それとも個別事例がバラバラに積み重なっているに過ぎないと捉えるべきなのかは意見が分かれるところであろう。一般法理を判例の集積から見出すことは未だ困難であり、論者ごとに評価が分かれている。

(2) 「裁判所の法解釈」の範囲

決定義務付け判決（113条5項2文）における「裁判所の法解釈」は判決理由のうちどこまで及び、行政庁の再判断を拘束するか。前述（本章II-2 (3)(b)）の通り連邦行政裁判所1967年判決における「裁判所の法解釈」は、1966年判決と組み合わせて解釈すれば、全ての取消理由について判断し、結果として違法であることになった拒否処分の違法性については、後行す

---

(171) BVerwG Urt. v. 8. 12. 1993, NVwZ-RR 1993, 619f.
(172) Jakobj, a. a. O. (fn. 65), S. 91-93, 山本・前掲注（3）(上)81頁。
(173) BVerwG Urt. v. 14. 4. 1989, DVBl 1989, 1050, 1051.
(174) BVerwG Bchul. v. 23. 7. 1985, NVwZ, 1991, 1180, 1181.
(175) 山本・前掲注（3）(上)82頁。
(176) 山本・前掲注（3）(上)82頁によれば、住宅費扶助に関する決定と聴聞なき難民の庇護認定については既に判例変更が行われている。
(177) Jakobj, a. a. O. (fn. 65), S. 485.

る行政庁をも拘束するということになっていた。しかし、これでは裁判所の法解釈は過去に行政庁による判断がなされた部分についてのみ拘束力を及ぼすことができる、ということにとどまってしまう。この判例法理を変更したのが、連邦行政裁判所1987年4月22日判決である。[178]

この事件は、1977年の司法試験の二回試験におけるレポート課題への評価が悪かったことによって二回試験を不合格となった修習生がレポート課題への評価を不服として義務付け訴訟を提起し、連邦行政裁判所は1981年12月3日に決定義務付け判決を下し、確定したという事案である。[179] この1981年の確定判決はレポート課題について再度評価して、改めて二回試験についての合否を導き出すことを命じたものであるが、この判決の実体的既判力の範囲が問題になった。被告は、「レポート課題の評価をやり直すことだけであり、それに引き続いて改めて二回試験の合否を出すことまでは実体的既判力の範囲に入っていない」と主張した。

それに対して、連邦行政裁判所は、「113条4項2文〔訳者注：現5項〕の意味における決定義務付け判決では、通常は判決主文には現れない部分について裁判所の法解釈を顧慮することが行政に義務付けられる。つまりそれゆえに実体的既判力の範囲は裁判所の基準となる法解釈に従って表された判決理由によって決まる」と述べた上で、「実体的既判力の範囲について基準となる部分には、この事例においては行政行為が取り消された理由だけではなく、新しい行政行為の発令について裁判所がどのような法解釈をしたのかということも含まれる」と判示した。[180]

決定義務付け判決の拘束力の中に、新しい行政行為の発令についての法解釈も含まれるようになったことで、決定義務付け判決の独自の意義が意識されるようになる。

(3) 決定義務付け判決をめぐる論争

ここで改めて、ドイツの連邦行政裁判所法以降における取消訴訟・義務付け訴訟の関係（図表2）と、請求が認容された場合の判決類型（図表3）

---

(178) BVerwG Beschl. v. 22. 4. 1987, Buchholz 310 §121 VwGO Nr 54.
(179) BVerwG Urt. v. 3. 12. 1981, DVBl 1982, 447.
(180) BVerwG Beschl. v. 22. 4. 1987, Buchholz 310 §121 VwGO Nr 54.

について、日本の平成16年行訴法改正以降の状況と比較しつつ確認しておこう。

ドイツにおいて、単独取消訴訟は判例・通説では不適法とされているため、受益処分の拒否決定の場合でも、権限発動を求める場合でも提起されるのは義務付け訴訟だけである（**図表2中心の四角**）。そして、審理が進むうち、事案の成熟性の有無について判断がなされ、事案の成熟性があれば特定行為義務付け判決に、事案の成熟がなければ決定義務付け判決に至る。

図表2　現行法における適法な訴訟類型選択の日独比較

	ドイツ（連邦行政裁判所法〜）		日本（平成16年改正行訴法〜）	
侵害処分への不服	取消訴訟		取消訴訟	
受益処分の拒否決定	（※単独取消訴訟は判例・通説では不適法）	義務付け訴訟	取消訴訟	
			取消訴訟	＋義務付け訴訟（申請型）
権限発動を求める場合				義務付け訴訟（非申請型）

図表3　請求が認容された場合における判決類型の日独比較

	ドイツ（連邦行政裁判所法〜）		日本（平成16年改正行訴法〜）	
侵害処分への不服	取消判決		取消判決	
	事案の成熟性		取消判決	
受益処分の拒否決定	なし	あり	取消判決	＋「一定の処分」義務付け判決
	決定義務付け判決（指令判決）	特定行為義務付け判決		
権限発動を求める場合				「一定の処分」義務付け判決

上に見たように混迷した様相を呈し始めた決定義務付け判決について、その根拠を探る論考はあまり多くない。1990年代以降、決定義務付け訴訟（Bescheidungsklage）ないしは決定義務付け判決（Bescheidungsurteil）それ自体を表題に持つ単著を公刊した二人は、決定義務付け判決の理論的な位置付けを定位しようとした。以下では、まず両者の理論を概観した上で、決定義務付け判決の拘束力についての新判例をどのように説明したのかを見ていくことにする。

　(a)　**決定義務付け請求権説**　　ヘーデル＝アディックは、原告が持つ決

III　司法過程での完全審査（一回的審理）と行政過程への差戻し（段階的審理）　*161*

定義務付け請求権（Bescheidungsanspruch）を積極的に根拠付けることから出発する。すなわち、原告自身の請求権の内容を探求するというアプローチをとった。そして彼が出した結論は、「原告は、手続瑕疵のない、正しい理由付けによる行政行為の発令を求める請求権としての決定義務付け請求権（Bescheidungsanspruch）を持つ」という理解である。手続の瑕疵がないことを原告が求められる理由として、基本法19条4項が規定する実効的な権利救済を求める利益は、単に判決そのものによる救済だけではなく、判決に至るまでの過程においても及ぶことを挙げる。正しい理由付けによる行政行為を求める請求権の根拠としては、行政行為の理由付記義務（行政手続法39条）から出発して、裁判所の負担軽減と、権利保護機能を挙げる。正しい理由付けによる決定を促進すれば、市民が行政行為を納得して受け容れるであろうから、裁判所の負担軽減が促進される、というのである。そして、権利保護の面からも、理由付記義務が実質化する運用を裁判所で行えば、それは正しい理由付けによる行政決定の可能性を開くことになる。これは市民にとっては不服申立ての成否についての透明性を高める上、そのような権利保護機能があるのであれば、それに対応する市民の主観的請求権も認められるべきであるという。

また、連邦行政裁判所法113条3項を、手続の瑕疵など違法な理由によって違法性の一部が存在する場合について事案解明のための取消しを許したものであると理解して、義務付け訴訟においても類推適用されるべきであると主張する。

彼の見解によれば、決定義務付け請求権は手続に瑕疵のない、正しい理由付けを求める請求権と理解することから、決定義務付け判決は、内容の特定されない単なる新決定を命じるだけでなく、受益規定の特定の構成要件が存在するという裁判所の認定を出発点とすることをも、拘束力をもっ

---

(181)　Hödl-Adick, a. a. O. (fn. 108), S. 48-79.
(182)　Hödl-Adick, a. a. O. (fn. 108), S. 48.
(183)　Hödl-Adick, a. a. O. (fn. 108), S. 67.
(184)　Hödl-Adick, a. a. O. (fn. 108), S. 68.
(185)　Hödl-Adick, a. a. O. (fn. 108), S. 60-66.

て命じることができるとする。⁽¹⁸⁶⁾

　次に、事案の成熟性導出義務については、裁判所の負担軽減の観点から、制限的な立場をとる。特定行為義務付け判決を下すためには、発令を求められている行政行為の要件全てが揃わなければならない。そのため、請求の趣旨が特定行為の義務付けに向けられているときは、原則として事案の成熟性導出義務があることを認める。しかし、それに引き続いて、彼は事案の成熟性導出義務が軽減されている判例を援用するほか、連邦行政裁判所法113条3項の類推適用を認めて、裁判所の裁量による、事案解明のための行政過程への差戻しを容認する。⁽¹⁸⁷⁾

　さらに、通説では原則として事案の成熟性導出義務があるために決定義務付け判決はできないと理解されている羈束行政行為についても、原告自らが請求の趣旨を特定行為義務付け請求ではなく、決定義務付け請求に限定した場合には、決定義務付け判決ができると主張する。⁽¹⁸⁸⁾原告はそれによって自らが争いたい争点に限定して審理を求めることができるから実効的救済に資するし、裁判所も負担軽減効果を受けることができるというメリットを強調して、訴訟経済には反しないとする。⁽¹⁸⁹⁾

　このように、ヘーデル＝アディックは、事案の成熟性導出義務を全ての場合に貫徹しようとはしない。むしろ、原告による争訟対象の限定や、裁判所の負担軽減のための立法である連邦行政裁判所法113条3項を積極的に類推適用することで、裁判所の負担を軽減することを意図している。そして、争いの対象が明確になることで、原告の権利保護が実効的に行われると理解している。

　(b)　**拒否取消請求と義務付け請求を段階訴訟と捉える説**　これに対して、ビッケンバッハは事案の成熟性導出義務を原告の権利と対立するものだと捉えていない。むしろ、原告と行政庁の間に存在する権力格差および情報格差によって、実効的救済が果たされない結果になっていることを強調す

---

(186)　Hödl-Adick, a. a. O. (fn. 108), S. 78-81.
(187)　Hödl-Adick, a. a. O. (fn. 108), S. 199-208.
(188)　Hödl-Adick, a. a. O. (fn. 108), S. 232-245.
(189)　Hödl-Adick, a. a. O. (fn. 108), S. 245-249.

る。そして、訴訟上の武器対等を促進するために、裁判所による積極的関与が必要だとして、事案解明義務とそこから導き出される事案の成熟性導出義務を重視する。[190]

　ビッケンバッハの理解では、内容的に正しい理由を求める主観的公権は、それに対応する行政の作為義務がないために存在しない。実際上意味があるとすれば、誰が理由を「正しい」と評価できるかであるが、それは裁判所であるから、原告の主観的公権ではないとする。その理由を、基本法19条4項が保障するのは実効性ある救済であって、最善の救済の請求権ではないことを挙げている。[191] 拒否決定の是正は原告にとっては意味がなく、裁判所にとってのみ意味がある。なぜなら裁判所はただ結果として拒否決定が正しいかどうかだけを審理すればよく、何が原告に属さないのかを告げる必要はないと理解しているからである。[192] 羈束処分についての理由の差替えは原則として肯定される。拒否処分を支える理由がほかにあるのであれば、拒否処分は違法ではなく、義務付け請求は棄却されることになる。

　全ての理由に基づいても処分が違法であり、権利侵害が生じているときに、初めて決定義務付け判決が問題になる。原告はあくまで特定行為義務付け判決を求めているのであって、決定義務付け判決は原告にとってはパンにも石にもならない中途半端なものである。[193] つまりビッケンバッハは、決定義務付け判決を求める請求権を、正面からは認めていない。彼の発想では、決定義務付け申立て（Bescheidungsantrag）への縮減は、仕方なく生じるに過ぎない。拒否処分がある場合の義務付け訴訟の難点を乗り越えるため、原告が一つの訴えで二つの請求、すなわち、訴訟上の行政行為発令請求権と訴訟上の拒否決定取消請求権を主張していると想定する。その上で、両者が無関係なのではなく、段階訴訟（Stufenklage）の関係にあると考える。[194] これは、民事訴訟法における原因判決と本案判決についての考え

---

(190) Bickenbach, a. a. O. (fn. 109), S. 117-119.
(191) Bickenbach, a. a. O. (fn. 109), S. 132.
(192) Bickenbach, a. a. O. (fn. 109), S. 68.
(193) Bickenbach, a. a. O. (fn. 109), S. 22.
(194) Bickenbach, a. a. O. (fn. 109), S. 62. なお、横田・前掲注（109）では「階段訴訟」と訳したが、「段階訴訟」に改める。

方であり、そのアナロジーである。1段目であるところの拒否処分取消請求が認容されなければ2段目である特定行為義務付け請求権は認められないために、両者が矛盾する判決は生じないという。そして、このような二重構造を不作為の場合にも共通して捉えるために、決定義務付け判決に対応する申立てである決定義務付け申立てを想定する。そうした上で、原告は訴訟進行中に特定行為義務付け申立てを縮減して決定義務付け申立てにすることを自由にできるとの結論を、処分権主義から導き出す。

この説明方法は、決定義務付け判決が特定行為義務付け請求の一部認容として捉えられかねないことを回避する意味も持っている。一部認容ではなく、あくまで全部認容であるとすることで、原告に訴訟費用負担が生じない理解を可能としているのである。

(C) 両者の対比　　以上のように、決定義務付け判決の意義と範囲について、両者の見解は大きく異なっている。しかしいずれも、原告が特定行為義務付け請求を立てている場合は、特定行為を発令するための実体法上の要件が全て満たされている必要があるので、裁判所は完全審理の義務があるとしている。問題は、そこからの縮減を認めるか、認めないかの違いである。言い換えれば、ヘーデル＝アディックは手続法や個別の違法事由について原告が持つ利益を没却しないために、行政過程への差戻しを適宜

---

(195) もっとも、古典的な段階訴訟のアナロジーは完全に貫徹されていない。原告は拒否処分との関係で訴えているのではなく、求める行政行為との関係で訴えているからである。
(196) Bickenbach, a. a. O. (fn. 109), S. 74-79. 逆に、裁判所の指示（連邦行政裁判所法86条3項）にもかかわらず、決定義務付け請求に縮減することなく、あくまで特定行為義務付け請求を固持したために一部却下判決を受けたという経緯の場合は、原告による訴訟費用負担も公平にかなうと考えている。
(197) ドイツの連邦行政裁判所法では訴訟費用負担につき明文の定め（連邦行政裁判所法154条・155条）がある。一部認容一部棄却の場合について定める155条1項によれば、「費用は互いに相殺されるか、案分されなければならない。費用を相互に相殺した場合は、裁判所費用については折半して負担する」ことになる。そのため、原告が適切に縮減できること、それにより敗訴部分が生じないことが決定的に重要になるのである。
　これに対して、日本の行訴法には訴訟費用についての特別の定めはなく、同法7条により民事訴訟法が適用される。一部敗訴の場合における各当事者の訴訟費用の負担は、裁判所がその裁量で定めることができ（民訴法64条本文）、さらに、事情により、当事者の一方に訴訟費用の全部を負担させることができる（同条但書）ため、中間的解決を導く判決を一部認容判決と見るか全部認容判決と見るかの問題と、訴訟費用負担の問題は直結していない。

認めることで段階的解決を志向する立場であり、ビッケンバッハは司法過程での一回的解決を志向する立場であるという対比が見てとれる。

　決定義務付け判決の射程範囲の問題は、その要件から分解すれば、拒否または不作為の違法性があり権利侵害が生じているために棄却に熟している（abweisungsreif）場合ではないが、事案の成熟（spruchreif）がないために特定行為義務付け判決を出すに適しているとはいえないという中間的な帰結をどこまで許容するかという問題である。[198] この問題に対し、ビッケンバッハは可能な限り全ての違法事由についての審理をしてから判断すべきという完全審査を主張するため、棄却可能性がないことを導くまでにも多くの審理を必要とすると考えられる。これに対し、ヘーデル＝アディックは個別の違法事由があることを理由とした違法性導出を認容するから、棄却可能性がないことの判断に至るまでの判断過程はビッケンバッハに比べて容易であると考えられる。逆にいえば、棄却可能性がなくなったが事案の成熟性導出にまでは至っていないという場合、すなわち決定義務付け判決の守備範囲が広くなる。

　また、拒否処分取消しとの関係は、いずれの議論も緊張感を孕んでいる。

　ヘーデル＝アディックは決定義務付け請求権の理解から請求を限定することを認めているが、それはあくまで求める行政処分の発給に向かって争点を限定しているだけだという意味であって、元々の拒否や不作為の違法性を確定するという発想からではない。しかし、彼は連邦行政裁判所法113条3項を二つの場面に分けて用いている。一つは、113条3項は手続の瑕疵などの、同条1項による取消しには至らないが行政処分の何らかの違法性を根拠付ける事由を必要としているという理解から、手続の瑕疵についての市民の主観的権利を援用する場面である。もう一つは、113条3項は義務付け訴訟への類推適用が可能であり、その効果として行政過程への

---

(198)　ここでいう「棄却の成熟」（Abweisungreife）は、ヤコービによれば、事案の成熟（spruchreif）と対置される概念であり、原告に不利な結末である「請求棄却」に行き着くことを示した用語である。この用語をあえて置く意義は、特定行為義務付け判決（連邦行政裁判所法113条5項1文）も決定義務付け判決（同項2文）も、原告から見れば「申し立てが認容される」（"Zuspruch-Reife"）肯定的要素を含むことを強調することにあろう。事案の成熟性を欠きかつ棄却の成熟をも満たす場合とを対置することができる。Vgl, Jakobj, a. a. O. (fn. 65), S. 73-75, 348.

事案について完全な判断をしないままの「差戻し」を行う場面である。この二つの場面を並べて考えることは彼の意図に反するかもしれないが、単純に113条3項の違法性についての見解を義務付け訴訟について当てはめようとすると、拒否処分の違法性が析出されるように思われる。すなわち、113条1項の行政行為取消しは、行政行為が違法であって権利侵害が生じていることを要件とし、同条3項は、その文言からはうかがえないが、ヘーデル＝アディック自身は1項取消しに至らない程度の違法性を要求している。次に、113条5項は、義務付け訴訟について、特定行為義務付け判決については拒否または不作為が違法であって権利侵害が生じていることと、事案の成熟性を求めている。決定義務付け判決については事案の成熟性こそ求められていないが、拒否または不作為が違法であって権利侵害が生じていることは要件として要求されている。すると、113条3項に対する違法性の理解を維持したまま類推適用をすれば、拒否または不作為が違法であったことについても、何らかの違法性の確定が必要になるのではないか。

　ビッケンバッハは、対拒否処分型の請求を原告が一つの訴えで二つの請求、すなわち、訴訟上の行政行為発令請求権と訴訟上の拒否決定取消請求権とを主張している請求であると想定している。拒否決定取消請求権だけでは請求が認められないとするため段階訴訟のアナロジーを用いているが、果たしてその理解は適切だろうか。あまりに技巧的に過ぎるように思われる。

　(d)　**決定義務付け判決の拘束力についての理解**　両者の捉え方の違いは、拘束力についての理解にも現れる。決定義務付け判決の拘束力が、主文だけではなく理由についても及ぶこと、そして拒否処分の違法性だけではなく改めて行う行政決定に適用されるべき法の解釈についても及ぶことを判示した1987年判決を、ヘーデル＝アディックとビッケンバッハはどのように位置付けたのかを確認しよう。

　ヘーデル＝アディックは、新判例である1987年判決は、それまでの旧判例たる1967年判決と対立するものだと見ている。なぜなら、両者は訴訟物の理解を異にしているというのである。

ヘーデル＝アディックはまず、旧判例を批判する。すなわち、旧判例の理解は、事案の成熟性の欠缺が裁量の存在と分かち難く結び付いていないと矛盾したものになってしまうというのである。「結果として違法である」場合のみ義務付け訴訟の枠内の取消判決に意味があるとした旧判例を前提にすると、決定義務付け判決の際に裁判所は数々の問題に答えなければならなくなる。具体的には、拒否決定は決定義務付け判決の言渡しの前に常に全ての法的に関連する観点を審理されなければならないのか、受益行政行為の発給についての全ての法律上の要件が存在するときのみ決定義務付け判決が考慮されるのかどうかについての問題に立ち入らなければならなくなる。旧判決が適切であると仮定すると、決定義務付け判決がなされるときとは、「全ての拒否事由について判断されているにもかかわらず、事案の成熟がない場合」となる。ここで、事案の成熟がない場合を裁量がある場合のみではないと理解すると、事案解明がなされていない状態ということが、「全ての拒否事由について判断されていること」と矛盾してしまうという。[199]

　旧判例に対して、ヘーデル＝アディックの理解による決定義務付け訴訟は、あくまで決定義務付け請求権に基づく給付訴訟である。そうすると、「裁判所の法解釈」は、通常であれば給付訴訟の主文には法解釈は現れてこないため、訴訟物についての実体的既判力は生じないことになる。そこでそれを補うものとして特別に定められたのが「裁判所の法解釈」である、と理解することになる。新判例はこの理解と適合的である、なぜなら新判例は給付のあり方についての裁判所の法解釈に拘束力を持たせることになるが、これは決定義務付け請求権の給付訴訟としての決定義務付け訴訟では、行政庁の行為の実行こそが要求されていることに対応するからである。新判例を前提にすれば、裁判所は行政に対して単に終局判断を認めるだけではなく、特定の理由を持った判断、つまり裁判所が行政に対して法解釈の表明の中で示したことを顧慮すべきであると書いたことについての特定の理由を持った判断を命じることができる。そのため、「裁判所の法解釈」

---

(199)　Hödl-Adick, a. a. O. (fn. 108), S. 78-79.

の表明は、判決後の行政庁の決定について何らの方針も示さないかのように思われる決定義務付け判決を、内容上具体化することに資するものである。この具体化は、形式的な決定請求権には帰属していない実体法上の内容を決定義務付け判決に付与するために行われると考えられるからである。[200]

　ビッケンバッハはヘーデル＝アディックの理解には重大な見落としがあると批判する。ヘーデル＝アディックは取消請求権の可能性を排除し、拒否処分の違法性についての部分には拘束力を認めていない[201]。しかし、ビッケンバッハの理解では、新判例たる1987年判決をよく読むと、必ずしも旧判例の1967年判決とは矛盾していない。新判例は「実体的既判力の範囲について基準となる部分には、この事例においては行政行為が取り消された理由だけではなく、新しい行政行為の発給について裁判所がどのような法解釈をしたのかということも含まれる」と判示したのであって、原処分を取り消すことになった理由についても既判力を生じさせているからである[202]。そこでビッケンバッハは、自らの請求権の理解が拒否処分取消請求と決定義務付け請求の２段になっていることを持ち出し、この理解が新判例の拘束力理解と一致することを強調する。拒否処分取消請求を含むからこそ、拒否処分の違法性に対する法解釈についても拘束力が及び、そして新しい行政行為の発令についての法解釈も、決定義務付け請求を内容としているからこそ拘束力が生じるのだと理解するのである[203]。

(4)　補論――執行について

　ドイツにおいては、義務付け訴訟において下された特定行為義務付け判決ないしは決定義務付け判決の執行が可能であるか、可能であるとしてどのような執行が可能かが論じられている。本書における日本法の議論に資する限りで簡単に紹介する。

【連邦行政裁判所法】
167条１項　本法が別途定めていない限りにおいて、〔行政訴訟の執行には〕

---

(200)　Hödl-Adick, a. a. O. (fn. 108), S. 80-82.
(201)　Hödl-Adick, a. a. O. (fn. 108), S. 81.
(202)　Bickenbach, a. a. O. (fn. 109), S. 205.
(203)　Bickenbach, a. a. O. (fn. 109), S. 206.

民事訴訟法第 8 章を準用する。執行裁判所は、第一審裁判所である。
167条 2 項 取消訴訟と義務付け訴訟の判決は、訴訟費用のみ仮に執行可能と宣告することができる。
172条 被告行政庁が113条第 1 項 2 号、 5 項及び123条の場合において、判決又は仮命令における義務付けに従わない場合には、第一審裁判所は、被告行政庁に対し、決定の形式で期限を定めて 1 万ユーロ以下の間接強制金を科す旨を警告することができ、是正なきまま期限が経過した場合には〔間接強制金の支払を命じることを〕決定し、職権で執行する。間接強制金は繰り返し警告し、決定し、執行することができる。

連邦行政裁判所法によれば、行政訴訟の判決についても原則として民事訴訟法第 8 章に基づき執行（連邦行政裁判所法167条 1 項）ができるものの、義務付け判決における義務付けを命じる部分はこのような執行方法をとることができず（同条 2 項）、間接強制の可能性だけが残っているということになる（同法172条）。

この点、連邦行政裁判所法172条による間接強制としては、特定行為義務付け判決が出されたにもかかわらず当該義務付けられたところの処分を行わない場合が典型的に想定されている。ただ、決定義務付け判決の場合も排除されておらず、決定義務付け判決が下されたにもかかわらず、何らの処分も行わない場合も含むと論じられている。しかし、そこでの拘束力は、「新決定がなされない状態にあること」に対してのみ強制をなし得るのみであり、ひとたび新決定がなされれば、それに対する紛争は、完全に新規の訴訟手続として行われると理解されている。確かに前訴判決の主文とそれを支える判決理由は新しい決定をした行政機関のみならず後訴裁判所にも及ぶのであるが、事実関係・法関係の変動等が生じ、時間的限界によって画されるからである[204]。ただ、これでは、行政が一定の処分を下したものの、その際に決定義務付け判決が考慮するようにと指摘した事項を十分に考慮していない場合には、決定義務付け判決に対して間接強制の余地がなくなってしまう。

---

(204) Bernhard Stüer, Zurückverweisung und Bescheidungsverpflichtung im Verwaltungsprozeß, in: *System des verwaltungsgerichtlichen Rechtsschutzes (Festschrift für Christian-Friedrich Menger zum 70. Geburtstag)* (1985), S. 779-796, 794-795.

そこで、ヘーデル＝アディックは、間接強制の範囲をさらに拡張して、決定義務付け判決に対して行政が一定の処分を下したものの、その際に決定義務付け判決が考慮するようにと指摘した事項を十分に考慮していない場合にも間接強制の余地を認める議論をしている。[205]

Ⅳ 章　括

　本章ではドイツにおける義務付け訴訟の制度・判例・学説を跡付けてきたが、上記の検討の結果、ドイツにおける義務付け訴訟には大きく二つの潮流が脈打っていることが明らかになった。第1の潮流は裁判所による一回的解決を求める立場であり、第2の潮流は裁判所から行政過程への差戻しを認める立場である。

　二つの潮流のうち、主流となっているのは前者である。占領期法制から1960年の連邦行政裁判所法制定の間に義務付け訴訟に一本化する方向にほぼ定まった結果、取消訴訟の地位は相対的に低下し、単独取消訴訟の提起および分離取消判決を否定するという立場が判例上も学説上も多数を形成することになった。さらに、裁判所の事案解明義務から裁判所の事案の成熟性導出義務が導かれ、義務付け訴訟を最後まで貫徹させることにより、裁判所により一回的に解決させるという仕組みが構築された。

　しかし、第2の潮流、すなわち、行政過程の差戻しを肯定的に評価する見解も無視することはできない。占領期の二つの法制度を比較すると、米占領地区行政裁判法は軍令165号よりも行政過程への差戻しに親和的な法制度であった。新証拠方法発見時の差戻し規定（米占領地区行政裁判法59条）があっただけでなく、義務付け判決自体が取消判決と組み合わせられていた（同法79条3項）。この点を捉えて、取消しと義務付けが常に組み合わされていることを批判し、分離を許容する形への改正を提案する学説（バッホフ、イーデル）があったことは注目に値する。[206]

---

(205)　Hödl-Adick, a. a. O. (fn. 108), S. 87-88.
(206)　本章Ⅱ-1(3)(b)。

また、1991年改正において連邦行政裁判所法に113条3項が挿入され、同項の義務付け訴訟への類推適用を肯定する説も現れた。この説も、裁判上一回的に事案を解決しようとするのではなく、あくまで引き続く行政過程でのさらなる事案解決をもくろむ方法である。

さらに、決定義務付け判決の適用領域と効果も徐々に拡張していった。特定行為義務付けには至らないが、何らかの決定を判決後に求めるという決定義務付け判決は、1954年判決により、当初の適用領域である対不作為訴訟だけではなく、対拒否訴訟にも拡張した。そして、特定行為義務付け判決と決定義務付け判決の分水嶺として機能している「事案の成熟性の欠缺」という語が当てはまる場面も、行政に対する裁判所の審査権限の限界に合わせて、単なる効果裁量の場合だけでなく、専門性がある場合などにも徐々に拡大していった。

これらの動きは、主たる潮流である裁判での一回的解決を求める見解の陰に隠れている。なぜなら、裁判所の行政に対する審査権限は、基本法19条4項において、公権力による侵害に対する救済機関として裁判所が位置付けられていることから出発しているがゆえにこそ強力に基礎付けられているからである。そうすると、そのようなドイツ法においてもなお、差戻しに関する議論が発展していること、そして一部については拡大していることに注目しなくてはならない。

そこで、本章のまとめとして、ここでは差戻しを支える理論的な議論、そしてそれに関連する議論について、改めて振り返ることにする。

1 差戻しの重要性

裁判所から行政庁への事案の差戻しの意義を一貫して強く主張していた論者はコップであった[207]。コップは、そもそも判例により事案の成熟性導出義務が導かれたことを批判していた。事案の成熟性があることは裁判所が行政に対して義務付けをなすための要件であるのに、それを導き出す義務

---

(207) Kopp, *Verfassungsrecht und Verwaltungsverfahrensrecht* (1971), S. 100-101. 本章II-2(3)(a)。

が裁判所にあると理解するのは本末転倒であるという。彼は、裁判所の事案解明義務に懐疑的であったラウテンベルクの批判を正当として、裁判所の限界について説いた。

そして、裁判所が事案解明義務からさらに事案の成熟性導出義務にまで踏み込まねばならないような事態は、原告が適時に適切に主張することができれば本来は不要であると論じる。つまり、通常の場合には完全審理が行われるはずであり、仮に例外的に適時に的確な原告の主張が成立しないような事情がある場合は、差戻しを認めるべきであるとした。

コップによれば、そのような場合こそが、差戻しが正当化される事案である。コップは、「経験則上はなかなか生じないが」と前置きしつつも、手続上の瑕疵や行政が審理していない理由によって行政行為と別の結論に至る可能性があるために当初の行政行為が取り消されるような場合には、もう一度行政訴訟になることがあったとしても、遅延は生じないはずだ、と主張する。つまり、そのような場合には、裁判所での審理を続けるよりも、行政手続において追加の必要な審理、聴聞、新しい問題等について対応することが、より迅速かつ効果的であるはずだという。このような視点から、コップは一貫して裁判所の事案の成熟性導出義務に懐疑的な立場をとり続け、連邦行政裁判所法113条3項も肯定的に捉えていた。[208]

このコップの思想は、理由の差替えを制限する論拠、そして、手続瑕疵を単独で取消事由にし得る場合があることを想定する点で、ヘーデル＝アディックに引き継がれている。ヘーデル＝アディックが決定義務付け請求権の実質的な根拠にしていたのは、正しい理由によって行政行為がなされるべきであり、原告はそれを求める請求権を持つという見解であった。[209] 結果の正当性だけではなく、理由付けの正当性をも支える根拠となるのは、手続的正当性である。義務付け訴訟の枠内で手続法上の違法を取り扱うために、ヘーデル＝アディックはこのような構成をとったといえる。

---

(208) Kopp, a. a. O. (fn. 153), §113 Rn. 68, 83. 本章Ⅲ-2(3)(b)。
(209) Hödl-Adick, a. a. O. (fn. 108), S. 48-79. 本章Ⅲ-3(3)(a)。

2　差戻しにおける裁判所の任務

　それでは、取消訴訟における連邦行政裁判所法113条3項または決定義務付け判決を下し、差戻しを行う裁判所はどこまで審理を行うべきなのか。行政過程への差戻し規定の先駆けであった米占領地区行政裁判法59条は、結局のところ法務委員会での議論を経て連邦行政裁判所法に引き継がれることなく消滅した。「差戻しは、手続遅延を招くばかりか、当事者の音信不通を招いている」と、バッホフが痛烈に批判したからである。この批判は裁判所が安易に差戻しを行うことに警鐘を鳴らしているが、それでは、差戻しを選択するとすれば、裁判所は何をどの程度までなさねばならないのだろうか。

　この問いについては、連邦行政裁判所法113条3項についての立法理由書と学説との対立（本章Ⅲ-2(2)(ⓐ)）が参考になる。立法理由書は、事案解明のための取消しを違法性の確定とは無関係に認めようとした。つまり、違法性の確定という判断を含まない取消判決を許容する見解である。確かに、事案が解明されていないからこそ審理ができないのであり、違法性が確定しようもないから、その意味では理解できる理屈である。

　しかし、学説は違法性確定を前提としない取消しを認めようとしなかった。事案解明が必要な具体的場合を設定し、そのような場合には手続法規に照らして違法であるという形で違法性を導き出そうとする説や、複数の違法事由のうち少なくとも一部については違法性が確定できなければ、連邦行政裁判所法113条3項の意味での取消しも認められないという説があった。さらに、違法性確定なき取消しは権限分立規定に反すると表現する論者もいる。つまり、違法性が未確定な状態での取消しという作用は裁判所が行政の権限を侵犯しているのであって認められないという考え方である。

　ここで、違法性確定なき取消しは、行政に対してだけでなく、原告たる市民から見ても不当な状況を生み出すことを指摘したい。連邦行政裁判所

---

(210)　Protokoll der 61. Sitzung des Rechtsausschusses des 3. Bundestages (15.04.1959), S. 50-54. 本章Ⅱ-2(1)(ⓑ)。

法113条3項は行政書類が裁判所に到達してから6か月以内にしか適用できない。これに加えて、違法性の認定なしとしてしまうと、実質的には何も審理しないままに差戻しが行われることになる。仮の救済についての適用はあるが、原告にとっては実体的には何も判断が下されないまま、ただ行政行為の効果が消失することになる。確かに、通常の取消訴訟は不利益処分を想定しているから、不利益処分の効果が消滅するという意味においては原告に利益のある規定である。しかし、その効果には実体的判断は何にも付随していない。単に事案が裁判所にとって不明であるというだけである。そうすると、再び行政が同一内容の処分をしてきた場合、また提訴しなければならなくなる。実質的に反復禁止の効果は生まれない。当該処分だけを見れば確かに一時の救済にはなるかもしれないが、紛争全体を見ると何も進んでいないという状況が生じてしまう。

結局判例により類推適用は否定されたものの、仮に義務付け訴訟に連邦行政裁判所法113条3項が類推適用されると理解する場合において、違法性未確定のままの適用を認めるとより深刻なことになる。すなわち原告は義務付け訴訟において解決を求めているにもかかわらず、何らの進展もないままに放置されてしまうのである。この点で、113条3項に違法性の確定を暗黙の要件として要求した学説の批判は正しい。何らの進展もないままの差戻しを認めてしまうと、当該訴訟についてはさておき、紛争全体の解決には全く益がないことになってしまうであろう。

この一連の論争から明らかになることは、裁判所が行政への差戻しを行う判決を下すには、その時点までの裁判所の判断が示されなければならないこと、そして、その判断は何らかの意味で行政過程において考慮されなければならないという要請である。

3　判決効の拡張

決定義務付け判決も、連邦行政裁判所法113条3項の差戻しに類似する作用を実質的に有している。裁判所の後に引き続く行政過程における決定を予定しているためである。決定義務付け判決の拘束力は「裁判所の法解釈を顧慮して」という文言から生じている。この拘束力は当初、学説にお

いても判例においても拒否決定の違法性に関する部分であると理解されてきた（本章II-2(2)・(3)）。しかし、1987年判決以降、連邦行政裁判所は拒否決定の違法性のみならず、判決後の行政決定において適用される法についての法解釈も含むと理解するようになった（本章III-3(2)）。

この拘束力の拡大は、決定義務付け判決が判決だけによる終結を意図しているのではなく、判決後の行政過程において判決の趣旨に沿った決定がなされることによって事案が解決されるという理解を、改めて補強するものである。また、拘束力が認められる範囲が広がったことから、決定義務付け判決を下す裁判所の任務としても、単に拒否あるいは不作為の違法性を述べるにとどまらず、まだ行政判断が下されていないが重要な観点については自らの法解釈を示すべきであるということになった。そのような意味において、判決効の拡張は、裁判所の任務の変化としても重要な意味を持っている。

4　複数の違法事由と「拒否・不作為の違法性」要件の解釈

ある行政処分（ないしは不作為）に、複数の違法事由があるときに、どのように考えるかが議論の分かれ目になっている。そもそも、米占領地区行政裁判法79条3項について、取消しと義務付けを分けて考えるべきだと主張したバッホフとイーデルの理由付けは、この点にあった。審理の過程で、取消しをするだけの違法性は認められても、義務付けるところまでいかない場合として、違法事由が複数ある場合を掲げていたのである。

違法事由が複数ある場合について、決定義務付け判決の適用領域との関係で、ビッケンバッハとヘーデル＝アディックは対照的な理解をとっている。

ビッケンバッハはそもそも連邦行政裁判所法113条5項の「拒否・不作為の違法性」に対して非常に高いハードルを課している。彼は、理由の差替えを認めて、拒否決定が何らかの理由で正当化できる可能性が残る限り、この要件の充足を認めない。つまり、行政がAという理由でした拒否決定が、Aとの関係では違法であったとしても、行政側が訴訟中でBについて主張し、その理由では拒否決定が維持される場合には、拒否決定の違法性

は認められず、請求棄却判決が下される。

　これに対して、正しい理由を求める請求権を肯定するヘーデル＝アディックの議論を前提にすると、この場合においては理由Aについての違法性が確定した時点で、本訴訟の棄却可能性はなくなり、事案の成熟性があるかどうかの問題に移行する。なぜなら、処分を行った行政庁が示した理由Aは違法であり、その後訴訟追行中に理由Bを持ち出したとしても、「正しい理由に基づく決定」がなされなかったことは覆らないからである。そうなると、特定行為義務付けが認められるほど事案が成熟しているかどうかに議論の焦点が移るのである。

　ビッケンバッハのように考えれば、複数の違法事由の可能性がある事案の場合、全ての違法事由についての判断が終わってから、事案の成熟性が問題となる。その場合、事案の成熟性導出を阻む要素は、救済内容が確定できないことに収斂する。効果裁量がある場合はまさにその典型例である。このことは、ビッケンバッハが原則として事案の成熟性の欠缺については判例と同様の限定的な場合を想定していることからもうかがえる。

　ところが、ヘーデル＝アディックが想定している決定義務付け判決の守備範囲はもう少し広い。なぜなら、行政庁が当初提示した理由Aとは異なる理由Bによって拒否処分が維持され得るという場合、ビッケンバッハならば理由の差替えを認めることで違法性がないと判断しそうであるところ、ヘーデル＝アディックは、違法性を認めるからである。この場合、事案の成熟性欠缺は救済内容の未特定で生じているのではなく、行政過程において理由Bに基づく処分が適式になされなかったことによって生じている。違法性についての理解が異なることで、実質的には事案の成熟性欠缺の守備範囲が拡張しているのである。

　すると、義務付け訴訟の要件としての違法性について、差戻的判決については二つの方向性があり得ることになる。理由の差替えを認めて広範に審理することを認めると、差戻的判決が適用される場面は自ずから少なくなる。これに対して、差戻的判決との関係では理由の差替えを認めずに当初の行政行為の理由付けのみを審理し、それが違法であれば足りると考えれば、差戻的判決が適用される場面はより多くなるだろう。

5　原告の処分権

　原告の処分権を出発点とする議論も随所に現れていた。

　ロップフが違法性判断の基準時の問題において、その判断基準としたのは原告の請求内容の趣旨であった。[211]「原告の利益が最終口頭弁論時において何に向けられており、彼は何を得ようとしているのか」という点である。これを理解するために、ロップフは単独取消訴訟提起が可能であるという説をとった上で、取消訴訟だけが提起される場合には原告の請求は取消しを求める趣旨であるとした。これに対して、義務付け訴訟が提起される場合は、たとえそれに取消訴訟が併合提起されていても、その取消請求は独自の意義を持たず、原告は判決時からの変動を求める趣旨であると理解した。ここでは、義務付け訴訟提起の有無によって、取消請求の意味が変化している。義務付け訴訟と併合提起されていれば、取消訴訟についても将来効的取消しが求められていると理解するのである。

　ラウビンガーは処分権主義の観点から、原告が義務付け訴訟を提起せずに、単独取消訴訟を提起することを許容していた。拒否決定取消判決それ自体にも拒否決定の存続力を排除する力があり、申請が取り下げられない限り行政庁は再判断義務を負うからである。この効果は一見すると決定義務付け判決と同様の結果であるように見えるが、そのことだけで単独取消訴訟の意義を没却するとは考えていない。原告による請求の縮減を処分権の行使として認めているのである。[212]

　その代わり、義務付け訴訟提起が可能であるのにもかかわらず単独取消訴訟の提起を行った原告については、裁判所の過剰利用防止の観点からサンクションを用意する。義務付け訴訟を併合する可能性を教示されたにもかかわらずあえて単独取消訴訟提起を選択した原告は、義務付け請求については自ら喪失あるいは放棄したものと見て、後に再度義務付け訴訟を提起しようとしても、権利保護の必要性、ひいては訴えの利益が失われる場合があるとしている。[213]

---

(211)　Loppuch, a. a. O.（fn. 46）; Eyermann/Fröhler, *VwGO*, §113 Rn. 1-14. 本章II-1(4)(b)(iv)。
(212)　Laubinger, a. a. O.（fn. 110）, S. 452-454. 本章III-1(1)。
(213)　Laubinger, a. a. O.（fn. 110）, S. 454-456. 本章III-1(1)。

ビッケンバッハは、決定義務付けを求める請求権を正面から認めない代わりに、訴訟遂行中に事案の成熟性が欠けていることがわかってきた段階で、原告が特定行為義務付け申立てを決定義務付け申立てに縮減することを認めている。その根拠として、処分権主義を挙げているのである。これによる実質的なメリットは、決定義務付け判決を一部認容だと捉えなくて済むことである。連邦行政裁判所法155条１項によれば一部認容判決になってしまうと原告にも訴訟費用の負担が生じてしまうから、原告は自らの処分権行使によって、その危険を排除することができるというのである。[214]

　これらは状況こそ異なるが、いずれも原告の権能たる処分権に配慮した議論である。訴訟の対象を設定する原告の権能は義務付け訴訟の審理進行においていかなる意味を持つのかも問題になるだろう。[215]

---

(214)　Bickenbach, a. a. O. (fn. 109), S. 74-79. 本章III-3(3)(b)。
(215)　なお、第５章との関係では、ドイツ法において附款を争う訴訟がどのように展開したかを議論する必要がある。この論点については、人見剛「行政行為の附款の独立訴訟の可否」宮崎良夫先生古稀記念『現代行政訴訟の到達点と展望』(日本評論社、2014) 217-235頁を参照。人見論文において取り上げられている連邦行政裁判所判例とそれをめぐる学説に対する議論、そしてそれらの日本法に対する示唆についての検討は、十分に果たすことができなかったため、今後の検討課題とさせていただきたい。

第3章
平成16年行訴法改正前後の議論

　本章では、平成16年行訴法改正が取消訴訟と義務付け訴訟の関係にいかなる変化を与えたのかを検討する。改正法の骨格を形作った行政訴訟検討会は、序章で言及した塩野宏の回顧にもある通り、取消訴訟と義務付け訴訟の制度的関連性を創出した。まず、この制度的関連性の創出とそれまでの議論との関係を確認する（I）。次に、行政訴訟検討会では考慮には入れられながらも、充分な議論がなされたとはいえない違法性判断の基準時をめぐる問題についても、改正の前後を通じていかなる議論がなされていたのかを検討する（II）。また、申請型・非申請型の区分と当事者型・第三者型の区分の関係につき補足する（III）。そして、かかる議論から導出することができる、この段階での結論を簡単にまとめる（IV）。

I　平成16年行訴法改正による取消訴訟と義務付け訴訟の制度的関連性の創出

　行政訴訟検討会での議論は、それまでの学界での議論と裁判例の積み重ねによる義務付け訴訟導入の機運を受けたものであったが、内容面に着目すると、それまでの議論で前提にされてきた枠組とは大きな違いがある。その点を確認するために、まずは平成16年行訴法改正前の義務付け訴訟論を概観する（1）。また、義務付け訴訟の導入以前に、取消訴訟について実質的に義務付け訴訟に期待されるような機能を想定した解釈論が展開されていた（2）。これらを踏まえた上で、行政訴訟検討会における取消訴訟と義務付け訴訟の関係をめぐる議論を跡付ける（3）。

1 平成16年行訴法改正前の義務付け訴訟論

(1) 平成16年行訴法改正前における義務付け訴訟の可否に関する議論

(a) 制限的肯定説　制限的肯定説は法定抗告訴訟を原則とし、義務付け訴訟を限定的に許容する。まずは法定抗告訴訟である取消訴訟・不作為の違法確認訴訟による救済がまずは検討されるべきであり、それが功を奏しない場合に初めて法定外抗告訴訟としての義務付け訴訟に活路が見出されるべきというのである。

原田尚彦は、「無名抗告訴訟としての義務づけ訴訟等の利用が許されるのは、法定抗告訴訟によってはどうしても救済の実効が得られない場合、すなわち他に適切な救済手段が存しない場合に厳にかぎられるべきである[1]」とし、その具体的場合を検討した。そして、給付行政の拒否処分・不作為に対してはほぼ取消訴訟と不作為の違法確認訴訟で対応できるとし、取消訴訟と不作為の違法確認訴訟での対応が困難な過小な給付に対する場合についてのみ義務付け訴訟の可能性を認める。その上で、西ドイツにおける義務付け訴訟の展開を参照して、給付行政の場面のほかに第三者に対する警察介入請求権の場合に義務付け訴訟の導入を積極的に検討すべきであるとした。[2]

塩野宏は、法定抗告訴訟に対する補充性をさらに精緻化した議論を展開した。まず、申請に対する不作為について、不作為の違法確認判決の拘束力は行政庁に対し、申請についての何らかの判断をなさしめることにしか及ばず、申請満足処分を与えることについての拘束力は働かないために極めて迂遠であり、そのために原告に過大な負担を負わせることになるとして、義務付け訴訟の可能性を認めた。さらに、私人の申請－行政処分というシステムがとられていない場合についても、原告に実体法上の請求権がある限り、直接型義務付け訴訟が利用できると解していた。そして、いかなる場合に私人が公権力の発動を求める実体法上の請求権を有するかについて検討し、公権力の行使を裁判上訴求する以外の適切な方法がないか、

---

(1) 原田尚彦「行政上の予防訴訟と義務づけ訴訟」『訴えの利益』(弘文堂、1973〔初出1972〕) 61-88 (76)頁。
(2) 原田・前掲注(1)76-88頁。

そもそも民事訴訟における妨害排除請求訴訟が認められない場合で、かつ被害者に受忍を要求することが被害の性格上許されない場合等に実体法上の請求権成立の可能性があるとしていた。

(b)　**全面肯定説**　制限的肯定説に対して、取消訴訟や不作為の違法確認訴訟とはかかわりなく、審理の結果、判決に熟する限りにおいて、裁判所は義務付け判決をすることができるとする全面肯定説（独立説・成熟説）を唱えていた論者が阿部泰隆である。行訴法が法定抗告訴訟を列挙したからといって義務付け訴訟の許容性は何らの制限も受けず、この点は全く白紙の状態で将来の議論に委ねられている（行訴法白紙説）と考えた。そして、不作為の違法確認訴訟が救済に結び付いていない裁判例がまま見られること、第三者に対する規制権限の発動を求める義務付け訴訟や申請者の希望する内容とは異なる内容の行政行為（不満足行政行為）の変更を求める義務付け訴訟を認めるべきであること、仮の義務付けが必要な場合があることを義務付け訴訟の必要性の根拠とした。この説によれば取消訴訟とは別個に義務付け訴訟が認められる。また、塩野説に対する反論として、民事訴訟と義務付け訴訟は訴訟法規も異なり、実体法も異なる一応別個のレベルの訴訟であり、民事訴訟が合理的に機能するか否かで義務付け訴訟の許容性を判定することは、そもそもその判定基準が不明確であり、窓口論争に陥るおそれがあるとして批判している。この点が、阿部説を「全面肯定説」たらしめる点であり、不必要な訴訟要件の追加を許さないという態度が見てとれる。阿部説においては、取消訴訟と義務付け訴訟は別個に成立する以上、この両者は重なり合う。ドイツでは、学説上、義務付け判決が下された場合、義務付けの決定の中に当該義務付けの決定に矛盾する決定の取消しも含むと解されるが、法的明確性のために拒否決定の取消しを同時に宣言する方が望ましいとされ、現実にもそう運用されていることを紹

---

(3)　塩野宏「無名抗告訴訟の問題点」鈴木忠一＝三ケ月章(編)『新・実務民事訴訟講座9　行政訴訟Ⅰ』(日本評論社、1983) 113-150 (128-133) 頁。
(4)　阿部泰隆「義務付け訴訟論」『行政訴訟改革論』(有斐閣、1993〔初出1977〕) 223-304頁、同「義務付け訴訟論再考」同書〔初出1985〕305-363頁。
(5)　阿部・前掲注(4)「義務付け訴訟論再考」323頁。
(6)　阿部・前掲注(4)「義務付け訴訟論再考」333-337頁。

介する。それを踏まえて、取消訴訟を別個に提起する必要はないと述べ、さらに、仮に取消訴訟を必要とするという説に立ったとしても、釈明して訴えの追加的変更により義務付け訴訟の却下を避けるべきであると主張した。[7]

次に、訴訟の選択については、義務付け訴訟が提起できる場合でも取消訴訟や不作為の違法確認の訴えの実益がある場合を認めて、「義務付け訴訟を提起すべき」という理由での訴え却下とすべきではないとする。その例として、行政処分発令の要件が複数ありその全部の充足の証明が困難である場合に、行政庁の拒否事由（拒否処分があった場合）や申請に対する不作為自体の違法の証明は容易である場合を挙げている。これらの場合は、十分な釈明をして原告の真意を確かめつつ、原告の自由選択に委ねるべきであるという。[8]

逆に、義務付け訴訟のみが提起された場合にも、取消判決か不作為の違法確認判決を下すことができるかという問題に対して、拒否事由や不作為状態の違法のみが証明され、行政処分発令の他の要件については審理が困難で裁判所が確信を得るに至らない場合には、取消判決や不作為違法確認判決を認めるべきであるとしている。法的明確性のためにはそれらの訴えがあることが望ましいし、釈明が必要とされる場合もあると示唆する。そして、そのような追加的併合が出訴期間の徒過ゆえ許されないのではないかという懸念に対しても、同一行政行為の同一違法事由が一貫して争われているのだから、取消しの訴えは当初の訴え提起時に提訴されたとみなすか、あるいは、義務付け訴訟には取消訴訟や不作為の違法確認の訴えが黙示的かつ予備的に併合されていると見ることも可能ではないか、としていた。[9]

(2) 平成16年行訴法改正前における義務付け訴訟の類型論

平成16年行訴法改正前にも、義務付け訴訟が可能であると論じた上で、そのあり方について学説上検討がなされていた。ここでは、代表的な見解

（7） 阿部・前掲注（4）「義務付け訴訟論」298-299頁。
（8） 阿部・前掲注（4）「義務付け訴訟論」299-300頁。
（9） 阿部・前掲注（4）「義務付け訴訟論」300-301頁。

として原田尚彦の議論をあらためて参照する。[10]

　原田は、無名抗告訴訟の可能性について論じた論文「行政上の予防訴訟と義務づけ訴訟」[11]において、事前訴訟が必要になる場合がいかなる場合であるかについて、次のように述べている。

> 　行政事件訴訟法が四種類の法定抗告訴訟を定め、それぞれについての訴訟手続を明示して解釈上の疑義の解消をはかっていることを考えると、法定抗告訴訟によっていちおう救済の実効が得られる紛争についてまであえて無名抗告訴訟の提起を許し、いたずらに新奇を求めて訴訟手続上の取扱いに疑義をもたらすことは、現行行訴法の運用としては妥当ではない。無名抗告訴訟としての義務づけ訴訟等の利用が許されるのは、法定抗告訴訟によってはどうしても救済の実効が得られない場合、すなわち他に適切な救済手段が存しない場合に厳にかぎられるべきである。[12]

　そして、そのような内容の無名抗告訴訟としては、「重大な法益に対する不可償の侵害を防止するため」の差止訴訟をまず想定する。そして、義務付け訴訟については、「申請の部分的拒否」を想定する。受給権の迅速かつ確実な満足を得るためには、行政庁に対し増額修正をなすことを命じる義務付け訴訟を認めることが、「紛争の直截的解決の道であろう」としている。[13]そして、それに加えて、規制権限発動請求権が認められるように「実体法上承認」されるのであれば、という留保付きで、それを貫徹するための訴訟手続である義務付け訴訟を想定する。[14]

(3)　裁判例

　下級審裁判例の中には、義務付け訴訟の可能性を原則的には否定しつつ、例外的な場合として、①行政庁が当該行政権を行使すべきことまたはすべきでないことが一義的に明白であって、行政庁の第一次的判断権を尊重することが重要でないこと（一義的明白性）、②裁判所による事前審査を認め

---

(10)　その他同時期の議論として重要な、遠藤博也の分類については、取消訴訟の機能に関する考察と併せて2で後述する。
(11)　原田・前掲注(1)。
(12)　原田・前掲注(1)76頁。
(13)　原田・前掲注(1)79頁。
(14)　原田・前掲注(1)83頁。

ないと、行政庁の作為または不作為によって受ける損害が大きく、事前救済の必要性があること（緊急性）、③ほかに適切な救済方法がないこと（補充性）の3要件が満たされている場合にのみ、許されるとの枠組を示すものが存在した。しかし、これらの判決は枠組を示すのみであり、実際に義務付けを認容する判決はなかった。とりわけ申請諾否処分（利益処分）を求める義務付け訴訟については、判例の基準ではほとんど認められる余地がない、と分析されていた[15]。つまり、判例において義務付け訴訟を制限的に解する説によれば、裁量があれば行政庁の第一次的判断権を侵すことになってしまい、裁量がなく一義的明白性がある場合は取消判決または不作為の違法確認判決の拘束力で決することができるから、③補充性がなく訴えの利益がないことになる。また、仮に一義的に処分内容が決まるように見える場合でも、別理由での同一処分の可能性は、理論上は無限にあり得るために義務付け訴訟は認められない、というのである。そこで、実質的には、第三者に対する規制権限行使を求める類型しか認められないところ、その場合にも、原告適格等の問題があり、結局実際の認容例は登場しなかった。

このような状況下で登場したのが、国立マンション訴訟（是正命令等請求行政訴訟）第一審判決（市村判決）[16]であった。この訴訟では、第三者による是正命令権限の発動を求める訴えが、行政庁による是正命令権限不行使の違法確認訴訟と是正命令義務付け訴訟、そして検査済証交付の予防的不作為訴訟という三つの法定外抗告訴訟の形で提訴された。第三者による義務付け訴訟の可否が、正面から争われたのである。

東京地裁は、是正命令権限不行使の違法確認訴訟と是正命令義務付け訴

---

(15) 野村武司「行政手続法制の整備と義務付け訴訟の可否」兼子仁＝磯部力（編）『手続的行政法学の理論』（勁草書房、1995）219-248（228）頁。
(16) 東京地判平成13年12月4日判時1791号3頁。なお、国立マンション訴訟は周辺住民側が原告となって建築業者や分譲を受けた購入者を被告とした一部撤去を求める民事訴訟（景観利益につき判断したことで著名な最判平成18年3月30日民集60巻3号948頁はこの訴訟の上告審判決である）や業者が原告となった地区計画および建築条例の取消訴訟・無効確認訴訟や損害賠償訴訟も含めると多数の裁判例が存在するため、本判決は市村陽典裁判長の名をとって「市村判決」と俗称されることもある。後述の行政訴訟検討会でも、専ら市村判決の名で呼ばれている。

訟とを「いずれもその実質は、行政庁に対する公権力の行使を義務付けることを求める、いわゆる義務付け訴訟としての性質を有する無名抗告訴訟と解される」として、両者をまとめて性質決定した。続いて、無名抗告訴訟が許容される場合は三権分立の観点から行政庁の有する第一次判断権が尊重されるべきであるとの理由から、前記の3要件を是正命令義務付け請求についてのみならず、不作為違法確認請求についても要求する判断枠組を示した。その上で、是正命令権限の不作為違法確認請求については認容したが、義務付けの訴えは却下した。緊急性、補充性の要件については両請求について肯定する判断を示した。しかし、一義的明白性については、前者の是正命令権限不行使の違法確認の訴えについては肯定して請求を認容したが、是正命令義務付け訴訟については、否定して請求を却下した。結論を分けたのは是正命令の内容の特定性であった。すなわち、本件事情の下では、違反状態を解消するために是正命令権限を行使すべきこと自体は一義的に明白な義務といえるものの、「是正命令権限の行使の方法及び内容として、いつ、どの範囲の者に対し、どのような手続を経て、いかなる是正命令を発すべきかの点については、なお、被告建築指導事務所長の裁量の範囲内にあるものというべきである」と判断したためである。

是正権限不行使の違法確認訴訟を認容した点では画期的な判決であったが、義務付け訴訟それ自体が認容されたわけではない。これが本判決の示した限界線であった。

(4) 小　括

以上の状況を、取消訴訟と義務付け訴訟の関係、および判決内容の関係からまとめると、次のようになる。まず、取消訴訟と義務付け訴訟の関係

---

(17)　判時1791号3 (27)頁。
(18)　判時1791号3 (35)頁。
(19)　なお、本件の控訴審判決（東京高判平成14年6月7日判時1815号75頁）では、建築基準法3条2項について第一審判決とは異なる判断をしたため、被告敗訴部分につき原判決は取り消され、訴えは却下された。最高裁（最判平成17年6月23日判例集未登載）は上告理由のある事案および上告受理申立てを受理すべき事由にあたらないと判断したため、原告側の敗訴で確定した。参照、大橋洋一＝斎藤誠＝山本隆司（編）『行政法判例集Ⅰ　総論・組織法』（有斐閣、2013）401頁〔山本隆司〕。

は、制限的肯定説と裁判例が前提としていた法定抗告訴訟原則主義を前提とすれば、取消訴訟や不作為の違法確認訴訟が適法に提起され得る場合には義務付け訴訟は認められないこととなる。裁判例における補充性の要件は、それを示していた。国立マンション訴訟（市村判決）で補充性が認められたのは、行政処分の名宛人による訴訟ではなく、第三者による規制権限発動を求める訴えだったからである。この類型については、制限的肯定説においても、例外的に義務付け訴訟が認められる類型として、その必要性を肯定する議論がなされていたところである。つまり、制限的肯定説（および当時の裁判例）においては、取消訴訟と義務付け訴訟が同時に成立する事例は想定されていないから、両者の関係は排他的なものと考えられていた。

これに対して、全面肯定説から考えると、取消訴訟と義務付け訴訟は第三者による権限発動の場面だけでなく、申請に対する拒否処分や不作為の違法を主張する場合にも並び立つ可能性がある。しかし、全面肯定説においても取消訴訟と義務付け訴訟が訴訟提起時の併合提起義務や本案勝訴要件といった形で要件レベルで結び付いているという議論は意図されておらず、仮に併合提起が必要であったとしても釈明等で対応すればよいと阿部泰隆が考えていたことは前述の通りである。

すると、義務付け訴訟が取消訴訟および（申請への応答がない場合の）不作為の違法確認訴訟と（訴訟要件および本案勝訴要件という意味での）要件レベルでの「制度的関連性」を持つ改正行訴法のような構成は、制限的肯定説の論者においても、また、全面肯定説の論者においても、表立って想定されていたわけではなかったことがわかる。

次に、本書の問題関心のうち、判決内容については、一義的明白性が大きな意味を持っていたことを指摘できる。市村判決は、一部下級審判決のように3要件を要求すると、処分権限行使をする・しないについての裁量がないことが一義的に明白であっても、いかなる内容の権限行使をするべきかが明白でない場合は、義務付け訴訟は認められないという問題を露わにした。ただし、市村判決は、このような一義的明白性に欠ける場合においても、処分権限不行使の違法があることを確認するという道筋は平成16

年改正前の行訴法においてもあり得ることを示した。

2 義務付け訴訟導入以前からの取消訴訟の解釈論

(1) 取消訴訟の機能論

　序章で既に述べた通り、遠藤博也は、平成16年行訴法改正前の取消訴訟における取消請求を、損害賠償請求や損失補償請求等と比較して、複雑で屈折した構造であると表現している[20]。実体法の定めやその実際の機能に即してみると、問題となっている実体法上の権利およびこれを問題とする行政手続過程・処分が多種多様であるために、取消請求権の果たすべき機能は行政行為を「取消御破算にする」ことに限られないから一律に論じることはできないとして、次のような諸機能を挙げている[21]。すなわち、収用裁決・農地買収処分・懲戒処分等を想定した単純な取消請求、課税処分取消しにおける減額請求、申請を前提とする処分についてのやり直し請求と義務付け請求、行政過程の初期段階の行為についての差止請求、（行政処分執行後にも訴えの利益が消滅しないという法理が構成できるならば）原状回復請求、そして事情判決等についての違法確認請求としての機能である。このうち、義務付け訴訟と取消訴訟の関係にかかわる議論として、やり直し請求機能と義務付け請求機能にかかる議論に着目したい。

　取消請求にやり直し請求としての機能があると考える根拠として、遠藤は取消判決の拘束力を掲げる。申請を却下・棄却する処分の取消しにあっては、取消判決の拘束力により、行政庁は、判決の趣旨に従って、改めて申請に対する処分をしなければならない（行訴法33条2項）。そして、比較的定型的な事由に基づく確定金額給付を内容とする社会保険給付申請にかかわる処分の取消しにおいては、やり直し請求は実質的に義務付け請求類似の機能を持つというのである[22]。

　遠藤の拘束力理解は、行訴法33条の拘束力の内容のうち、「くり返し禁

---

(20) 遠藤博也『実定行政法』（有斐閣、1989）366頁。
(21) 遠藤・前掲注(20)366-368頁、遠藤博也「行政上の請求権に関する一考察」『行政救済法（行政法研究Ⅲ）』（信山社、2011〔初出1988〕）21-54（31-33）頁。
(22) 遠藤・前掲注(20)367頁。

止効」という処分行政庁の将来の新しい処分に向けられたものを「主要なもののひとつ」として認めつつも、次のように、是正措置を内包している点を強調している。

> 拘束力の主要なもののひとつは、同一内容処分のくり返し禁止効という処分行政庁の将来の新しい処分に対して向けられている。しかし、これをのぞくと、おおむねは取消の対象となった過去の処分にともなう違法状態の除去、後始末という是正措置を内容とする[23]。

これに続いて、行訴法33条2項・3項の規定が予定している「やり直し請求」や「義務付け請求」などの将来の新たな行政措置や処分に向けられたものについても、これらも広義には是正措置として考えることができる[24]として、前述の理解、すなわち拘束力を「過去の処分にともなう違法状態の除去、後始末」と見る見方にとって差し支えがないものと見ている。

しかし遠藤は、取消請求にやり直し請求機能および義務付け請求機能があるからといって、義務付け訴訟の必要性自体を否定していたわけではなかった。むしろ、以下のような理由付けで、義務付け訴訟の必要性を打ち出した。

そもそも、拘束力それ自体が私人の要求が単純な取消しだけでは満足されないために必要とされるという。ここには、当時の行政訴訟制度および取消訴訟の現状に対する諦念ともいうべき分析が隠れている。遠藤によれば、行政処分の取消請求自体が、「数ある請求から選別された代表請求」であり、「行政処分の取消請求という訴訟類型そのものが立法・判例によって人為的に作られたものであって、原告自らが選んだものではない[25]」という。取消請求にかかる種々の制限（行政処分性、原告適格、訴えの利益の要件、義務付け請求の排除等）に鑑みれば、原告が自ら選んで取消訴訟を提起したとは言い難い状況が存在しており、取消訴訟の拘束力の規定の内容は、「行政処分の取消請求の形式をとって私人の要求を限定付けたために、若

---

(23) 遠藤博也「取消請求権の構造と機能」同・前掲注(21)〔初出1989〕55-79 (64)頁。
(24) 遠藤・前掲注(21)64頁。
(25) 遠藤・前掲注(21)65頁。

干はみ出した雑多な夾雑物が広義の是正措置の一環として処理されることを示している⁽²⁶⁾」という。つまり、原告の要求のうち、取消訴訟制度の限界によって取消請求の認容だけでは必ずしも満足されない部分があり、そこを拘束力の規定が一部引き受けているため、拘束力が必要である、というのである。

それでは、拘束力の規定による修正だけで全て解決済みなのであろうか。これについても遠藤は、義務付け訴訟を認めずに取消訴訟の拘束力のみに期待する運用は、判決の効力の内容が訴訟当事者の一方の行為にかかることになって、訴訟としての基本構造の体裁をなさないと批判している。つまり、取消判決後、具体的にどのように是正をするかは、少なくとも一次的には訴訟の一方当事者である行政庁の判断にかかっていることから、原告に対して十全の意味での訴訟上の請求権を与えたことにならず、他方の訴訟当事者との対等性、ならびに、これらとの関係における裁判所の中立第三者性が確保されていないからである。ここには、「原告の要求に応えて下された判決の内容が被告を法的に義務づけるものでなければ、それを裁判とよぶことはできない」として、取消訴訟制度が出口にあまり意を払っていないことを批判している⁽²⁷⁾。

そこで、取消判決の拘束力に反する事態がそもそも生じないように、あらかじめ義務内容を可及的に特定化しておく必要性を述べたのち⁽²⁸⁾、次のように提案する。

> 取消請求には、たしかに、「やり直し請求」の機能のように、内容不確定のまま、ともかく手続上の違法を理由として手続をやり直させるというのもあってもよい。しかし、内容確定が相当程度に可能であり、場合によっては、実質的に当事者訴訟的義務付け請求のように、実際に確定可能である場合であるにもかかわらず、行政裁量の存在や先の行政庁の第一次的判断権のゆえをもって、形式的な手がかりとして代表請求とされている取消請求の対象となっている行政処分の取消どまりで、それから先、「原告が被害者の立場において主張する違法状態の排除」のために必要な是正措置の内容の一切を一

---

(26) 遠藤・前掲注(21)65頁。
(27) 遠藤・前掲注(21)73頁。
(28) 遠藤・前掲注(21)74頁。

訴訟当事者たる被告行政庁を中心とする行政側に白紙委任するのは好ましいとはいえない。いやしくも行政行為に踏み切った以上は、それなりの調査検討のうえでのことであるはずだから、法解釈なり事実認定なりの過誤が明らかになったとき、先の行政行為の是正措置なり代わるべき措置の内容はあらましすでに明らかであるはずではないか。とくに取消を条件とする義務づけ請求などにあっては、訴訟段階でありうる義務内容は行政庁側で明らかにすべきであろう。[29]

そして、その具体的あり方として、義務付け訴訟においては、義務付け判決の効果内容・範囲の明確化を図るべき負担と責任を、原告となる私人ではなく、処分行政庁に負わせるべきとし、許容可能な代替案を行政庁にあらかじめ複数出させ、その中から適当と認める方法を裁判所が判決中で選択するという方法によって、実際的解決が試行されるべきであるとする。[30]

(2) 一回的解決と段階的解決

取消訴訟、不作為違法確認訴訟、処分無効確認訴訟のみが認められていた平成16年行訴法改正前[31]においては、訴訟の中で紛争を一回的に解決するのか、それとも処分理由とされた点についてのみ着目して取り消すべきであるかが、行政と裁判所の役割分担の観点から争われてきた。とりわけ、行政手続法が制定され、理由付記が条文上求められることになって、理由付記の不備を独自の取消事由とすることの意義が確認されるようになった。

理由の差替えを認めるか否かという問題は、行政処分を行うときに行政が考えていた、「処分の適法性を支える事実とそれに対する法の適用」という意味での理由を、取消訴訟の審理段階において異なる理由に差し替えること、あるいは当初の理由とは異なる理由を追加することを許すか否か[32]という議論である。言い換えると、当初の処分理由以外の理由についても

---

(29) 遠藤・前掲注(21)74頁。
(30) 遠藤・前掲注(21)74-75頁。
(31) 平成16年行訴法改正を経た現在においては、申請拒否処分取消訴訟における理由の差替えの議論は義務付け訴訟との併合提起によりその実際上の意義が縮小している。しかし、申請型義務付け訴訟であっても行訴法37条の3第6項の分離取消判決の可能性があること等を併せ考えると、今なお(むしろさらに)混迷を極めるテーマである。太田匡彦「取消訴訟の審理に関する諸問題」行政訴訟実務研究会(編)『行政訴訟の実務』(加除式、第一法規、2004〜)611-629(629-630)頁。
(32) 太田・前掲注(31)619頁。

被告行政主体による主張を許して裁判所で審理するか、それとも、当初の処分理由に違法が見つかれば、取消判決に熟したものとして取消認容判決をし、行政過程への「差戻し」を認めるかの問題である。

判例は不利益処分と申請拒否処分を区別することなく理由の差替えを広範に認めている[33]。しかし、学説上は、詳細な議論が展開されている。重大な不利益処分であって聴聞手続が付されている場合には、聴聞における被処分者の防御権保護の観点から、聴聞時に前提とした理由に制限されるとの認識が共有されていた[34]。これに対し、申請拒否処分については議論が大きく分かれていた[35]。

理由の差替えの可否をめぐる問題においては処分要件の構造をも検討する必要があるが[36]、ここでは基本的な考え方を確認するため、一般論として一回的解決を志向する立場と、行政過程への差戻しを重視して段階的解決を志向する立場とに分けて検討する。

ⓐ **一回的解決を重視する立場**　申請拒否処分について行政庁による理由の追加・差替えを肯定的に評価する見解は、取消訴訟における紛争の一回的解決を重視する。まず、申請拒否取消訴訟に関する最高裁判例は、取消訴訟の訴訟物が処分の違法性一般とされていることを理由に、処分理由の追加・差替えを許容する傾向にある[37]。

小早川光郎は、申請拒否処分について理由の差替えを広範に認めるべき理由は、申請拒否処分の場合は申請人が申請が拒否されたこと自体によっ

---

(33)　リーディングケースになっている最判昭和53年9月19日判時911号99頁（一般自動車運送事業免許期限変更不許可処分取消訴訟）は取消訴訟の一般論として理由の差替えを肯定する判断をしているため、不利益処分と申請拒否処分を問わず理由の差替えを許容する立場に立っているように思われる。しかし、本件は形式的には申請拒否処分取消訴訟である。もっとも、許可に期限を付し、その更新を拒否することで実質的に不利益処分を課すのと同等の効果を生むような類型であるため、限界事例といえるかもしれない。
(34)　宇賀克也『行政法概説Ⅱ　行政救済法〔第5版〕』（有斐閣、2015）260-261頁、塩野宏『行政法Ⅱ〔第5版補訂版〕』（有斐閣、2013）178頁。
(35)　この論点につき改正法施行直前に議論状況を詳細にまとめたものとして、石崎誠也「申請拒否処分における処分理由の追加・変更について」新潟37巻1号（2004）1-35頁。
(36)　石崎・前掲注(35)20-35頁、司法研修所(編)『改訂　行政事件訴訟の一般的問題に関する実務的研究』（法曹会、2000）142頁以下。
(37)　最判昭和53年9月19日判時911号99頁、最判平成11年11月19日民集53巻8号1862頁。

て格別の不利益を受けているわけではないからであり、むしろ不利益は申請により求める処分がされないことにより生じているからである。その発想からすれば、理由の差替えを制限して一度行政過程に「差し戻す」よりも、裁判過程において全ての申請拒否理由を審理することとした方がよい、ということである。また、原告にとっても、一挙解決の方が通常合理的である、という。ただし、申請拒否処分であっても理由の差替えを制限すべき例外として、当初の根拠付けが成り立たない以上はやり直させることが適切である場合があるという。とりわけ、形式的な理由による申請拒否処分をしたのに、取消訴訟において今度は実質的な拒否の根拠を追加主張する場合には、裁判所が一から実質的事情を考慮するには資料が少な過ぎるため、行政過程での検討をやり直させるために、取消しを認めるべきだという。

　小早川のこのような主張の背景には、行政過程と司法過程における広い意味での行政の連続性を想定していることがあると思われる。行政の行政過程遂行上の事案調査義務・真実発見義務は訴訟でも継続するという理解を出発点にして、行政は、訴訟上の当事者となったとしても立法の趣旨の実現に努めるべき公益的任務を負っているから、立法の趣旨に適った裁判が行われるための主張および事実の追加的提出が肯定される。そうすると、実質的理由での拒否処分がなされた場合である限りは、行政過程に差し戻す必要は必ずしもなく、むしろ訴訟過程内での主張立証を充実させて一回的に解決すべきであるということになる。

　ただ、小早川は手続的審理のあり方と実体的審理のあり方のどちらを優先すべきかについては慎重な態度をとっている。裁判所はできるだけ処分について実体的審理を行い、一回的解決を優先すべきだとする考え方と、裁判所と行政庁との役割分担の観点から、裁判所は案件処理の過程を手続的に審査することに重点を置くべきだとする考え方とを双方述べた上で、

---

(38)　小早川光郎『行政法講義　下II』（弘文堂、2005）213-214頁。
(39)　小早川光郎「調査・処分・証明」雄川一郎先生献呈論集『行政法の諸問題　中巻』（有斐閣、1990）249-279（268-269）頁。
(40)　小早川・前掲注(39)269頁。

「この二つの考え方は、それぞれ正当なものを含んでおり、適切に使い分けることが必要である」とする。

阿部泰隆も、申請拒否処分については理由の差替えを認める立場である。申請に対する拒否処分において、あらゆる拒否事由を最初の処分時に挙げなければならないとすれば処分庁に無用の負担を課すことになってしまうから、処分庁としては拒否理由を一つ見つければ足り、調査義務もそれに尽きるという。ａという理由で拒否したことが誤りであっても、利益処分をするためにはｂという要件を満たさなければならない場合も、仮にａによる拒否処分が取り消されても拘束力（行訴法33条1項・2項）はｂによる再拒否処分を禁止するものではない以上、むしろ最初の訴訟中にｂという理由を被告が持ち出すことの方が、紛争の一回的解決の要請にも合致して、被処分者にとっても好ましい。ただ、次々と新しい理由を持ち出して被処分者が振り回されることを避けるため、裁判所が時機に後れた攻撃防御方法の制限（民訴法156条以下）の観点から、早期に別理由を提出させるべきであるという。阿部は行訴法改正前から申請拒否処分型の取消訴訟における理由の差替えについては、被処分者たる原告が一回的に紛争を解決できるように、理由の差替えを許容するというよりもむしろ義務付ける見解に立っていた。その上で、差替えが可能であったにもかかわらず提出しなかったという理由で再拒否処分を行うことを禁ずるべきだと主張していた。

さらに、手続的瑕疵と実体的瑕疵の両方が併存する場合について、原告が両方の違法性を主張しているにもかかわらず、手続的瑕疵についてのみ認定して取消判決を下すことは「拘束力こそ生命線」である取消訴訟の審理として許されず、裁判所は原告の主張する違法事由に全て答える義務があるとして、実務の運用を批判していた。

---

(41) 小早川・前掲注(39)206頁。
(42) 阿部泰隆『行政法解釈学Ⅱ』（有斐閣、2009）245頁。
(43) 阿部泰隆「基本科目としての行政法・行政救済法の意義(7)(8)」自研78巻4号（2002）3-15(13)頁、5号（2002）3-24(7)頁。
(44) 阿部・前掲注(43)(8)8頁、および阿部泰隆「拒否処分取消訴訟を審理する裁判所の審理を尽くす義務」高田敏先生古希記念『法治国家の展開と現代的構成』（法律文化社、2007）

もっとも、聴聞を経た手続については、あくまで聴聞の段階での当事者の防御権保障が争点となるべきであり、手続的瑕疵が先に審理されなければならないという。手続的瑕疵と実体的瑕疵との両方を原告が争う趣旨である以上、最終的には両方を審理しなければならないものの、手続的瑕疵を検討することなく実体審理に入り、実体の瑕疵がないことをもって処分を維持することは許されないという。[45]

兼子仁は、理由付記原則を重視して、判例・通説の理解とは異なり、原則論としては取消訴訟の訴訟物・審査対象は「公式に表示された処分理由に関する違法性一般」と解すべきであると主張し、「被告行政庁は特段の付記理由が存しなくても訴訟当初の主張理由に信義則的に自己拘束され、不服審査裁決・決定書さらには現処分通知書の理由付記には当然拘束されて追加・変更主張は原則的に禁ぜられる」[46]という。他方、申請拒否処分については一回的解決の必要性を説く。同じ処分に形式的瑕疵と実体的瑕疵の双方が存在する場合において、原告側が専ら形式的瑕疵を争点としたために、形式的瑕疵に基づく取消判決が下された場合では、被告行政庁は形式的瑕疵のみを治癒した再拒否処分をする余地が残される。不利益処分の場合であれば再処分までの間処分を受けないという実益が残るものの、申請拒否事案の場合は国民の法益保障がますます遅れることになる。このような配慮から、申請拒否処分取消訴訟では原告が専ら形式的瑕疵を争点にしている場合と、処分内容に関する主張や認否の応対をしている場合とを区別する。後者の場合については行政庁からも処分理由の追加変更の主張をすることができ、訴訟の審査対象も「原告国民が応対して訴訟中で表示

416-447頁。なお、この論文は出版経緯の関係で平成16年行訴法改正後に公表されたが、本文の内容は改正前の申請拒否処分取消訴訟に関する論考である。そのため、改正後に付け加えられたと思われる「追記2」(447頁)において、今日では義務付け訴訟を提起することになり、手続だけで取り消すことができるのではなく、さらに本案審理が必要となるため、「その意味では、本稿は既に役割を終えたのかもしれない」とのコメントが付されている。

(45) 阿部・前掲注(42)35-36頁。なお、この直後の箇所で、阿部は「裁判所が先に手続審理を行って、違法との心証を得たが、実体審理では、適法との心証を得た場合、処分を維持すべきか」と述べ、手続的瑕疵の効果について引き続き検討を加えている。

(46) 兼子仁『行政法学』(岩波書店、1997) 187-188頁。

された処分理由の違法性一般という形になる」という。つまり、審理範囲の問題を、原告の訴訟追行のあり方にかからしめている。⁽⁴⁷⁾

(b) **処分理由に着目し段階的解決を志向する立場**　これらに対して、行政手続法上の理由提示義務（行手法8条・14条）が処分と理由の同時性を求めたことを重視し、申請拒否処分においても訴訟における理由の追加・差替えを禁止する見解もある。この議論を展開する論者の一人である高橋滋は、理由提示の範囲では処分の維持が難しい場合には率直に行政庁が処分を取り消すべきであると主張する。処分理由の提示制度が行政手続法の制定によって一般化された以上、同制度が適用される処分については、取消訴訟の対象は公式に表示された理由に含まれる事実の範囲に限定されるべきであり、処分後の調査により新たな処分事由が発見されたならば、その時点において新たな処分を行うべきか、改めて判断した上で決定がなされるべきである、とする。⁽⁴⁸⁾

交告尚史は、立法の趣旨を実現するための本来的任務における調査検討と、訴訟当事者としての調査検討との質的・人的差異を重視する。交告によれば、立法の趣旨を実現するための本来的任務としての調査検討は、行政処分担当部局によって進められ、本来は行政処分を発した時点で完了しているべきものである。これに対し、訴訟に入ると、訴訟対策として、訴訟担当部局および訴訟代理人が主導権を持って調査検討が行われるのではないかと交告は指摘する。⁽⁴⁹⁾ この指摘は、いくら行政処分担当部局との協議が行われたとしても、訴訟において追加的に主張される調査検討は、一方当事者として、行政処分を維持する利益を色濃く反映したものになることを懸念していると思われる。小早川光郎が行政の任務の継続性、連続性を重視しているのに対し、交告はむしろ行政の任務の非連続性を見過ごさないことを重視していると対比できよう。

---

(47)　兼子・前掲注(46)188頁。
(48)　高橋滋『行政手続法』（ぎょうせい、1996）430頁。参照、交告尚史『処分理由と取消訴訟』（勁草書房、2000）62-63頁。
(49)　交告・前掲注(48)135-139頁。

3　平成16年行訴法改正時の議論

(1)　行政訴訟検討会での制度的関連性創出

　平成16年の行訴法改正時において、行政訴訟改革の具体的な制度設計が議論された場は、司法制度改革推進本部の中に置かれた、行政訴訟検討会であった。行政訴訟検討会の座長を務めた塩野宏は、改正法が持つ取消訴訟と申請型義務付け訴訟の間の訴訟要件および本案勝訴要件における関連を、「制度的関連性」と名付けている。塩野は、行訴法37条の3で取消訴訟等との制度的な関連がつけられているが、これは裁判実務に精通した委員からの発案によるものであると述べた。そして、ドイツであれば義務付け判決のときに取消判決をすべきかどうかの問題が残ってしまうが、その問題が生じない点で「出来てみるとなかなか良い制度である」との評価を下している。

　上記検討会において取消訴訟と義務付け訴訟の関連が論じられた一連の経緯は、既に興津征雄によって詳細な分析がなされているが、ここでは取消しと義務付けの関係の問題と、要件論（一義性および処分の特定性）に大まかに分けた上で議論の流れを確認し、最後に非申請型義務付け訴訟に関する議論を概観することにする。

　(a)　**取消訴訟と義務付け訴訟の関係**　　取消しと義務付けの関係について、現在の形を形作る上で最も重要な議論が行われたのは第25回会合であるが、それに先立つ第16回会合・第17回会合で、既に論争の火ぶたは切られていた。第16回会合（平成15年4月25日）では、申請制度がある場合に申請者により提起される義務付け訴訟と、申請制度がない場合において第三者が提

---

(50)　この3では行政訴訟検討会の議事録を素材とする。現在においても、ウェブサイトから議事録にアクセスすることができる（http://www.kantei.go.jp/jp/singi/sihou/kentoukai/05gyouseisosyou.html）。ただし、各会の議事録はHTML形式で公開されているため、ページ数を示すことができない。そのため、以下では、回の回数と日付、そして議事録のリンクを示すことにする。該当箇所を探す場合には、ブラウザの検索機能をご活用いただきたい。

(51)　塩野宏「改正行政事件訴訟法の諸問題」『行政法概念の諸相』（有斐閣、2011〔初出2005〕）308-339（313-314）頁。本書における「制度的関連性」の理解について、本書序章Ⅱ-1。

(52)　興津征雄『違法是正と判決効』（弘文堂、2010）263-280頁。

(53)　http://www.kantei.go.jp/jp/singi/sihou/kentoukai/gyouseisosyou/dai16/16gijiroku.html

起する義務付け訴訟との2類型に分けた上で、芝池義一委員が拒否処分取消訴訟と義務付けの関係について、義務付けは取消しの延長線上にあるものと整理して、拒否処分取消し＋義務付け、不作為違法＋義務付けという仕組みを設けることを提案した。芝池委員はさらに第17回（平成15年5月23日）[54]で不作為の違法確認訴訟の要件から「法律上の申請をしたこと」を外すことをも提言した。ここでの議論の前提は、申請制度がない、第三者の権利発動型の場合にも、不作為の違法確認訴訟を提起することで義務付け訴訟を実現することができるというものであったように思われる。

　小早川光郎委員が、第三者による権限発動型と申請型の特質を区別した上で、申請型についても拘束力では足りず、義務付け訴訟が必要であると述べた。そして問題の焦点は、行政に具体的な行為を義務付ける前の段階で、行政に再度の検討を命じる、換言すれば、「途中で投げ返す」システムを具体的にどのように構築すべきかという点へと移った。小早川委員は引き続いて、原告が（特定行為）義務付け訴訟を提起した場合であっても、訴訟の経過によっては、取消判決、あるいは決定義務付け判決（Bescheidungsurteil）[55]でとどまるべき場合があることを想定し、「場合によっては行政庁にまたボールを投げ返すということが柔軟にできるというシステムが望ましい」との意見を述べた。これに対しては、賛同者も出るが、市村陽典委員の慎重なコメントがついた。市村委員は、判決の成熟性について次のように述べた。

　　弁論を終結するというのは熟したら終結するということになっているのです。判断するに熟したら終結するというので、ある一定期間が来たから終結するというわけではありません。だから、そうすると判断できる程度に熟している、それが理由があるかないかということが判断できる程度まで審理しなければいけないわけです。そうすると熟していれば、でなくて、熟するところまで審理しなければいけない。そういうふうに考えますと、答えが出て

---

(54) http://www.kantei.go.jp/jp/singi/sihou/kentoukai/gyouseisosyou/dai17/17gijiroku.html
(55) 第17回議事録の原文では、「ベシャイドゥングスウァタイル」とカタカナ表記されているが、本書における訳語選択に揃え、原語を付した。本書における訳語選択に関し、第2章Ⅰ参照。

きたところだけ、やればよい、というやり方はちょっと今までのやり方とは違うわけです。

要するに、義務付け訴訟においては、義務付けに理由があるかないかの判断ができるまで審理を重ねた段階で初めて裁判所が弁論を終結できるのであり、その前の段階で弁論を終結して暫定的な判決を下してとりあえず行政庁にボールを投げ返すという制度は、これまでの弁論終結時期に関する実務的な理解とは異なるという趣旨であろう。興津征雄は、この市村委員発言を、「審判の対象を特定し限定する原告の権能と請求の特定性そのものとが曖昧にされてしまうことへの実務家としての警戒心を見ることができる」と理解し、この時点での検討会の課題について、「事案の成熟 (Spruchreife) を裁判の成熟 (Entscheidungsreife) から切り離すための訴訟法上の工夫が、この類型の訴訟の制度設計の課題」であると評価している。[56]

しかし、小早川委員は、この市村委員の発言を踏まえてもなお、原告の意向を尊重しつつ裁判所の裁量により打ち切るあり方もあり得るのではないかと模索していた。

第25回会合（平成15年11月7日）[57]では、研究者委員の方向付けに加えて、実務家委員からの経験に基づいたコメントが、この問題をより精緻化することになる。まず、小林久起参事官により、職権取消しの義務付け訴訟と個別法での救済手続の関係や、申請権を有する者が申請をせずに義務付け訴訟を提起した場合、特定の処分をすべきか否かの審理が複雑困難な場合、特定の処分をするには審議会に諮るなどの手続が必要な場合など、義務付け訴訟による救済の必要性に関する詳細な場合分けが示された。[58]

口火を切ったのは現役の裁判官である市村委員であった。市村委員は大きく分けて四つの問題を提示した。

一つ目の指摘は、取消訴訟と義務付け訴訟の審理の順序の問題である。

---

(56) 興津・前掲注(52) 273-274頁。
(57) http://www.kantei.go.jp/jp/singi/sihou/kentoukai/gyouseisosyou/dai25/25gijiroku.html
(58) 行政訴訟検討会第25回資料2「義務付け訴訟の法定（検討参考資料）」(http://www.kantei.go.jp/jp/singi/sihou/kentoukai/gyouseisosyou/dai25/25siryou2.pdf) 1-3頁。

つまり、理屈の問題として拒否処分があるのだから、思考の順序としては取消事由があって、取り消されるべきかが判断され、そしてその次に正しい処分は何だったのかを考察するという順序になるはずである旨を述べて、そう理解しないと労力の面で無駄になることを指摘した。その例として、手続的な意味で、ある資料の提出がないときは判断できないという拒否処分をしている場合を挙げ、（この段階で手続をとばして）義務付けをすると背反することを要求することになる上、審理の結果として取消事由が認められないことが事後的に明らかになることもあり得るため、無駄な審理をすることになってしまうことを懸念した。そして、拒否処分は、話の順序としてはやはり前にした処分が間違っていたかどうかから入っていく、切り離して取消判決ができるかどうかは議論があるだろうが整序しなければならない、と述べた。

　二つ目の指摘は、拒否処分にも色々な段階があり、分類する必要があることである。行政庁が実体判断までして拒否した場合は、取消訴訟での審理のかなりの部分が義務付け訴訟の審理においても「裏表で使える」のに対し、行政庁がかなり手前の部分、入口の部分でしか検討していないときは行政庁もこれから審理しなくてはならないために、裁判所において、ほぼ零から要件を満たすか否かの検討を行うということが、迅速な救済の観点から見て適切なのかどうか、疑いを示した。

　三つ目の指摘は、取消しと義務付けが必ずしも表裏にならないものがあるということである。表裏になるものの例として、在留資格の変更不許可処分を挙げ、通常は不許可を取り消すことは許可せよということになるだろうと述べる一方、表裏にならないものの例として、難民申請を挙げる。この場合は取消しの審理にある程度の時間が要るために、取消し後の再処分時にはもう資料が使えないということがあり得るというのである。

　そして、四つ目の指摘は、行政庁の自発的な対応についてである。争訟中に行政庁の処分権と調査権限が残るというのであれば、不作為の違法確認訴訟が提訴されたら迅速に行政庁が処分をすればよく、取消訴訟についても行政庁自身が見直して自らを認める処分をすることもあり得るが、他方で、否定的な判断をさらにする可能性にも言及した。後からされた処分

をどのように訴訟手続に取り込んでつなげていくのかは難しい問題であること、義務付け訴訟係属中にされる処分が肯定的であっても否定的であっても起こり得ることを前提にしながら、自在に乗り換えていく仕組みが必要であると主張した。

　このような指摘を受けて、検討会では取消判決の切離しが可能であるか、どのような理解をすべきかが議論された。塩野座長が「切離し」の主意が取消訴訟中心主義からではなく、義務付け訴訟と取消訴訟が両方提起されているときの整序の問題であることを市村委員に確認した。その上で、芝池委員が裁判所にとっても負担ではないのかとの懸念を示した。それに応えた市村委員は、裁判所にとっては負担であろうが、行政がやればすっと終わってしまうのに、裁判所が下手に行政の真似事をすることで迅速な解決が阻害されるおそれがあることを指摘した。それを受けて、小早川委員も、裁判所が、原告から義務付けを請求されているのに、取消訴訟に逃げ込むという姿勢が一般化するのは好ましくないが、効率性から見て皆にとって良いということがあり得るとして、「義務付けの申立てだけれども処分の取消判決で応えるということを訴訟手続上できるようにしておく。裁判所の判断でそれが出来るように」すべきであると主張した。そして、その法形式を訴訟終結にするのか、それとも中間判決のように義務付け訴訟がまだ残っているということで土俵を残しておくのかは両方あり得るのではないかと述べた。

　これに対して、福井秀夫委員はドイツにおける義務付け訴訟と同様に、申請に対する処分の場合は不作為も拒否も区別することなく、義務付けと拒否あるいは不作為とが包含関係にあると考えれば足りるのではないか、と指摘した。しかし、塩野座長により、義務付け一本でいくと、判決に熟さないと一義性がないということで棄却になってしまう問題点が明らかにされた。裁量があり、判決に熟さないと、一義性がないこととなり、改めて取消訴訟を提起しなければならないことになるが、それでは出訴期間経過のおそれが出てきてしまう、というのである。

　これらのやりとりの中で現行法に至る基本的なアイデアは出ているが、次に見る深山卓也委員と市村委員のやりとりは、議論をさらに精緻化した

ものと見ることができよう。

　深山委員は、義務付け判決における行政の行うべき処分の特定性の程度については、形式要件だけは満たしているという前提で、実質要件を今後行政庁が判断して処分をしなさい、というものまで認めるかどうかが問題であるとした上で、そのようなあまりにも特定性に欠ける義務付け判決は認めるべきではなく、特定性を緩和するとしても、効果裁量のみがある場合に限定し、要件裁量が残る場合にはなお義務付け判決は認めないというのが限度としては合理的な一つのあり方であるとの見解を述べた。その上で、小早川委員の提案を、義務付け判決と取消判決の併存という形で整理する。曰く、義務付け訴訟の訴訟物は義務付け請求権と取消請求権の二つであり、一部認容と同じような意味で取消しにとどめる場合を認めるべきである。その理由は、形成訴訟である義務付け請求に一部判決というのは無理があること、そして取消しの基準時は処分時、義務付けの基準時は判決時と基準時が異なることである。これは義務付け判決に至るまでの審理が裁判所にとって面倒だからではなく、制度の合理的振り分けとして、誰が見ても取消しにとどめた方がよいケースについては一定の要件に基づき取消判決を下す余地を認めるべきであるというのである。

　それを受けて市村委員も、取消訴訟が先行している場合は中間判決ではまかないきれないので、やはり明らかに請求は二つであるというふうにする方が混乱しないだろうとの予測を示している。

　これらの議論を、塩野座長は、申請権がある場合については、小林参事官と市村委員の指摘する紛争解決の合理性あるいは効率性という観点から、義務付けだけでいくよりは二本柱の方がよいということで整理されたと総括した。

　しかし、基準時の問題は議論されないまま残された。塩野座長は、「そこ〔引用者注：基準時の問題〕にまで立ち入るとなかなか難しい、そこは裁判官にお任せするしかないのかなと、従来の違法性判断の基準時の問題を適切に当てはめていただく以外にない」と、将来の課題として積み残した。

　(b)　**要件論**　　要件論については、まず、第16回会合（平成15年4月25日）の議論において、申請が法定されているのに申請しないまま義務付け訴訟

に持ち込むことを防止しなければならないという観点からのやりとりがあった。この段階では、まだ、二つの類型ごとに要件が違うという発想は明示的に現れておらず、問題になったのは、従来の裁判例で用いられた要件のうち、処分の内容に関する要件を「明白性の要件」としてまとめてよいのかどうかという点であった。

その次の第17回会合（平成15年5月23日）配付資料で、従来の下級審裁判例が示していた3要件を継承すべきかどうかという観点から、以下のように、要件論が整理された形で登場していた。

(2) 行政の作為の給付を求める訴えの要件についての考え方
① ア）行政庁が特定の処分をなすべきことについて法律上覊束されており、行政庁に自由裁量の余地が全く残されていないなど、第一次判断権を行政庁に留保することが必ずしも重要でないこと（明白性の要件）、イ）裁判所による事前審査を認めないことによる損害が大きく、事前救済の必要性が顕著であること（緊急性の要件）、ウ）他に適当な救済方法がないこと（補充性の要件）の3つが充たされることが必要である、とする考え方
② 固有の要件としては、明白性の要件を満たす必要があるが、その他には一般的な訴えの利益があれば足り、緊急性の要件及び補充性の要件は不要である、とする考え方
③ 行政の作為の給付を求める訴えとして、特定の作為のみならず、抽象的な作為を求めることも認め、行政庁が特定の処分をなすべきことが一義的に明白であることを必ずしも要件とする必要はなく、緊急性の要件及補充性の要件についても、一般的な訴えの利益があれば足り、緊急性の要件及び補充性の要件は不要である、とする考え方。[59]

しかし、第17回会合での委員の議論は要件論にまで立ち入ることなく、閉会となっている。

第24回会合では、第16回会合で既に提示されていた、従来の裁判例で用いられた要件のうち、処分の内容に関する要件を「明白性の要件」としてまとめてよいのかどうかの点が議論になった。以下に引用する第24回会合

---

(59) 行政訴訟検討会第17回会合配付資料3「行政の作為・不作為の給付を求める訴え、確認の訴えの主な論点（補充）」(http://www.kantei.go.jp/jp/singi/sihou/kentoukai/gyouseisosyou/dai17/17siryou3.pdf) 2頁。

配付資料に関し、本文と注1がそれぞれ前提としている理解が異なっているのではないかという指摘がなされた。とりわけ注1での「一義的に明らか」という記載がわかりにくかったために、第24回会合では、この点についての議論が錯綜した。

(3) 多様な救済方法による救済の拡大
① 義務付け訴訟の法定
行政庁に処分又は裁決をすることを義務付けることにより実効的な救済を図る必要性のある場合で、行政庁がその処分又は裁決をすべきことが明らかなときは、その処分又は裁決をすべきことを義務付ける判決を求めることができることを明示する。
(注1) 行政庁に対し処分又は裁決をすべきことを義務付ける判決がされるためには、本案の要件として、行政庁がその処分又は裁決をすべきことが一義的に明らかであることが必要ではないか。また、義務付け訴訟による救済の必要性に関する要件についてどのように考えるか、例えば、処分又は裁決を求める申請権が認められる場合か否かで要件を異にすべきか否か、このほかに義務付け訴訟の要件としてどのようなものが必要かなどの問題点については、処分又は裁決がされないことによる原告の不利益の程度、他の訴訟による救済など他に適切な救済方法があるかどうかなどの点をどの程度考慮すべきかも含め検討する必要があるのではないか。
(注2) 処分の相手方となる者以外の第三者が処分の義務付けを求めることもあり得ることから、義務付け訴訟の原告適格について検討する必要があるのではないか。[60]

この点については、塩野宏座長、小早川光郎委員のやりとりにより、注1の「一義的」とは「裁量ではない」という意味であることが確認された。そして、「一義的に明らか」(傍点は引用者による)としてしまうと、その処分または裁決をすべきことがあらかじめ明白にわかるかのような厳しい基準を想起させるため、誤解を招きやすく、むしろ行政処分の無効に関する重大明白説を想起させる不適切なものであるとの批判が加えられた。

---

(60) 行政訴訟検討会第24回会合配布資料1「行政訴訟制度の見直しのための考え方と問題点の整理(今後の検討のためのたたき台)」(http://www.kantei.go.jp/jp/singi/sihou/kentoukai/gyouseisosyou/dai24/24siryou1.pdf) 2‐3頁。なお、本文書では本文にあたる部分は枠で装飾されていたが、引用にあたり削除した。

それを受けて、深山委員が処分内容の特定性に関しての疑念を投げかけた。ここでは、小早川委員によりたたき台の「その処分または裁決をすべきことを」という文言は必ずしも処分・裁決が単一に特定されることを前提にしていないことが指摘された後、その場合、訴訟物や既判力の範囲についての議論がさらに必要になることが市村委員からも指摘された。そして、福井秀夫委員から、是正命令の内容は様々であり得るから、要するに違法でなくなればよいというのがもともとの趣旨のはずであるため、ある一種の性能を確保するための判決を認めるべきであるとのコメントが付された。たとえば違法建築物問題であれば、どのように建ぺい率違反状態を解消するかは切り取る箇所の選択や隣の土地の買収など、違法でなくなるための解決手法は複数想定されるのであり、そのための「一種の性能保障的な判決」・「是正ないし性能判決」(61)を出すことができないのでは不合理である、というのである。

以上の議論を受けて、現行法に直接つながる議論がなされた第25回会合では、一義性と処分の特定性についてどのような議論がなされたのかを確認しよう。第24回会合配布資料では、「その処分又は裁決をすべきことが一義的に明らか」という形で、一義性の問題と処分内容特定の問題は必ずしも区別されない形となっていた。これに対し、第25回会合では、第24回会合での議論を受けて、一義性要件と処分内容の特定の程度の問題が区別された形で事務局からの検討参考資料が作成された。

「一義性」については、まず、事務局の小林久起参事官から、「明らか」という言葉の意味について誤解を招くおそれがあったため従来の審議を反映して修正した、との説明がなされた。それを受けて、配布された検討参考資料には以下のように記載されていた。

第1　行政庁が処分（又は裁決）をすべきことが一義的に定まること（一義

---

(61) 福井委員はこの「性能判決」という考えについて、第24回会合だけでなく第25回会合および第27回会合でも説明しており、「一種の性能保障的判決」および「一種の指令ないし性能判決」という表現は第25回会合においてなされているものである。第24回会合、第27回会合における塩野座長の指摘にもある通り、この発想の源泉は阿部泰隆の「是正訴訟」をめぐる議論にあると思われる。是正訴訟論については第4章において詳述する。

性の要件)
1　行政裁量との関係
　①　行政庁に裁量の余地が残されている場合には、処分を義務付けることはできないのではないか。例えば、処分をするかどうか、処分の要件の認定、どのような処分を選択するかなどの点について行政庁に裁量の余地が残されている場合には、処分を義務付けることはできないのではないか。なお、処分の特定に関しては、第4「処分又は裁決の特定」参照。
　②　法律上行政裁量が認められる場合であっても、具体的な事実関係の下で、一定の処分をしないことが裁量の逸脱又は濫用であることが訴訟上判明した場合には、処分を義務付けることができるのではないか。
2　一定の手続を経る必要がある場合
　①　行政庁が処分をするためには法律上一定の手続を経る必要があるとされている場合については、どのように考えるか。例えば、処分をするための要件として、審議会に諮る等一定の手続を経ることが法律上必要とされている場合で、それらの手続が行われていないときはどうか。
　②　第三者に対する不利益処分の義務付けを求める場合、その第三者に対する告知・聴聞の手続が必要とされているときはどうか。当該第三者が訴訟に参加しているときについてはどう考えるか。
3　一義性の要件の性質
　以上の観点から、判決の時点で、裁量の余地なく直ちに特定の処分をすべきであると認められることが必要であり、その意味で、行政庁が処分（又は裁決）をすべきことが一義的に定まることが本案の要件として必要であると考えるべきではないか。[62]

　そして、小林参事官は、この一義性には処分の特定の問題もあるので、これは「第4　処分又は裁決の特定」で扱うと断った上で、一義性が必要ならば、処分を特定するのが原則であり、その理由は、裁判所が処分をすべきであるかどうかを明確に判断できるようにすることと、義務付けられた行政庁にとっては判決の効力がはっきり判断できるようにすることが必要だからである旨を説明した。

　この説明に対して、福井委員は一種の限定された裁量行使の範囲での判決はあり得るとした上で、もし仮に一義的に定まらない限り訴えが認めら

---

(62)　行政訴訟検討会第25回会合配付資料2「義務付け訴訟の法定（検討参考資料）」(http://www.kantei.go.jp/jp/singi/sihou/kentoukai/gyouseisosyou/dai25/25siryou2.pdf)　1頁。

れないということになると、無駄な訴訟になりかねないので、訴訟で判明した限りでは、行政庁を拘束してその枠内での再処分をさせるべきである旨を述べた。この見解に対しては、塩野座長は、そのようなやり方が可能であることは市村判決において実証済みであり、一義性というより特定性の部分で議論すべきであると整理した。

請求の特定性については、事務局配布の検討参考資料には、以下の通り記載があった。

> 第4　処分又は裁決の特定
> ①　処分をすべきであるかどうかを明確に判断することができ、義務付けられた行政庁に判決の効力を判断することができるようにするためには、一般の民事訴訟において請求の趣旨の特定が求められるのと同様の趣旨で、義務付ける処分又は裁決が特定されなければならないのではないか。
> ②　処分又は裁決の特定は、救済の必要性との関係で、①の趣旨が満たされる限りにおいて、一定の明確な範囲に限定する方法で特定することを考慮すべき場合もあるのではないか。(例えば、建築基準法第9条の違反建築物に対する措置［当該工事の施工の停止、当該建築物の除却、移転、改築、増築、修繕、模様替、使用禁止、使用制限、その他必要な措置］のうちのいずれかの措置を執るべきことは明らかである場合)。[63]

この資料の趣旨説明をした小林参事官の説明を見ると、「一般の民事訴訟において請求の趣旨の特定が求められるのと同様の趣旨で」という言葉の背景に、小林参事官の裁判官としてのバランス感覚が表現されていることがわかる。まず小林参事官は、一義性が求められることを前提に、その場合は処分の特定が必要であり、その理由として、「処分をすべきであるかどうかということを裁判所が明確に判断出来なければいけないのではないか、更に、義務付けられる行政庁にとっては判決の効力がはっきり判断出来るようにすることが必要」とし、この根拠は一般の民事訴訟において請求の趣旨の特定が求められているのと同じであると述べた。しかし実は、民事訴訟における請求の趣旨の特定についても、あまり厳密に求めることができない場合や、特定を求めている間に救済ができないことになりかね

---

(63) 行政訴訟検討会第25回会合配付資料2・前掲注(62) 3頁。

ない場合があり、「特定の必要性というのは、救済の必要性との相関関係で柔軟に解釈出来る場合もあり得るのではないか」として、「処分を受ける方にとっては、どんな処分がされるのか、それによって受ける不利益の内容というものも違うわけでしょうから、ある程度そういう意味で、どういう処分をしなければならないかが判断出来る範囲において、」一定の範囲に限定するということで特定するという方法もあり得るのではないかと説明した。

これを受けて、弁護士である水野武夫委員は、民事差止訴訟においても抽象的不作為請求が認められるかどうかという議論があるとして、騒音差止めに関する最高裁判例で、「何ホーン以上の騒音を侵入させてはならない」という請求の趣旨での特定を認めた例があることを紹介した[64]。

これに対し、深山卓也委員は特定性の程度について、形式要件だけは満たしているという前提で、実質要件を爾後行政庁が判断して処分をすべきであるというものまで認めるかどうかが問題であり、効果裁量のところに限定するのが限度として合理的な一つのあり方との見解を述べた。

以上のような第25回会合の議論を経て、第26回会合(平成15年11月28日)[65]に配布された検討参考資料では、改正法案に引き継がれる「一定の処分又は裁決(以下単に「処分」という。)」という表現が用いられた[66]。この趣旨について、水野委員が、いわゆる抽象的義務付け——市村判決のような、何らかの規制権限を行使すべきことは明らかであるが、具体的にどのように権限行使すべきかが明らかではない場合——も一義性の中に入ってくるのか

---

(64) 具体的な判決年月日は示されていないが、国道43号線訴訟上告審(最判平成7年7月7日民集49巻7号2599頁)であると思われる。本判決は、抽象的差止請求の可否について第一審(否定)と控訴審(肯定)とで結論が分かれていた事案について、請求の特定性を満たしているかどうかについて特段の判断を示すことなく本案審理に入り、差止請求を棄却した。最高裁が明示的判断を示さなかったことを非難しつつ、このことをもって抽象的差止請求を黙示に認めていると解する見解として、大塚直「民法判例レビュー(54)」判タ918号(1996) 56-68 (64) 頁。
(65) http://www.kantei.go.jp/jp/singi/sihou/kentoukai/gyouseisosyou/dai26/26gijiroku.html
(66) 行政訴訟検討会第26回会合配付資料5「義務付け訴訟の法定(検討参考資料・補充)」(http://www.kantei.go.jp/jp/singi/sihou/kentoukai/gyouseisosyou/dai26/26siryou5.pdf) 1頁。

を改めて議論しようとすると、小林参事官は、請求である以上特定されなければならないが、前回の資料でもあるように、民事訴訟の請求の趣旨と同じではないか、一義性という要件が運用できる程度の特定が必要だとの見解を示した。これについて、水野委員は一義性を極めて狭く理解した場合に抽象的な義務付け訴訟ができなくなる懸念を示した。

　この水野委員の懸念は不作為の違法確認判決によって引き受けられるのではないか、という芝池義一委員の発言により、非申請型における不作為の違法確認判決の許容性の議論へと引き継がれることになった。

　(c)　非申請型における不作為の違法確認訴訟と義務付け訴訟　　申請権のない場合についても不作為の違法確認訴訟を認めるべきではないかという意見は、(a)において前述した通り、第17回会合から芝池義一委員によって何度も繰り返し主張されていた。つまり、不作為の違法確認訴訟の要件から「法律上の申請をしたこと」を外すという議論である。

　その後の行政訴訟検討会においては、非申請型における不作為の違法確認訴訟と義務付け訴訟の関係の問題は、非申請型義務付け訴訟について要件を加重することの是非という問題から派生する形で議論が展開されていった。

　義務付け訴訟の申請型と非申請型の双方についての要件論が形作られつつあった第25回会合の議論で、水野武夫委員は非申請型義務付け訴訟についての要件が申請型よりも厳し過ぎることの疑念と、非申請型における不作為の違法確認の必要性を改めて問題にしている。つまり、市村判決は「是正命令をしないことが違法である」という確認を認めているのだから、改正法においても明示的に、非申請型についても不作為の違法確認レベルで判決が出せるようにしておくべきだという議論である。

　福井秀夫委員も、原発設置許可後に改善命令を求める義務付けを求める場合を想定して、原発設置許可を争う周辺住民は、申請権なくして取消訴訟の原告になり得るのだから、設置許可後に設備が老朽化して危険であるとして改善命令を求める義務付け訴訟について、申請権がないからといって申請者による義務付け訴訟と要件が著しく異なるのは不当であるとして、水野委員の見解と同様に、義務付け訴訟に関し、申請権の有無により大き

な差をつけるべきではないと主張した。

これに対して、塩野宏座長は、申請権がある場合については、小林久起参事官と市村陽典委員の指摘する紛争解決の合理性あるいは効率性という観点から、義務付けだけでいくよりは義務付けと取消しの二本柱の方がよいということでまとまったと総括した上で、申請権がない場合については、そのような場合に認められる義務付け請求権が実体法上の請求権なのか、それとも救済上の制度なのかという問題があり、一義性があるというだけで第三者に対して公権力の行使をせよという実体法上の権利を認めることができるのかという難問であり、法治国原理からいえばかなり例外的な事態であることを強調した。そして、小早川光郎委員も、申請権がある仕組みかどうかで、行政と司法の役割分担が規定されてくるところがあるとして、差をつけることはやむを得ないという慎重な考えを示した。

この対立は第26回会合においても引き継がれた。まず、一義性要件の厳格な運用による弊害を懸念する水野委員から、何らかの是正命令を行使すべきだといった義務付け訴訟はできるのかという観点が示される。そして芝池委員は、ドイツ流にいえば義務付け訴訟の枠内で出てくるのだが、不作為の違法確認訴訟とどこまで違うのだろうかと、不作為の違法確認訴訟を非申請型についても認めることで、水野委員の懸念を引き取ろうとする。

しかし、塩野座長は、市村判決は申請に基づく処分ではないから、不作為の違法確認が効く話ではないとして、市村判決を否定するような法律は絶対に作ってはならないと述べつつも、不作為の違法確認訴訟を非申請型について法定するような立場には与さない。

そうすると、水野委員が指摘するように、無名抗告訴訟としての不作為の違法確認訴訟というカテゴリーがあり得るのかという話になってしまう。これを、塩野座長は一定の内容で特定できれば義務付け判決になるとして、そのような紛争の場合はあくまで一定の内容の範囲で処分を特定し、義務付け判決を目指すべきであることを強調するが、水野委員は、コンクリートなかたちを求めると、義務付け判決ができないことになると述べて、両者の議論は平行線のままで幕を閉じた。

非申請型の要件加重についても、第26回会合で改めて、救済の必要性は

非申請型で加重されるべきなのかどうかと、水野委員から問題提起がされた。補充として配布された「行政訴訟検討会第26回資料5　義務付け訴訟の法定（検討参考資料・補充）」では、次のように非申請型と申請型の要件を書き分けていたからである。

　　第1　義務付け訴訟の一般的要件
　　　　行政庁に対して一定の処分又は裁決（以下単に「処分」という。）をすべきことを義務付けることを求める訴訟（義務付け訴訟）については、一般的な要件として、例えば、次のような要件を定めてはどうか。
　　　①　原告適格に関する要件
　　　　　処分がされないことによって自己の法律上の利益を害され、又は害されるおそれがある者であること
　　　②　本案に関する要件（一義性）
　　　　　行政庁が一定の処分をすべきことが一義的に定まること
　　　③　救済の必要性に関する要件
　　　　　処分がされないことにより重大な損害を生じ、又は生ずるおそれがあり、他に適当な方法がないこと

　　第2　法令に基づく申請をした者が当該申請に対する処分を求める場合
　　　1　申請に対する処分を求める場合の要件の特例
　　　　法令に基づく申請をした者が、当該申請を拒否する処分がされ、又は相当の期間内に当該申請に対する処分がされない場合に、当該申請に対する一定の処分をすべきことを義務付けることを求める訴訟については、第1の義務付け訴訟の一般的要件の特例として、例えば、次のような要件を定めてはどうか。
　　　①　原告適格に関する要件
　　　　　処分又は裁決についての法令に基づく申請をした者であること
　　　②　本案に関する要件（一義性）
　　　　　行政庁が一定の処分をすべきことが一義的に定まること（一般的要件と同じ）
　　　③　救済の必要性に関する要件
　　　　　(i)当該申請を拒否する処分がされた場合において、当該拒否処分が無効であり、若しくは取り消すべきものであるとき、又は、(ii)行政庁が当該申請に対し、相当の期間内に処分をすべきにかかわらず、これをしないときであること[67]

---

(67)　行政訴訟検討会第26回会合配布資料5・前掲注(66) 1頁。

水野委員は、「一般的要件」において救済の必要性として要求されている「処分がされないことにより重大な損害を生じ、又は生ずるおそれがあり、他に適当な方法がないこと」は不要であり、このような厳格な要件を設けると、法定したけれどもほとんど活用できない訴訟になってしまうという懸念を示し、③の要件を外すべきだと求めた。しかし、これに対して塩野座長はこの類型は第三者が義務付けを求める一種の「介入行為請求権」であり、特別な場合なので必要になるという理解を示した。水野委員は第三者が救済を求める場合だからといって重過ぎる要件なのではないかと反論したが、塩野座長は日本法では第三者が請求権を有するかについてはまだ議論が整理されていないこと、これを機会に実体法上の請求権が生成発展するかがさらなる問題になるとした。小早川委員も、申請を前提にする場合は立法者がある人に一定の権利を与えようという判断をしているのに対し、そうではない場合は立法がいかにあるべきかということを考えながら裁判所が非常的な救済に乗り出すという話だ、と述べて同調した。水野委員はさらに「他に適当な方法がないこと」を要件にすると民事訴訟ができるからという理由で民事での解決が難しい事案についてまで義務付け訴訟が否定されかねないと主張し、どのような場合を「他に適当な方法がないこと」として想定しているのかを明らかにしようとしたが、議論は幕切れとなった。

(2) 原告の救済内容確定責任

　(a) 訴訟類型間構成と要件の意義　　行政訴訟検討会の審議過程については、以下の指摘をすることができる。まず、申請型義務付け訴訟において、取消訴訟と義務付け訴訟が二本立てで組み合わされた理由は、「紛争解決の合理性あるいは効率性」にあるということがわかる。その発端となった市村陽典委員の示した観点を確認すると、行政庁が自主的に再検討するにせよ、裁判所により審理するにせよ、はじめに考えるのは拒否処分の取消事由があるかどうかであり、そうでないと、矛盾した審理をすることになること、拒否処分と一口に言っても段階が様々であること、そして取消しと義務付けが表裏の関係にある場合ばかりではないこと、行政庁の自発的対応との調整の必要があることである。このような事態に適切に対処する

ための工夫として、当初から二本立てとした上で裁判所の裁量による切離しを認めるという基本構想が共有された。ここでは原告による選択という側面があることも指摘されている。

「一定の処分」という文言に落ち着いた理由は、民事訴訟の差止請求においても、原告側が差し止めるべき行為を特定しきれない場合があるため、ここでの特定は「一義性という要件が運用できる程度の特定が必要」というようにまとめられている。この「一定の処分」という言葉の含意が重要である。この文言が、あくまで「請求の特定」の観点で問題になるという点においては見解の一致が見られる。しかし、論者によってその抽象度は分かれ得るからである。同様に、「抽象的差止判決」を念頭に置いた用語法である「抽象的義務付け判決」というときもどこまでの「抽象度」を前提としているかに注意が必要である。深山卓也委員の言うように効果裁量に限られるのか、それとも水野武夫委員が言うように「ある状態の排除のための一切の可能性」までも含んでいるのかを検討しなければならない。

この議論に、ドイツの決定義務付け判決（当時の用語法における指令判決）[68]が与えた影響は大きい。小早川光郎委員が決定義務付け判決の考え方に言及しているだけでなく、決定義務付け判決を念頭に置いた性能判決（福井秀夫委員の発言）についても議論がされている。ただし、「指令判決的」という用語法で議論されている観点が、第2章で見たドイツ法における決定義務付け判決をめぐる議論とどのような対応関係にあるのかについては、注意を要する。

決定義務付け判決は、第2章で見たように、求められた処分の拒否あるいは不作為が違法であって権利侵害が生じていることを認定した上で、行政庁に、「裁判所の法解釈を顧慮して原告に対して決定をすること」を命じる判決である。この判断の内容が、①別理由による再拒否処分、判決後の事情による再拒否処分を許容している場合を指すのか、それとも、②申請に対して認容する処分をすることまでは確定しており、しかしその内容が不明確である場合を指しているのかを区別して考える必要がある。正し

---

(68) 本書における訳語選択に関し、第2章Ⅰ。

い理由に基づく再決定を求める請求権を認めるヘーデル＝アディックの理解や[69]、効果裁量以外の理由で事案の成熟性の欠缺を認めた判例を前提に[70]すれば、決定義務付け判決には①再拒否処分を許容する趣旨の可能性もあるのである。しかも、そもそもそのこと自体が議論になっていることからわかるように、①と②とは訴訟類型によって区別されているわけではない。決定義務付け判決それ自体には両方の可能性があり、そのときどきによって「裁判所の法解釈」の範囲を確定していく作業が必要となる。

この区別を前提にすると、「指令判決」的といわれる言い回しについても、①処分の拒否あるいは不作為が違法であるが別時点、別理由に基づく再拒否処分の可能性をも含めた判断をなすことを命じる決定義務付け判決のことを想定しているのか、それとも、②処分内容は未だ一義的に定まらないものの、何らかの申請認容処分を行うべきことを命じる義務付け判決のことを論じているのかを区別すべきである。

翻って行政訴訟検討会の議論を確認すると、小早川光郎委員の第17回会合における発言は分離取消判決の場合と決定義務付け判決とを区別しているように思える。この発言からもわかるように、①別理由による再拒否処分を許容する決定義務付け判決にあたるものが分離取消判決、②内容不明確である場合の決定義務付け判決に対応するものが「一定の処分」（行訴法37条の2第5項・37条の3第5項）という文言の解釈でやや特定性が緩和された義務付け判決、という対応関係を見出すことも一応可能である。

しかし、この対応関係は、取消訴訟と義務付け訴訟の関係が日本とドイツでは異なるため、一対一対応をしているわけではない。日本では、分離取消判決と義務付け判決とは訴訟類型がそもそも異なるという断絶がある。これに対し、ドイツにおいて①と②は同じ決定義務付け判決の枠内での区別であって、具体的な事件においてどこまでの範囲を「裁判所の法解釈」として考えるか、ひいては後の行政庁を拘束する判断と考えるかは流動的である。そうであるために、当初の拒否処分では理由に掲げられていない

---

(69) 第2章Ⅲ-3(3)(a)。
(70) 第2章Ⅲ-3(1)。

違法事由についての裁判所の判断も「裁判所の法解釈」と考えることに別段の支障はない。しかし、日本では、①分離取消判決の拘束力が当初の拒否処分で理由に掲げられていない拒否事由についての判断にまで及ぶのかが問題となる。[71]

(b) 行政訴訟検討会では議論が尽くされなかった点　行政訴訟検討会では議論が尽くされていない点についても確認しておく。一つ目は、違法性判断の基準時の問題である。市村陽典委員、深山卓也委員は基準時については、取消訴訟は処分時、義務付け訴訟は判決時であることを前提に発言しているが、塩野宏座長はその点を将来の課題として積み残し、確定した結論とならないようにしているようである。二つ目は、裁判所の裁量により分離してなした分離取消判決（分離不作為違法確認判決）が確定した後の問題である。この取扱いについての議論は結局なされなかった。具体的には、残された義務付け請求についてどのように取り扱うべきかという問題、判決後に申請拒否処分が行われた場合、あるいはなかなか判断がなされない場合についてどのように扱うべきかという問題である。

(3)　平成16年行訴法改正直後の実務家の見解

平成16年行訴法改正直後に、市村陽典は、改正後の義務付け訴訟の訴訟進行について以下の通り述べている。[72]すなわち、取消訴訟についての心証をまず形成し、取消訴訟につき請求棄却の心証が形成されれば①取消し棄却・義務付け却下の判決となる。他方、取消訴訟につき認容するとの心証が形成されているのであれば、一義性についての心証形成に移り、心証が形成できているのであれば審理を終結し、②取消訴訟について認容・義務付け訴訟について認容するか、あるいは③取消訴訟については認容・義務付け訴訟につき棄却の判決を下す。もし一義性についての心証が未形成であれば、心証が形成できるまで審理を終結せずに続行するか、あるいは④取消訴訟についてのみ終結し（行訴法37条の3第6項前段：分離取消判決）、義

---

(71)　この問題を指摘するものとして、太田・前掲注(31)619-620頁。
(72)　市村陽典「行政事件訴訟法の改正と訴訟実務」ひろば2004年10月号23-30（26-27）頁。行政訴訟検討会においてこのような条文構造が提案されたのは、ほかならぬ市村委員による発言の影響が大きかったことにつき、本章Ⅰ-3(1)参照。

務付け訴訟の審理については続行するか、中止（同項後段）するというものである。

II　日本における基準時論

Ｉで示した通り、違法性判断の基準時をめぐる問題は、平成16年行訴法改正後も積み残された課題として残ることとなった。取消訴訟と義務付け訴訟において、行政処分の違法性を判断する際、処分当時の法状態・事実状態によるべきなのか、それとも裁判所の事実審の最終口頭弁論時点によるべきなのかについて、従来の議論を整理する。[73]

1　取消訴訟の基準時
(1)　処分時説に立つ学説と判例

取消訴訟の基準時については、多くの論者が取消訴訟の機能や目的論、そして訴訟物との関連で論じてきた。多数を占める処分時説は、取消訴訟は行政庁の処分権の発動が適法であったか否かを事後的に審理するにとどまり、裁判所が現時点において効力を存続させるかどうかの判断を行うことは越権行為であるという、取消訴訟の性質について行政処分を事後審査する訴訟と位置付ける基本的立場から出発している。[74]これに対して、判決時説をとる論者は、取消訴訟の本質は行政の第一次的判断権を媒介として生じた違法状態を排除することにあるとの取消訴訟観、[75]あるいは行政行為の抽象的法規範としての法規に対する適合の有無を審理することにあるとの取消訴訟観[76]を出発点としていた。

判例では、行政事件訴訟特例法時代の旧自作農特別措置法における農地買収計画に関する最高裁判決において、法改正があっても裁判所が改正後[77]

---

(73)　前者を処分時、後者を判決時と呼ぶのが通例であるので、以下ではそれに従う。
(74)　現在でもこの説明をとるものとして、原田尚彦『行政法要論〔全訂第7版補訂2版〕』（学陽書房、2012）413頁。行訴法立法時も同じ考え方がされていたとされる。杉本良吉『行政事件訴訟法の解説』（法曹会、1963）105-106頁。
(75)　田中二郎『新版 行政法 上巻〔全訂第2版〕』（弘文堂、1974）348頁。
(76)　雄川一郎『行政争訟法』（有斐閣、1957）219-220頁。
(77)　最判昭和27年1月25日民集6巻1号22頁。

の法律によって行政処分の当否を判断することは許されないとし、行訴法施行後の最高裁判決においても「行政処分の取消又は変更を求める訴において、裁判所が行政処分を取り消すのは、行政処分が違法であることを確認してその効力を失わせるのであつて、弁論終結時において、裁判所が行政庁の立場に立つて、いかなる処分が正当であるかを判断するのではない。所論のように弁論終結時までの事情を参酌して当初の行政処分の当否を判断すべきものではない」と明言されている。ここから、平成16年行訴法改正以前の判例としては処分時説が確定したと評価されている。

ただし、処分時説も例外として、事後的な事情変動による瑕疵の治癒の法理を認める。他方、判決時説をとる論者においても、選挙訴訟など訴訟の目的が一定時期における処分の違法性判断である場合や競願など直接第三者の権利利益に関係のある場合、処分の効果が処分時に完了する場合などには例外を認めて処分時を基準に判断すべきとされていた。つまり、いずれの説も厳格に貫かれているとはいえない状況であった。

(2) 実体法に着目する学説

このような状況の下で、従前の両説が取消訴訟の訴訟物や本質論から一挙に問題を解決しようとしていることそのものを批判する議論が現れた。鈴木庸夫によれば、違法性判断の基準時の観点から重要なのは行政処分の同一性と、こうした同一性を超えて裁判所がどこまで判断すべきかという点にあるという。そして、処分の同一性と訴訟物は必ずしも関連しない二つの別個の問題である。処分の同一性の問題は手続法的、実体法的に客観的に決まってくる問題であるところ、裁判所は、原則として、処分の同一性を害さない範囲で取消しの有無を判断すべきであって、「処分の同一性が維持される限りは、処分時も判決時もありえることになる」としている。

---

(78) 最判昭和28年10月30日行集4巻10号2316頁。
(79) 原田・前掲注(74)414頁。
(80) 田中・前掲注(75)349頁、雄川・前掲注(76)220頁。
(81) 1960年代までの議論を総括したものとして、可部恒雄「違法判断の基準時」鈴木忠一=三ヶ月章(編)『実務民事訴訟講座8 行政訴訟I』(日本評論社、1970) 239-258頁。
(82) 鈴木庸夫「違法判断の基準時」成田頼明(編)『行政法の争点〔新版〕』(有斐閣、1990) 218-219頁。
(83) 鈴木・前掲注(82)219頁。

その上で、行政庁の第一次判断権との関係については、法状態・事実状態の変動後に当事者が手続のやり直しを求める権利があるかの問題であって、それがある限り裁判所が判断することは第一次判断権を侵害するものではないとする。そして、そのような権利の存否の判断は当該処分にかかわる手続法および実体法によって決定されるべきであるとしている。その上で、「違法判断の基準時の問題は……行政実体法、手続法の問題に解消されるべき課題」だとして、この点が争点となったこと自体を問いかけている。

　このような議論を踏まえて、一般には処分時説を基本としつつも、具体的状況において判断すべきとの主張も有力である。そこで主に想定されている「具体的状況」としては、建築基準法ないし都市計画法上の違法建築物に対する除却命令を争う取消訴訟中に法令が改正され、現在の法令では違法建築ではなくなった場合である。藤田宙靖は、処分時説を「当該の行政処分はその当時の法に照らして違法と判断されるべきものであるかどうか」ということであるとして理解されなければならず、建築除却命令のような事例においては裁判時の法令・事実を前提としても当該処分を維持すべきかどうか、という観点で考えるべきとする。そして、一般論として処分の根拠規範を、専ら当該処分が行われることそれ自体を基本的な目的とするものと、違法状態を排除することが目的であるものとを区別し、後者において処分は手段に過ぎないと考える余地があることを指摘する。また、塩野宏も、処分時説に例外を認めるべきとした上で、その例外が認められるべき場合は、「具体の行政過程における法律の仕組みごとに考察すべきもののように思われる」と述べている。

(3)　詳細な場合分けを踏まえた処分時説

　さらに、対象となる処分の性質が不利益処分（「職権による処分」）か、申請拒否処分か、申請満足処分かの区別と、処分後に生じた法状態・事実状

---

(84)　鈴木・前掲注(82)219頁。
(85)　藤田宙靖『行政法総論』（青林書院、2013）482-484頁。そして、判決時説に立つ田中二郎が違法状態の排除を基本とすることを、「実質的にはむしろ、本書本文で述べた後者のケースを原則と考えるところにあるのではないか」と理解する（484頁注3）。
(86)　塩野宏『行政法II〔第5版補訂版〕』（有斐閣、2013）201頁。

態の変動が、違法な処分を適法化する変動か、適法な処分を違法化する変動かの区別を掛け合わせた2×3＝6通りについて検討した上で、処分時説を妥当とするのが小早川光郎の議論である[87]。

まず、不利益処分かつ適法化の変動の場合には、処分時説に立って当初の違法性ゆえに処分を取り消したとしても、処分当時とは異なる現在の法に従った処分をやり直すことは妨げられないとしつつ、新状態での再処分を行うか否かの判断を行政庁ではなく裁判所にさせるのは好ましくないとする[88]。ただ、例外的に同一処分の反復が避けられない場合があるが、その場合はそれにもかかわらず取消訴訟を追行する利益が原告にあるかどうかの問題であり、つまり訴えの利益の次元の問題になるとする。逆に当初適法な不利益処分が違法となる場合については、法改正と事実変動を区別する。法改正の場合は経過規定の問題であり、既になされた処分は新法によって影響を受けない場合が多いであろうと述べる。事実の変動については特別な規定が用意されている場合はそれに従い、そうではない場合は「一般的にいえば、問題の核心は"処分によって不利益を課されている者が後発的事由に基づく処分の撤回を訴訟で要求しうるか"というように捉えられるべき」[89]とし、判決時説での解決は瑕疵を前提にした取消しと前提にしない撤回との区別を無視するものであり、許されないとする。

次に、申請拒否処分でかつ処分を適法化する変動の場合についても、法改正と事実変動を区別する。法改正時の経過規定が明文で、あるいは解釈上、旧法下での許可を新法下でも効力を持つものとするのであれば、新法の下でも効力を有するはずの許可を得ることが可能であるような取扱いを求める権利を要求できて然るべきであり、処分時説が妥当とする。そうではなく、新法下では旧法下の許可が効力を失うのであれば、取消しを求める訴えの利益が消滅したことになる。事実変動についても、変動前の事実状態を前提にして遡及的に与える余地があるときは、処分時説に基づくそ

---

(87) 小早川光郎「判決時説か処分時説か」法教160号（1994）120-124頁。
(88) 判決時説では当然に裁判所が判断することになるが、新状況で改めて処分をするかどうかの判断がされないことになる。
(89) 小早川・前掲注(87)122頁。

のような取扱いが申請人のためになされるべきであり、そうではないときは訴えの利益が否定されるとする。これに対し、処分の違法化をもたらす変動の場合には、申請人は再申請をすべきであって、原則として訴えの利益は消滅すると述べる。

最後の申請認容処分については、申請人ではなく第三者による取消訴訟が想定される。処分を適法化する事情変動の場合には、取り消したとしても申請人が再申請をし、当初と同じ処分をする可能性が高く、訴えの利益が否定される場合が少なくないとする。例外としては競願事例を挙げている。逆に処分を違法化する変動については、当時適法に許可された申請人の利益を鑑みれば、特別な立法規定がない限りは判決時説を根拠に取消しを認めることは許されないと解すべきとしている。

以上の小早川の分析からは、処分時説を出発点にした上で、個別の事例においての経過規定やそれに相当する事情、申請権の有無等を検討していくと、不利益処分の適法化事例や、申請認容処分の第三者による取消訴訟など、そもそも取消訴訟で争わせるのが適当ではない場合があり、反復することが予想されるときは訴えの利益の欠如ゆえに排除されることがわかる。また、取消処分後の再処分の必要性について一義的に定まらない場合は、判決時説によって裁判所が判断することを先取りしてしまうのは適切ではなく、行政が改めて判断するプロセスを踏ませることが行政と裁判所の役割分担の観点から適切であるとしている。そのような判断過程を経て、訴えの利益が認められる場合には、全ての場合において処分時説をとることが相当であるとする。

2　義務付け訴訟の基準時
(1)　判決時説の根拠

義務付け訴訟の基準時については、概ね判決時説で一致している。しかし、その理由付けについては詳細に見る必要がある。ここで、非申請型義務付け訴訟のうち、特に第三者への権限発動を求める訴えの場合には、前提となる「処分」が存在しないことから、そもそも「処分時説」が成り立たず、判決時になるのは当然である。問題は、申請型義務付け訴訟の場合

である。

申請型においても、判決時になる理由としては、行訴法37条の2第5項および37条の3第5項の要件が、義務付け判決の要件とされていることから、遅くとも事実審の口頭弁論終結の時点において、そのような状態であると認められる必要があると説明される[90]。この点は義務付け訴訟を給付訴訟であるとする論者も「民事訴訟の原則に従い、口頭弁論終結時」である[91]とし、形成訴訟であると見る論者においても変わりはない[92]。

(2) 申請型義務付け訴訟における難点

しかし、このように、義務付け訴訟の基準時を判決時とすると、申請型義務付け訴訟では併合された訴えである取消訴訟と義務付け訴訟の間に基準時のずれが生じてしまう[93]。この問題について立法者の立場を前提とすると、処分時に申請拒否処分等が違法であって取り消されるべきであることと、口頭弁論終結時に義務付け判決の要件が満たされていることの両方を満たしている場合でなければ義務付け判決が下されないことになる[94]。このことは、平成16年行訴法改正後すぐに学説上問題視された。以下では、2005年頃までに登場していた議論を確認する（それ以降の議論については第4章Iにおいて論じる）。

(a) 別冊ジュリスト研究会における議論　それでは、処分時には拒否処分が違法であったが、口頭弁論終結時には法状態・事実状態が変動して義務付け判決の要件を満たさなくなったものについてはどのように判断すべきか。別冊ジュリストの研究会において、鶴岡稔彦は取消請求のみ認容して義務付け請求を棄却するか、過去の一定時点までの義務付け判決をする[95]

---

(90) 小林久起『司法制度改革概説3 行政事件訴訟法』（商事法務、2004）166頁。
(91) 塩野・前掲注(34) 245頁。
(92) 行政訴訟実務研究会（編）『行政訴訟の実務』（ぎょうせい、2007）94頁、98頁、212頁。
(93) 研究会「改正行政事件訴訟法」小早川光郎（編）『改正行政事件訴訟法研究』（有斐閣、2005）18-194 (139-140) 頁。以下、〈研究会〉と略記する。
(94) 参照、髙橋滋「義務付け訴訟」園部逸夫=芝池義一（編）『改正 行政事件訴訟法の理論と実務』（ぎょうせい、2006）150-184 (182-183) 頁。髙橋滋は、この理解では「義務付け判決が出される可能性が減ずることに対しては、救済論の立場から立法政策的な批判が生じる余地はある」とする。
(95) 前掲〈研究会〉139頁の鶴岡稔彦発言。

可能性を述べた。

　このコメントを受けて、小早川光郎はここでも、遡って利益を与えるべき部分の問題は、「事実関係又は法律が変わってしまったけれども元に戻ってもう一度拘束力に従って措置をする余地があるか、すべきか、という話と共通の問題」であるとし、事実関係または法律が変わってしまったけれども元に戻ってもう一度拘束力に従って措置をする余地がある場合はそれに従い、それができないときは訴えの利益がないものとして取消しすらできなくなるとして、処分時説でまとめることを提案している。ここでの趣旨は、事後措置をめぐって不確定なことはあっても、権利救済の筋として（元に戻すことを）一応やってみることだ、ということである。[96]

　これに対して、鶴岡は「みすみす今は要件がないことがわかっているときに義務付け判決をしてしまってよいのか」と反論した。小早川は経過措置解釈の可能性を述べて応じた。この議論を踏まえた亘理格、中川丈久、芝池義一によって、経過措置解釈を踏まえても事後的に救済が与えられない場合にどのように考えるべきかについて、違法確認判決や事情判決の可能性と限界が論じられている。[97]

　小早川は、以上のような思考を経た上で、自らの体系書においては次のようにまとめている。

> 　行政庁が一定の処分をしないことが違法であってただちにそれをすべきであるかどうかは、判決時（口頭弁論終結時）の法・事実状態を基礎として判断される。これに対し、原告が判決時ではなくたとえば申請時の法・事実状態を基礎として処分（申請時を始期とする給付の決定、等々）がされるべきことの義務付けを求めている場合に、裁判所がいかに答えるかは、それとは別個の、いわば個別実体法の解釈適用の問題である。なお、この場合、いずれの問題についても"義務付け訴訟における違法判断の基準時"という言い方は適切ではない。[98]

(b)　取消訴訟の処分時説を前提にした議論　　山本隆司はこの問題につい

---

(96)　前掲〈研究会〉139-140頁の小早川光郎発言。
(97)　前掲〈研究会〉140頁の亘理格、中川丈久、芝池義一発言。
(98)　小早川光郎『行政法講義 下Ⅲ』（弘文堂、2007）310-311頁。

て、取消訴訟の基準時が処分時であるという通説を前提にした議論と、ドイツ法での考察を経て日本法への示唆として考えられる議論との二つを提示している。

まず、取消訴訟の違法性判断の基準時が処分時とする議論から出発する場合について、原告に有利な変動（上述の違法化の事例）については、義務付け請求については本案判決を下し、取消訴訟については判決を求める利益がないものとして却下することになろうと述べる。特別な形態の申請手続が必要な場合には再申請が必要になるので、取消訴訟を切り離して却下した上で再申請を求め、原告が再申請しない場合は義務付け訴訟も却下になるという。

次に、原告に不利な変動（上述の適法化の事例）については、原則として、違法であった拒否処分の時点で申請が認められたものとみなし、義務付け請求も拒否処分取消請求も認容すべきであるとしている。その理由は訴訟法の問題ではなく、「行政庁が自らの違法行為の結果を除去して適法な状態を回復する実体法上の義務の帰結」であるとしている。ただ、申請が認められたものとみなすことが著しく公益に反し、実体法上の趣旨に適合しない場合については、取消請求を認容し、義務付け請求は棄却して、事情判決と同様の損失補償の可能性を認めるべきであるとする。もう一つの例外として、法改正が従前の申請認容処分を失効させるようなものであった場合は、義務付け請求を棄却、取消訴訟を却下せざるを得ないとしている。

(c) **ドイツ法の新判例を参照した議論**　ドイツ法の研究を前提にした議論では、山本隆司はドイツ連邦行政裁判所が訴訟法の問題と実体法の問題を区別して定式化していることから出発する。それによれば、訴訟法上は、義務付け請求も取消請求も、事実審口頭弁論終結時（いわゆる判決時）に原

---

(99)　山本隆司「訴訟類型・行政行為・法関係」民商130巻 4 = 5 号（2004）640-675（672-675）頁。
(100)　山本隆司「義務付け訴訟と仮の義務付け・差止めの活用のために(下)」自研81巻 5 号（2005）95-120（101-102）頁。本書第 2 章Ⅲ-1(2)も参照。
(101)　山本・前掲注(100)674頁。
(102)　この実体法上の義務を、ドイツでは結果除去請求権として論じられると述べる。
(103)　山本・前掲注(100)675頁。
(104)　山本・前掲注(100)99頁。

告が請求権を有する場合に請求が認容される。判決時における原告の請求権・行政庁の行為の違法性を、どの時点の事実状態・法状態を基準として判断するかは、実体法の問題である。その上で、実体法の問題としては取消請求では処分時、義務付け請求では判決時の状況が判断の出発点とされる傾向を指摘する。そして、そのようなドイツ法でも判例上例外がいくつかあることを示す。一つ目は法改正の趣旨により判断基準時が処分時に固定される場合であり、二つ目は法改正があっても経過規定で改正前の法状態が保全されており、仮に適法に処分されていれば認められたはずの地位をそのまま認める（結果除去請求権）か、そのことと判決時の事実状態・法状態とを併せて考慮する（結果除去負担）べきとされる場合、そして三つ目は訴訟手続よりも再度の行政手続により処分後の事情を調査・判断すべき場合である[105]。

　山本は、これらのドイツ法の議論を踏まえて、日本法における取消訴訟と義務付け訴訟が併合提起されるケースについては、両訴訟における判決の組み合わせにより対応できるとする。訴訟法上の違法性判断の基準時が義務付け・取消しの両請求について判決時であると解すれば、基本的には、両訴訟の判決の内容は一致するという。ただ、結果除去請求権と結果除去負担の法理が適用されるべき状況で、仮に適法に処分されていれば認められたはずの法的地位を判決時に認めることが著しく公益に反し、実体法上の趣旨に適合しない場合については、取消請求を認容し、義務付け請求は棄却して、事情判決と同様の損失補償の可能性を認めるべきであるとする。また、訴訟手続よりも再度の行政手続により処分後の事情を調査・判断すべき場合に対応するのは、手続瑕疵を理由にして、行訴法37条の3第6項により、義務付け請求と分離して取消判決を下すことで、行政に調査・判断を促すべき場合であると述べる[106]。

(d)　**損失補償の可能性と原告の保護**　　山本隆司が前提にしている「事情判決と同様の損失補償の可能性」については、既に行訴法改正前から、阿

---

(105)　山本・前掲注(100)100頁。
(106)　山本・前掲注(100)101-102頁。

部泰隆により主張されていた。阿部は、上述の適法化の事例について、当初から適法に処分をしていれば、法・事実状態の変動にかかわらず行政処分の効果を享受できたにもかかわらず、たまたま違法に処分を受けられなかったものであるから、責任は全て被告行政庁にあることを考えれば、違法性判断の基準時は原処分時あるいは不作為が違法になった時点であるとする。もし、現時点での法令を尊重しなければならないのであれば、原告の救済は損失補償によるべきであるという。その根拠は、違法な拒否による損害であるとして国家賠償の枠組で考えると、過失責任となってしまうが、それが適切ではなく、むしろ行政処分発給請求権が公共のために収用されたようなものであるから、憲法29条3項の「〔財産権を〕公共のために用ひ」た場合に準じて、正当な補償が与えられるべきである、という[107]。この発想は、阿部が既に行っていた、事情判決を受けた際に損害賠償・損失補償・損害防止措置等を求める場合の請求についての議論と軌を一にしている[108]。すなわち、「事情判決と同様の損失補償の可能性」という考え方は、違法ではあるが救済が与えられない、という状況を回避すべく、そしてその際に過失責任主義による棄却があり得る国家賠償の枠組では不当な結果となるためにそれを回避すべく、収用に類似した損害であるとして損失補償の枠組で救済を与えるべきことを主張している。

平成16年行訴法改正後に出版された阿部の体系書においても、原告の不利益を考慮した解釈論が一貫して主張されている。阿部は、処分時に実体法上適法（違法）であった行為が、法令、事実状態の変更により違法（適法）に変わることはあり得ないこと、過去の処分を適法化する立法を行ってそれが相手方に不利益を及ぼす場合は、不利益処分不遡及禁止の原則に違反し許容されない旨を指摘している[109]。そして、当初違法であるが現時点では適法となる場合は改めて処分を行えばよいとする。逆に当初適法であった不許可処分が後発的に違法となる場合には、それを維持する必要性がなくなるので、その段階で処理すべきこととなる。前者の例として建築基

---

(107) 阿部・前掲注（４）「義務付け訴訟論」302-303頁。
(108) 阿部泰隆『行政救済の実効性』（弘文堂、1985）308-309頁。
(109) 阿部・前掲注(42)248頁。

準法の高度制限がかけられた場合を挙げ、この場合には既存不適格の尊重（建築基準法3条2項）の観点から、高度制限導入は将来に向かって行うべきであり、遡及的な建築確認を許容し義務付け訴訟についても拒否処分時を基準とすべきとする。さらに、許認可の判断基準時については、申請時の法状況を信頼した私人の保護のために、「申請時点の法令によって判断してもらう権利」が観念できるとする。

III 補論：申請型・非申請型義務付け訴訟と当事者型・第三者型義務付け訴訟

　本書は基本的には非申請型義務付け訴訟については論じないものの、平成16年行訴法改正との関係で一点だけ説明が必要な点がある。

　平成16年行訴法改正以前において、義務付け訴訟は「当事者型」といわれていた類型と「第三者型」といわれていた類型に分けられるとされていた。当事者型義務付け訴訟は（その者に法律上「申請権」があるかはともかく）義務付け訴訟の原告を名宛人とする処分が現実になされるか、またはそれが想定される類型である。そして、そのような処分があれば、原告が取消訴訟と義務付け訴訟を双方提起することは十分想定できるのであって、併合提起を定めた平成16年行訴法改正の趣旨から義務付け訴訟と取消訴訟との併合提起を強制されるべきものはこの「当事者型」義務付け訴訟であった。

　もっとも、平成16年行訴法改正では、「申請型」と「非申請型」の2類型が導入された。そしてこの類型の相違は当事者（義務付け訴訟の原告）に法律上申請権があるかどうかであって、従前の「当事者型」と「第三者型」の間の相違とは必ずしも一致しない。

　その結果、「当事者型だが申請権がない」という事案においては、取消

---

(110)　阿部・前掲注(42) 249頁。
(111)　阿部泰隆『行政法解釈学I』（有斐閣、2008）330-331頁。
(112)　常岡孝好「申請型・非申請型義務付け訴訟の相互関係に関する一考察」宮崎良夫先生古稀記念『現代行政訴訟の到達点と展望』（日本評論社、2014）170-194頁は、生活保護支給

訴訟が想定でき、その取消訴訟と義務付け訴訟は事実上併合提起され得るが、それは単なる通常の弁論の併合であり、併合提起は強制されない。しかし、このことが補充性要件との関係で問題となる。

「当事者型だが申請権がない」という事案の一例が、第1章 I-5 および II-2 (4)(a)でふれた、入管法上の在留特別許可の事例について非申請型義務付け訴訟として扱う場合である。入管法上の在留特別許可の発給は通常の「許可」の発給とは大きく異なるため、「法令に基づく申請」があるといえるかどうかそれ自体が疑わしい。本書の検討において、入管法上の在留特別許可事例は、申請型／非申請型の分水嶺にあるものと位置付けられる。

実際に裁判例の帰結を見ると、取消訴訟提起の可能性を示唆して、補充性要件を欠くものとして義務付けの訴えは却下された（ガーナ人在留特別許可義務付け訴訟第一審判決）。

IV　章括：日独の比較から見る行訴法改正の特徴

本章のこれまでの検討で明らかになったことを改めて確認すると、平成16年改正行訴法の枠組の決定に至るまでには、以下のような背景事情があった。

まず取消訴訟と義務付け訴訟の関係については、通常拒否処分が先行している申請に基づく処分については申請型義務付け訴訟という枠組を設定し、取消訴訟と、取消訴訟が併合提起された義務付け訴訟という二段重ねの対応をとった。取消訴訟だけを提起することも否定されていないが、申請型義務付け訴訟については、取消訴訟と制度的関連性がつけられており、義務付け訴訟だけを提起することは否定されている。そして、分離取消判決はその例外として、行政に一度投げ返す仕組みとして作られた。議論の過程を踏まえると、このような結び付きは、原告による審理対象の特定と

決定をめぐる訴訟に関連する義務付け請求（老齢加算の減額・廃止のないことを前提とする保護決定をすることの義務付け）を非申請型義務付け訴訟として位置付けた京都地判平成21年12月14日裁判所ウェブサイト（平成17年(行ウ)第8号、同第14号、平成19年(行ウ)第16号、同第44号、第45号）を素材として、非申請型義務付け訴訟の「重大な損害」要件、「補充性」要件と取消訴訟との関係を詳論している。

いう原則を維持しながら、終局判決の要件である「裁判の成熟」とドイツ法において特定行為義務付け判決と決定義務付け判決との分水嶺である「事案の成熟」とを区別するために考え出された仕組みだと評価できる。しかし、分離取消判決の要件については、深い議論はなされていない。

さらに、原告による審理対象の特定を過度に要求したために機能不全に陥りがちであった旧来の義務付け訴訟に対する反省から、なすべき処分が一義的に特定されていること、いわゆる一義性までは求めず、義務付け訴訟の原告は「一定の処分」を求めれば足りるという整理がなされた。

基準時については、もともと行訴法の規定はなかったところ、平成16年改正法においても法律上定めるという方策はとられなかったため、今後の議論に委ねられているということである。以下では、第2章で得られたドイツでの義務付け訴訟の変遷におけるポイントと、平成16年行訴法改正を経た日本での義務付け訴訟との比較から、平成16年行訴法改正の特徴を浮き上がらせることにより、今後の議論のための視座を得ることを試みる。

1 取消訴訟と義務付け訴訟との関係についての条文構造

本改正で参考にされたドイツの義務付け訴訟制度は、行政訴訟検討会開催当時に適用されていたドイツ法、すなわち連邦行政裁判所法での義務付け訴訟制度である。これは、義務付け訴訟を中心とし、取消訴訟は附従的なものとしてしか認めない制度である。それに対して、日本法の申請型義務付け訴訟は、取消訴訟と義務付け訴訟は別個の訴訟として扱われつつも、義務付け訴訟の提訴要件および本案認容要件として、それぞれ、取消訴訟との併合提起と取消訴訟に理由があることを求められるという構造になっている。非申請型については、取消訴訟あるいは不作為の違法確認訴訟が先行しないという理解から、義務付け訴訟を単独で提起することになった。そうすると、ドイツとの比較では、非申請型についてはドイツに酷似しているが、申請型については大幅に異なるという評価が下されることになる。

しかし、現在適用されている仕組みにこだわらずに占領期の法制まで視[113]

---

(113) 第2章II-1。

野に入れると、日本の行訴法における申請型義務付け訴訟の考え方はドイツの旧法の一つである米占領地区行政裁判法の仕組みに似ている。米占領地区行政裁判法79条3項は、拒否処分が先行している対拒否訴訟の認容判決を、取消しと同時に義務付ける旨定めていた。[114] 義務付けの前提として、先行していた拒否処分の取消しを必要としていた仕組みであった。これは、検討会での市村陽典委員発言と相通じるものがある。市村委員は、拒否処分があるにもかかわらず、その効力について何も手当てしないままに義務付けについての審理を進めることに違和感を示していた。この観点に対し、英占領地区の軍令165号と連邦行政裁判所法に基づく解釈論は、拒否処分を取り消すことを義務付け判決の付随的効果としてしか捉えておらず、[115] この考え方はその後の単独取消訴訟提起の否定へとつながっている。[116]

もっとも、米占領地区行政裁判法の仕組みと日本の申請型義務付け訴訟の仕組みには違いもある。米占領地区行政裁判法では、拒否決定が存在する場合の抗告訴訟申立てに対して分離取消判決で応じるという手立ては条文上明らかではなく、硬直的だと批判されていた。[117] それに比べると日本の申請型義務付け訴訟は取消訴訟とは別個の訴えであることから、義務付け訴訟と併合させずに、単独で取消訴訟を提起することが認められている。また、取消訴訟と義務付け訴訟が併合提起された場合であっても、例外としての分離取消判決を認めることで、柔軟さを保っている。そして、取消訴訟のみを提起するか、それとも申請型義務付け訴訟も共に提起するかの選択は、事案によってあらかじめ決まってくるのではなく、原告の判断により決定できるのである。

どのように訴訟類型を組み合わせるかについて、原告に一定程度の選択権がある日本法の仕組みは、原告が訴訟の対象を特定する権能を重視して

---

(114) 第2章II-1(1)。
(115) 連邦行政裁判所1954年判決がとった解釈論につき第2章II-1(2)、それを背景に連邦行政裁判所法についてのベッターマンの解釈につき、第2章II-2(2)。
(116) 第2章II-1(3)。
(117) 第2章II-1(3)で紹介した、バッホフとイーデルによる批判は、米占領地区行政裁判法79条3項における終局判決が義務付け判決(あるいは棄却判決)しかないことを批判しているが、これは日本法に照らしていえば分離取消判決(行訴法37条の3第6項)の可能性を示唆したものと評価できる。

いると評価できる。そうすると、処分権主義に注目して議論を練り上げたドイツの諸見解の意義は、日本法においてより重要な役割を担い得る。[118]

2　「裁判所の事案解明義務」の不存在

　ドイツにおいて主たる議論の流れを形成していた裁判所での一回的解決志向の根拠となっていたのは、基本法19条４項で公権力による損害に対して効果的な救済を与えるという裁判所の任務が規定されていることであった。しかし、日本法には基本法19条４項にあたる規定が存在しない。もちろん、日本法でも裁判所は法律上の争訟を判断するという任務がある。しかし、ドイツにおいて基本法上裁判所は公権力により侵害を受けた者に効果的な救済をもたらさなければならない義務を負っている。この義務は強力なものであり、その具体的現れとして連邦行政裁判所法86条で規定されている裁判所の事案解明義務も決してお飾りではなく、そこから事案の成熟性導出義務を見出す判例が蓄積された。[119] 裁判所により事案の成熟性の導出がなされるということは、裁判所は特定行為義務付け判決を出せる程度に事案を解明することが必要であり、決定義務付け判決に陥る事態を積極的に回避しなければならないということでもある。

　これに対して日本では、裁判所は事案を積極的に解明する立場におかれていない。行訴法24条の職権証拠調べも、「必要に応じて」行使すれば足りるのであり、現実にはあまり活用されていないとされる。[120] そうすると、ドイツで生じたような完全義務付け判決に至るための裁判所からの関与はあまり期待できない。

3　「差戻し」の意義

　それでは、分離取消判決は、行政訴訟検討会でいわれたような「行政に一度投げ返す仕組み」として評価できるだろうか。この点で山本隆司は、

---

(118)　このことの意義も含め、条文構造から見た処分権主義の尊重については、第５章Ⅲ‐１(2)において再論する。
(119)　第２章Ⅱ‐２(3)(a)。
(120)　改正前の状況について、塩野宏「行政訴訟の課題と展望」『行政法概念の諸相』（有斐閣、2011〔初出2002〕）171-226 (175-176) 頁。

分離取消判決を差戻的判決として捉える見方に警鐘を鳴らす。まず、ドイツでは職権探知手続である裁判手続から行政手続に事案が移ることの意義が大きいけれども、日本においてはそうではないことを以下の通り指摘する。

> ドイツでは再決定義務付け判決などの差戻し的判決が、裁判所の主導する職権探知手続による審理手続から行政手続へと、事案解明手続を法的に転換させる意味を持つ。これに対して日本では、原告私人・被告行政主体による主張・立証に基づき裁判所が審理・判決する訴訟手続の構造をとるので、事案が複雑で行政庁が調査・判断するのが有益だからという理由で、訴訟手続を終了または中止させる必要はドイツよりも小さい[121]。

そして、「申請拒否の理由となった要件事実ないし考慮要素Ａを認めない判断に至ったが、行政庁が処分時に調査判断していなかった要件事実ないし考慮要素Ｂが複雑で、訴訟手続で審理判断するのに時間を要する見込みであるとき」に行われる分離取消判決については、「事案を行政機関に差戻す効果を持つ判決と表現するのは実質的に見ると不正確である[122]」と批判する。「正確には、裁判所が争点を整理することによって、原告私人と被告行政主体が、主張・立証、事案の調査・判断を効率的・重点的・合理的に行えるようにする趣旨の判決ということになろう。当事者の意見を聴いて行われる義務付け訴訟手続の中止も、同様に考えられる[123]」というのである。

確かに、裁判所に事案解明責任があるドイツ法では、一旦裁判手続に入ってしまえば、行政側が主体的に事案を調査・解明する責任は弱まるからこそ、差戻的判決が必要であるのかもしれない。

しかし、山本の見方には、二つの点で留意が必要である。まず、ドイツにおいても、裁判所は行政庁の事案解明を期待して手続を中止（連邦行政裁判所法94条）することで、差戻的判決によらずに行政に事案解明を行わせ

---

(121) 山本隆司「義務付け訴訟と仮の義務付け・差止めの活用のために(下)」自研81巻4号（2005）70-103（93）頁。
(122) 山本・前掲注(121)94頁。
(123) 山本・前掲注(121)94頁。

る可能性があることである。連邦行政裁判所法制定時の法務委員会での議論でも、実務家の参考人であるグロスから、事案解明が足りないのであれば、行政裁判所は行政庁により必要な事案解明がなされ、新たな行政処分が行われるまで一旦手続を停止させるという方法の可能性が示されていた。ドイツにおいても訴訟係属中の行政庁による事案解明が行われないというわけではなく、裁判所の訴訟指揮次第で裁判手続にかかったままでの行政庁による事案解明の可能性は残されている。このことが事案解明のための取消し（連邦行政裁判所法113条3項）が実務上あまり活用されていないことの背景にあるのかもしれない。

次に、日本法の議論の前提となる、行政機関による争訟対応の現状についての理解に疑念がある。山本の議論には、裁判手続での被告としての行政機関と、行政手続での行政機関の範囲および権能についての区別はあまり見られない。行政過程における検討と、司法過程における争訟対応とが一致することを前提としているのだろうか。そうであるならば、「差戻し」による手続を主導する地位の転換に大きな意義を見出さないことになる。

しかし、このような見方は行政訴訟の実態とかけ離れていると思われる。取消訴訟について段階的解決を志向する議論の背景にあるのは、裁判手続で関与している行政職員は、処分権限を持つ部局と争訟担当の部局の混成チームであり、必ずしも行政過程における判断を決するプロセスとは一致しないという理解である。このような見方が妥当する現実があるとすると、当該事案について被告行政庁としてする主張立証活動と、他の事案との平等取扱いをも視野に入れた今後の行政活動における運用が一致するとは限らない。

たとえば第1章Ⅰ-2で紹介した480円タクシー訴訟では、第1次判決（分離取消判決）によって審査基準公示の見直しが必要になった。しかし、

---

(124) 山本・前掲注(121)86-87頁。
(125) 第2章Ⅱ-2(1)(b)。
(126) 交告・前掲注(48)62-63頁。参照、本章Ⅰ-2(2)。
(127) 争訟法務の担当者と原課の乖離問題について、鈴木潔「20 行政事件訴訟法と訴訟法務」北村喜宣=山口道昭=出石稔=磯崎初仁(編)『自治体政策法務』(有斐閣、2011) 258-271 (262-263) 頁。

審査基準公示の見直しについては、処分庁である近畿運輸局長だけでは決められず、本省である国土交通省での検討を待つことになった。つまり、個別事案への対応の必要性から、他の事案でも適用される一般的な規律としての審査基準公示の見直しが余儀なくされ、そのために関与する行政職員の範囲が変動してしまっている。当該事案の解決としては遅延を招いている事情であるが、司法過程から行政過程に事案が戻されると、その判断には明らかに変質が見られるという一例である。

「正確には、裁判所が争点を整理することによって、原告私人と被告行政主体が、主張・立証、事案の調査・判断を効率的・重点的・合理的に行えるようにする趣旨の判決」[128]という山本の分離取消判決の理解それ自体は正当だと考える。しかし、再検討は当該事案を越えて、より一般的な規律の変動にも向けられる。行政機関は、自らが当初前提にした事実認定や法解釈に誤りがあったことを前提に、他の事例や行政規則などとの関係もにらみながら、当該事案を新たに行政過程に位置付けてどのように解決するべきかの検討を迫られる[129]。そして、当該事案を裁判所に係属させたまま再検討を包括的に行うことによってこそ、当該事案における原告の救済に資することとなるのである。

4　差戻的判決が意味する内容

裁判所の争点整理により、原告私人と被告行政主体がこれから行う主張・立証と事案の調査判断をより的確に行うことができるようにするという目的を実現する場合には、分離取消判決等の行政過程への差戻的判決は、何を含意していることになるのか。この点については、まずドイツ法における決定義務付け判決と事案解明のための取消し（連邦行政裁判所法113条3項）をめぐる議論を踏まえて、差し戻す際に何が問題になっていたのかを改めて確認することにしたい。

---

(128)　山本・前掲注(121)94頁。
(129)　政策法務、とりわけ争訟法務と義務付け訴訟の関係については、終章Ⅰで再論する。

(1) 決定義務付け判決

　決定義務付け判決がどの時点で出され得るかについては、「事案の成熟性の欠缺」の理解に対応して、二つの可能性がある。①処分の拒否あるいは不作為が違法であるが別時点、別理由に基づく再拒否処分の可能性をも含めた判断をなすことを命じる決定義務付け判決のことを述べているのか、それとも、②処分内容は未だ一義的に定まらないものの、何らかの申請認容処分を行うべきことを命じる義務付け判決のことを論じているのかを区別すべきである。

　①のような決定義務付け判決では、違法性確定についてもまだ全ての事由が裁判所によって確定されていない状態である。このような事態は、事案の成熟性欠缺が効果裁量以外の要因、たとえば特定の事実に関する試験・審理が特別な行政庁に委任されている場合や、完全な事案解明のためには行政の専門性が不可欠であるために認められた事例[130]に加えて、ヘーデル＝アディックのように決定義務付け判決の意義を「正しい理由に基づく判断」を求めることにあるとする理解[131]を想定すると生じ得る。

　これに対して②は、違法性の確定は裁判所の責任において行ったものの、どのような対応をすればよいのかまでは裁判所では判断できない場合である。「裁量の存在により事案の成熟性欠缺が生じる」という決定義務付け判決の通常の事例は、こちらに属する議論である。

　日本法においても、分離取消判決と「一定の処分」の幅を広く理解した場合の義務付け判決について、「指令判決〔引用者注：筆者の訳語によれば「決定義務付け判決」〕的」と語られることがある。しかし、論者が決定義務付け判決のどちらの場合についてアナロジーを用いようとしているのかを今一度検討しなければならない。

(2) 「事案解明のための取消し」をめぐる議論から

　決定義務付け判決で見られた二つの区別を言い換えれば、①にあたるのは拒否・不作為の違法事由が複数ある場合に訴訟上まだその一部しか確定

---

(130) 第 2 章III-3(1)。
(131) 第 2 章III-3(3)(a)。

していない段階であり、②は違法事由の全てについて判断はしたものの、どのような内容の処分を出すべきかが確定していない段階である。これに対して、①よりもさらに手前、一つも違法事由の存在が確定していない段階で事案解明のための取消しが許されるかが問題になった議論が、ドイツ連邦行政裁判所法113条3項をめぐる議論であった。[132]

ドイツでの議論でも、違法性の確定を伴わない事案解明のための取消しを許容しようとした政府提出理由に対しては、それを容認した学説はなかった。学説が少なくとも一つの違法事由が存在していることを要求していた理由は、主に権限分立違反と処分権主義違反であった。[133]

違法性確定なき取消しが権限分立違反にあたるという批判は、裁判所と行政の役割分担に対する議論である。全く適法である可能性があるにもかかわらず、裁判所はこの規定の適用をもって、自らは何もすることなく、ただ「事案解明が裁判所自身にはできない」という理由で行政行為の効果を覆滅させることができてしまう。「違法な公権力により侵害された国民の救済」という司法権の権限を越えて、「適法かもしれない公権力」に対する不当な介入になってしまうということが、背景にある。

そして、処分権主義違反であるとの批判は、裁判所と原告の関係に関する議論である。原告はあくまで違法な公権力による侵害からの救済を求めているのに、違法性を前提としない取消しが行われると、確かに効果としては取り消されるのであるから、その場限りでは原告の求めた結果が生じているように思える。しかし、この判決は違法性を確定していないから、改めて同種の行政行為をなすことを食い止めるような判決効は持っていない。そうすると、原告としては再度取消訴訟を提起しなければならなくなる。一度目の訴訟が何も決めないまま取消しの効果だけを与えたため、一時しのぎにはなっても、事案の終局的な解決には何も資さないことになってしまう。このような判決を原告の明示の訴えの変更を行わせることなく認めることは、原告の処分権を害しているという理解である。

---

(132) 第2章III-2(2)および(3)。
(133) 第2章III-2(2)。

この一連の批判から、差戻的判決に最低限要求される要素が何であるかが読み取れる。それは、裁判所の任務が争訟に対する判断である以上、仮に完全に審理しきることができないとしても、事案を解決へと前進させるために、裁判所は自ら検討し判断できる範囲については判断を示してからでなければ差戻的判決を行うべきではないという規範である。ドイツ連邦行政裁判所法113条3項の政府理由に対する批判は、裁判所と行政の関係、裁判所と原告市民との関係で異なる原理に基づいた批判であるように思える。裁判所は自らの任務を一部でもよいから全うしてからでなければ、それを放棄することは許されないという規範を導き出そうとしているように見える。そして、その最小限の任務とは、複数あり得る違法事由について、少なくとも一つについては違法であると確認し、「違法な行政行為」として取り消すことである。

　このような理解は、日独の法制度の違いを超えて共通し得る、裁判所の任務とその放棄に関する考え方に基づいている。そのためこれを単に「基本法19条4項および連邦行政裁判所法86条に残る裁判所による救済の思想によるものであって、日本法においては導き得ない」と考えることは相当ではないと考える。

(3)　様々な判決類型の可能性

　決定義務付け判決にも二つの段階があること、そして差戻的判決の最小限の効果として、少なくとも一つの違法事由を確定しなければならないという規範があるとすると、取消訴訟と義務付け訴訟を組み合わせて提訴するという仕組みに対しては、様々な認容判決の可能性があることになる。その両端には、一つの違法事由に基づく取消判決と、処分内容を完全に特定して行われる義務付け判決が考えられる。それらの間に、拒否が違法であることを全ての観点から確定したものの処分内容を特定できない場合や、あり得る処分内容には「幅」があって、そのうちのどれを選択するかを裁判所の判断では決められない場合もあるだろう。

　さらにいえば、求められた処分をなすことを命じる特定行為義務付け判決が下された場合であっても、原告が求めた「一定の処分」にそもそも「幅」がある場合や、その処分を実現するためにはより詳細な事項につい

ての条件を付す必要がある場合も考えられる。ここでいう「特定行為」という言葉は文字通りの「特定」を意味するのではない。行政庁は履行までの間に細かな事項やなすべき時期や手続について、何らかの判断を迫られることもあり得るからである。そうすると、「特定行為義務付け判決」という用語選択も相対的なものであって、具体的な実現方法においては行政過程での判断が必要になることも排除していないと考えるべきである。この現れが、480円タクシー事件第2次訴訟第一審判決での「付言」や、ガーナ人在留特別許可義務付け訴訟第一審判決の判決理由中で処分内容に関し行政裁量がある旨を明示したことであると考えるべきであろう。

　そうすると、取消訴訟と義務付け訴訟が併合提起される申請型義務付け訴訟の判決は、裁判所がどこまで審理できるのかに応じて、無数の段階を想定できるため、ある種のグラデーションを描いていることになる。原告が示した処分を全て認める特定行為義務付け判決であっても、その後引き続く行政過程での行政庁による現実化を必要とするという観点に立てば、種々の「差戻的判決」との質的な差異は絶対的なものではなく、相対的なものとなるからである。

5　時間の観点、とりわけ違法性判断の基準時

　差戻的判決の最小限の意義として、少なくとも一つの違法事由の存在について確定していることを求めるとすると、そこでいう違法性はどの時点での法状態・事実状態を基準として導き出されるものなのかが改めて問題になる。

　ドイツにおいても、日本においても、当初通説的な地位を占めていたのは「取消訴訟は処分時、義務付け訴訟は判決時の法状態・事実状態を基礎として違法性判断を行う」という定式であった[136]。しかし、この定式は、取消訴訟単独での提起も義務付け訴訟との組み合わせでの提起も認めるという日本の申請型義務付け訴訟の仕組みを前提とすると、取消訴訟の違法性

---

(134)　第1章Ⅰ-2(3)およびⅡ-4(3)。
(135)　第1章Ⅰ-5(2)ⓐおよびⅡ-4(1)。
(136)　ドイツの当初の通説的見解につき第2章Ⅱ-1(4)ⓐ、日本につき本章Ⅱ-1(1)。

判断基準時に義務付け訴訟の違法性判断基準時が引きずられる結果になる。

　また、外国人の在留特別許可について、そもそも当該手続を申請型義務付け訴訟として見るのか、それとも非申請型義務付け訴訟として見るのかが曖昧である法的仕組みについては、基準時問題は混迷を深める。申請型義務付け訴訟であると見るならば、判決時に違法であることに加え、取消訴訟の認容が本案勝訴要件であることから、処分時においても違法であることが要求されることになるし、非申請型義務付け訴訟とするならば判決時を基準とすることになるからである。[137]

　このような矛盾は、訴訟類型ごとに違法性判断の基準時を決めるという発想に囚われていることから生じている。さらにいえば、訴訟類型ごとに訴訟物が異なり、取消訴訟は形成訴訟であるが義務付け訴訟は給付訴訟であると性質決定して、その性質決定から直ちに違法性判断の基準時を導き出そうとする発想から出発して、申請型義務付け訴訟の併合提起の問題点を考慮しないことからも生じ得る。

　これに対して、取消訴訟について、具体的な実体法への着目から修正を加える説や場合分けをする説、さらにはドイツの連邦行政裁判所が近年打ち出している方向性[138]や、それを踏まえたマーガーや山本隆司[139]、そして阿部泰隆の議論[140]は、個別の事例の実体法の解釈から違法性判断の基準時を導き出そうとするものである。「取消訴訟は処分時、義務付け訴訟は判決時」という原則論は検討の出発点として保持しつつも、具体的事案における法状態・事実状態の変動のあり方と、その変動をどのように実体法が捉えるかという観点から、違法性判断の基準となる時点を導き出そうとしている。このような方向性は、安易な一般化を認めない。マーガーが種々の類型化を試みたものの、判例上出てきた傾向を全てつかむまでには至っていないようにみえるのも無理からぬことである。

　この、実体法の解釈から違法性判断の基準となる時点を確定しようとす

---

(137)　第1章Ⅱ-2(4)ⓐ・ⓑ。
(138)　第2章Ⅲ-1(2)ⓑ。
(139)　第2章Ⅲ-1(2)ⓒ。
(140)　本章Ⅱ-2(2)ⓓ。

る方向性は、前述の判決類型のグラデーションを認めて多様な可能性を許容する理解と親和的である。裁判所は自らの任務である法解釈権限を用いて、当該事例において問題になっている実体法が、当該事例での法状態・事実状態の変動をどのように捉えているのかを、差戻的判決という方法で示すことができるからである。

6 差戻的判決の要因と時間の観点からの再検討

以上の検討から導き出された視座は二つある。

第1の観点は、申請型義務付け訴訟の機能を明らかにするためには、判決内容のうち、差戻的判決の最低限の要素になっている違法性の確定とそれ以外の部分の関係をより精緻に捉え直す必要があることである。

第2の観点は、義務付け訴訟の審理過程における時間の要素である。裁判過程においても行政過程においても、常に時間が流れ続けていて、法状態も事実状態も変動し得る。その場合、どの時点をもって基準とするのかについての検討が必要になる。その際、第1の観点を前提にして多様な判決類型のあり方を想定することと、当該裁判の判決言渡しが終局的なゴールとは限らず、判決後の行政過程をも意識されなければならないことに留意しなければならない。

以上のように、平成16年行訴法改正時の議論を義務付け訴訟と取消訴訟の関係に関する限りで再確認した結果、現在も問題となっている点の多くのは既に認識されていたことが判明した。議論が錯綜し、多くの論点が連関しあう関係に立っている。平成16年行訴法改正時に認識された問題点のうち、義務付け訴訟と取消訴訟の関係を考える上でとりわけ重要なのは、差戻的判決とその意義であろう。

もっとも、本章で見たようにこれらの問題は改正過程において認識はされたものの、ほとんどが改正後の理論の進展と実務運用に委ねられている。そこで、義務付け訴訟と取消訴訟の関係を考察するためには、第1章で検討した改正後の実務運用と第2章で検討した比較法による検討を踏まえ、さらに改正前後における理論の進展を検討することが必要となる。

第 4 章

義務付け訴訟と取消訴訟の関係

　本章では、義務付け訴訟と取消訴訟の関係について検討する。その際、平成16年行訴法改正前後の理論の進展につき留意すべきことが2点ある。
　一つ目は、純粋な義務付け訴訟と取消訴訟の機能や相互関係という問題についての研究にのみフォーカスをするのではなく、より広く訴訟類型論や行政事件訴訟論、ひいては民事訴訟論等についても目を向けることで、あるべき原告の救済のために司法の果たすべき役割というグランドデザインを理解した上で、その中の一つの問題として義務付け訴訟と取消訴訟の機能や相互関係を検討する必要があるということである。そこで、本章では、関係し得る議論を広めに検討することとする。
　二つ目は、特に平成16年行訴法改正前に行われた議論を検討する際には、当該論者がイメージする「義務付け訴訟」が必ずしも平成16年改正行訴法で法定された義務付け訴訟とは一致しないというものである。特に、ドイツ法を参考に行われた義務付け訴訟論については、実際には、一回的解決を指向するドイツ法的な義務付け訴訟は法定されず、いわば「接ぎ木」的なものとして法定されたことを認識すべきであろう。
　複雑に絡みあうこれらの議論を解きほぐすため、本章では、序章で述べた分析軸に立ち返り、第1章での下級審裁判例の分析と、平成16年行訴法改正後を中心とした義務付け訴訟と取消訴訟の関係をめぐる先行学説を検討する。まずは基準時に関し、平成16年行訴法改正後の学説状況を概観した上で、第1章で紹介した下級審裁判例との接続を試みる（I）。次に、救済内容の特定について、原告の救済内容特定責任という観点と、義務付け判決後の行政過程への差戻しという観点から、第1章から第3章までの検討を敷衍する（II）。その上で、視座を取消訴訟と義務付け訴訟の関係について広げ、まず、両者の区別につき疑問を投げかけ、違法確定と救済

との分離を図る学説を検討する（Ⅲ）。最後に、救済の多様性について検討する際に興味深い議論につき紹介する（Ⅳ）。

Ⅰ　基準時論

1　二分法とは異なる解決を模索する先行学説

　学説においては、処分時には拒否処分が違法であったが、口頭弁論終結時には法状態・事実状態が変動して義務付け判決の要件を満たさなくなったもの（いわゆる「適法化」事案）を中心に、判決時説とは異なる解決を模索する議論が既に存在する。以下、これらの議論は平成16年行訴法改正直後に出されており、既に第3章Ⅱ-2(2)において詳述したので、簡略化して紹介する。

　平成16年改正行訴法施行直後の座談会においてこの問題が議論になった際、小早川光郎は、判決時においては義務付け判決を下すための要件が満たされていないのではないか、という懸念に対して、経過措置解釈の可能性を示唆した。そしてその後に出版された彼の体系書においては、「行政庁が一定の処分をしないことが違法であってただちにそれをすべきであるかどうかは、判決時（口頭弁論終結時）の法・事実状態を基礎として判断される。これに対し、原告が判決時ではなくたとえば申請時の法・事実状態を基礎として処分（申請時を始期とする給付の決定、等々）がされるべきことの義務付けを求めている場合に、裁判所がいかに答えるかは、それとは別個の、いわば個別実体法の解釈適用の問題である」とまとめている。

　また、阿部泰隆は、平成16年行訴法改正前の議論においても、当初から適法に処分をしていれば、法・事実状態の変動にかかわらず行政処分の効果を享受できたにもかかわらず、たまたま違法に処分を受けられなかった

---

(1)　研究会「改正行政事件訴訟法」小早川光郎(編)『改正行政事件訴訟法研究』（有斐閣、2005）18-194（139-140）頁。
(2)　小早川光郎『行政法講義　下Ⅲ』（弘文堂、2007）310-311頁。なお、この直後に、「この場合、いずれの問題についても"義務付け訴訟における違法判断の基準時"という言い方は適切ではない」との指摘がある。
(3)　阿部泰隆「義務づけ訴訟論」『行政訴訟改革論』（有斐閣、1993）223-304（302-303）頁。

ものである以上、責任は全て被告行政庁にあるということを考えれば、違法判断の基準時は原処分時あるいは不作為が違法になった時点であるとする。もし、現時点での法令を尊重しなければならないのであれば、原告の救済は（国家賠償ではなく）損失補償によるべきであると主張していた。平成16年行訴法改正後に出版された阿部の体系書においては、処分時に実体法上適法（違法）であった行為が、法令、事実状態の変更により違法（適法）に変わることはあり得ないこと、過去の処分を適法化する立法を行ってそれが相手方に不利益を及ぼす場合は、不利益処分不遡及禁止の原則に違反し許容されない旨を指摘している。そして、当初違法であるが現時点では適法となる場合は改めて処分を行えばよいとする。逆に当初違法であった不許可処分が処分時以後の法令により許可されないこととなった場合は、遡及的な認容処分を許容し、義務付け訴訟についても拒否処分時を基準とすべきとする。さらに、許認可の判断基準時については、申請時の法状況を信頼した私人の保護のために、「申請時点の法令によって判断してもらう権利」が観念できるとする。

山本隆司は、ドイツ法において訴訟類型による判断枠組が完全に維持できなくなった段階で登場したドイツ連邦行政裁判所の判例をつぶさに分析し、実体法の問題としては取消請求では処分時、義務付け請求では判決時の状況が判断の出発点とされる傾向を外れて例外的な取扱いがされる場合には3種類あると指摘した。一つ目は法改正の趣旨により（義務付け請求の）判断基準時が処分時とされる場合であり、二つ目は法改正があっても経過規定で保全されており、仮に適法に処分されていれば認められたはずの地位をそのまま認める（結果除去請求権）か、そのことと判決時の事実状態・法状態とを併せて考慮する（結果除去負担）べきとされる場合、そして三つ目は（取消訴訟であっても）訴訟手続よりも再度の行政手続により処分後の事情を調査・判断すべき場合である。そして、結果除去請求権と結果

---

(4) 阿部泰隆『行政法解釈学Ⅱ』（有斐閣、2009）248頁。
(5) 阿部・前掲注(4)249頁。
(6) 阿部泰隆『行政法解釈学Ⅰ』（有斐閣、2008）330-331頁。
(7) 山本隆司「義務付け訴訟と仮の義務付け・差止めの活用のために(下)」自研81巻5号(2005) 95-120 (99)頁。

除去負担の法理が適用されるべき状況で仮に適法に処分されていれば認められたはずの法的地位を判決時に認めることが著しく公益に反し、実体法上の趣旨に適合しない場合については、取消請求を認容し、義務付け請求は棄却して、損失補償の可能性を認めるべきであるとする。

人見剛は後発的瑕疵の側面からこの問題を検討している[8]。いわゆる違法化の事案について、元の取消訴訟で取り扱うべきかどうかの問題であるとして、別異の訴訟手続での解決可能性を模索している。違法化の事案の場合には、これまでは主として第三者に対する不利益処分をなすことを求める局面において論じられてきた非申請型義務付け訴訟を活用し、後発的瑕疵を主張するために、処分の撤回義務付け訴訟の可能性を見出している。ただ、そこでの問題は、当初から不利益的行政行為について当初から取消訴訟を提起していた場合に、撤回義務付け訴訟を強制するのではなく、当初の取消訴訟での主張を許すべきかどうか、無効確認訴訟との関係ではどうかについて、今後も検討が必要であるとしている。

これらの学説は、従来の公式である「取消訴訟は処分時、義務付け訴訟は判決時」という二分法的な枠組を批判しつつ、一定の場合に修正をかけるものと評価できよう。

2 近時の基準時論

近時、「二分法」の相対化をさらに推し進めたと見られる基準時論が登場している。

(1) 判決時基準を原則とした説

山本隆司は、近時、処分理由の差替えと違法性判断の基準時について統一的に論じる、興味深い見解を示した[9]。

同論文は取消訴訟の対象としての処分、特に取消訴訟の審理対象と判決効の範囲の関係について論じた後、理由の差替えについて敷衍し、最後に

---

(8) 人見剛「行政行為の『後発的瑕疵』に関する一考察」阿部泰隆先生古稀記念『行政法学の未来に向けて』(有斐閣、2012) 717-731頁。

(9) 山本隆司「取消訴訟の審理・判決の対象(1)(2・完)」曹時66巻5号 (2014) 1-33頁、6号 (2014) 1-39頁。

取消訴訟における違法性判断の基準時について検討するという構成となっている。そして、取消訴訟を念頭に、その違法性判断の基準時について、原則として判決時基準をとるべきであり一定の場合には例外的に処分時基準とすべきだと論じている。

なお、山本が処分時基準とすべき場合というのは、理由の差替えを信義則等を理由に制限すべき場合である。すなわち、原則として判決時を基準に違法性等を判断すべきであるが、信義則等を理由に理由の差替えが制限される場合には処分時の状況を保存することに意味があるとして、処分時を基準に違法性を判断するというのである。また、当初の処分理由Ａを行政庁が誤った法解釈の下で実体法上成り立つと判断したことに起因して生じた、本来は理由Ｂに関し十分な調査・判断・説明や履行すべき手続を欠いているという瑕疵——論者によれば行政裁量にかかる判断過程の瑕疵——と、手続の瑕疵との中間の「中間形態の瑕疵」という概念も提唱している[10]。

このような提案が興味深いのは、理由の差替え論との関係だろう。理由の差替えを許容すれば、処分時には提示されなかった新たな理由について審理することになるが、通説の取消訴訟の基準時論からすれば、処分時を基準に違法性を判断することになる。このような不自然さについて鋭いメスを入れ、理由の差替えが制限されないのならば、基準時は処分時ではなく判決時だとするのが山本説であると評価できる（そして、追加された処分理由に基づく事前手続を経ていないことが「中間形態の瑕疵」になる）。

義務付け訴訟との関係では、特に分離取消判決が重要であろう。すなわち、分離取消判決は取消判決ではあるものの、分離取消しの判断をするに至るまで、（判決時基準の）義務付け判決を目指して行われてきた訴訟状態を無駄にしないという観点から、果たして処分時基準とすべきかが疑問となるところ、山本説をとれば、少なくとも全ての要件が審理された上で下される分離取消判決については判決時基準をとるべきということになるだろう。

---

(10) 山本・前掲注（9）(1)24頁。

(2) 処分の「変容」を前提とした議論

　三浦大介[11]は、行政過程の時間的把握を論じる論考において、行政処分が時間経過に伴い「変容」していくことを論じている。展開的事実（行政処分の発生後に事実関係が変化ないし展開すること）を念頭に、従前の取消訴訟の違法性判断の基準時たる処分時説の根拠となるのは行政の第一次的判断権であるところ、このような見解に批判的見解があることを紹介した上で、形式的大量的処分（たとえば20歳前障害基礎年金支給）を念頭に、少なくともこのような類型の処分はさしあたり行われる「仮の処分」であり、その後の訴訟提起を契機とした個別慎重審査を予定した処分があるとする。その上で、「理由の差替えの禁止や違法判断の基準時として処分時説の採用を必ずしも原則とすべき根拠はない」とした上で、違法性判断の基準時に関しては、行政処分が時の経過の影響を受けることを前提として、「具体の行政過程における法律の仕組みごとに」それが制限される場合もあるという[12]。

　三浦の議論は、処分時説を暗黙の前提とする考えを排する点などをみると、判決時基準を原則として個別の状況によって処分時基準とする山本の見解と親和的な議論といえるだろう。

3　基準時をめぐる下級審判決の検討

　これらの議論に多く含まれる視角は、「個別実体法の解釈」からどの時点の法状態・事実状態を基礎として判断すべきかを導き出そうとする点と、原告がどの時点における解決を望むのかという点、そしてそれらを調整するための規範を導出しようとする点である。最後の点は、信頼保護の観点や個別法の趣旨からは原告を保護すべきであるにもかかわらず、公益上の理由でそれが果たせないときの救済はどのようにあるべきかという議論である。このことを議論するためには国家補償についての考察が必要になり、本書の範疇を外れることから、ここでは前の2点について、議論の参考となる裁判例を第1章で取り上げたものを中心に検討したい。

---

(11)　三浦大介「行政手続と行政争訟手続」現代行政法講座編集委員会（編）『現代行政法講座II　行政手続と行政救済』（日本評論社、2015）25-49（39-45）頁。
(12)　三浦・前掲注(11)43頁。

(1) 個別実体法の解釈

　まず、個別実体法の解釈からどの時点の法状態・事実状態を基礎として判断すべきかを導き出すという議論に関する裁判例については、既に第1次鈴木訴訟および新宿七夕訴訟に関連して触れたところであるが、取消訴訟において、経過規定相互間の適用関係に関する解釈が問題になった希有な事例があり、この事例は、個別実体法の解釈を検討する上で、有益な示唆を提供するものと考える。

　産業廃棄物処理施設設置許可処分に関し、当初は不許可処分を受けたため、事業者側が審査請求をし、この審査請求が認められて当初の不許可処分が取り消されたという経緯があったため、許可申請時から10年が経過した後に出された許可処分について、周辺住民が取消しを求めて提訴した事案は、申請時と許可処分時の間に廃棄物処理法の改正が三度行われた。それぞれの改正における経過規定（平成9年法改正附則と平成12年法改正附則）は、それほどまでに長期の紛争を予定していないことから、この事案において適用すべき法について明示的な規定を置いておらず、その結果、いずれの法を適用すべきかについて、経過規定の解釈が争われた。

　第一審判決においては、平成9年改正法に付された改正附則が平成12年改正法において明示的に改正されていないことから、平成9年法に付された経過措置が維持され、その範囲で旧法が適用されるとされた。これに対し、控訴審判決は、平成12年一部改正法の附則4条を平成12年法15条の2第2項についてのみ旧法を適用し、それ以外は全て平成12年法を適用する趣旨（新法主義）であると解釈した。このような解釈をする上では、立法目的に加え、立案当局が規制強化の意図の下「政策上経過規定を設けていない」と述べた見解をも参照している。

　本件においては、事業者側が当初の不許可処分を審査請求で争ったことによる「遅延」であり、事業者の側にも、原告である周辺住民の側にも、手続遅延についての責任は見受けられない。第一審判決と控訴審判決とを

---

(13) 第一審判決は千葉地判平成19年8月21日判時2004号62頁、控訴審は東京高判平成21年5月20日（公刊物未登載・裁判所ウェブサイト平成19年(行コ)第299号）。
(14) 判時2004号65頁。

比較すると、いずれもかなりテクニカルな文言操作に陥っている点が否めないものの、最後の決め手となったのは法改正により導入される規制の必要性と公益性に対する評価である。従来の申請者を保護する意図が、平成9年法改正附則においては見受けられたが、平成12年法改正附則においては相当程度限定されており、控訴審判決はその点をふまえて結論を導き出している。

(2) 原告の意思

　原告が処分時の違法を争うことを主たる目的としているのか、それとも裁判手続における一回的・終局的な解決を望んでいるのかという観点を重視する議論については、原告の意思はあくまでも主観的なものであるから、原告の意思を把握することが困難であるという批判があるだろう。これに対しては、訴訟提起時に原告が取消訴訟のみを提起する（この場合は処分時の違法を争っていると解される）のか、申請型義務付け訴訟の併合提起をしている（この場合には、一回的解決を指向していると解される）のかによって、ある程度の判別が可能であると考える。

　ただし、取消訴訟であっても、（可能な限り）裁判手続における終局的解決を望むということはあり得ることから、そのような例外的事情がある場合は別異に考えることが必要であろう。たとえば、在留特別許可に関する義務付け訴訟においては、裁判例上、非申請型義務付け訴訟として位置付けられ、その結果、行訴法37条の2第1項の「重大な損害を生ずるおそれがあり、かつ、その損害を避けるため他に適当な方法がないとき」といった高いハードルを乗り越える必要が生じている。そこで、一回的解決を指向する原告であっても、より「勝訴しやすい」として取消訴訟をあえて選択する場合もあり得るところ、これをもって、原告が一回的解決を放棄したとみなすのは必ずしも適切ではなかろう。翻って考えると、前述のペル

---

(15) 多くの裁判例では在留特別許可については非申請型と整理されており、唯一、例外的に申請型として審理した裁判例であるガーナ人在留特別許可義務付け訴訟第一審判決（東京地判平成20年2月29日判時2013号61頁）とその控訴審判決であり非申請型として審理した裁判例（東京高判平成21年3月5日裁判所ウェブサイト平成20年(行コ)第146号）については、第1章Ⅰ-5(2)において詳述した通りである。

一人家族の事件において、裁判所が処分時以降の事情を取り込んで判断した背景には、取消訴訟の枠組における一回的解決を可能とするもくろみがあったのではないか、と推察する。

4 訴えの利益をめぐる下級審判決の検討

　第1次鈴木訴訟で東京地裁は、取消訴訟係属中に改正法の施行日をまたいだことをもって、訴えの利益を否定している[16]。その理由付けとして参照されたのは家永教科書第2次訴訟上告審（最判昭和57年4月8日民集36巻4号594頁）であり、「拒否処分の取消しの結果行政庁が当初の申請に対し改めて許否の決定をすべき拘束を受けることとなっても、既に何らかの理由によって適法にこのような許可等の処分をすることができず、ひいてはこれによる法律上の地位の取得自体が不可能となるに至ったと認められるような事由が生じた場合には、許可等の処分を受ける可能性の回復を目的とする拒否処分の取消しを求める訴えの利益もまた、失われるに至ったものといわなければならない」との一般論を述べた上で、「処分行政庁は改めて原告が本件訴えにおいて求めている処分をする法律上の根拠を失っており、これによる法律上の地位の取得自体が不可能となるに至ったといわざるを得ない」としている。このように第1次鈴木訴訟東京地裁判決は、従前の処分については基準日をもって新規定に移行するという経過規定から、「処分行政庁は改めて原告が本件訴えにおいて求めている処分をする法律上の根拠を失って」いると判断した。

　しかし、この訴えの利益についての理解は、実体法の解釈として誤りを含んでいる[17]。「現時点では法律上の権限がないので再申請せよ」という一般論としては、第1次鈴木訴訟での前提も成り立たなくはない。しかし本件は、原告に対し新法が権限を有していないのかどうかについて、さらに

---

(16)　東京地判平成18年11月29日賃社1439号55頁。第1章 I - 3(2)も参照。
(17)　家永教科書第2次訴訟上告審自体が、旧法下の取扱いをしても法の趣旨・目的に反せず、そのような取扱いが最も合理的と認められるような場合については例外的に訴えの利益が残る可能性を認めていること、それゆえに原判決破棄差戻しとなっていることを踏まえて、そもそも鈴木訴訟の事案もこのような場合と見るべきではないかという点については第1章 II - 2(2)。

詳細に検討されるべき事案であった。通常、法律は法改正時をまたがっての適用については意識しており明示的な記述があるが、争訟状態にある状態で法改正をまたいでしまったというような例外的事例については明文の規定などあるはずがない。このような例外的な場合について、当該法改正についての法解釈を示すのは裁判所の任務である。[18] 迅速に事案が処理されることも大事だが、法改正の趣旨に照らして当該案件ではどのような処理がなされるべきかを、実体法の解釈として丁寧に行うことが求められているのではないか。この点、法状態の変動ではなく事実状態の変動についての判断であるものの、新宿七夕訴訟において、過去の生活保護についても訴えの利益を認めたことと対象的である。

両者の違いは、法状態・事実状態の変動というイレギュラーな事態について、当該実体法の世界においてどのように対応することが求められているかを、実体法の解釈としてどれだけ綿密に行ったかの差である。さらにいえば、「法律上の地位の取得が不可能になった場合」という最高裁判例の定式に当てはめる際に、法状態・事実状態の変動をどこまで当該実体法が予定していて、仮に原告についてだけ別異に取り扱ったとした場合に客観法規秩序全体にいかなる影響を与えることになるかまでを審理しなければならない。このように訴えの利益をより丁寧に認定していけば、従来よりも救済の利益が残る余地が広がると考えられる。

5　分離取消判決についての検討

日本の取消訴訟と申請型義務付け訴訟の併合提起と同時審理という原則の例外として位置付けられる分離取消判決は、従来の取消判決と同様、処分時を違法性判断の基準時とすべきであろうか。第1章Ⅰ-2で詳述した480円タクシー訴訟第1次判決は、取消訴訟に関する判決であるにもかかわらず、その判断の中に、行政が、処分の際に考慮していない、裁判所の法解釈によって導き出された考慮事項についての判断を含んでいた上、処

---

(18) 前注(13)の廃棄物処理法事件は、まさに累次の法改正に対して経過規定をどう解釈するかが争点になったものであった。

分時以降の事情を考慮したものであった。そのため、第1次判決を受けて行政が行った再拒否処分後の第2次訴訟では、当該判断につき拘束力（行訴法33条）が生じているのか否かが問題となった。第2次訴訟第一審判決は当該箇所の判断に拘束力を認めたが、同控訴審判決はそれを否定した。

分離取消判決についても基準時を処分時であるとすると、処分後に生じた事情は全て義務付け訴訟でのみ考慮されることになる。原告は義務付け判決がなされることを信じて処分後の事情についても主張立証したにもかかわらず、裁判所が「取消訴訟は処分時」との理解に従って処分時の事情のみをもとに分離取消判決を下してしまえば、処分後の事情は、分離取消判決後に行われる行政庁の再判断に影響がないこととなる。果たして、このような理解が適切であろうか。

行訴法37条の3第6項は、「より迅速な争訟の解決に資する」との文言が示唆するように、分離取消判決後に行政庁による再判断がなされることを意図した規定である。第1次判決が処分時以降の事情をも評価に加えた背景には、処分の根拠法令である道路運送法とその関連法令が前提とする事実状態が、処分後、分離取消判決をするまでに激しく変遷していたため、より直近の事情に基づいた判断が事案の解決に資すると考えたためではないだろうか。

また、原告の意思の尊重という問題もある。つまり、ドイツ法と異なり、日本法は、申請型義務付け訴訟を提起しないで行う取消訴訟（単独取消訴訟）を認めている。つまり、改正法は、原告に対し、「処分時の違法性」にこだわるのであれば、取消訴訟のみ提訴する（あるいは、当初は併合提起していた義務付け請求のみを取り下げる）という選択肢を与えており、そのような原告の意思による選択を尊重する改正法の趣旨と考えられる。そのような選択肢があるにもかかわらず、原告が、あえて義務付け訴訟をも併合提起した場合であれば、一回的解決・最終的解決により近い時点を選択していると見ることができるので、この原告の意思を尊重すべきではないだろ

---

(19) 大阪地判平成19年3月14日判タ1252号189頁。詳細につき、第1章I-2(2)を参照。
(20) 大阪地判平成21年9月25日判時2071号20頁。詳細につき、第1章I-2(3)参照。
(21) 大阪高判平成22年9月9日判時2108号21頁。詳細につき、第1章I-2(4)参照。

うか。裁判が分離されたこと自体について当事者等の異議申立ての機会がなく、特に、原告は取消訴訟について勝訴しているため控訴の利益すらない。もちろん、裁判所が行訴法37条の3第6項を適用するにあたり、当事者双方に釈明を求めることは十分に考えられ、またそうすべきであろう。しかし、釈明だけで、原告の一回的解決への期待に応えるものとなるであろうか。

そこで、分離取消判決後に予定される行政庁による再判断において必要となる、当初の行政処分時以降の事実変動・法変動を前提とした裁判所の法解釈・法適用をあらかじめ示すことが可能であり、かつ適切である場合には、裁判所は、分離取消判決の違法性判断の基準時を分離取消判決の判決時として判決をすることもできるという理解も、成り立ち得ると考える。

II 救済内容の特定

行訴法37条の3第1項は、義務付けの訴えは、「一定の処分」がされないことにより重大な損害を生ずるおそれがあり、かつ、その損害を避けるため他に適当な方法がないときに限り、提起することができるとしており、原告が当該「一定の処分」の内容を特定して、主張することが前提とされている。

通説的な理解によれば、この「一定の処分」とは、裁判所が審理できるほどに特定されていることを意味するとされている。ところで、この「一定の処分」には二つの側面の問題が存在する。一つ目は、原告の救済内容特定責任であり、どの程度まで具体的に一定の処分を特定し、それが法令上義務付けられていることを主張・立証すべきかの問題である。この問題については1で論じる。

もう一つのこれまであまり注目されてこなかった問題は、裁判所が審理できる程度の特定でよいのかという問題である。すなわち、義務付け判決においてはその主文で「一定の処分」をなすべきことを行政に対して命令することになるが、その後に行政過程に差し戻されるのであり、上記の裁判所の審理という観点だけで特定をすれば足りるのかはまた別の問題であ

る。そこで、行政過程への差戻しの内実、ドイツの状況、現在の議論等について、2で扱う。

1 原告の救済内容特定責任
(1) 救済内容特定の困難性

上記の通り、裁判例を検討してみると、救済内容（義務付け判決の内容）の特定、特にそれを原告が早期に詳細にこれを特定することが困難であることが浮き彫りになる。それは、義務付け判決の中身には様々なものがあり得るからである。

たとえば、石田訴訟第一審判決[22]は、障害者自立支援法に基づく介護給付に関し、平成19年度決定については月470時間以上478時間以下、平成20年度決定については月495時間以上744時間以下、平成21年度決定については月500.5時間以上744時間以下にせよという「幅」を持った義務付け判決を下した。また、480円タクシー事件第2次訴訟第一審判決が附款について括弧書きを付してその内容を例示したこと[23]、そしてガーナ人在留特別許可義務付け訴訟第一審判決が在留特別許可の内容の決定について行政庁による判断の余地があることを示したこと[24]も、この「幅」の存在を示唆している。

この問題は、通常は、一定の処分論として論じられており、このような「幅」がある判決が「一定の処分」であるかが問題となる。しかし、「一定の処分」は訴訟要件であり、本来原告が義務付け訴訟を提起する段階で「一定の処分」を特定しなければならないのである。そして、この、石田訴訟第一審判決から浮き彫りになることは、裁判所が判決において「幅」を認めるように、一定の「法令に基づく申請」（行訴法3条6項2号）が想定されている申請型義務付け訴訟においてもなお、様々な内容の「一定の処分」があり得るということである。そうだとすると、果たして、これを訴

---

(22) 和歌山地判平成22年12月17日賃社1537号20頁。なお、控訴審は大阪高判平成23年12月14日賃社1559号21頁。詳細につき、第1章Ⅰ-3(4)を参照。
(23) 大阪地判平成21年9月25日判時2071号20頁。詳細につき、第1章Ⅰ-2(3)参照。
(24) 東京地判平成20年2月29日判時2013号61頁。詳細につき、第1章Ⅰ-5(2)(a)参照。

訟における審理を経る前の初期段階で原告に特定させることが合理的か、という問題があるだろう。原告が訴訟のはじめから救済内容を特定して訴訟追行することが現実的ではない場合、行訴法の原則は、訴状において請求の趣旨を特定できなかったとして、訴え却下（行訴法7条、民訴法140条）となるということであるが、このような訴訟構造は原告にとって酷な面があると指摘できる。

(2) 平成16年行訴法改正前後の議論

　平成16年行訴法改正においては、「一定の処分」をめぐる議論はどのようになされていたか。ここで再度立ち返るべきなのは、行政訴訟検討会における中間段階の整理である。

　第3章Ⅰ-3(1)(b)の行政訴訟検討会の要件論に関する議論で紹介した通り、第25回会合配付資料において、「行政庁が処分（又は裁決）をすべきことが一義的に定まること（一義性の要件）[25]」という行政裁量との関係での議論と、請求の特定との議論が結び付けて議論された。その際、裁判官としての経験を豊富に有する小林久起参事官が強調した視点は、「処分をすべきであるかどうかということを裁判所が明確に判断出来るようにする」必要と、「行政庁にとっては判決の効力がはっきり判断出来るようにする」必要がある、という点であった。

　これらの問題提起に応える形で、民事差止訴訟における抽象的不作為請求の許容性を参照すべきであるという意見や、要件裁量・効果裁量の区別に即して議論すべきではないか、という見解も現れた。

　これらの議論に即した形で、行政事件担当裁判官協議会における協議を踏まえて最高裁事務総局の編纂した『改正行政事件訴訟法執務資料』[26]においては、①処分要件一部共通説と、②効果裁量説を対比した形式で論じている。①処分要件一部共通説は、条文上別個の処分とされていても、処分要件の一部を共通にしていれば、それらの処分は「一定の処分」の範囲に包含されるという見解であり、②効果裁量説は、処分の内容、方法につい

---

(25) 行政訴訟検討会第25回会合配付資料2「義務付け訴訟の法定（検討参考資料）」1頁。
(26) 最高裁判所事務総局行政局監修『改正行政事件訴訟法執務資料』（法曹会、2005）27頁。

て行政庁に効果裁量が認められる限度で、「一定の処分」の範囲に包含されるという見解である。『改正行政事件訴訟法執務資料』編纂のベースとなった裁判官協議においては、前者の見解を支持する者はなく、少なくとも効果裁量以外の処分要件については全て共通する必要があることについては異論がなかったと紹介されている。

そして、②効果裁量説をとった上で残る問題点として、効果裁量の範囲内に性質の異なる処分（例として、建築基準法9条1項の除却命令、移転命令、改築命令）につき、これらをまとめて「一定の処分」の範囲に含めることができるかが議論され、「一定の処分」の範囲を緩やかに捉える見解が多数を占めたと紹介されている。

(3) ドイツにおける対応と日本法への示唆

ドイツにおいては、決定義務付け判決に至る要件は「事案の成熟性の欠缺（Fehlende der Spruchreife）」である。これは、事案の成熟はないが、請求棄却という終局判決を出し得る状態（「棄却の成熟（Abweisungsreife）」）でもない場合を指している。棄却の成熟という言葉は耳慣れない概念であるが、これは裁判所に事案の成熟性導出義務が課せられていることと、決定義務付け判決という判決類型が用意されていることから生じている。つまり、請求を棄却する上でも、事案の成熟性以外の部分について請求を棄却するだけの裁判の成熟性が必要である。そこで、裁判所が審理を尽くして、特定行為義務付け判決を下すだけの事案の成熟性（Entscheidungsreife）を導出しようとしたところ、それ自体は認められないものの、しかし請求を棄却する場面でもないという状況が生じ得るのである。[27] 論者によって、事案の成熟性の意味が違うものの、ドイツ法では、裁判の成熟が終局判決のための一般的要件であることに変わりはない。そこで、(審理を尽くしたにもかかわらず)「事案の成熟性を欠くこと」それ自体を決定義務付け判決の要件とし、そのような場合には裁判の成熟があるとみなすことで、棄却ではないものの救済内容を特定するに至らないという決定義務付け判決の場合

---

(27) この用語法はあまり一般的ではないが、ヤコービが事案の成熟と対比して用いていることにつき、第2章III-3(3)(C)。

においても、裁判の成熟という終局判決のための一般的要件を満たしていると解されている。

これに対して、日本の平成16年改正行訴法での義務付け訴訟は、従来いわれていた義務付け訴訟の3要件に比べると、「一定の処分」という語を採用した点で「なす」べき救済の内容の特定性を緩和した。しかし、依然として原告側に請求内容の特定についての責任があるとされている。このことと申請型義務付け訴訟が取消訴訟等と2段構えになっていることが足枷となる。「なす」ことの内容を特定するために行政庁が考慮しなかった処分理由や裁量行使の考慮要素があったとしても、それらは取消判決においては議論の対象にならないため、分離取消判決では拾いきれない処分理由や裁量行使上の考慮要素が残ることとなる。これらは救済を中心に抗告訴訟制度を考える立場からは無視できない。他方これらを放置することもできず、取消判決により行政の手続適正化を図る必要もある。

また、ドイツ法に見られた「裁判所の事案の成熟性導出義務」のような、裁判所が関与することで原告と被告の武器対等に寄与するような制度理解もなされていない。日本では、そのような意味での裁判所の関与はさしあたり期待されていない。

(4) まとめ

原告は、被告である行政と異なり、十分な情報を得にくい状況にある。そのような状況で、救済内容の特定責任として重いものを要求すれば、本来勝訴すべき事案について原告がこの責任を果たせないがために敗訴するという結果にならざるを得ない。違法を原告に主張させるとしても、それ以上に救済内容について原告に重い特定責任を負わせるのは不合理な面がある。

上記のように、裁判所も、原告の特定責任を重いものと理解するとそれは酷であると考え、「一定の処分」をより緩やかなものと解することで解決する試みがなされているものの、原告側における救済内容の特定責任の重さについて十分に配慮されたとまではいえない。そしてドイツにおいては、このような議論をしておらず、そもそも原告は違法の主張立証責任があるものの、違法が認められればその後の救済については、究極的には裁

判所が決めることになる。

　このような状況は、義務付け訴訟における原告側における救済内容の特定責任の重さを緩和する方向での解釈論の必要性を基礎付けるとともに、救済内容の特定責任を緩和することにより、より義務付け訴訟と取消訴訟を相対化する方向をも示唆しているといえる。

2　義務付け判決後の行政過程への差戻し

　義務付け判決が下された後には、行政過程への差戻しが発生する。すなわち、義務付け判決を踏まえ、行政は再度の処分を行うのであって、その中で、義務付け判決の拘束力による制約を受けながらも、基準時後の事情等を考慮しながら、独自の判断を行う。このような差戻しをドイツでは正面から認めた決定義務付け判決制度が存在する。また、日本でも、後述の通り、抽象度の高い「一定の処分」義務付け判決においては、その抽象的な内容を行政が裁判所の意向を尊重しながら具体化する作業が必要である。

⑴　義務付け判決後の行政過程

　「義務付け判決が下されれば、後は行政が判決の拘束力に従って行政行為をして終わり」という訴訟観は誤りといわざるを得ない。実際には、義務付け判決後においても行政過程における再度の検討が必要で、その検討は多くの場合実質的な検討になる。その観点で「一定の処分」についても再検討が必要である。

　その観点では、非申請型義務付け訴訟の事例ではあるが以下の事例が参考になる。

　産業廃棄物処理施設に対する是正命令およびその代執行の義務付けが争われた福岡高判平成23年2月7日（判時2122号45頁）は、経営破綻している産業廃棄物処分場業者Aに対する措置命令（廃掃法19条の5第1項）とその代執行（同法19条の8第1項）の義務付けが求められた。周辺住民である原告は、代執行義務付けを主位的請求とし、措置命令の義務付けを予備的請求として提訴したものの、代執行の要件には先行する措置命令違反（同項1号）が含まれているため、措置命令の発令義務付けは認められたが、代執行の義務付けは棄却された（なお、上告審である最決平成24年7月3日公刊物

未登載平成23年(行ツ)第348号・平成23年(行ヒ)第387号は上告棄却)。

　その認容判決の主文は、「福岡県知事は、株式会社Ａに対し、原判決別紙産業廃棄物処分場目録記載の産業廃棄物処分場について、廃棄物の処理及び清掃に関する法律19条の5第1項に基づき、生活環境の保全上の支障の除去又は発生の防止のために必要な措置を講ずべきことを命ぜよ」というものであった。つまり、廃掃法の根拠規定は明示しているものの、抽象的に「必要な措置」を講ずべきことを命ぜよというだけで、具体的にどのような内容の措置を行うべきかについては主文では言及されていない。

　ここで、代執行に関しては、業者Ａが経営破綻していることにより措置命令によって損害を避けることができないのではないかという問題がある。この点については、「福岡県知事が本件措置命令をしたにもかかわらず株式会社Ａが支障の除去等の措置を講じない等の場合には、福岡県知事は、法19条の8第1項1号に基づき、本件代執行をすることができる。前判示のとおり、福岡県知事は、現時点においては本件代執行をすることができないのであるから、本件措置命令をすることによって本件代執行も可能となり得ることをも考慮して、本件措置命令によって上記損害を回避することができるというべきである」と判示している。本判決後の展開として、福岡県は専門家による調査専門委員会を開催して措置命令の具体的内容を決定し、鉛不溶化措置、水位低下措置、雨水排水設備設置、ガス抜き対策、モニタリング等を内容とする措置命令を発した。その後履行がないために福岡県は行政代執行の手続を続けている。

　この事例が示しているように、義務付け判決が下されたといっても、その主文において具体的に被告行政庁がどのような内容の措置を行うべきかを決めきれるとは限らず、さらにどのような内容の処分が適切であるかについては、それ以降の行政過程における検討が必要となる場合があり得るのである。

(2)　ドイツ決定義務付け判決論の示唆

　現行法制度を見てみると、ドイツにおいても、日本においても、訴訟類型と判決類型の関係は複雑である。ドイツ法も日本法も、一つの訴訟類型に二つの目的を併存させている点が指摘できる。つまり、違法是正のため

の違法性確定と、原告の最終的な救済である。

　平成16年行訴法改正前の日本法においては、取消訴訟だけが現実的な選択肢であったから、取消訴訟という訴訟類型が二つの目的を担っていた。一度の訴訟において、紛争を一回的に解決することを期待するのか、それとも処分理由（あるいは理由の差替えが可能である範囲の別理由）の違法性確定を優先し段階的解決を志向するのかということが問題になっていた。[28]

　取消訴訟と義務付け訴訟とを峻別するドイツは、義務付け訴訟の判決類型として、紛争の終局解決をも目指すことができる特定行為義務付け判決と裁判所の法解釈を顧慮した決定を求める決定義務付け判決とを用意している。そのため、一回的解決か段階的解決かという問題は、どのような場合に決定義務付け判決を使うことになるのかという決定義務付け判決の射程範囲をめぐる議論として現れている。救済の実質化にこだわり、理由の差替えを広範に認めるビッケンバッハは、一回的解決を志向する立場の理由付けと極めて近い。ビッケンバッハは決定義務付け判決を原告にとっては不本意な結果であると評価して、事案の成熟性導出義務を重視してできるだけ特定行為義務付け判決が出しやすいようにした上で、一回的解決の観点から理由の差替えを広範に認めて、裁判所が全ての違法事由を検討することを重視する。[29]

　逆に、処分理由ごとの違法性を切り出して決定義務付け請求権に独自の意味を認めようとした論者がヘーデル＝アディックである。この発想は、手続瑕疵と理由付記を重視する差戻的解決を志向する立場と共通の問題関心を有している。ヘーデル＝アディックは決定義務付け請求権を「手続瑕疵のない、正しい理由付けによる行政行為の発令を求める請求権」と捉え、判決そのものによる権利救済のみならず、判決に至るまでの過程でも実効的な権利救済がなされることを重視した。正しい理由付けによる決定を促進することで、裁判所の負担軽減を図る趣旨だという。[30]

　ドイツにおいてはこの二つの対立は、決定義務付け判決に消極的な意味

---

(28)　第3章Ⅰ-2(2)。
(29)　第2章Ⅲ-3(3)(b)。
(30)　第2章Ⅲ-3(3)(a)。

のみを持たせるのか、それとも積極的な意味を持たせるのかという対立につながっていた。(31)

　この訴訟類型と判決類型の関係については、日本法では平成16年行訴法改正により、前提条件が変化した。義務付け訴訟の導入により、一回的解決の立場から見れば、原告は取消訴訟だけを提起するのではなく、義務付け訴訟も併合して提起すれば、取消訴訟の拘束力の範囲などを問題にすることなく一回的解決を達成することができる。すると、申請拒否処分取消訴訟の理由の差替えの可否についても、現在においては義務付け訴訟提起の可能性を視野に入れずに議論するのはナンセンスであり、一回的解決を求める原告は義務付け訴訟を併合提起すればよいことになる。もっとも、行訴法37条の3第6項による分離取消判決の可能性があり、行政庁が処分の理由とした要件Aの充足だけを判決理由とするか、他の要件Bも含め分離取消判決を行うかが理由の差替えの可否につき残された問題となるという指摘がある。(32)

(3)　平成16年行訴法改正後の「抽象的義務付け判決」

　義務付け判決後に行政過程においてその判決の内容を踏まえてさらに審査を行い、裁量判断を行うべき類型として従前いわれてきたものは、いわば民法の抽象的差止判決の義務付け訴訟版といえる、抽象的義務付け判決である。そして、この抽象的義務付け判決については、従来非申請型義務付け訴訟を中心に議論がされてきた。(33)平成16年行訴法改正後の申請型義務付け訴訟でもそれに該当するものがあり、具体的には、抽象度の高い「一定の処分」義務付け判決（何らかの処分をなすことだけを命じる従来の抽象的義務付け判決にあたるものと、それよりはある程度特定された「幅」のあるものとが想定できよう）と、分離取消判決がこれに相当するといえるだろう。内容に一定

---

(31)　さらに問題になるのは、日本における取消判決、ドイツにおける決定義務付け判決の判決効の射程である。いずれにおいても、「主文を導き出すのに重要な理由」について拘束力を認めるのであるが、どの範囲の理由までが取消し、あるいは決定義務付けの結論に影響を直接的に与えているのかが判別できなければ、その後の行政過程において無用な混乱を招くことになってしまう。

(32)　太田匡彦「取消訴訟の審理に関する諸問題」行政訴訟実務研究会(編)『行政訴訟の実務』（加除式、第一法規、2004〜）611-692（630）頁。

(33)　越智敏裕「行政訴訟の審理と紛争の解決」現代行政法講座編集委員会(編)・前掲注(11) 173-208頁（193頁以下、特に194頁以下）。

の抽象度が残ることから、判決がなされた後、行政過程において再度判断がなされる。

「幅」を持った「一定の処分」義務付け判決の例としては、肢体不自由児通園施設に通園していた児童が、被告市に対し、児童福祉法24条1項に基づき希望保育園のいずれかに入園することの承諾を求めていた事例について、東京地判平成18年10月25日（判時1956号62頁）では、承諾拒否処分の取消しが認容され、「原告（親）に対し、原告（娘）につき、A保育園、B保育園、C保育園、D保育園又はE保育園のうち、いずれかの保育園への入園を承諾せよ」との判決が下された。また、480円タクシー訴訟第1次判決や三鷹市耐震性調査資料開示請求事件、被爆者健康手帳の交付申請に関する事案でも、それぞれ分離取消判決が下された。これらは、ドイツ法の決定義務付け判決と同様、その後に行政過程において、たとえば、A保育園、B保育園、C保育園、D保育園またはE保育園のうち、どの保育園に入園させるかの判断がなされることになる。

(4) 「完全義務付け判決」と「附款」

480円タクシー事件第2次訴訟第一審判決は[34]「近畿運輸局長は、原告に対し、別紙第1記載のとおり一般乗用旅客自動車運送事業に係る旅客の運賃および料金を変更することを認可する旨の処分をせよ」という主文の義務付け請求認容判決を行っている。当該別紙には具体的な運賃および料金が記載されており、一見被告としてはこの判決の別紙の通りの認可を行うこと以外に選択肢がない、いわば「完全義務付け判決」が下されたとも見える。

しかし、その結論部には、「（ただし、本件申請の認可に付すべき条件の有無及び内容については、なお近畿運輸局長の裁量判断にゆだねられるというべきである。）」という、附款の内容に関する括弧書きが記載されている。つまり、このような申請を全面的に拒絶することが違法であり、少なくとも基本的にこれを認可することが法令上求められているとしても、実際に運輸局長が認可の行政処分をするのであれば、各種の事情に鑑みて各種の条件を付すことが想定されているところ、裁判所も、このような実態に鑑み、行政過程へ

---

(34) 大阪地判平成21年9月25日判時2071号20頁。第1章 I - 2 (3)。

の差戻し後に付すべき条件についてまで裁判所で「決めきる」ことができず、その範囲では、行政裁量が残ることを認めているということである。

このように、一見「完全義務付け判決」に見える480円タクシー事件第2次訴訟第一審判決ですら、100％全てを決めきることができていないということは、現実には、行政が何ら裁量的判断を働かせる余地がなく、裁判所の命じる行政処分を行うのみという意味での本当の「完全義務付け判決」が存在しないことを強く示唆するものである。

なお、申請型だけではなく、非申請型義務付け訴訟においても、義務付け判決後に行政過程に差し戻す必要があるところ、特に非申請型の場合、「申請に対する応答」が前提となっていないので、この問題はより重要である。しかも、第三者型の義務付け訴訟の場合には、他に「当事者」、すなわち行政から義務履行を求められる者がいることから、当該「当事者」との調整が必要であり、訴訟内だけでは完結し得ないのである。

(5) 行政過程と司法過程の往復

行政訴訟の判決は、それ自体のみで捉えられるべきではない。市民と行政の間の紛争は、行政手続・行政訴訟手続・あり得る訴訟後の行政手続というプロセスにおいて引き続いているのであり、行政訴訟の審理過程において、裁判所がどのように事案を判断し、決定を進めることができるかについても、この行政手続と訴訟手続の連関構造が意識されるべきである[35]（また、**図表4**も参照されたい）。

図表4　申請型義務付け訴訟を前提とした行政過程と司法過程の往復

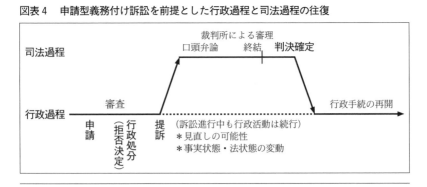

---

(35) 山本隆司「訴訟類型・行政行為・法関係」民商130巻4＝5号（2004）640-675（667）頁。

III 「義務付け訴訟と取消訴訟の区別」に対する疑念

　上記の通り、基準時論の観点からも、救済内容の特定の観点からも、義務付け訴訟と取消訴訟の区別は疑わしいことがわかる。

　そして、既に義務付け訴訟と取消訴訟という2段構えの考え方を相対化し、区別を疑う議論は、様々な文脈で様々な論者によってなされている。本節では、これまでの議論を要約し、本書における議論との関係を考察する。なお、叙述の順序は、本書との関連性が明確であるものからとなっており、必ずしも各学説の登場した順ではないことをお断りしておく。

　まず、山本隆司の行政手続と訴訟手続との客観的接続関係論を紹介する。これは行政組織と裁判所の役割分担に関する考え方であるが、この考え方は、義務付け訴訟と取消訴訟を相対化する方向性を指向する。

　次に、行政事件訴訟を違法性判断と是正措置（救済）の二重構造で捉える考え方を紹介する。この考え方によれば、取消判決も義務付け判決もその是正措置（救済）の方法の違いに過ぎないということになり、区別は相対化される。

　最後に、レメディ論は、米国法との比較法の議論を指向するという意味で、ドイツ法との比較法の議論を指向してきたこれまでの行政法学界の議論の中ではやや異質ではあるが、これも区別の相対化を指向しているので紹介したい。

1　客観的接続関係論

　近時公開された論考[36]において、山本隆司は、平成16年改正行訴法をめぐる議論の現状について、伝統的な「公定力」「行政庁の第一次判断権の尊重」といった抽象的な観念の影響を未だに引きずっていると批判し、より具体的な判断内容・判断手続に即した「行政手続と訴訟手続との客観的接

---

(36)　山本隆司「改正行政事件訴訟法をめぐる理論上の諸問題」論ジュリ8号（2014）71-80（71-72）頁。

続関係」の観念への転換を迫っている。具体的には、行政訴訟における理由の差替えや違法性判断の基準時等の論点につき、「行政手続と訴訟手続の客観的接続関係」の考えを用いて再検討をするよう提案しており、従来のように取消訴訟だけを想定するのではなく、義務付け訴訟・差止訴訟も考慮に入れて総合的に考え直す必要があると述べている。ここでの「行政手続と訴訟手続の客観的接続関係」とは、行政組織と裁判所の役割分担に関する考え方である。行政手続において、行政組織は将来の世代まで包含する不特定多数者の利益を総合衡量して法を具体的に執行し、あるいは財の配分を行う。この活動は、必要な情報を幅広く収集・分析し、必要な知識を創出しながら行われ、行政組織はその調査・判断の過程を説明すべき権限と責任を持つ。これに対し、裁判所は、こうした行政組織・行政手続による調査・判断・説明の過程を、一定程度尊重しつつ統制する。この過程において、紛争を合理的に解決するために、裁判所は行政過程に適時に接続して統制を行い、また行政過程に再度の判断を求め、委ねる趣旨の手続をとる。山本はこのような一連の流れを「行政手続と訴訟手続の客観的接続関係」と名付け、行政訴訟の一つの特徴として位置付けている。このような議論においては、行政裁量の観念も、行政手続による訴訟手続の排除としてではなく、行政手続と訴訟手続との協働による公正な判断過程への形成と位置付けられる。そこで前提とされている取消訴訟と義務付け訴訟の関係は、形式的に対比されるべき存在ではなく、「いずれも原告私人が現在において自らの権利利益を防禦ないし実現するために、被告行政主体の違法行為の是正を求める趣旨の訴訟」として、連続的に捉えるものである[37]。この「客観的接続関係」は、取消訴訟と義務付け訴訟の連続性を認め、その意義を違法是正に求めるという点では是正訴訟論と類似するが、司法過程と行政過程との連続性を強調することにより、裁判所の過度な負担を軽減し、適切な司法と行政の役割分担を指向するという点で、現行法の解釈として現実的であるところに特徴がある。

---

(37) 山本・前掲注(36)76頁。なお、山本説の背景にも後述する興津征雄による義務付け訴訟制度批判が含まれている（同前76頁注25）。

本書も、この山本の「客観的接続関係」の観念の理解と大筋で共通する理解を有しており、この「客観的接続関係」の考え方からも、義務付け訴訟と取消訴訟の区別は相対化される。もっとも、「客観的接続関係」論は、主に提訴時点の行政過程から司法過程への受け渡しの部分を念頭に置いて論じられているところ、義務付け訴訟が導入された今、改めて問われるべきなのは行政過程から司法過程への受渡しだけではなく、その先にある判決確定時点の司法過程から行政過程への受渡しの問題である。

2　違法判断と是正措置（救済）の二重構造論

　平成16年改正行訴法の下で行政手続と行政訴訟手続の連関を重視しつつ抗告訴訟理論の再構成を試みた興津征雄は、抗告訴訟の各判決類型の中に、違法判断と是正措置（救済）の二重構造を見出した。その発想の発端は、取消訴訟における違法性を訴訟物から前提問題に格下げせずにあくまで既判力を認めた上で、判決で取消しの効果が発生することをいかなる理由で認めるか、という問題意識にある。そして、行訴法の規定とそれをめぐる論争をつぶさに検討すると行訴法の規定する各訴訟類型がいずれも違法の宣言を内包しているということを、次々に例証する。

　興津は、まず、権力的事実行為についての取消訴訟を行訴法が認めているところ、その場合には字義通りの「取消し」は観念できない以上、そこでの取消訴訟の内容は実質的に違法宣言であるとする説が存在することを指摘する。

　次に、取消訴訟の提起前に処分または裁決の効果がなくなった場合についての論争に言及する。この点については、ドイツの連邦行政裁判所法における事後違法確認訴訟（113条1項4文）をヒントとした上で、日本の行訴法9条括弧書き（「処分又は裁決の効果が期間の経過その他の理由によりなくなった後においてもなお処分又は裁決の取消しによって回復すべき法律上の利益を有する者」の提起する取消訴訟）を根拠に違法性を確認するための取消訴訟を認め

---

(38)　興津征雄『違法是正と判決効』（弘文堂、2010）72頁、75頁。
(39)　今村成和「事実行為の取消訴訟」『現代の行政と行政法の理論』（有斐閣、1972〔初出1965〕）233-252（238）頁。

ようとする見解と、そのような場合に同じくドイツ法をモデルとして違法確認訴訟を認めるべきとする見解[41]が対立しているように見えるが、しかし実はいずれも違法宣言を内包していることを指摘する[42]。そして、事実行為の取消訴訟についての拘束力（行訴法33条）と事情判決（同法31条）が、いずれも取消訴訟の審判の対象である行政処分の違法性と、それを受けての是正措置とを分離していることを指摘する[43]。

そして、申請型義務付け訴訟についても、この二重構造が当てはまることを示す[44]。義務付け訴訟の訴訟物を「行政行為をなすことを求める給付請求権」と捉える立場に対しては実体法的地位にまつわる議論の蓄積を促す意図であろうとした上で、義務付け訴訟にも違法性確認機能があることを正面から認めようとする。この点で、抗告訴訟を、処分行政庁の処分発動権限の存否に着目して行政庁の作為・不作為義務の確認訴訟と構成する白石健三の説[45]を、取消訴訟と義務付け訴訟とを統合的に把握する視点として評価するものの、既に行政庁の判断が出ている事案については不適切だと批判する。そのような、行政庁の具体的義務が確認できる場合に初めて請求が認容されるという立場をとってしまうと、一定の義務があるかないかという範囲でしか紛争解決ができず、処分をしないことは違法であるがどのような処分をすべきかが直ちに判明しない、というような場合を取りこぼしてしまうからである。その上で、取消訴訟と義務付け訴訟とを統合的に把握しながら、白石説の難点を解消する方法として、義務付け訴訟の訴訟物を、「一定の事実関係を前提として一定の処分をしないことの違法性（の確認）を中核としたうえで、違法性が認定された場合にしかるべき是正措置（救済）をとるべき旨を行政庁に命じる旨の要求を含む」と定義する[46]。

---

(40) 市原昌三郎「行政事件訴訟法第9条かっこ書きの意味」公法研究26号（1964）182-187頁。
(41) 松本博之「行政処分取消訴訟における取消対象の消滅と訴えの利益」法雑19巻3＝4号（1973）229-263頁。
(42) 興津・前掲注(38)74頁。
(43) 興津・前掲注(38)72-76頁。
(44) 興津・前掲注(38)281-284頁。
(45) 白石健三「公法上の義務確認訴訟について」公法研究11号（1954）46-55（50、54-55）頁。
(46) 興津・前掲注(38)284頁。

これは、非申請型義務付け訴訟についても当てはまる定義である。引き続いて、非申請型義務付け訴訟の要件について検討する。非申請型義務付けと申請型義務付けを分けるメルクマールである「法令に基づく申請」については、申請権の内容を〈手続の発動を求める権利〉と、〈適法な処置を求める権利〉とに区分して、改正前の不作為の違法確認訴訟が〈手続の発動を求める権利〉の救済しかできなかったところ、申請型義務付け訴訟との併合提起を認めたことで、〈適法な処置を求める権利〉についても同時に満たすことが可能になったと興津は説明する。これに対し、申請権がない場合の非申請型義務付け訴訟を後者の〈適法な処置を求める権利〉しか充足しない状況での救済を可能にする訴訟制度と整理した上で、非申請型における加重要件である損害の重大性要件が、〈手続の発動を求める権利〉がないために行政庁による案件処理がなされないまま提訴されることによる、仮定的・仮想的な審理判断を裁判所に強いることになること、行政と裁判所の役割分担がその限りで変更されることを想定して作られていることを指摘する。そのような理解の下で、重大な損害要件を事実上案件処理の手続が発動している場合には厳格に解する必要はないことを説いている。

つまり、興津によれば申請型と非申請型の違いは〈手続の発動を求める権利〉の存否にあるので、違法確認と是正措置の分離の要請自体は非申請型にも及ぶことになる。そこで、非申請型においても、損害の重大性があって義務付け訴訟の提起が認められた場合には、調査検討のやり直しを認める差戻的判決（それが一部認容としての不作為の違法確認判決であるか抽象的義務付け判決かはともかく）を認めるべきであるとしている。

以上の違法性判断と是正措置（救済）を切り離し、前者についてのみの判決を認め、行政庁による「やり直し」の際に拘束力による統制を及ぼそうという構想は、抗告訴訟全体について語られる。この違法確定と是正措置（救済）の切離しの視点から取消訴訟、義務付け訴訟の関係と判決内容

---

(47) 興津・前掲注(38) 291-292頁。
(48) 興津・前掲注(38) 286-292頁。

の問題を考察し直すと、従来の考え方の硬直性が見えてくる。

　従来の日本における議論は、取消訴訟の訴訟物を処分の違法性一般としておきながら、効果については取消しを行うか否か、つまり処分の効力を維持するか否かという問題が中心に議論されており、違法か否かという前提部分の議論がおざなりになっていた。すなわち、次のⅣ-1で詳述する是正訴訟論が論じていたような「まずは違法か否か」「次に違法を前提に何をすべきか」という順序での判断ではなかった。違法性判断を確定する部分と救済内容を選択して特定する部分とを区別するという発想がなかったために、是正措置・救済内容に引きずられてしまい、その結果、違法を確定し、裁判所による違法との判断についてその後の行政過程において行政を拘束するという要素がないがしろにされているのである。本書第1章で見た義務付け訴訟をめぐる裁判例での問題点も、この問題が淵源となって生じているものが主に2点ある。

　第1の問題は、救済内容が特定できない、あるいは現時点での法状況・事実状況を前提にすると実現できないために、訴えの利益がないとして棄却され、その結果、判決において違法確定も行われないという場合があることである。これは、狭義の訴えの利益の判定基準が厳し過ぎることから生じている。

　この問題が生じた事件が第1次鈴木訴訟である[49]。この事件では、東京地裁の経過規定解釈によれば、たとえ拒否処分を取り消したとしても原告の希望を満たす再処分をする権限が被告にないことになるので救済できない、そのために訴えの利益を欠いているから却下、という結論になっている。しかし、東京地裁は処分の違法性については引き続き判断した[50]。訴え却下であるのだから、本来違法性についての判断は不要であるにもかかわらず、なぜ判示したのだろうか。おそらく裁判所としては、この箇所を出発点として、これからどうすべきかを原告と行政庁とで話し合って決めるべきだという趣旨であると思われる。しかし、この方法だと、被告はこの判決に

---

(49)　東京地判平成18年11月29日賃社1439号55頁、参照、第1章Ⅰ-3(2)、Ⅱ-2(2)。
(50)　賃社1439号55(66)頁。

対して不服を申し立てることができない。あくまで原告敗訴判決である以上、違法性判断の部分については判決効も生じていないからである。逆にいえば、この部分に判決効（特に拘束力）が生じない以上、この部分の判断に反する形での再処分がなされても、原告は新たに訴訟提起して争うこともできない。[51]

第2の問題は、取消訴訟の範囲では処分の取消しの是非を問題とするため、取消訴訟と義務付け訴訟が併合されて審理された範囲と分離取消判決の判決主文において違法性を確定する範囲とが乖離することである。[52]

480円タクシー訴訟第1次判決では、日野辰哉が指摘するように、違法性について裁判所が認定した範囲と拘束力がずれてしまっている。[53]つまり、取消訴訟の基準時を処分時としつつも、処分時以降の事情についても審理判断している箇所があるのである。そうすると、取消訴訟の拘束力はあくまで取消しという判決内容に直接結び付いている箇所にしか生じないことに鑑みると、処分時以降の事情についての認定が宙に浮いてしまっているのである。この事案においても、判決後の行政過程における原告の救済を考えると、取消事由の先まで踏み込んだ違法性判断に意味があった。しかし、この部分については拘束力が生じていないため、行政庁は再度拒否処分を行った。そのため、原告は第2次訴訟で再度争うことになってしまったのである。[54]

また、国立マンション訴訟[55]は、まだ「一定の処分」を裁判所が命じることができるとは理解されていなかった時代の判決であり、当時の判例法上要求されていた「一義的明白性」の要件を乗り越えることができず義務付け請求を棄却した。その点では現在の目から見ると救済内容の特定を過度

---

(51) このように訴訟追行中に状況が変化して訴えの利益が消失する問題について、確認訴訟への訴えの変更を認め確認の利益もあると明示すべきとする見解（山本隆司「改正行政事件訴訟法をめぐる理論上の諸問題―拾遺」自研90巻3号（2014）49-63（51-52）頁）がある。これについては後述する。
(52) 第1章II-1(6)。
(53) 日野辰哉「タクシー運賃認可却下処分をめぐる取消判決の拘束力の範囲に関連付けて国賠法上の違法性が認められた事例」早稲田法学86巻4号（2011）323-342（341-342）頁。
(54) 参照、第1章I-2(3)・(4)。
(55) 東京地判平成13年12月4日判時1791号3頁。参照、本書序章II-3。

に要求したという点で問題がある。しかし、不作為の違法性の確定は行っているので、違法性確定の面からすれば評価できる判決である。

興津が指摘した、違法性判断と是正措置（救済）とを切り離す発想は、第2章で見た救済内容の多様化を結果として生じさせたドイツの判例実務と立法にも通じるものである。いずれにおいても、原告が、認められるためのハードルが高い救済内容を請求の趣旨として立てた場合に、原告の主張する通りの救済をすべきとまでは認められないと裁判官が判断した際には請求棄却、といういわばオールオアナッシングの判断枠組による解決をするのではなく、裁判所の責任の限度で、訴訟手続と連結して理解されるべきさらなる行政手続における適切な救済を模索すべきであるという発想である。そして、その場合には、判決の中で、そのような多様な救済の前提となる違法性を取り出して確定するということになる。

興津自身が指摘するように、この発想を推し進めていくと、かつて存在したラディカルな形での立法案と類似する。それが、次のⅣ-1で紹介する日本弁護士連合会（日弁連）の行政訴訟法案に見られる、是正訴訟論である。

---

(56) 興津・前掲注(38)333-334頁。もっとも、興津自身は自説と日弁連案の違いを次のように強調する。その相違点の一つは、訴えの種類についての理解の違いである。日弁連案は、後述するように、形成訴訟として構成された取消訴訟の排他的な性格を嫌って、処分が違法ゆえに無効であることを確認するという立場をとる。これに対し、興津は二重構造として捉える抗告訴訟全体を、形成訴訟と理解する点が異なるというのである。しかし、興津自身、形成訴訟と構成すること、そもそも訴えの分類論に過度に振り回されることにどれだけの意味があるのかを疑っていると思われる記載（282頁）がある（これにより、義務付け訴訟を給付訴訟と捉える見解との相対化を図っている）。違法性判断と是正措置（救済）の二重構造と捉えるとき、民訴学説においても「形成訴訟は法が個別に認めたものの総称でしかなく、定義や分類にこだわるべきでない」（安西明子「訴えの種類」法教375号（2011）6-9（7）頁）と評されてしまう状況下にあっては、この点はさしたる問題ではない。興津と日弁連案を決定的に峻別するのはもう一つの理由である。それは、日弁連案が現行の行訴法を解体して再構成する思考に立つのに対し、興津はあくまで「現行行訴法（2004（平成16）年の改正の前後を問わない）の解釈論として」二重構造が見出されるとする点にある。つまり、法改正を必要とせず、ものの見方を転換するだけで、解釈論として成り立つ議論であることを意識している。

3　レメディ論

　曽和俊文は、平成16年改正後の行訴法において法定された義務付け訴訟・差止訴訟、そして改めてその意義が注目された確認訴訟など、訴訟類型の多様化を、権利利益の多様化に対応した救済手段（レメディ）の拡大と捉え、分析を試みている。ここでは、権利侵害または権利の実現を妨げることに対する救済、そのための方法・手段・手続を検討する救済（レメディ）理論に立脚する可能性のある複数の議論を掲げた上で、改正行訴法の下での救済のあり方について多角的な検討が行われている。曽和自身指摘するように、そこで掲げられた論者が全て英米法的な意味におけるレメディ論に立脚するわけではないものの、違法と救済の二分法の観点から、「救済法」の視点あるいは「違法是正措置」の観点から整理し直そうとするアプローチが見られるところである。

　そして、曽和自身は、行政上の権利を〈憲法上・行政制度上あるべき状態〉あるいは〈当該状態の実現を求める力〉と再定義し、権利義務の具体的内容を、請求権の体系としてではなく、レメディとの関係で考察しようと試みている。

IV　救済のあり方を原告以外にも委ねる発想

1　是正訴訟論

　以下に紹介する日本弁護士連合会（以下「日弁連」という）の行政訴訟法案は、司法改革推進本部行政訴訟検討会に平成15年（2003年）3月26日に提出された。その内容は、行政訴訟制度の不備に対する弁護士たちの不満を反映した立法論となっており、行訴法改正が一段落した今日の目から見ても、先進的かつ柔軟な内容を含むものになっている。この日弁連法案が完成する直前の3月1日に、日弁連は、公開討論の場として、「行政訴訟

---

(57)　曽和俊文「権利と救済（レメディ）」阿部泰隆先生古稀記念『行政法学の未来に向けて』（有斐閣、2012）543-572（543）頁。
(58)　曽和・前掲注(57)546頁。
(59)　曽和・前掲注(57)571-572頁。

改革の方向とその国民的意義——なぜ行政訴訟が少ないか——」と題するシンポジウムを行い、そこで司法改革推進本部行政訴訟検討会の委員である小早川光郎と水野武夫、そして検討会でのヒアリングで意見を述べた阿部泰隆を招いて、日弁連法案（3月1日版）を検討するパネルディスカッションが行われている。このパネルディスカッションでの議論は、日弁連法案の先進性と難点を浮き彫りにするものとなっている。

日弁連法案の根本思想は、取消訴訟中心主義に陥っている現状を打破するために、新たに「是正訴訟」というカテゴリーを作った上で、その是正訴訟と民事訴訟の垣根を低くする規定を随所に盛り込むということにあった。そして、是正訴訟は、「行政決定の違法の確認を求める訴訟およびその是正のための作為又は不作為を求める訴訟」（7条1項）と定義され、違法確認と是正のための作為・不作為の給付をその内容とする。そして、違法な行政決定の効力については条文で明示的に「違法な行政決定は効力を有しない」（同条3項）として、あくまで違法確認判決はもともと違法な行政決定の効力がないことを前提にそれを確認する判決であるという立場に立っている。是正訴訟という言葉を用いて取消訴訟という語を使わない背景には、「裁判所で取り消してもらうまでは有効」と扱う現状の取消訴訟観を打破し、そもそも違法であれば無効であるということを裁判所に確認してもらうという考え方への転換の意図が込められている。

---

(60) 以上のシンポジウムおよび日弁連法案（シンポジウム時点での3月1日版および行政訴訟検討会に提出された3月13日版）については、日本弁護士連合会（編）『使える行政訴訟へ』（日本評論社、2003）にまとめられている。

(61) 以下、条文番号のみ掲げた場合は3月13日版を指し、3月1日版に言及するときはその旨表示することとする。

(62) 参照、日本弁護士連合会（編）・前掲注(60)105頁の小早川光郎発言。

(63) 日本弁護士連合会（編）・前掲注(60)102頁の水野武夫発言および153頁の解説。なお、この違法な行政決定の効力については、3月1日版では42条が「判決で違法であることが確認された行政決定は効力を有しない。ただし、第41条第4号、第45条第3項、第47条及び第57条の場合はこの限りでない」（89頁）という規定になっていた。これに対し、小早川が「確認されていない行政決定についてはどうなのだという気がする」と疑念を呈していた（125頁）。そこで位置付けを変え、もともと違法ならば当初から効力がないものと考えるべきであるという発想に立ちかえったものと考えられる。なお、この条文が必要であるかどうかについては結論が出なかったのであろう、153頁の3月13日版の解説においても、不要論があった旨が付記されている。

給付の内容については、判決類型（41条）の条文を置き、違法確認判決（同条1号）、行政主体に対して特定の行政決定を命じる判決（義務づけ判決）（同条2号・45条）、行政主体に対して裁判所の法的見解を尊重して行政決定を命じる判決（指令判決）（41条3号・46条2項）、行政決定の効力を維持したまま裁判所の法的見解を尊重して行政決定を行うことを命じる判決（差戻判決）（41条4号・46条3項）、行政決定の事前差止めを命じる判決（差止判決）（41条5号・47条）、訴えの利益を喪失した場合における違法宣言判決（41条6号・49条）、行政機関等の違法行為を除去もしくは撤廃し、または経済的・社会的に可能である限度での原状回復その他の是正措置を講ずべきことを命じる判決（結果除去判決）（41条7号・50条）、その他紛争解決に適切な形式の判決（41条8号）を定める。そして、この判決類型の選択は、訴訟提起時に行われるのではなく、当事者双方の意見を聞いた上で、裁判所が命じる（41条柱書）。つまり、入口としては違法確認とその是正を求める訴訟とし、出口の部分に多様かつこの例示に限らない救済を与えるべきであるという発想で規定されている。そして、是正訴訟と民事訴訟との相互乗り入れのための規定（29条）を置いて、入口で迷うことはないようにすることを重視している。

また、行政決定の効果が消失し、これまでの実務では訴えの利益がなく却下されてきた場合についても、違法宣言判決（49条）を設ける。そして、事情判決については、終局判決ではなく中間判決として残し、その後のとるべき措置についての和解や、決裂した場合に無過失の損害賠償訴訟についても規定する条文（51条）を設けている。

「原告は行政決定に対する違法の確認と是正を求める訴訟を提起すればよく、是正措置の具体的内容は訴訟手続の中で詰めていけばよい」とする是正訴訟の基本的アイデアは、司法改革推進本部行政訴訟検討会第4回のヒアリングの際、阿部泰隆が提出した資料に既に現れていた。「行政訴訟は、行政活動の違法の除去・是正を求める訴えと是正を求める訴えと総称」し、

---

(64) 阿部泰隆「行政訴訟の新しいしくみの提案（2002年5月20日）」（http://www.kantei.go.jp/jp/singi/sihou/kentoukai/gyouseisosyou/dai4/4siryou1.pdf）。
(65) 阿部・前掲注(64) 5-6頁。

「原告はどのような行政活動によりどのような不利益を受けているかを示して、その除去・是正を求めれば、裁判所は審理の結果、原告にもっとも有利な解決策を取ることとすればよい。要するに、請求の趣旨の細目は、入口でなく、出口として、最後に裁判所が当事者と対話して判断すべきである」[66]としている。日弁連法案は、それに救済のためのメニューとしての判決類型を例示する条文を置くことで、是正を求めることの意味が違法の確認と適切な救済を求めることにあることを明示したものである。パネルディスカッションにおいても、阿部はその趣旨を繰り返し発言した。[67]

　このようなアイデアに対して、小早川は二つの疑問を述べている。一つは、入口は本当に一つでよいのか、という問題である。「入口は一つにしておいて、出口をたくさんにすればいいのではないかというのは大変結構な話」として好意的に評価しつつ、日弁連法案が違法確認訴訟と義務付け訴訟を同じ入口で扱うことに疑問を呈している。「ある行為の違法認定を求めるようなタイプの是正訴訟と、それから、ある行為やある給付を求めるタイプの、要するに義務づけ的な是正訴訟と、入口を二つにしておいて、その中でそれぞれ出口をいろいろ考える」方が実務上使いやすいのではないかと発言している。[68]その根拠としては、明示的には述べていないが、入口を二つに分けるべき理由を「従来取消訴訟と義務づけ訴訟は理論的にはだいぶ違うのではないかという議論があって、そこの純学理的なハードルは少しはあると思います」と述べている。[69]そして、もう一つの疑問として、小早川は、どの時点で出口を特定するのかの問題を指摘している。水野もこの二つの疑念を共有し、処分権主義の観点から疑問を示している。原告が違法確認まででよいと考えているのに、裁判所が「この処分をせよというところまで判決する」というようなことになりかねないというのである。[70]

---

(66)　阿部・前掲注(64)26頁。
(67)　日本弁護士連合会(編)・前掲注(60)103-104頁、121-122頁。
(68)　日本弁護士連合会(編)・前掲注(60)125頁。
(69)　日本弁護士連合会(編)・前掲注(60)124頁。
(70)　日本弁護士連合会(編)・前掲注(60)125-126頁。

この二人の疑念に対して、阿部は、訴訟類型を当事者の意思に反して裁判所が決めることはないこと、判決時に当事者の意見を聞いて決めればよいと反論した。そして、進行中に煮詰めていくことを認める必要性がある事例として、ホームレスによる生活保護の事例を例示している。大阪市ではホームレスに対して収容保護といって更生センターに入れられてしまうが、アパートを借りて生活保護を受けたいという場合に、今の制度では収容保護決定の取消しを求めなければならなくなる。しかし、取消判決を受けると野宿になってしまう。

　そうではなく、生活保護決定が違法であることを主張させればよく、審理の結果、収容保護ではなくアパートの家賃が欲しいとのことだとわかれば、その旨の義務付け判決を出すかどうかを考えるという、審理の過程で何が一番適切な訴訟類型かがわかる事例がある、としている。[71]

　以上、判決態様に関する是正訴訟のアイデアとそれをめぐる議論を紹介したが、本書との関係でこの日弁連法案が持つ意義を検討する。

　まず、是正訴訟のアイデアは、抗告訴訟の違法確認機能と、それに対する是正・救済機能とを分けて考察する発想を内包している。しかし、「形成判決による取消し」という構造を嫌い、「違法な行政決定はそもそも無効であってそのことを確認するのが違法確認判決」という理解に立っているので、取消訴訟が別途存在することを前提として違法確認判決の意義を論じる場合と比べると「違法確認判決」の意味が異なっていることに留意する必要がある。つまり、取消訴訟との対比で違法確認判決を論じる場合は違法という評価と行政決定の効力が切り離され、違法ではあるが効力は残存するという場合を許すものであるのに対し、日弁連法案では違法であればすなわち無効と解することになるから、行政主体による再判断が行われるまで当初の行政処分の効力を維持しておきたいようなケースへの対応が難しい。そのために生じ得る不都合は、行政決定の効力を維持したまま裁判所の法的見解を尊重して行政決定を行うことを命じる判決（差戻判決）

---

(71)　日本弁護士連合会（編）・前掲注(60)126-127頁。なお、本書第1章Ⅰ-4で紹介した新宿七夕訴訟は東京都新宿区の事例であるが、ここで想定されている事例がまさに現実化したケースである。

(3月13日版41条4号・46条3項)を設けることで回避しようとしているように思われるが、上述のように違法すなわち無効とする規定を置いてしまうこととの不整合感は否めない。違法な行政決定がどの時点で効力を失うことになるのかについて柔軟な解釈を許す余地がないように見える。[72]

　次に、小早川により指摘されているように、違法認定の先にある是正手段を、いつ、どのように選択するかが問題になる。そして、その際には、違法認定型の審理と義務付け型の審理が、同一線上に並んでいるのか否かが問われる。ここで小早川が示唆している取消訴訟と義務付け訴訟の理論的な差異とは何であろうか。

　審理方針について検討してみると、処分理由と（現在の通説的議論の枠組から見た場合の）違法性判断の基準時の問題が考えられる。まず、処分理由については、取消訴訟においては処分の根拠となった理由が違法であれば取消判決が下されるが、別理由による同一内容の再処分を下すことは妨げられないと考えられている。すると、違法認定型の審理としても、（理由の差替えを全面的に認める説に立たない限りは）全ての処分理由ではなく、問題になっている処分理由だけを審理して違法確認判決を出すことができるはずである。しかし、義務付け訴訟においては、求める行政決定の要件全てについて審理する必要がある。すると、是正訴訟の義務付け型の判決類型においては、全ての要件についての判断が不可欠となる。それをしてもなお確定できないときに、行政主体に対して裁判所の法的見解を尊重して行政決定を命じる判決（指令判決）（41条3号・46条2項）や、行政決定の効力を維持したまま裁判所の法的見解を尊重して行政決定を行うことを命じる判決（差戻判決）（41条4号・46条3項）が下されるということになるだろう。以上のように考えると、結局原告がどこまで深い審理を求める趣旨であるのかをはっきりさせる必要が出てくる。想定する是正手段の内容によって、審理方針がかなり変わってきてしまうからである。

　次に、違法性判断の基準時については、従来、取消訴訟については処分時、義務付け訴訟については判決時ではないかと考えられてきていた。す

---

(72) この点、3月1日版での違法＝無効とする規定である42条（前掲）では、差戻判決にあたる場合（41条4号・47条）を但書で除外していたため、問題は生じなかった。

ると、是正訴訟における違法確認判決が取消訴訟同様処分時説に立ち、義務付け判決が判決時説に立つのであれば、基準時が違うものを混ぜているような印象を受けるのは否めない。しかし、是正訴訟論に基づいて考えると、処分が当初違法であれば無効であったのに、その後の変動によって変わり得る場合に備えて、行政決定の効果が消失し訴えの利益が失われた場合の違法宣言判決（49条）を規定し、救済手段が公益に反する結果になる場合に対応して、事情判決を中間判決化してその後の和解や無過失責任の損害賠償訴訟への移行を勧めるための規定（51条）が設けられている。つまり、あくまで処分時を基準として違法性判断をし、そのために生じる不都合に対しても最大限の救済が与えられるような仕組みにしていると考えられる。このような手当てをした上で、事例ごとに基準時を考えていくという立場に立つのであれば、それはそれとして理解できるだろう。

そうすると、小早川の懸念に答えるとすれば、是正手段の選択をいつ、どのようにするかが中心的な課題となる。

訴訟類型の選択の複雑さにより原告の救済が阻害されることを回避することが是正訴訟論の根本にある。[73]日弁連法案が目指したのは、どのような救済を求めるのかを特定しきらなければならないという責任を全て原告に負わせるのではなく、救済内容の特定責任を裁判所（と行政）にも分担させることである。そのための規定のあり方として一つの訴訟類型に複数の判決態様を結び付けることが適切であったかどうかは疑問があるが、その思想自体は平成16年改正行訴法の解釈論としても、そしてこれからの立法論としても、検討すべき課題である。

2 抗告訴訟以外の訴訟における是正措置（救済内容）の漸進的特定
(1) 民事差止訴訟の「抽象的差止請求」の審理過程をめぐる議論

是正手段の選択をいつ、どのようにするかを原告により特定することが

---

(73) 日本弁護士連合会（編）・前掲注(60)155頁には、以下の説明がある。「是正訴訟には訴訟類型は存在しない。訴訟類型を設けることは、類型選択の負担を原告である国民に課すことになる。訴訟類型間のキャッチボールを防止する意味でも、主観訴訟としての行政訴訟は是正訴訟のみとし、必要な場合に特則（第5節以下）をおくことにした」。

困難である事例は、抗告訴訟に限られない。民事訴訟においても、違法行為の差止めを求める訴えにおいては同じ問題がある。それが、行政訴訟検討会でも話題になった、抽象的差止請求をめぐる議論である。

抽象的差止請求とは、原告が自己の居住地に一定程度以上の騒音や一定程度以上の汚染物質を侵入させないことを求める請求である。最高裁は、横田基地訴訟上告審判決において[74]、理由付けは必ずしも明らかでないものの、これを適法とした[75]。これは、原告による救済方法の特定が必ずしも容易ではない環境法分野において、大きな意義を有している[76]。

川嶋四郎は、抽象的差止請求の適法性を検討するにあたり、権利侵害あるいは違法性があることの確認と、それに対応するための救済方法を命じることを分けて議論する「二段階裁判手続理論」を提唱した。

これは、第1段階としていわば原因判決的な「権利侵害判決」（確認判決）を一部判決として下し、第2段階として、「権利侵害判決」の内容に基づき、両当事者の主体的関与の下で具体的な救済方法（給付判決）を残部判決として下すという二重構造を提案する説である[77]。つまり、差止請求

---

(74) 当初下級審判例においては、強制執行が不可能であること、あるいは間接強制で足りるとするもの、さらに判決手続における訴訟要件や本案の審理および被告の防御権行使のために請求の特定が必要である等の理由で、否定されてきた。これらの経緯について、大塚直『環境法BASIC〔第2版〕』（有斐閣、2016）426-428頁。

(75) 最判平成5年2月25日判時1456号53頁。

(76) なお、国道43号線訴訟上告審（最判平成7年7月7日民集49巻7号2599頁）も、抽象的差止請求の可否について第一審（否定）と控訴審（肯定）とで結論が分かれていた事案について、請求の特定性を満たしているかどうかについて特段の判断を示すことなく本案審理に入り、差止請求を棄却した。最高裁が明示的判断を示さなかったことを非難しつつ、このことをもって抽象的差止請求を黙示に認めていると解する見解として、大塚直「民法判例レビュー(54)」判夕918号（1996）56-68（64）頁。

(77) なお、抽象的差止請求に関する民事訴訟法学の議論は極めて多岐にわたり、またその請求の根拠をどこに求めるかについて、民法学の観点からも必ずしも決着がついていない問題であると思われる。環境法分野における差止請求と従来からの差止請求の根拠を違法侵害説の観点から整合的に説明しようとする論者においても、将来の課題とされている（根本尚徳『差止請求権の理論』（有斐閣、2011）426頁）。以下では、違法性の判断と救済内容の確定とを切り離す議論として川嶋四郎の学説に着目しているが、抽象的差止請求の議論が川嶋説によって（特に従来の民法学・民事訴訟法学との整合性という観点から）説明可能であるかどうかについての論評を含むものではない。

(78) 川嶋四郎『差止救済過程の近未来展望』（日本評論社、2006）121頁〔初出1996〕、199頁〔初出1995〕。

権の主張を、権利侵害についての確認請求権と、救済方法についての給付請求権との客観的併合と見て、前者についての一部判決の後に後者についての残部判決を言い渡すという構成である。この議論は、大規模な公害・環境事件における差止的救済では、大気汚染や騒音等による権利侵害が認められても、具体的な救済方法が一義的に定まるわけではない関係にある(「具体的救済方法の多様性」)上、最適な救済方法が個々の事件の複雑な事実関係の可変的かつ流動的な状況に応じて変化してしまう(「具体的救済方法の可変性」)という特色を、自らの支えとしている。つまり、当初から請求の趣旨を確定した上での給付訴訟としての差止めを求めるのは無理であるし適切ではないという発想から生じている議論である。

そして、2段階目の給付判決の内容としては、「救済指針付差止判決」という形を提唱する。これは、主文として、まず基本的な抽象的差止命令を記載し、次に、例示列挙的な具体的救済方法を記載するというものである。大気汚染差止請求訴訟事件を例にとると、判決主文は「被告は、原告の居住敷地内に、大気汚染物質〜を〜ppm以上侵入させてはならない。被告はこの目的を達成するために、排煙浄化装置の設置その他適切な措置を実施しなければならない」というようなものだという。

そして、原告の特定の程度としては、提訴時は、少なくとも、「被告は、ある事業を遂行するにあたり、原告に大気汚染物質〜による損害を与える行為をしてはならない」という程度の申立てでよく、権利侵害判決の基準時までに、「被告は、原告の敷地内に、大気汚染物質〜を1時間値の1日平均値〜ppmを超えて侵入させてはならない」(ただし、数値化できない場合にはその必要はない)という程度に特定されればよいとする。

責任論(違法論)と救済論(損害論)を事実上分離して段階的に審理する

---

(79) 川嶋四郎「『公共的差止訴訟』における救済過程の構造とその展開(1)」商学討究(小樽商科大学)39巻4号(1989)33-85(38-39)頁。
(80) 川嶋・前掲注(78)198頁〔初出1995〕。
(81) 川嶋・前掲注(78)121-122頁〔初出1996〕。些細な疑問ではあるが、この判決主文例は「その他の」とした方が法令用語としては適切と考える。「その他適切な措置」では、排煙浄化装置以外の措置だけを行うことが排除されるように思えるからである。
(82) 川嶋・前掲注(78)122-123頁〔初出1996〕。

という程度であれば、民事訴訟実務でも行われているところ、川嶋が、それを超えて一部判決を活用するこのような訴訟プロセスを提唱した背景には、段階ごとに応じて一定の枠内で争点を確定させつつ、被告による自発的救済措置の実施可能性をできるだけ保ち続けたいという発想がある。まず、提訴時から権利侵害判決までの間の審理によって、被告によって権利侵害が引き起こされていることが争われる。それを経た上で権利侵害判決が出て確定すると、権利侵害があることは既判力をもって確定する。救済方法についての審理はその上で行われるから、被告は権利侵害があること自体は争えない。そこで裁判所は原告だけでなく被告の主体的な関与を得て救済方法についての判決をなすということになる。そして、執行の場面においても、間接強制を活用して、まずは被告によって自発的に侵害除去措置を講じさせ、しかし、一定期限までに功を奏しない場合には、救済選択権が原告に移転し（選択債権における選択権の移転の規定（民法408条）を類推適用）、債権者は授権決定手続を弾力的に活用して、代替執行等の「適当な処分」を申し立てることができ、事情の変動にも、授権決定を「簡易な判決（債務名義）の修正手続」として機能させることで対応するという。[84]

つまり、川嶋説によれば、救済措置をとるぎりぎりのところまでの事情変動を織り込みつつ、適切な救済を被告の自発的な対応によって実現する可能性が開かれることになる。この発想は、単に具体的な是正措置が多様であることのみからは出てこない発想である。つまり、訴訟手続の終結である終局判決で一連の流れが終わるのではなく、被告による履行があってようやく、是正措置（救済）がなされるのであり、その間、状況が変転し続けることを織り込んでいるのである。つまり、最適な救済方法が個々の事件の複雑な事実関係の可変的かつ流動的な状況に応じて変化してしまう、「具体的救済方法の可変性」という特性を突き詰めた議論となっている。

---

(83) この点を川嶋は、第1判決を中間判決ではなく一部判決と構成する理由であると説明する。中間判決に対しては独自に上訴することはできないが、一部判決であれば、独立に上訴できるからである。その間、残部請求である救済請求については、審理が停止されるべきであるとする。川嶋・前掲注(78)122頁注37。
(84) 川嶋・前掲注(78)200-201頁〔初出1996〕。

(2)　住民訴訟の3号請求・4号請求における議論

　地方自治法242条の2は、違法もしくは不当な公金支出等について、当該行為の差止請求（1号請求）、行政処分たる当該行為の取消しまたは無効確認の請求（2号請求）、当該怠る事実の違法確認請求（3号請求）、損害賠償または不当利得返還請求をすることを普通地方公共団体の執行機関または職員に求める請求（4号請求）を規定する。近年、3号請求と4号請求について、違法性判断と是正措置（救済）とを切り離し、救済の特定については段階的に確定していく解釈論、立法論が提唱されている。

　(a)　住民訴訟の3号請求における「幅判決」・「条件付き判決」論　　藤原淳一郎は3号請求が問題となった空知太神社事件についての評釈において[85]、違法確認と救済とを区別し、救済内容の確定をできるだけ遅らせる議論を展開している[86]。この訴訟では、違憲状態解消には施設撤去以外にも他の方法があるのに検討していないとして原審差戻しとしているが、違憲状態の解消のための措置を検討する際の考慮要素に、市議会の議決を要する事項（低廉譲渡など）まで含まれており、市議会議決の見込みまで審理せよと原審に要求している。これは判決時には特定しきれない事情まで含めて是正措置を検討せよと言っていると評価できる。そこでは、確定判決時点では定まらない考慮要素が含まれていることを指摘した上で、「具体的な是正措置について筋道を示しつつも、具体的な手段の選択にあたって、かなりの程度行政に選択肢を与える」判決である「幅判決」を検討すべきこと[87]、さらには「考慮要素中のクリティカルな要素について、その実現・達成又は不達成を停止条件又は解除条件にする条件付き認容又は棄却判決」である「条件付き判決」まで視野に入れるべきではないかとの指摘がなされて[88]

---

(85)　最大判平成22年1月20日民集64巻1号1頁。
(86)　藤原淳一郎「住民訴訟の審理に関する一考察」慶應義塾大学法学研究84巻2号（2011）503-564頁。本件は義務付け訴訟ではなく、3号住民訴訟であり、「怠る事実の違法確認」の事件である。ここでは、この類型の訴訟が、不作為の違法確認と併合提起された義務付け訴訟と類似の効果を持つと考えて検討対象とした。
(87)　藤原・前掲注(86)547頁。同論文563頁補注5によれば、この「幅判決」の構想は申請型義務付け訴訟における「一定の処分」をめぐる下級審裁判例がもととなっている。
(88)　藤原・前掲注(86)547-552頁、562頁補注1。

いる。藤原の発想の根底にあるのは、「原告が訴訟提起時点（監査請求時点）で適切な是正措置を特定することはできない。訴訟中に練り上げていけば良い」という発想であり、これはかつてから彼が依拠している動態的訴訟物論(89)の抗告訴訟への適用につながっている。行政訴訟・憲法訴訟においては、入り口の原告の申立ての範囲だけでは争点が定まらず、被告の応答によって争点が定まることが指摘されており、もとより訴訟物の手続主導機能が低いのではないかという指摘が、鵜澤剛と興津征雄の応答の中にも見られる(90)。

(b)　住民訴訟の4号請求のあり方をめぐる議論における違法確認請求論

住民訴訟の4号請求において、被告個人が処理できる範囲を超えた過大で過酷な負担が生じ得る場合についての議会決議による請求放棄に関する最高裁判決（最判平成24年4月20日民集66巻6号2583頁、同平成24年4月23日民集66巻6号2789頁）を契機として開催された総務省「住民訴訟に関する検討会(91)」では、この問題に対応するために六つの案を提示した。そのうちの「対応案Ⅲ」では、以下のように、違法確認と是正措置の義務付け、そして措置内容の議会への報告の義務付けを組み合わせている。

　対応案Ⅲ　違法確認訴訟を通じた是正措置の義務付け
　ⅰ）違法確認訴訟を通じた是正措置の義務付けの追加　現行の4号訴訟に加え、新たな訴訟類型として財務会計行為の違法確認訴訟を創設する。違法を確認する判決が確定した場合、長に、判決の趣旨を踏まえて、個人に対する懲戒処分、再発防止に向けた体制構築、違法が確認された行為の原因となる条例の改廃等の当該行為の是正又は将来における同種行為の抑止のために必要と認める措置を講ずるとともに、その旨を議会に報告することを義務付ける立法措置を講じる(92)。

---

(89)　伊東乾「訴訟物の動態的把握」『民事訴訟法研究』（酒井書店、1968〔初出1959〕）237頁。
(90)　鵜澤剛「行政法における法律行為と法律関係、そして訴訟類型の配分」立教大学大学院法学研究36号（2007）1-65（60）頁注114、および同「憲法訴訟における訴訟物概念の役割(2・完)」立教大学大学院法学研究34号（2005）33-75（62-64）頁と、それに対する興津・前掲注(38)96頁注231。
(91)　総務省「住民訴訟に関する検討会報告書（平成25年3月）」については、http://www.soumu.go.jp/main_sosiki/kenkyu/jyuumin_sosyou/index.html で確認することができる。
(92)　総務省「住民訴訟に関する検討会報告書（平成25年3月）」10頁。

この趣旨として同報告書では、現行の4号請求の損害賠償請求が事後的な是正手段としてのバスケット条項として機能していることを問題視し、それに加えて、違法確認訴訟を創設することによって、住民訴訟上の手段を拡充すると説明する。そして、この違法確認判決が認められた場合のその後の対応として、以下のような想定を続ける。

　　違法確認判決が確定したときは、長に損害賠償等の請求以外の是正、抑止のために必要と認める措置を講じる義務を課して、単なる違法の確認にとどまらない将来における違法な財務会計行為が抑止される効果を期待する。違法確認判決の趣旨を踏まえて必要とされる是正措置には、懲戒処分等の個人に対する責任追及のほか、再発防止に向けた体制構築、違法が確認された行為の原因となる条例の改廃などの組織としての対応が想定される。
　　住民は、紛争の実質に応じ、財務会計行為の適法性確保のためのより適切な手段を選択することとなる。ただし、損害の補てんとその他の是正措置が重ねて必要となることも考えられるため、現行の4号訴訟及び上記の違法確認訴訟を併せて請求可能とする。
　　なお、この際には、違法確認を請求する現行の3号訴訟をこれと一体化することについても検討する必要がある。[93]

　この議論に現れているのは、現行の4号請求が事実上違法確認の目的に用いられているにもかかわらず、損害賠償請求と結び付いているがゆえに、過大な請求額に結び付きかねないという問題が生じているという発想である。そして、「是正措置」の内容を執行機関等に委ねることによって、原告側の請求特定の問題を回避し、合理的かつ実効性のある対応がなされることを期待したものといえよう。

3　本書との関係

　本節で取り上げた議論は、現在の抗告訴訟を想定して形作られたものではない。しかし、いずれも、行政と市民の非対称性を想定した抗告訴訟になじむ議論である。行政には説明責任が課せられており、市民はその行政による侵害に対しての救済を裁判所に求めるという形になっている。そう

---

(93)　総務省「住民訴訟に関する検討会報告書（平成25年3月）」10-11頁。

である以上、何が適切な救済なのかを原告が決めることができないという是正訴訟論のとったアプローチは、急進的ではあるものの本質を突いた議論であろう。同様の問題が生じる民事差止訴訟においての抽象的判決は、その問題に対する一種の判例法上の智慧であると評価できよう。

V　章　括

　以上の議論に鑑みれば、少なくとも、申請型義務付け訴訟と取消訴訟の間には、その接続を阻むほどの差異は見受けられない。むしろ、平成16年行訴法改正によって、これまでは不分明であった義務付け訴訟の外延が明確になり、裁判例での取り組みを踏まえれば、申請型義務付け訴訟は取消訴訟と切り離して考えるべきではなく、相対的なものとして、連続的に捉えることが可能となる。次章では、このような申請型義務付け訴訟と取消訴訟の関係の相対化を踏まえた上で、義務付け訴訟の有している機能についての考察を行う。

第5章
義務付け訴訟の嚮導機能

　前章の検討において、併合提起された取消訴訟と申請型義務付け訴訟の審理においては、両訴訟を訴訟類型の差異により分断されたものと見る見方だけではなく、切れ目なく接続されたものとして議論する可能性が示された。続くこの第5章においては改めて、義務付け訴訟が担う機能についての考察を深めていく。

　その際、前提とすべきなのは、訴訟過程を動態的に捉えた義務付け訴訟審理の進行である。訴訟提起の段階においては、拒否処分が仮に違法であったとしても、どういう意味で違法なのかがわからず、かつ、判決時におけるなすべき具体的な救済の内容も十分に特定できないこともあるはずである。訴訟過程において、原告市民と被告行政機関の主張立証活動により、徐々に違法の内容やなすべき救済の内容が具体化されていく。以下では、訴訟過程を通じて動態的に審理が行われるという観点を前提にして、義務付け訴訟の機能を考察し、それを前提とした訴訟制度の解釈論、訴訟運営のあり方について論じていくこととする。

I　違法および救済における階梯論

　まず、義務付け訴訟の機能を論じるための前提として、取消訴訟と併合提起された義務付け訴訟については、処分の違法性の内容について、さらには判決の結果もたらされる救済内容についても、それぞれに多様な、複数の段階を想定できることを示したい。以下、処分の違法性についての段階については「違法の階梯」、救済内容の段階については「救済の階梯」として論じる。

1 階梯論を論じる意義

(1) 取消請求の審理から義務付け請求の審理に移る心証形成過程モデル

　第3章で述べた通り、平成16年行訴法改正後において、併合提起される取消訴訟および義務付け訴訟に対する判決のあり方については、行訴法37条の3第1項・2項と5項の構造から、取消（無効）事由の存否に関する心証を形成した後に、義務付け訴訟における「一定の処分」に関する一義性が形成できるかどうか、という段階を踏むものと整理されてきた[1]。すなわち、裁判所は、取消訴訟についての心証をまず形成し、取消訴訟につき請求棄却の心証が形成されれば①取消棄却・義務付け却下の判決となる。他方、取消訴訟につき認容するとの心証が形成されているのであれば、一義性についての心証形成に移り、心証が形成できているのであれば審理を終結し、②取消訴訟について認容・義務付け訴訟について認容するか、あるいは③取消訴訟については認容・義務付け訴訟につき棄却の判決を下す。もし一義性についての心証が未形成であれば、心証が形成できるまで審理を終結せずに続行するか、あるいは④取消訴訟についてのみ終結し（行訴法37条の3第6項前段：分離取消判決）、義務付け訴訟の審理については続行するか、中止（行訴法37条の3第6項後段）する、という考え方である。

　そして、この論者によれば、「迅速な争訟の解決に資する」ときの例としては、障害厚生年金の級につき、3級とした原処分は取り消すべきとの心証は形成されたが、障害の程度が1級か2級かを判断するためにはなお相当の証拠調べが必要だが、再診断がなされれば新たな処分が見込まれる場合を挙げている。

(2) 下級審判決分析からの疑問

　このような心証形成過程モデルは、確かに行訴法の構造を反映したものであり、多様な判決類型を整合的に説明しようとしたものと評価できるが、本書の検討からは不十分な点が存在する。

　この心証形成過程モデルは、取消判決の認容との心証形成から一足飛び

---

[1] 市村陽典「行政事件訴訟法の改正と訴訟実務」ひろば2004年10月号23-30（26-27）頁。行政訴訟検討会においてこのような条文構造が提案されたのは、他ならぬ市村委員による発言の影響が大きかったことにつき、本書第3章 I-3(2)・(3)参照。

に一義性（「一定の処分」）の判断へと至っているところ、このような判断は、義務付け訴訟と併合提起される取消判決の心証形成過程について、暗黙のうちに「全ての拒否事由についての審理が終わっていること」を前提に議論しているといえる。

しかしながら、取消訴訟については全ての違法事由について審理判断がなされていない段階であっても、違法事由が一つでも認定できるのであれば、取消判決がなされる可能性がある。確かに義務付けの訴えを併合提起している以上、原告が望む処分をなすための要件全てが審理対象になるのが原則ではある。しかし、たとえば手続違法について審理が先行し、裁判所が、手続違法が存在するとの心証を形成する場合はあり得る。また、実体要件についても、理由の差替えを制限する考えをとるのと同様の問題が生じ得る。行政が処分時に主張していた拒否事由は成り立たず、当該拒否事由を理由とする拒否処分はできないとの心証を形成した上で、行政が主張する新たな拒否事由は少なくとも取消請求の関係では審理・判断されるべきではないと判断する可能性があるからである。これらの場合には制度上分離取消判決が可能である以上、義務付け訴訟を併合提起していても、この段階で結審し、分離取消判決を下すことが想定できる。

第1章で見た分離取消判決の実例のうち、このケースに該当するのは三鷹市耐震性調査資料開示請求事件である[2]。理由付記に問題があるために取消判決には熟しているが、全ての不開示事由について審理判断することができないとして分離取消判決を下した。

このようなケースにおいて、取消請求については判決に熟していることは比較的早期に判明するにもかかわらず、義務付け請求についての審理を続行すれば、一義性（「一定の処分」）の検討に至る前に、まずはその他の実体要件についての検討が必要になるだろう。そして、義務付け請求にかかる実体要件について裁判所が審理判断することができないことが明らかになったために、分離取消判決をしたものと思われる。

また、義務付け請求を一部認容した判決のなかにも、取消訴訟・義務付

---

(2) 東京地判平成24年3月22日判自377号13頁。参照、第1章Ⅰ-6(2)。

け訴訟という順序で審理する心証形成モデルからは説明し難い事例が存在する。第1章II-5において指摘した通り、石田訴訟第一審判決と同控訴審判決を比較すると、第一審判決においては一応分離して審理されていた取消訴訟の違法性判断枠組としての裁量の逸脱濫用審査と、義務付けの訴えに関する支給量の算定が、控訴審判決においては、連続して審理判断されている。これは、控訴審判決においては、取消訴訟における違法性判断と、義務付け訴訟における「一定の処分」の内容を同時に判断しているかのようである。

そうすると、上述の心証形成過程モデルでは、義務付け訴訟の訴訟過程、具体的には違法性の判断過程および救済内容の判断過程のうちの一側面しか捉えられていないのではないかという疑念がある。

従前の判決類型論を前提に義務付け訴訟の審理過程に関する議論を精緻化しようとすると、取消認容判決・義務付け棄却判決に分類すべき場合と、分離取消判決（義務付けについては終結しない）にすべき場合との想定が論者によって区々となる等、十分に議論が精緻化できないおそれがある。そこで、以下では、判決類型論とは一旦切り離した形で、違法の階梯と救済の階梯のそれぞれの内容の多様性について論じた後、筆者が考える判決類型との対応関係について述べることとしたい。

2 「違法の階梯」の内容

違法の階梯とは、義務付け訴訟において、ある処分に関して認められる違法性の内容には様々なものがあり、義務付け訴訟と併合提起される取消訴訟が認容されるとの心証に至った場合においても、実際にはその内実として異なる段階の違法が存在しているということを意味する。

違法の階梯の具体的な内容は、取消訴訟に関し、これまで理由の差替え論との関係で議論されてきた内容にほぼ対応する。すなわち、取消訴訟に関し、申請拒否処分の取消違法を基礎付ける内容として、少なくとも、①理由付記・聴聞手続の不履行等の手続の瑕疵、②拒否処分に付記された理由Aに関する違法、③付記された理由A以外の理由Bや理由Cを含む全ての拒否事由を検討した上での違法という段階が考えられるところ、裁判所

が理由の差替えを制限すれば、②の段階で判決に熟したとして取消判決が下されるものの、裁判所が理由の差替えを認めれば、③の段階で初めて判決に熟したとして取消判決が下されることになるだろう。

　取消訴訟における処分理由の差替え論については本書においては深く検討することができないが(3)、さしあたり、義務付け訴訟との関係について敷衍しておきたい。この点、不利益処分取消訴訟との対比において、申請拒否処分取消訴訟については、理由の差替えを制限せず、全ての拒否事由を検討すべきとの見解がある。理由の差替えをめぐる議論においては、一方で、裁判所による一回的解決のために、理由の差替えを許容し、実体審査による争訟の一挙的解決を志向する考え方があり、他方において、行政庁の案件処理の過程を適正ならしめるために、手続的審査を充実させるべきという考え方がある(4)。そして、この点につき、申請拒否処分取消訴訟については、申請人にとっての不利益とは求める処分がなされないことであるから、同一内容の再処分の余地のない実効的救済の観点から、一回的解決が優先されるべきとの考え方が強く主張されており、それは平成16年行訴法改正後にも存在する(5)。その前提が正しいのであれば、義務付け訴訟が併合提起されているか否かとはかかわりなく、申請拒否処分取消訴訟においては②の段階でとどまることが許されず、必ず③の段階まで審理しなければならない、ということになりそうである。

　しかし、平成16年行訴法改正後は、申請拒否処分については義務付け訴訟と取消訴訟を併合提起する方法と、取消訴訟だけを提起する方法の双方が認められている。原告市民が終局的解決を求めるのであれば、取消訴訟単独提起ではなく、義務付け訴訟をも併合提起すればよいだけである。現に、不開示決定取消訴訟と開示決定義務付け訴訟との併合提起が定着した

（3）　山本隆司「取消訴訟の審理・判決の対象(1)」曹時66巻5号（2014）1-33頁による詳細な検討を参照。
（4）　この対比につき、小早川光郎『行政法講義 下Ⅱ』（弘文堂、2005）206頁。また、本書第3章Ⅰ-2(2)も参照。
（5）　兼子仁『行政法学』（岩波書店、1997）188頁、平成16年行訴法改正後の見解として、石崎誠也「申請拒否処分における処分理由の追加・変更について」法政理論（新潟大学）37巻1号（2004）1-35頁。また、阿部泰隆『行政法解釈学Ⅱ』（有斐閣、2009）245頁は、審理のあり方についても詳述する。

情報公開争訟においては、かつて大きな問題であった審理範囲および取消訴訟の反復禁止効の問題は一定程度解消したものと評価できよう(6)。このような状況下で原告私人があえて取消訴訟のみを提起したのであれば、裁判所は理由の差替えを否定し、②の段階で取消判決に熟したとして判決を下すこともできると解すべきである。

そして、義務付け訴訟と取消判決が併合提起された場合であっても、分離取消判決に至る可能性が残されていることを考慮すると、申請拒否処分型であるからという理由のみで、②の段階の存在を否定することはできないように思われる。原告が望む救済が申請認容処分義務付け判決であったとしても、裁判所の判断で、③の段階にまでは進めずに②の段階での違法を根拠に分離取消判決を下す可能性はなお残されていると考えるべきである。

3 「救済の階梯」の内容

救済の階梯とは、拒否処分の取消しあるいは不作為の違法が確定し、根拠法令に従った申請認容のための全ての要件を満たしたこと（違法の階梯における③の段階には至っていること）を前提に、義務付け訴訟の認容判決の要件である「一定の処分」の中における「幅」のうちのどこに位置付けられるのかについての問題である。

まず、最も抽象度が高いものとして、④「根拠法令に従った何らかの申請認容処分をなすこと」のみを義務付けるような救済内容が想定し得る。このような処分が「一定の処分」として許容可能かどうかについては後述するが、少なくとも裁判における心証形成の段階としては想定し得るであろう。

次に、⑤原告が想定した処分内容との関係では一部認容となる、量的あるいは質的に一部切り下げられた内容の救済があり得る。市村陽典判事は、原告は障害認定1級を求めていたが裁判所の心証は2級以上のどこかであ

---

(6) 米田雅宏「情報公開訴訟の諸問題」現代行政法講座編集委員会（編）『現代行政法講座Ⅳ 自治体争訟・情報公開争訟』（日本評論社、2014）195-227（211）頁。

る、というような場合を分離取消判決の例として想定していたが、2級以上のどこかという心証が出ている以上、本来はここに分類されるべきであり、「（根拠法令に従い再度審査し）2級以上の障害等級を認定せよ」という義務付け判決が下されるべきであろう。この段階にはかなりの「幅」があり、第1章における障害者居宅支援費裁判において、24時間介護を前提とした支給量を求めた原告に対し、一定の「幅」を持って認容判決をした石田訴訟はこの救済内容を選択したものと分類できる。

さらに、⑤の亜種（⑤'）として、判決主文においては一見すると原告の望む救済内容をそのまま認容した申請認容処分を義務付けているように見えるものの、判決理由中に、その救済内容の調整を図るような記述が見られる場合がある。480円タクシー事件第2次訴訟第一審判決における附款についての括弧書きがその代表例である。⑤'は、処分の根拠法令において効果裁量が認められていることを前提に、その効果裁量、とりわけ選択裁量（内容形成裁量）が適切に行使されることによって、処分の内容を行政過程において形成可能であることを示しているものだと考えられる。

最後に、⑥原告が想定した処分内容をそのまま救済内容とする場合がある。第1章 I-7(1)で言及した営業保証金取戻請求訴訟のように、法解釈の誤りを正すと、そこから一義的に救済内容が特定される場合があり、そのような実体法の仕組みをとっている場合がここに分類される。この類型に分類される実体法上の仕組みにおいては、行政庁による効果裁量が想定できないことから、救済内容の特定責任に関する問題は生じないものと思われる。いわば、理想型としての「完全義務付け判決」が可能な場合といえよう。もっとも、上記の⑤'のようなものを⑥から外す場合においては、このような意味での完全義務付け判決が可能な場合は実際にはあまり多くはなく、だからこそ、それに至らない様々な段階の救済の階梯が問題となる。

4　判決類型論との接続

これらの違法の階梯・救済の階梯と、平成16年行訴法改正によって設定された要件との関係、そしてそれを前提とした判決類型の組み合わせとの

関係をどのように整理すべきであろうか。

(1) 分離取消判決を下すことができる場合

まず第1に、違法の階梯における①理由付記の不備や聴聞手続の不備などの手続違法の場合と、②付記された理由Aについての実体違法が確定した場合に、分離取消判決がなし得るかどうかが問題となろう。申請拒否処分取消訴訟について、必ず全ての違法事由を審理判断しなければならないという考え方をとった場合には、このような場合における分離取消判決は「原則としては許されない」という方向になるだろうが、「どんな場合にもそれが許されない」と考えるべきではない。行訴法37条の3第6項は、「終局判決をすることがより迅速な争訟の解決に資すると認めるとき」と規定するのみであって、「迅速な争訟の解決」の内容につき、どのような処分をなすべきかが特定できないという場合（救済の階梯における④～⑤の問題）だけでなく、全ての違法事由を明らかにすることについて困難がある場合（違法の階梯における①あるいは②には至っているが、③に至らない段階）を解決するために分離取消判決を選択することを、ことさらに排除している趣旨ではないと考えられるからである。

実際、第1章Ⅰ-6(2)で紹介した三鷹市耐震性調査資料開示請求事件は、少なくとも法人等情報の要件については違法事由を全て明らかにすることができておらず、その意味では、違法の階梯における①あるいは②には至っているが、③に至らない段階であるとして分離取消判決を下した事案といえるだろう。

このように考えた場合、②の段階での分離取消判決は、当初の処分理由Aを行政庁が誤った法解釈の下で実体法上成り立つと判断したことに起因して生じた、本来は理由Bに関し十分な調査・判断・説明や履行すべき手続を欠いているという瑕疵――論者によれば行政裁量にかかる判断過程の瑕疵――と、手続の瑕疵との中間の「中間形態の瑕疵」(7)に対する、適切な判決類型となり得る。この中間形態の瑕疵が明らかになった段階での審理は、全ての処分理由を明らかにするほどには事案解明が進んでおらず、そ

---

(7) 山本・前掲注(3)24頁。

れに伴って適切な救済内容の選択も十分に解明できない状況であることが推察される。特に、処分理由Aと処分理由Bとの間で考慮すべき利益が異なる場合には、処分理由Bに関連した調査や手続が進行しない限り、処分理由Bについて探求することによって明らかになる、救済内容の「幅」（ここには附款による調整の可能性も含まれる）に関連する諸事情も判明せず、全ての処分理由について判断ができた後においても、救済内容を適切に設定できない可能性がある。そうすると、ことさらに申請拒否処分に対する不服の訴えであることにこだわって全ての処分理由についての主張立証を裁判所における手続で行わせること、すなわち理由の差替えを認めて全ての処分理由を審理することを選択するよりも、処分理由Bが成り立つか否かについて十分な調査・判断・説明を尽くさせるために事案を行政過程に一度戻すことが、紛争全体の解決を早める可能性がある。

(2) 「一定の処分」の解釈論の深化へ

他方、④と⑤の差異を意識することや、⑤（判決主文自体に「幅」がある場合）だけでなく⑤'（判決理由中の判断において、附款による調整があり得ることを明示した場合）を意識することは、「一定の処分」に関する解釈論を深化させるためにも必要になるだろう。「一定の処分」の解釈については、先行する行政過程が存在しない場合すらある非申請型義務付け訴訟においては、処分内容の選択の観点からの議論の蓄積があるところである。これに対して、申請型義務付け訴訟においては、申請が「法令上の申請」に限られていることからも、根拠法令が未特定であるという事態は当初はあまり想定されていなかったこともあり、議論の深化につながる視点が欠けていたように思われる。

第1章における裁判例の実例からは、個別実体法における効果裁量（選択裁量および内容形成裁量）に対応して、多様な判決主文の余地があることが

---

(8) 越智敏裕「行政訴訟の審理と紛争の解決」現代行政法講座編集委員会（編）『現代行政法講座Ⅱ 行政手続と行政救済』（日本評論社、2015）173-208（194-201）頁は、一定の処分の外延として根拠法条のレベルまでの特定は必要（すなわち、処分要件の一部を共通とするだけでは「一定の処分」の範囲内とはいえない）としつつ、その内容については、効果裁量の範囲内であれば、処分の同一性の範囲を広く捉えて、性質の異なる処分も一定の処分として審理対象に含めるべきだと主張する。

見てとれる。そして、このような多様性を反映した新たな「一定の処分」論が形成されるべきである。

(3) 附款論

従来、附款に関する取消訴訟をめぐる議論では、附款に関して独立して争うことが可能か否か、付すことが可能な附款であるかどうかが議論の焦点になっていたところである。しかし、上記のような救済の階梯論を前提とすれば、申請拒否処分型の紛争の場合は、附款をめぐる争いは救済内容の特定の観点から問題になると考えられる。

許可処分に付随して附款が付されている場合、その争い方としては二つ考えられる。第1に、（附款が独立していることを前提に）付すべきではない附款が付されたとして、附款「処分」の取消訴訟を提起する。第2に（附款を付すか否か、どのような附款を付すべきかについて選択裁量が認められていて、附款が独立していないことを前提に）「附款が付された部分」を一種の一部拒否だとみなしてその部分についての処分取消訴訟と、なすべき処分（附款が付されていない処分）の義務付け訴訟とを併合提起する形での申請型義務付け訴訟が考えられよう。

第1章で掲げた裁判例の中には、附款についての付言を付すものも見受けられるところ、これは翻っていえば、今後、付すべきではない附款を明示した判決が出される可能性をも示唆しているものと考えられる。

II 義務付け訴訟の嚮導機能

1 義務付け訴訟と取消訴訟の区別の相対化

義務付け訴訟の階梯論、つまり、義務付け訴訟において、違法確定の側面と救済の側面のそれぞれに階梯が存在するという考え方は、義務付け訴訟の機能について、どのような示唆を与えるのだろうか。

ここで留意すべきは、このような義務付け訴訟の階梯論が、義務付け訴訟と取消訴訟の区別を相対化する見解を前提にしているということである。すなわち、違法の面では、違法の階梯の①～③は、全て取消訴訟においても生じ得るものである。また、救済の階梯のうち、④の何らかの申請認容

処分をせよという判決は、全ての実体要件について検討した上で下される取消判決と接近するし、義務付け訴訟であっても分離取消判決が可能である。つまり、義務付け訴訟と取消訴訟の関係は、必ずしも全く異なる２つの制度ということではなく、緩やかに連続する関係にあり、しかも、その境目が曖昧になっている。

上述の山本の「客観的接続関係」の考え方においても、義務付け訴訟と取消訴訟の区別は相対化されているように、取消訴訟と義務付け訴訟の間を相対化して考える見解は近時有力になっているが、違法と救済の階梯論は、これをさらに押し進めたものである。

以下では、このような取消訴訟と義務付け訴訟の関係についての理解を前提に、義務付け訴訟の機能について考察する。

2　義務付け訴訟の嚮導機能
(1)　義務付け訴訟の機能に関する考え方の方向性

遠藤博也が取消訴訟の機能として、(1)（単純な）取消機能、(2)減額機能、(3)やり直し請求機能、(4)義務付け請求機能、(5)差止請求機能、(6)原状回復機能、(7)違法確認機能を挙げているところ、義務付け訴訟の機能は何かと問われると、このうちの(4)義務付け請求機能が多くの人の頭に浮かぶのではなかろうか。

確かに義務付け判決の中に義務付け機能があるものが存在することは否定できない。救済の階梯の⑥、たとえば、第１章Ⅰ-7(1)で紹介した営業保証金取戻請求事件の判決においては、主文第２項(2)において「東京法務局供託官は、上告人が平成25年９月20日付でした第１審判決別紙２供託目録記載の供託金の取戻請求につき、払渡認可決定をせよ」と判示し、供託官に対して一定額の供託金の払渡しを認可する決定を行うことを義務付けている。遠藤の議論における義務付け請求機能も、金額が定型的に確定する社会保障給付を念頭に置いていた。

しかし、留意すべきことは、階梯論が明らかにしたのは、このようない

---

(9)　遠藤博也『実定行政法』（有斐閣、1989) 366-367頁。遠藤による取消訴訟の機能論が本書の出発点になっていることにつき、本書序章Ⅰ-2(1)参照。

わゆる理想型としての「完全義務付け判決」（⑥）以外にも、義務付け訴訟、義務付け判決には様々な段階が存在するということである。

　④の、何らかの申請認容処分を義務付ける判決は、たとえば、障害者居宅支援費訴訟等の事案を想定すれば、「何時間分かの障害者居宅支援費の支給」を命じる判決となる。このような判決が確定した場合、具体的に何時間分の障害者居宅支援費を支給するかについて毎月「1」時間から「744」時間まで大きな裁量の「幅」があることになる。④の判決は、いわば何らかの処分を義務付ける判決にとどまるところ、この判決が持つ、行政に対して何らかの行為を「義務付ける」機能と、全ての要件について判断した取消判決の持つ、拘束力（行訴法33条2項）に基づき当該判決の趣旨に従った再度の処分を義務付ける機能との間には実際上の違いはほとんどないだろう。

　このように、義務付け訴訟と取消訴訟の区別の相対化を踏まえて考察すると、義務付け機能を全ての義務付け請求認容判決にある特徴と表現することは適切ではなく、義務付け請求認容判決の中にも、バリエーションがあることが示唆される。そこで以下では、義務付け訴訟にも様々なものがあり、様々な機能があり得るという観点から、申請型義務付け訴訟における義務付け判決である④〜⑥が共通して有する最低限の機能を考察したい。

(2)　義務付け判決後も残る行政庁の手続

　義務付け訴訟の階梯論によれば、義務付け判決の中には⑥の「完全義務付け判決」のような、判決後において行政庁としてほぼ何らの独自の判断の余地のないものも存在することは事実である。しかし、それは理想型に近く、ほとんどの現実の義務付け訴訟は④と⑥の間のどこかに属する。そしてこのような大多数の義務付け判決においては、たとえば判決主文の「幅」（⑤）や附款（⑤'）等の形で、義務付け判決後に行政が一定の判断を行うことが想定されている。

　そして、以上のような義務付け訴訟観は、義務付け訴訟の結果として出

---

(10)　もちろん、実際の事案においては、既に支給が確定している部分については取消しの対象としていないので、これは理念的な例に過ぎない。

てくる全ての判決類型を、事案の適切な解決に至るための通過点であると評価することにつながる。請求棄却判決が出れば、被告行政庁の行政活動の違法性がなかったことが確定される。義務付け判決が下されたとしても、完全な⑥に近い判決は少なく、多くの場合、⑤や⑤'として、実行にあたり詳細な部分の決定は行政の判断に委ねられている。そして、違法が確定したものの、救済内容の特定について完全な判断には至らないような状況である場合には、分離取消判決や、④ないしはそれに近い形の義務付け判決が下され、裁判所の判断が示されることによって、判決後の行政過程においては判決前とは別の理解を踏まえて原告と被告行政庁とが事案の解決に向けて協働していくという流れが想定できるのである。

　このような義務付け訴訟観の下では、義務付け訴訟は、行政以外の判断権者である裁判所の関与を最大限求めることによって、少しでも事案解決のために前進することを求める訴えとなる。最終的には行政過程に接続し、行政が関与する必要はあるものの、その前にできる範囲で裁判所において審理し、その審理の結果を行政に差し戻すことになる（いわゆる完全認容判決でもこのような構造が認められることは前述した）。

(3) 義務付け訴訟の嚮導機能

　そして、このように考えれば、義務付け訴訟の結果として下される判決が共通に有する機能は、判決後の行政過程に対する方向付け、すなわち嚮導である。

　「裁判所の関与を最大限求める」ということの含意は、取消訴訟を単独で提起した場合との違いを明確化するとともに、義務付け訴訟に対する過剰な期待を廃することにある。まず指摘すべき点は、義務付け訴訟はあくまでも通過点に過ぎず、その後の行政過程が予定されているということである。もとより通過点に過ぎないと割り切ることで、義務付け訴訟を契機として下される種々の判決は、その事案において裁判所の審理を尽くした結果として位置付けられることになる。

　仮に、違法性の一部についてのみしか確定できないとしても、再判断にあたっての方針となる法解釈を示すことで、訴訟の対象になっている処分はもちろんのこと、それ以外の方法によって解決がなされることもあり得

る。そのような事例を他の事例や客観法・行政規則との関係で例外と見るべきなのか、それとも客観法自体の矛盾を示したものとしてその事例の問題点も取り込んだ新たな一般的規範を作り出すものと見るべきなのかは、行政および立法府に委ねられているからである。具体的には、480円タクシー訴訟において、分離取消判決後に近畿運輸局長が新法の成立とそれに伴う新審査基準制定を待っていたのではないか、という問題がある。当該事件としては速やかに処分をすべきであったと考えるが、分離取消判決後の行政機関において、審査基準そのものの見直しが迫られ、それに基づいて再審査を行うというあり方は、一般論としては十分成り立つ対応策の一つである。

3 嚮導と協働の相互関係

　義務付け訴訟の嚮導効果を前提とすると、義務付け訴訟という「場」は、救済内容の特定についてのフォーラム的役割があることが指摘できる。そのような「場」において、当事者と裁判所が協働して救済内容の特定を目指し、ある段階で裁判所が判断を下すと当該判断に嚮導効果が生じるのである。

　まず、平成16年改正行訴法は、拒否処分についての単独取消訴訟が認められないドイツと異なり、義務付け訴訟と取消訴訟の併合と、取消訴訟の提起という双方の余地を与えている。ここで、ドイツ法における検討において、単独取消訴訟提起の可能性を認めるべきとした有力反対説の論理は、原告による選択を重視するものであった。[11]日本法が原告による選択を認めていることをドイツ法における通説との対比で強調するとすれば、救済内容についての選択権を原告に与えていると評価できる。つまり、取消訴訟だけを選択することで、原告は行政庁が理由として掲げた違法事由（および、理由の差替えが禁じられない程度に共通している違法事由）に的を絞った主張を行うことができる。これに対し、原告私人が終局的解決を求め、救済内容の特定を訴訟の「場」に乗せたい原告は、取消訴訟単独提起を選択する

---

(11)　第2章Ⅲ-1(1)。

のではなく、義務付け訴訟をも併合提起することになる。

　そして、そのような観点からは、訴状において、原告は実体法上求め得る処分内容のうち、自己が求めている範囲はどこまでであるかをまず提示するということになるだろう。救済内容の特定を訴訟の「場」に載せずに、拒否処分・不作為の違法を確定することをまず求める原告は、単に取消訴訟だけを提起する。これに対し、救済内容の特定を訴訟の「場」に乗せたい原告は、義務付け訴訟を併合提起し、あり得る救済内容のうちどの範囲までを求めるかについて、請求の趣旨で特定することになる。もっとも、この特定は審理すべき最大値を示すものであって、実際の審理範囲は訴訟過程で変動し得る。原告と被告のやりとりを経て、被告の応答があってようやく争点が明確になるという関係にあるからである。争われた領域・権利利益に基づいて直ちに定まるというものではない。原告が何を求めているか、そして被告が既に行った判断をどのように根拠付けられるのかを各当事者がそれぞれ述べなければならないからである。

　裁判所は被告の法解釈に誤りがあれば、これを指摘して分離取消判決を下すことも、義務付け判決の中で法解釈の誤りを指摘することもできる。しかし救済内容の特定については、専門技術的判断・裁量判断に入る場合は必ずしも救済内容を完全には特定できないことになるだろう。拒否・不作為の違法性については終局的判断が下るが、救済内容の特定についてはそうとは限らない。裁判所は、このような原告と被告行政庁との協働を通じて、あるべき処分内容を探求し、可能な限り救済内容を特定した義務付け判決を下す。ただし、救済内容の特定性には階梯があり、特定しきれなかった部分については、この判決を指針として行政が判断をするという意味で、指針的意義ないしは嚮導効果を持つ判決になる。

III　嚮導機能から導かれる行訴法の解釈（解釈論）

　IIでは、義務付け訴訟の機能として嚮導機能を明らかにした。ここIIIでは、嚮導機能という観点から行訴法の義務付け訴訟に関する各規定を新たに解釈し直すことを試みる。

1 分離取消判決

(1) 分離取消判決の機能不全

　義務付け訴訟の機能として、嚮導機能を導いたことの一番の実益は、分離取消判決の解釈論を再構築する手がかりとなることである。現在、分離取消判決は、何がその統制根拠となるのか、そしてどのような機能が期待されているのかが、分離取消判決に踏み切ることを判断する当初の裁判所、原告と被告とで共有されていない。そのため、それに対してどのように対応すべきかについての知見も定まっていない。被告が控訴すべきか否か、また、原告は附帯控訴すべきかどうか（そもそも、原告に独立の控訴の利益があるかどうかも問題となる）が全く判断できないのである。

　また、分離取消判決後、係属したままになっている義務付け請求について、裁判所がなすべきことやその時期についても、判断の枠組は存在していない。そのため、分離取消判決後の訴訟過程にも指針がない状況である。

　分離取消判決を意味のあるものとして動かすなら、嚮導機能を前提とした再解釈が必要となる。つまり、救済の階梯と嚮導機能とを前提に考えるならば、義務付け訴訟に従属する「特殊な取消判決」であり、その意味での「一部判決」なのである。

　以下、分離取消判決の解釈論について嚮導機能に基づき再構築を試みたい。

(2) 分離取消判決を下すべき場合／下してよい場合

　(a) **分離取消判決を下すべき場合についての従前の解釈論**　裁判所はどのような場合に、分離取消判決を下すべきか、あるいは、下してよいのだろうか。

　分離取消判決を下すべき場合、下してよい場合とは、法解釈論としては、分離取消判決の要件である「審理の状況その他の事情を考慮して、第3項各号に定める訴えについてのみ終局判決をすることがより迅速な争訟の解決に資すると認めるとき」（行訴法37条の3第6項）を満たす場合ということである。

　この要件をいかに理解するかについて、一般的な議論は、取消判決が下された後、行政が義務付けを求められている処分をする「見込み」がある

かどうかであると理解している。これに対して、交告尚史は認容処分が出ることを必ずしも前提としておらず、分離取消判決とは「訴訟の進行具合によって様子見ができるようにしたいという趣旨」を反映した判決であると評価する。具体的には、行政庁の挙げた拒否事由の違法は証明されたが、行政処分発給のための他の要件の存否についての審理が困難で、裁判所が容易に確信に至らない局面においては、とりあえず処分を取り消して行政庁の出方を見た方が早く事件が解決する可能性があるという意味であるという。

　山本隆司は、行政庁が求められた処分をする「見込み」を求める説に対して、そのような「見込み」が真に明白であれば、裁判所は特定処分義務付け判決か再決定の義務付け判決まで下すべきと批判している。そして、「見込み」は一般には取消訴訟にかかる判決により争点の重要な一部が早期に解決されること（のみ）を意味するのであり、もし仮に当事者の意思に反して「見込み」を理由に義務付け訴訟手続を中止すれば、紛争解決がむしろ遅延するおそれがある、とする。

　これらの見解は、義務付け訴訟において、裁判所がいかに差戻的取消しを運用すべきかについての方針を示していると評価できる。裁判所が行政庁の意向を慮って行う「見込み」判断より、ある拒否事由についての違法が証明されたことを明示することに重きをおく方が、制度運用上の指針としてはよりクリアであろうとも思える。他方、過度にこの点を重視するあまり、当事者の意向に沿わずに分離取消判決を下すことは、遅延を招きかねない。

　以下、違法性確定と原告の処分権についてのドイツ法の議論を参照にしながら、分離取消判決を下すべき場合／下してよい場合を検討する。

　(b) **ドイツ法からの示唆**　　まず違法性確定について、連邦行政裁判所法113条3項の挿入時に政府見解がとっていた違法性確定なき取消しにつ

---

(12) 福井秀夫＝村田斉志＝越智敏裕『新行政事件訴訟法』（新日本法規出版、2004）150頁、小林久起『司法制度改革概説3　行政事件訴訟法』（商事法務、2004）81頁、171-172頁。
(13) 交告尚史「訴訟類型と判決態様」ジュリ1263号（2004）54-60（59）頁。
(14) 山本隆司「義務付け訴訟と仮の義務付け・差止めの活用のために(上)」自研81巻4号（2005）70-103（103頁注82）頁。

いて、学説の多数はそれを認めると権限分立違反にあたるという批判を展開した。その中には、裁判所と行政の役割分担に対する議論もある。全く適法である可能性があるにもかかわらず、裁判所はこの規定の適用をもって、自らは何もすることなく、ただ「事案解明が裁判所自身にはできない」という理由で行政行為の効果を覆滅させることができてしまう。「違法な公権力により侵害された国民の救済」という司法権の権限を越えて、「適法かもしれない公権力」に対する不当な介入になってしまうということが、背景にある。

　そして、処分権主義違反であるとの批判は、裁判所と原告の関係に関する議論である。原告はあくまで違法な公権力による侵害からの救済を求めているのに、違法性を前提としない取消しが行われると、確かに効果としては取り消されるのであるから、その場限りでは原告の求めた結果が生じているように思える。しかし、この判決は違法性を確定していないから、改めて同種の行政行為をなすことを食い止めるような判決効は持っていない。そうすると、原告としては再度取消訴訟を提起しなければならなくなる。一度目の訴訟が何も決めないまま取消しの効果だけを与えたため、一時しのぎにはなっても、事案の終局的な解決には何も資さないことになってしまう。このような判決を原告の明示の訴えの変更を行わせることなく認めることは、原告の処分権を害しているという理解である。

　ドイツ法においては、申請拒否処分を受けた原告は訴訟提起において自ら訴訟類型を選択するということはない。義務付け訴訟を選択することなく、申請拒否処分の取消訴訟のみを求める単独取消訴訟は、判例法上禁止されている。連邦行政裁判所法88条が裁判所と原告の申立ての関係について、「裁判所は申立ての範囲には拘束されるものの形態については拘束されない」と規定していることから、原告が取消しを求めなくとも、決定義務付け判決には、このような当然の拒否決定取消しの効果があると考えられているからである。

---

(15) 第2章III-2(2)ⓐ・ⓑ。
(16) 第2章II-2(3)ⓒ。

単独取消訴訟の禁止について処分権主義の観点から異議を唱えていたのがラウビンガーである[17]。

　ラウビンガーは単独取消訴訟を選択し得ることを正面から認めた上で、「仮に原告が単独取消訴訟を選択できないとすると、行政訴訟においても基礎にある処分権主義（連邦行政裁判所法88条）と調和しない」と非難する。義務付け訴訟により取消訴訟が排除されると考えると、原告は実体法上の権利を手続において完全に使い果たすことを常に義務付けられてしまい、拒否決定取消しだけで満足してはならないことになる。しかし、このような状況は処分権主義に反しており、原則的には原告は自律的にどの目的を求めようとするのかを決めることができると考えるべきであるとラウビンガーは述べる。つまり、原告は彼の権利において求めることができる全てを請求することを義務付けられるのではなく、より少ないものを求めることに満足することができるから、不受理に終わった申請人は請求権をフル活用して追求することを諦めて、単なる取消決定だけを求めることも禁じられていないというのである[18]。

　原告は処分権主義に基づき拒否処分の取消請求のみに請求を縮減することもできるとの理解に基づいて[19]、ラウビンガーは原則否定説の二つ目の根拠である「単独取消訴訟〔の提起〕は権利保護の必要性を欠くために不適法である」という議論についても反論する。まず、拒否決定の取消し自体に、再申請時に問題になる拒否決定が持つ存続力（Bestandskraft）を排除する作用があることを重視する。つまり、原告が自らの申請をやり直したときに先行する拒否決定の存続力が原告に対して向けられることを、拒否決定取消判決は阻止するからである[20]。

　次に、拒否決定の取消しによって申請は未判断状態になるから、申請人

---

(17) ラウビンガーの議論については第2章III-1(1)において詳述したが、ここでは説明の便宜のため再掲する。
(18) Hans-Werner Laubinger, Die isolierte Anfechtungsklage, in: *System des verwaltungsgerichtlichen Rechtsschützes, Festschrift für Christian-Friedrich Menger zum 70. Geburtstag*（1985）, S. 443-459, 453-454.
(19) Laubinger, a. a. O. (fn. 18), S. 454.
(20) Laubinger, a. a. O. (fn. 18), S. 456.

が申請を取り下げない限り行政庁は原則的に申請に対して改めて判断することを義務付けられる。これは事案が成熟するに至っていない場合（連邦行政裁判所法113条5項2文）における決定義務付け判決の内容に酷似している。つまり、原告は単独取消訴訟を用いることで義務付け訴訟による決定義務付け判決の助けを借りるのとほとんど同じ結果に到達する。ラウビンガーは決定義務付け判決と同様の結果に至り得ることを認めつつも、それにより単独取消訴訟の意義が没却されるとは考えていない。むしろ、このことをもって単独取消訴訟にも独自の権利保護の利益、訴えの利益があると主張しているのである。おそらくは、決定義務付け判決が義務付け認容判決の一種として許容されている以上、それを同一の結果に至り得る単独取消訴訟にも、独自の意義がある、というのであろう。

　以上のように、ラウビンガーによれば、原告が義務付け訴訟によって完全に請求権を行使するのではなく、取消訴訟のみを提起することにも意義があり、原告は自らそれを選択することができる。

　(C)　**日本法における原告の処分権・判断の尊重**　平成16年行訴法改正で参考にされたドイツの義務付け訴訟制度は、行政訴訟検討会開催当時に適用されていたドイツ法、すなわち連邦行政裁判所法での義務付け訴訟制度である。これは、義務付け訴訟を中心とし、取消訴訟は附従的なものとしてしか認めない制度である。それに対して、日本法の申請型義務付け訴訟は、取消訴訟と義務付け訴訟は別個の訴訟として扱われつつも、義務付け訴訟の提訴要件および本案認容要件として、それぞれ、取消訴訟との併合提起と取消訴訟に理由があることを求められるという構造になっている。非申請型については、取消訴訟あるいは不作為の違法確認訴訟が先行しないという理解から、義務付け訴訟を単独で提起することになった。そうすると、ドイツとの比較では、非申請型についてはドイツに酷似しているが、申請型については大幅に異なるという評価が下されることになる。

　しかし、ドイツにおいて現在適用されている仕組みにこだわらず、占領

---

(21) Laubinger, a. a. O. (fn. 18), S. 454-456.
(22) Laubinger, a. a. O. (fn. 18), S. 454-456.
(23) 第3章IV-1において分析した内容であるが、再掲する。

期の法制まで視野に入れると、日本の行訴法における申請型義務付け訴訟の考え方はドイツの旧法の一つである米占領地区行政裁判法の仕組みに似ている。米占領地区行政裁判法79条3項は、拒否処分が先行している対拒否訴訟の認容判決を、「取消しと同時に義務付ける」と定めていた[24]。義務付けの前提として、先行していた拒否処分の取消しを必要としていた仕組みであった。これは、行政訴訟検討会での市村陽典委員発言と相通じるものがある。市村委員は、拒否処分があるにもかかわらず、その効力について何も手当てしないままに義務付けについての審理を進めることに違和感を示していた[25]。この観点に対し、英占領地区の軍令165号と連邦行政裁判所法に基づく解釈論は、拒否処分を取り消すことは義務付け判決の付随的効果としてしか捉えておらず[26]、この考え方はその後の単独取消訴訟提起の否定へとつながっている[27]。

　もっとも、米占領地区行政裁判法の仕組みと日本の申請型義務付け訴訟の仕組みには違いもある。米占領地区行政裁判法では、拒否決定が存在する場合の抗告訴訟申立てに対して分離取消判決で応じるという手立ては条文上明らかではなく、硬直的だと批判されていた。それに比べると日本の申請型義務付け訴訟は取消訴訟とは別個の訴えであることから、義務付け訴訟と併合させずに、単独で取消訴訟を提起することが認められている。また、取消訴訟と義務付け訴訟が併合提起された場合であっても、例外としての分離取消判決を認めることで、柔軟さを保っている。そして、取消訴訟のみを提起するか、それとも申請型義務付け訴訟も共に提起するかの選択は、事案によってあらかじめ決まってくるのではなく、原告の判断により決定できるのである。

　どのように訴訟類型を組み合わせるかについて、原告に一定程度の選択権がある日本法の仕組みは、原告が訴訟の対象を特定する権能を重視して

---

(24)　第2章II‐1。
(25)　この違和感が、本章I‐1(1)で説明した心証形成過程モデルの出発点となっている。
(26)　第2章II‐1。
(27)　連邦行政裁判所1954年判決がとった解釈論につき第2章II‐1(2)、それを背景に連邦行政裁判所法についてのベッターマンの解釈につき、第2章II‐2(2)。

いると評価できる。そうすると、処分権主義に注目して議論を練り上げたドイツの諸見解の意義は、日本法においてより重要な役割を担い得る。処分の変質や処分の可否を問題として取り上げるかどうかは、原告私人が処分への不服として申し立て、争訟を提起することで初めて認識されるからである。その意味でも、行政争訟は市民・行政・裁判所の三者協働による処分形成の過程と見ることができ、またそうすべきである。[28]

(d) **分離取消判決を下すべき場合／下してよい場合** 　行訴法37条の3第6項は、義務付け訴訟との併合提起を、原告による訴えの変更や取下げという形ではなく、あくまで裁判所による判断において分離するという構造をとっているのであって、原告があえて義務付け訴訟を選択したにもかかわらず、裁判所のイニシアチブで分離取消判決が下される。[29]

申請型義務付け訴訟と併合提起された取消訴訟の認容判決である分離取消判決は、義務付け訴訟を提起することなく単体で提起された取消訴訟（単独取消訴訟）の認容判決である取消判決とは異なると考えるべきである。

そして、救済の階梯論からは、当該段階において、⑥に近い具体的な義務付け判決を下すことができなくとも、④に近い抽象度の高い「一定の処分」義務付け判決を下す可能性も残されている。そして、義務付け訴訟との併合提起か単独取消訴訟かの選択権を有する原告が前者を選択していることは、尊重すべきである。行訴法37条の3第6項の要件を満たし、分離取消判決を下してよいといえるのは、このような抽象度の高い義務付け判決を下すよりも分離取消判決を下すことが迅速な争訟の解決に資するといえる場合でなければならない。

(e) **裁判所の「限界まで審査を尽くす義務」** 　なお、判決による嚮導が適切に機能するためには、裁判所がその事案について限界まで審理するという準則が必要となる。もし仮に裁判所が自らの判断で（まだ審理可能な部分

---

(28) 三浦大介「行政手続と行政争訟手続」現代行政法講座編集委員会（編）『行政手続と行政救済』（日本評論社、2015）25-49（45）頁。
(29) 同項の後段（義務付け訴訟に関する訴訟手続の中断）においては当事者の意見を聴くこととされているが、前段にはその要件はないことからも、分離した方が迅速な解決に資するか否かの判断はあくまで裁判所によって行われることがわかる。

が残されており、さらなる審理をすることに特段の障害がないにもかかわらず）差戻的判決をなし得るとすると、再度の行政過程における判断に過小な影響しか与えないこととなってしまうからである。それでは、あえて（取消訴訟のみならず）義務付け訴訟を提訴した原告の意思を害することとなる。

　ドイツ法においてはこのような「裁判所による限界まで審理すること」を判例法上確立した「事案の成熟性導出義務」で担保している。裁判所は、仮に特定行為義務付け判決ができない事情があるとしても、それをもって直ちに請求棄却判決を下すことはできない。「棄却の成熟」は原告の責任においてではなく、事案の成熟性が導出できないという判断の裏返しであり、「棄却の成熟」性の導出もまた、裁判所の責任において行われる。それゆえ、裁判所は棄却判決に行き着く前に決定義務付け判決が適用されるか否かを検討しなければならないからである。[30]

　この点、日本法においては、事案の成熟性導出義務の根拠となった強固な職権調査主義も、裁判所の審理義務も存在しない。しかし、平成16年改正行訴法が分離取消判決を例外的取扱いとして用意したことに鑑みれば、裁判所による理由付けを要求することを、行訴法37条の3第6項の解釈論としても考え得るのではなかろうか。[31] すなわち、分離取消判決の「迅速な争訟の解決に資すると認める」ときという要件は、裁判所の職権で判断できるかのように見える。しかし、この職権行使はあくまで例外的取扱いなのであるから、それを行使するには裁判所は原告および被告に対して、なにゆえ「迅速な争訟の解決に資する」と判断したのか、すなわち抽象度の高い義務付け判決を下すよりも分離取消判決を下すことがなぜ迅速な争訟の解決に資するといえるのかを判決理由中で明らかにしなければならない。そして、その判断は自然と「裁判所の審理はここまでである」ことの理由を含むものでなければ、一回的解決を期待して義務付け訴訟を併合提起した原告と、それに対応して取消しの理由のみならず義務付けにかかる主張

---

(30)　棄却の成熟については、第2章III-3(3)(C)参照。
(31)　山本隆司「改正行政事件訴訟法をめぐる理論上の諸問題―拾遺」自研90巻3号（2014）49-63 (59)頁は、裁判所の審査義務および「紛争の迅速な解決に資する」場合の一部判決を立法論として立法上明示すべきと主張する。

立証を行っている被告の訴訟追行に報いることにならないからである。

　(f)　**具体的事案の検討**　　上記のような解釈論からすると、下級審において、分離取消判決（あるいは分離不作為違法確認判決）を選択せず、義務付けについても審理を終結し、請求を棄却した次の判決群には疑問が残る。

　(i)　申請拒否処分が手続瑕疵により取り消された例　　産業廃棄物処理業の事業範囲変更の不許可処分取消訴訟と許可義務付け訴訟について、長野地判平成22年3月26日（判自334号36頁）は、本件事情の下では事業計画について補正の機会を与えるべきであったのにそれをしなかったという手続的瑕疵を理由として不許可処分を取り消したが、義務付けの訴えについては棄却した。その理由は、「これらの不許可理由を解消させるために資料等が提出された場合には、第一次的には処分行政庁たる長野県知事が、これらの資料も審査対象として専門的、技術的見地からの検討を加えて廃棄物処理法施行規則10条の5第1号の基準に適合するか判断すべきであるといえる。結局、本件各申請に対し、『行政庁がその処分をすべきであることが法令の規定から明らかである』とも、『行政庁がその処分をしないことが裁量権の範囲を超え若しくはその濫用になる』とも認めることはできない」からとしている。しかし、このような専門的、技術的見地からの検討の必要性が、分離取消判決の理由にはなるとしても、その段階で義務付け請求棄却判決をするに熟していたことの説明になっているだろうか。

　(ii)　不作為の違法確認訴訟についてのみ請求を認容した例　　情報公開法に基づく開示決定に関する東京地判平成19年12月26日（判時1990号10頁）は、一部の行政文書についてのみ開示決定をし、その余の部分について開示決定等をしないことの不作為が争われ、その部分についての開示決定の義務付けが求められた事案について、「相当の期間」を経過したとして、不作為の違法確認請求を認容した。そして、開示決定の義務付けについては、「記載内容は本件において明らかになっていない」ために、その内容に「情報公開法5条3号等の不開示情報が記載されている可能性が否定できない」として、「情報公開法の規定から明らかであると認められ又は開示決定をしないことがその裁量権の範囲を超え若しくはその濫用となると認められるということはできない」として、義務付け請求を棄却した。なお、

本件で分離不作為違法確認判決（不作為の違法確認請求のみの一部判決。行訴法37条の3第6項）の可能性が検討されたか否かについては、判決文中からは明らかではない。

　(iii) 申請拒否処分の理由とは別の拒否事由がある例　農地の特定遺贈を受けた相続人による所有権移転登記申請に対する却下処分の取消しと登記の義務付けが争われた京都地判平成24年5月30日（裁判所ウェブサイト平成23年(行ウ)第32号（大阪高判平成24年10月26日裁判所ウェブサイト平成24年(行コ)第102号が控訴を棄却））は、法律上許可を要さないにもかかわらず許可書がないことを理由としてなされた却下処分を取り消したが、申請書には不備が残ったままであるとして、義務付けの訴えを棄却した。なお、行政庁はこの不備を認識していたにもかかわらず許可書が要ると誤信して補正の機会を与えなかったという事情があったが、これについて裁判所は「処分行政庁が違法に補正の機会を付与しなかったからといって、補正する必要がなくなるものでないことは論を待たない」としている。

(3)　分離取消判決の拘束力

　480円タクシー訴訟では、原告が義務付け判決による解決を求めていたにもかかわらず分離取消判決が下されたという経緯があり、分離取消判決の拘束力の範囲が問題になっていた。[32]480円タクシー訴訟第1次判決は分離取消判決を下したが、その判決理由においては、裁判所の法解釈を踏まえた判断枠組に基づく考慮要素を審理していないという取消しを支える違法事由のほかに、処分時の事実状態ではなく判決時の事実状態に属する事項についての判断や、行政処分の理由には含まれていない考慮事項についての判断も含まれていた。そのため、後行した第2次訴訟では、その第一審判決と控訴審判決との間で、第1次判決の拘束力の生じた範囲に関する見解が分かれていた。第一審判決は、取消しを支える違法事由だけではなく、第1次判決が示した（第1次判決の）口頭弁論終結時点での個別の拒否事由該当性についての判断についても拘束力が生じると理解した。もっとも、運賃査定基準の合理性や考慮事項の重み付けなど、第1次判決が判断

---

(32)　第1章Ⅰ-2(4)およびⅡ-1(6)参照。

していない箇所についても行政が「拘束力」に違反したとして国賠請求を認めた点が批判されている。この第一審判決を受けた第2次訴訟控訴審判決は、拘束力の範囲を狭く理解した。取消判決の拘束力に関する先例である最判平成4年4月28日（民集46巻4号245頁）を引用して「行政訴訟における取消判決の拘束力は、判決主文が導き出されるのに必要な事実認定及び法律判断について生じる」と述べた。そして、第1次判決による却下処分の取消理由を、行政庁がなすべき「総合判断をしないまま、その手前で別の理由によって却下したこと」に限定されると狭く理解し、その範囲についてのみ取消判決の拘束力が発生するとして、拘束力違反だとした第一審判決を取り消した。

　480円タクシー訴訟において分離取消判決の拘束力の範囲に関して生じた一連の混乱について、日野辰哉は、第1次判決が、「差戻し後の行政庁の判断過程における裁量権行使を限定しより迅速な紛争解決に資するために、あえて踏み込んだ判断を示したが、拘束力の客観的範囲を超えていたことから、取消訴訟の審理・判決のあり方から見ると、やや勇み足の感があった」と評価する。[33]

　「勇み足」という表現は、分離取消判決の拘束力が通常の取消訴訟での取消判決と同一の基準で判断されるのであれば、当を得たものである。しかし、平成4年判決は、義務付け訴訟がまだ法定外抗告訴訟として位置付けられており、取消訴訟との併合提起が想定されていなかった時期における、取消判決の拘束力に関する先例に過ぎない。同判決の射程は、義務付け訴訟と併合提起された場合の分離取消判決に及ぶのだろうか。そして、仮に及ぶとして、同判決のいう「判決主文が導き出されるのに必要な事実認定及び法律判断」は、義務付け訴訟と併合提起された場合の分離取消判決においては何に相当するのであろうか。平成4年段階では、取消訴訟と義務付け訴訟との関係は考慮されていなかったことから、平成16年行訴法改正を前提として改めて検討すべきである。

---

(33)　日野辰哉「タクシー運賃認可却下処分をめぐる取消判決の拘束力の範囲に関連付けて国賠法上の違法性が認められた事例」早稲田法学86巻4号（2011）323-342（341-342）頁。

そして、義務付け訴訟をその嚮導機能を中心に捉え直すと、分離取消判決の拘束力については、「これまでの裁判所での審理を無駄にしてはいけない」という観点を入れるべきである。義務付け訴訟の判決は、裁判所における審理の結果をまとめ、これを前提に検討することを行政に命じるものなのだから、既に行った審理を無駄にすることがないよう、行政は裁判所で既に審理・判断されたことはそれを前提に判断しなければならない。

　ここでは、上記の「審理の状況その他の事情を考慮して、第3項各号に定める訴えについてのみ終局判決をすることがより迅速な争訟の解決に資すると認めるとき」(行訴法37条の3第6項)の解釈を前提として、その状態に至るまでに、何が判断され、どのような事実認定・法律判断をもとに判決が下されているかが問題となる。

　このように考えると、分離取消判決の拘束力の範囲は必ずしも「取消しの理由を支える違法事由」に限定されないとすべきである。判決理由中に、判決後に期待されている行政活動についての指針的内容が含まれていて、その内容が処分後に生じた事実についての法的判断や、法解釈に及んでいるときには、裁判所はこれらを前提に、行政過程において再度検討させることが紛争の迅速な解決に必要であると裁判所が判断したのである。そうであれば、その部分の法解釈にも拘束力が生じ得ると考えるべきである。つまり、平成4年判決における「判決主文を導く」理由は、この分離取消判決については、併合された訴えをあえて分離することが「より迅速な争訟の解決に資すると認める」との判断を基礎付ける内容についても及ぶのであり、その点で通常の取消訴訟における取消判決よりも踏み込んだ範囲に拘束力が生じるのだと考えるべきである。

　この理解は、義務付け訴訟の機能を嚮導と考える私見からは、矛盾なく導かれる。義務付け訴訟の機能が、あくまで通過点に過ぎないのであれば、そこから出てくる判決についても、最終的解決に向けて全ての当事者と裁判所の活動が活用されるべきである。そして、それまでの審理を無駄にしないという観点からは、分離取消判決であっても、分離取消判決を下すという判断以前においては、通常の義務付け訴訟と同様に、行政庁の明示的に検討した違法事由にこだわらない審理が行われているのであるから、そ

れまでの審理に基づき判断がされた事項については拘束力を認めるべきである。

すでに分離取消判決の拘束力について、行政庁が判断した処分理由であるAと、行政庁が判断していない処分理由Bがあり、Bの不存在についても心証が形成されている場合に、A・Bの不存在という判決理由中の判断に拘束力を認めることができるかという設例に対して、紛争の早期解決の点から、A・Bについても拘束力を生じさせることを裁判所の裁量として肯定する議論がある。[34] この見解について、山本隆司はやや懐疑的に捉えているようであり、「義務付け訴訟と併合提起される申請拒否処分取消訴訟は単独で提起される申請拒否処分取消訴訟とは性格を異にするというやや技巧的な解釈論を取らない限り」、分離取消判決にこのような効力を認めることはできないと評している。[35]

確かに、行訴法の条文上、併合提起された取消訴訟と、義務付け訴訟を提起することなく単独で提起された取消訴訟を区別する規定が存在しない。しかし、これらを区別すべき根拠となるのは、まさに原告が取消訴訟ではなく、あえて義務付け訴訟の併合提起を選択していることにある。

平成16年行訴法改正のもととなった行政訴訟検討会での議論を改めて振り返ると、分離取消判決の制度は、「行政に投げ返す」制度についての議論の延長線上で登場した。[36] 小早川光郎委員は（取消訴訟の単独提起ではなく、あえて義務付け訴訟を併合提起した）「原告の意向を尊重しつつも、裁判所の裁量により打ち切るやり方」を模索していた。そして、取消訴訟と義務付け訴訟の関係を、話の順序としては前にした処分が間違っていたかどうかから入っていくべきであると主張した市村陽典委員の見解が、取消しをしてから義務付けの審理に入るという現行法のあり方を決定付けたことは、第3章Ⅰ-3(1)(a)で見た通りである。検討会での当初のもくろみからすれば、審理の順序を守り、裁判所の裁量によって手続を打ち切る必要があったと

---

(34) 太田匡彦「取消訴訟の審理に関する諸問題」行政訴訟実務研究会（編）『行政訴訟の実務』（加除式、第一法規、2004～）611-692（631-632）頁。
(35) 山本・前掲注(31)57頁。
(36) 第3章Ⅰ-3(1)(a)。

しても、その場合にいかに原告の意向をくみ取るかが、制度の解釈としても求められている。

それでは、この場合の原告の意向はどのような意味を持つだろうか。そもそも、日本法では原告は取消訴訟だけを提起することもできる。そこで、義務付け訴訟の事案は、それにもかかわらず、原告が、あえて義務付け訴訟も併合提起してきた事案といえる。義務付け訴訟を併合提起すれば、原処分の違法性以外を審理しなければならない等、よりコストや時間がかかることが見込まれる。それにもかかわらず原告があえて義務付け訴訟を提起したということは、一回的解決と段階的解決の比較でいえば、訴訟において一回的に解決することを選択したと理解できる。そうすると、原告としては、単に拒否処分の違法性を確定して拒否処分を取り消せばよいと考えているのではなく、あくまで自らが望む処分の発給を求めている。

確かに、分離取消判決の適用のイニシアチブは条文上裁判所にある。しかし、もしも全ての違法事由についての判断や救済内容についての審理が難航するようであれば、請求を義務付け訴訟から取消訴訟のみに縮減するという方法を通じて、原告自身がそのイニシアチブにより、争点を拒否処分の違法性に絞ることは一応可能である。また、被告も、訴訟とは関係なく自発的に求められた行政行為をなすこともできる。原告が義務付け訴訟の併合提起を選択し、あくまで義務付けの審理まで行う一回的解決を求めているにもかかわらず、裁判所がそのイニシアチブで下す分離取消判決の拘束力の範囲が、行政庁の判断の基礎となった部分（および理由の差替えが許容できる程度にそれに近い部分）の違法性に関する判断だけであって、それ以外の法解釈にわたる部分については全て拘束力を持たない部分、言い換えれば単なる付言に過ぎないとすると、原告から見れば、当初から取消訴訟だけを提起した場合と大差ない状況になってしまう。

そうすると、通常の取消判決の拘束力と同じ効力をもたらすだけと解するのでは、分離取消判決を言い渡す際に「原告の意向を尊重」することに

---

(37) もっとも、義務付け訴訟の取下げとなり、被告の準備書面の提出等が行われた後には被告の同意を要する（民事訴訟法261条2項）ため必ずなし得るわけではないこと、また、控訴審において結論が変わり得ることを考えるとあまり有効な手立てではない。

はならないのではなかろうか。その意味でも、分離取消判決には、通常の取消判決よりも広い範囲で拘束力を認めることが妥当である。

　それでは、拘束力を持ち得る範囲はどこまでか。救済の内容が様々な段階のある、細やかなものでなければならない最大の理由は、司法過程において適切な密度で、行政に差し戻した後にとるべき方針を示すことにある。分離取消判決については、違法性判断の要素からすれば、処分の違法性を事後的に判断することだけが求められているように思えるかもしれない。しかし、原告が取消訴訟のみを求めたのではなく、義務付け訴訟と併合提起したことを考えれば、将来的な救済の実現のために取消判決をしたといえるのであって、そこでの取消しは単に違法性を確定するのみならず、適切な再判断の支えになるような理由付けがなされなければならない。

　これを条文操作の面から説明すれば、上述の平成4年判決の「判決主文が導き出されるのに必要」という範囲を、行訴法37条の3第6項を適用した結果である分離取消判決に当てはめることで導かれる。

　行訴法37条の3第6項は、「迅速な紛争の解決」に資することを要求している。既に裁判過程で審理され、判断された事項について拘束力が及ばず、行政が一から再度検討・判断できるとすれば、これまでの裁判における審理が無駄になり、「迅速な紛争の解決」に資さない。だからこそ、分離取消判決という「判決主文が導き出されるのに必要な事実認定及び法律判断」とは、まさにそのような、原告の義務付け判決の請求にもかかわらず、分離取消判決に至った理由部分も含む。具体的にいえば、裁判所が嚮導機能を有する判決を出す過程において、そのような救済内容の判決を、この時点で出すことにどのような意味があるのか。違法性を認めた範囲のみならず、救済の内容とその規律密度、そして審理をこの時点で打ち切ることとしたのはなぜなのか。これらの疑問に対する裁判所の判断内容が、再度の行政過程における判断の出発点となるのであるから、拘束力が認められると解すべきである。そこで、取消しを基礎付ける違法事由に対する判断だけでなく、行政庁が行政過程においては未だ検討していないが、裁判過程において現れてきた法解釈から導き出される評価枠組など、差戻し後の行政庁の判断過程における裁量権行使を限定し、より迅速な紛争解決

に資するための事実認定や法的判断にも及ぶと理解すべきである。

　たとえば、第1章で見た三鷹市耐震性調査資料開示請求事件における、（理由付記の違法以外の）三つの拒否事由が存在しないという判断や、法人等情報該当性の判断枠組、480円タクシー訴訟第1次判決の裁量統制瑕疵等は、この意味で拘束力を認めるべき部分であろう。[38]

　なお、私見に関して、山本隆司は、本書のもととなった筆者の国家学会雑誌連載版論文に言及した上で、分離取消判決の「再度の処分等の判断を行うための指針」として示された点に、判断の結論を左右し得るという意味で主文を導くのに必要な判示と見る余地があるとしている。[39] この点で、山本と私見の間には共通点がある。しかし、山本は、「判断の結論に影響を与えるか否か」というドグマへの対応として、この部分に位置付けを与えようとしていると見られるところ、私見は、裁判所が（原告が望んでいるはずの義務付け判決ではなく）分離取消判決を出すこととした理由を自ら説示することこそに判決理由中の判断への拘束力の意味を見出すという点で、若干の相違点も見られる。

(4) 分離取消判決の基準時

　日本における取消訴訟と申請型義務付け訴訟の併合提起と同時審理という原則の例外として位置付けられる分離取消判決は、従来の取消判決と同様、処分時を違法性判断の基準時とすべきであろうか。タクシー運賃変更認可却下処分に対し取消訴訟と義務付け訴訟が併合提起され、分離取消判決が認められた480円タクシー訴訟第1次判決は、取消訴訟に関する判決であるにもかかわらず、その判断の中に、行政が、処分の際に考慮していない、裁判所の法解釈によって導き出された考慮事項についての判断を含んでいた上、処分時以降の事情を考慮したものであったため、[40] 第1次判決を受けて行政が行った再拒否処分後の第2次訴訟では、当該判断につき拘

---

(38) なお、これら以外にもたとえば第三者の利益も考慮する必要があり、そのための手続を踏むべきであるから分離取消判決に至ったという場合には、当該手続を踏むことについても拘束力が発生し得るだろう。
(39) 山本隆司「行政裁量の判断過程審査」行政法研究14号（2016）1-24（23-24）頁。
(40) 判夕1252号189（217-218）頁。

束力（行訴法33条）が生じているのか否かが問題となった。第2次訴訟第一審判決[42]は当該箇所の判断に拘束力を認めたが、同控訴審判決[43]はそれを否定した。

　分離取消判決についても基準時を処分時であるとすると、処分後に生じた事情は全て義務付け訴訟でのみ考慮されることになる。原告は義務付け判決がなされることを信じて処分後の事情についても主張立証したにもかかわらず、裁判所が「取消訴訟は処分時」との理解に従って処分時の事情のみをもとに分離取消判決を下してしまえば、処分後の事情は、分離取消判決後に行われる行政庁の再判断に影響がないこととなる。果たして、このような理解が適切であろうか。

　行訴法37条の3第6項は、「より迅速な争訟の解決に資する」との文言が示唆するように、分離取消判決後に行政庁による再判断がなされることを意図した規定である。第1次判決が処分時以降の事情をも評価に加えた背景には、処分の根拠法令である道路運送法とその関連法令が前提とする事実状態が、処分後、分離取消判決をするまでに激しく変遷していたため、より直近の事情に基づいた判断が事案の解決に資すると考えたためではないだろうか。

　また、原告の意思の尊重という問題もある。つまり、ドイツ法と異なり、日本法は、申請型義務付け訴訟について単独取消訴訟を認めている。つまり、平成16年改正行訴法は、原告に対し、「処分時の違法性」にこだわるのであれば、取消訴訟のみ提起する（あるいは義務付け請求を取り下げる）という選択肢を与えており、そのような原告の意思による選択を尊重する趣旨と考えられる。そのような選択肢があるにもかかわらず、原告が、あえて義務付け訴訟も併合提起した場合であれば、一回的解決・最終的解決により近い時点を選択していると見ることができるので、この原告の意思を尊重すべきではないだろうか。裁判が分離されたこと自体について当事者等の異議申立ての機会がなく、特に、原告は取消訴訟について勝訴してい

---

(41) 日野・前掲注(33)335-339頁。
(42) 大阪地判平成21年9月25日判時2071号20（37-38）頁。第1章Ⅰ-2(3)。
(43) 大阪高判平成22年9月9日判時2108号21頁、第1章Ⅰ-2(4)。

るため控訴の利益すらない。もちろん、裁判所が行訴法37条の3第6項を適用するにあたり、当事者双方に釈明を求めることは十分に考えられ、またそうすべきであろう。しかし、釈明だけで、原告の一回的解決への期待に応えるものとなるであろうか。

さらに、山本隆司は、前述の通り、最新の論考においては原則として判決時基準によるべきことを提唱しており[44]、分離取消判決の基準時の判断の際にも参考になるところがある。

そこで、分離取消判決後に予定される行政庁による再判断において必要となる、当初の行政処分時以降の事実変動・法変動を前提とした裁判所の法解釈・法適用をあらかじめ示すことが可能であり、かつ適切である場合には、裁判所は、分離取消判決の違法性判断の基準時を分離取消判決の判決時として判決をすることもできるという理解も、成り立ち得ると考える。

(5) 再度の拒否処分

再度の拒否処分について、480円タクシー事件第2次訴訟においては、もともと係属していた義務付け請求の訴訟要件としての行訴法37条の3第1項2号および同条3項によって併合提起しなければならない「訴え」を、当初の拒否処分に対する取消訴訟ではなく、再拒否処分の取消訴訟と理解した。第一審判決においては請求が認容されたためにこの問題は顕在化しなかったものの、控訴審判決は取消請求を棄却したために、当初から係属していた義務付けの訴えは却下された。しかし、本件の経緯を踏まえると疑問が残る。

そもそもこの義務付け請求は当初の拒否処分取消訴訟との併合提起であったから、提訴時には訴訟要件は充足していたことになる。しかし裁判所の「分離すべき」との裁量判断により、拒否処分取消訴訟についてのみ認容判決が言い渡され確定した。第2次訴訟控訴審判決のように再拒否処分の取消訴訟が（併合された）「訴え」であると整理すると、もともとは適法に係属していた訴訟が、裁判所の行為によって事後的に訴訟要件を満たさないものとなったということになる。再却下処分が出たので再度第1次判

---

(44) 山本・前掲注(3)。

決の結論部の示唆に従って原告が取消訴訟を提起したために、訴訟要件の判断基準としての（併合された）「訴え」が移動してしまった、ということになる。

確かに、訴訟要件存否の判定時期は口頭弁論終結時とされており[45]、訴えの利益等に鑑みれば提訴後の訴訟要件喪失は制度上予定されているように思える。しかし、本件とは異なり、再拒否処分に対する取消訴訟について不服申立前置が規定されている場合は看過できない不都合が生じる。「再拒否処分への取消訴訟の併合提起」を義務付け訴訟の訴訟要件とすると、不服申立前置を満たす再拒否処分取消訴訟の提起を待たなければ義務付け訴訟について判決できなくなり、手続全体が著しく遅延するだろう。さらに、分離取消判決について控訴される可能性もある。行訴法37条の3第6項が拒否処分取消し後の義務付け訴訟の手続の中止を裁量的に規定するものであることも併せて考えると、必ずしも再拒否処分取消訴訟と牽連させるべきではない[46]。

2 救済内容の特定再論

(1) 原告による救済内容の特定再論

義務付け訴訟においては、判決を受けた行政庁の（再）行動により救済内容が具体的に実現されることから、救済内容は多様な可能性を秘めている。また、裁判に現れた事情が、その後に変転する可能性、さらにいえば判決自体が事情に影響を与える場合には、行政過程における実現はますます予測の要素をはらむことになる。そうすると、救済内容を原告において特定しきることも現実的ではなく、とはいえ裁判所が全て解明し尽くすことも不可能である。義務付け訴訟をめぐる審理は、本質的に、将来を見据えることになる。

---

(45) 兼子一『新修民事訴訟法体系〔増訂版〕』（酒井書店、1965）150頁はその理由を「〔訴訟要件は〕訴訟の成立や本案審理の要件ではなく、本案判決の要件だからである」と説明する。
(46) 山本隆司「義務付け訴訟と仮の義務付け・差止めの活用のために(上)」自研81巻4号（2005）70-103（95）頁は、不服申立前置との関係で、再度の取消訴訟は「提起されたものと解釈すべき」とする。

他方、法状態・事実状態が変化し続ける現実を相手に、申請とそれに対する処分という枠組が、特定の時点を「処分時」として切り出すことを許していることも無視することができない。申請権が認められている場合、原告は、裁判所に対し、その処分時における法状態、事実状態を前提とした判断を求めることもできる。その意味で、原告の利益保護はその内容についてだけでなく、時間の選択についても及び得ることを考えなければならない。逆にいうならば、申請権があると解釈するか否かは、原告に時間における選択権を与えているかどうかの観点からもなされるべきである。この選択権は、有利な事情変動が生じた場合には、原告において自ら再申請をなすことによって有利な状態を享受すべきという意味にも捉え得るものである。

　このように、義務付け訴訟においては、現在のみならず、将来と過去の双方の視点から、複眼的に検討を行うことが必要とされる。

　すると、将来を見据えて行う義務付け訴訟においては、原告として、あるべき救済の姿が明確に意識できている場合だけではなく、現状には不満であり適切な救済を求めたいが、その具体的な内容は提訴時点ではわかっていないということも考えられそうである。そして、嚮導機能を中心とする義務付け訴訟観からは、原告が提訴をして違法の階梯を駆け上がり、何らかの義務付け判決を下すべきであるというところまでの段階では、いわば過去を振り返って違法性についての主張立証を尽くすべきであるが、そこまで来れば、後はその状況で与えるべき最善の救済内容を、原告、行政、そして裁判所が協働して検討し、裁判所が判決で決めきれるところまでを決めて判断したら、後はそれをもとに行政が再度行政過程を動かすという訴訟追行のあり方も十分にあり得るように思われる。

　訴訟過程とその後の再度の行政過程においても、原告たる市民と被告たる行政機関、そして裁判所の間の救済内容の特定についての適切な協働がなされなければならず、適切に救済内容特定負担の分配がなされるよう、現在の規定を解釈すべきであろう。

(2)　裁判所による救済内容の特定再論

　行訴法の要件としての「一定の処分」は原告の請求定立の場面と、判決

の内容についての場面の2か所に登場する。第1章で指摘した通り[47]、いくつかの下級審判決では原告が当初主張した一定の処分と、裁判所が最終的に認容した処分の内容が異なっていたり、判決理由中の判断において処分内容を決めるときの大枠を示したりする判断が見られた。

石田訴訟第一審判決では、原告が24時間介護に足りる支給量を求める義務付け請求をした。これに対して、裁判所が請求の趣旨を善意解釈して、処分が決めた支給量以上の義務付けを求める趣旨と理解した[48]。そして、それを受けて「幅」のある義務付け判決を実際に下している。このことは、平成16年改正行訴法の「一定の処分」の理解として特徴的である。

また、ガーナ人在留特別許可義務付け訴訟第一審判決も、判決の理由中で処分内容に関し行政裁量がある旨を明示した[49]。具体的には、主文では許可を与えるべきこととし、理由中に内容についての裁量の余地を認めた。ここでは、どの在留資格で期間を何年にして認めるべきかの条件に関する部分については裁量があるとする。この事件も、「申請」の内容によってどのような条件での在留特別許可を求めることができるかが確定しているわけではない。しかし、裁判所が一定範囲を示すことで、認定事実に沿った合理的な裁量行使を促そうとしている。

480円タクシー事件第2次訴訟第一審判決における「付すべき附款の内容に関する括弧書き」は、附款についてはあくまでも裁量が残ることを確認的に示したものである[50]。さらに、新宿七夕訴訟第一審判決が保護の必要性判断と保護の内容および方法についての判断を切り分けた上で、裁量権の逸脱・濫用を判断した。

これらの判決に共通する視点は、救済内容の特定責任が必ずしも原告のみに負わされているというわけではない、ということである。そこに現れているのは、審理中に出てきた救済内容の可能性をいくつか示した上で、

---

(47) 第1章II-3。
(48) 第1章I-3(4)。原告代理人への聞き取り調査によると、裁判所は判決前にそのように理解してもよいかどうかの求釈明を行っていたとのことである。そして、原告代理人は、差し支えなしとの回答をしたという。そのような意味で、裁判所は、原告の意向を尊重した上で、本件判示を行っている。
(49) 第1章I-5(2)。
(50) 第1章I-2(3)。

裁量の逸脱・濫用が認められた部分についてのみ裁判所が判断を下し、それ以外は行政に託すというバランス感覚である。違法確定の部分については裁判所が最後まで判断するものの、それを踏まえていかなる救済内容と選択するのかについては、判決後の行政過程における判断に委ねたというわけである。それも、単にフリーハンドであるというのではなく、判決が前提としている法解釈と判決時点までに認定された事実から想定される救済内容のバリエーションを示しているのである。

そして、嚮導機能を重視する義務付け訴訟観からすれば、これらの判決のように、判決によって「幅」のある義務付けを命じることや、附款をつけることを許容すること（そのことをことさらに明示すること）は禁止されるべきことではなく、むしろ、裁判所が行政に対する嚮導を行う方法の一つとして、肯定的に捉えるべき事象である。これらの判決は、義務付け訴訟を終局的な解決を導くものと理解するのではなく、事案の最終解決の途中で、裁判所による判断を示すという形で本書の義務付け訴訟理解と一致する理解を示していたといえる。

これらの判決は、「一定の処分」の内容がどこまでの範囲を指し得るのかという問題認識だけではなく、どの時点で誰がイニシアチブをとって確定すべきかという問題認識から出発し、裁判所がイニシアチブをとって確定すべきではないと判断された観点についてはその程度に応じて書き分けるという工夫がなされている。これらの付記や括弧書き、付言の全てについて拘束力を認めるべきかについては、あまりにも広い範囲で拘束力を認めることが審理の柔軟さをかえって損ねるおそれがあることを踏まえて、さらに慎重な検討をすることが必要になろう。基本的な方向性としては、「適切な再判断の支えになるような理由付け」にあたる部分であるかどうかが検討されるべきであることを上述した。現時点においてはこれらの判決の示した態度が、裁判所が判断できる範囲については審理し尽くしておくという訴訟指揮傾向として、肯定的に評価したい。

⑶　嚮導機能を踏まえた「一定の処分」の解釈

そして、このような原告の特定責任を緩和し、嚮導機能の十全たる発揮を図るという意味では、「一定の処分」（行訴法 3 条 6 項）を緩く捉えること

が適切である。

　申請型義務付け訴訟においては「一定の処分」（行訴法3条6項）であることが訴訟要件として必要であることから、いくら上記のような裁判所による救済内容の特定に関する関与の度合いを広く認めても、「一定の処分」が狭く解釈されている限りにおいて、裁判所は原告の訴状段階で訴えを門前払いすることになってしまう。それでは、せっかくの裁判所による救済内容の特定の意味がなくなってしまう。

　また、申請型義務付け訴訟は「法令に基づく申請」（行訴法37条の3第1項1号）に関するという意味で、特定の申請とそれに対する行政の応答（またはその不存在）が想定されている。このような申請による枠付けがある以上、申請型義務付け訴訟の救済について「幅」がある（救済の階梯論）とはいえ、その「幅」の広さは自ずから限界がある。

　これらの点に鑑みれば、「法令に基づく申請」（行訴法37条の3第1項1号）の要件が満たされている限り、（たとえば特定の営業保証金の払渡処分をせよというような）救済の階梯にいう⑥完全義務付け判決に対応する具体化まで必ずしもできる／する必要はない。当該申請に対応する何らかの認容処分をせよという、④の抽象度の高い「一定の処分」義務付け判決に対応する特定の程度で、既に原告が特定し、主張立証を行う。そして、その程度の特定をもって、裁判所の判決が枠付けられる「一定の処分」（3条6項）の要件を満たしていると考えるべきであろう。すなわち、私見によれば、「何らかの処分をなすことを命じる」という従来「抽象的義務付け判決」と呼ばれた程度の特定であっても「一定の処分」の要件を満たし、実際にどのような内容に特定され得るかは審理の中で明らかになる、という柔軟な解決が解釈論としても成り立ち得る。

　このような解釈は、平成16年改正前行訴法下で下級審が要求していた「一義的明白性」を若干拡げることしか考えていなかった立法者意思から大きく乖離することになるかもしれない。しかし、様々な違法・救済の階梯に応じたきめ細かな救済を認めることこそが、義務付け訴訟の嚮導機能を正しくかつ効果的に発揮させることにつながるのである。

---

(51)　市村・前掲注(1)26-27頁。

IV 嚮導機能を活かす訴訟運営のあり方（運用論・立法論）

1 嚮導機能が導く、義務付け訴訟の審理

　嚮導機能という観点は、義務付け訴訟の審理のあり方についても重要な示唆を与えるといえる。

　たとえば、取消訴訟の審理については、主張制限と訴訟資料の収集に関し、次のような問題点が指摘できる。[52]

　現在の行訴法10条1項は、「自己の法律上の利益に関係のない違法」事由を主張して取消しを求めることはできないとしている。この規定は9条の「法律上の利益を有する者」と類似するが、9条は原告適格という訴訟要件の問題であるのに対し、10条1項は本案審理における主張制限の規定である。国税徴収法上の公売処分手続において、同法96条1項1号・2号の通知が抵当権者等の他の権利者等になされなかったという違法事由を、滞納者が主張することはできないことなどが典型例であるとされる。[53]取消訴訟が原告の権利利益の救済の制度に由来することから、自己以外の第三者を専ら保護することを目的とした規定の違反についての主張を制限したものと説明できる。

　この規定については、主として処分の名宛人以外の第三者に原告適格が認められた事例を想定して、強い批判がある。[54]

---

(52) 以下の議論については、横田明美「取消訴訟の審理」高木光=宇賀克也(編)『行政法の争点（新・法律学の争点シリーズ8）』（有斐閣、2014）122-123頁において既に論じたが、義務付け訴訟の審理と重なるため再論する。
(53) 藤田宙靖『行政法総論』（青林書院、2013）427頁。
(54) 新潟空港訴訟（最判平成元年2月17日民集43巻2号56頁）で、最高裁は原告の主張できる違法事由を厳格に制限し、原告適格を基礎付ける規定（本件では騒音被害と航空法101条1項3号の「経営上および航空保安上適切なもの」の観点）の違反に限られるとした。そこで、空港周辺住民は、同法101条1項1号の「当該事業の開始が公衆の利用に適応するものであること」の違反を主張できないとされた（改正法後、原告適格を拡張した東京地判平成20年5月29日判時2015号24頁もこの流れをくむ）。しかし、周辺住民にとって、空港供用開始に伴う騒音被害等の利益侵害は、あくまでも処分要件が全て充足されて初めて受忍が必要となるのであり、さもなくば処分がされることもなく、利益侵害もなかったとも考えられる。そこで、（明らかに他の者を専ら保護する違法事由以外の）全ての違法事由を主張することができることを原則とすべきとする批判がある（塩野宏『行政法II〔第5版補訂版〕』（有斐閣、2013）174頁、阿部泰隆『行政法解釈学II』（有斐閣、2009）243頁）。

周辺住民による廃棄物処理法の産業廃棄物処理場設置許可にかかる「経理的基礎」要件に関する主張を認めた千葉地判平成19年8月21日（判時2004号62頁）は「周辺住民が重大な被害を被るおそれのある災害等が想定される程度に至る経理的基礎を欠くような場合には、もはや公益を図る趣旨にとどまらず、前記周辺住民の安全を図る趣旨から、前記周辺住民個人の法律上の利益に関係のある事由について定めているというべき」と判示した。公益要件を何らかの形で自己の法律上の利益に関係の「ある」違法と構成することで、行訴法10条1項との関係を整理したと見られる。しかし、学説の批判を踏まえれば、主観訴訟であるということが処分の根拠要件それぞれについての主観性まで要求すると見るべきか否かについては、なお検討の余地があろう。

　また、訴訟資料の収集についても、平成16年行訴法改正の趣旨が活かされていない。同改正により導入された釈明処分の特則（23条の2）は、裁判所の釈明処分（民訴法151条1項）の対象を拡大した。釈明処分とは当事者本人等に対して口頭弁論期日への出頭を命じ、当事者の事務処理者や補助者に陳述をさせ、当事者の所持する文書等の提出を命じ、留置し、検証をし、もしくは鑑定を命じ、または必要な調査を嘱託する等の方法を通じて、裁判所自身の行為によって事実関係を明らかにする手段である[55]。行訴法では処分の要件事実を示す文書や関係記録を綴った一件記録にとどまらず、裁量基準を明らかにする資料等処分の理由を明らかにする資料を含み（23条の2第1号）、処分庁以外の行政庁への文書送付嘱託を含む（同条2号）点で拡張されている。しかし、実際の訴訟において弁護士としても活躍する阿部泰隆によれば、「現実には被告は五月雨式に反論し、稟議が必要だからと、時間を取り、文書送付嘱託に関してはわざと関係のない文書を提出して、肝心の文書が出るまで数ヶ月かかる」[56]という指摘がなされている。

　このような状況にある取消訴訟の審理状況の背景には、救済のための制度としての理解と、救済については弁論主義の観点から原告において特定

---

(55)　伊藤眞『民事訴訟法〔第4版補訂版〕』（有斐閣、2014）305頁。
(56)　阿部泰隆=斎藤浩（編）『行政訴訟第2次改革の論点』（信山社、2013）42頁〔阿部泰隆〕。

がなされるべきであるという思想が背景にあるのではないか。確かに、民事訴訟理論において、裁判所が法令の適用によって法律効果発生の有無を判断するためには、まずその前提となる事実の存否を確定しなければならない。民事訴訟での証明責任は、法令適用の前提として必要な事実について訴訟上真偽不明の状態が生じた時に、その法令適用に基づく法律効果が発生しないとされる当事者の負担と説明される。証明責任の分配については、実体法の規定における法律効果発生要件（権利根拠規定、障害規定、阻止規定、消滅規定）の組み合わせに従い、当事者が自己に有利な法律効果の発生要件事実につき立証責任を負うとする法律要件分類説が通説である。[57]

　弁論主義の下では、ある事実が口頭弁論において当事者から主張されない限り裁判所はその事実を認定することが許されないため、その事実に基づく法律効果の発生が認められない。その結果、その法律効果を自己に有利に援用しようとする当事者が不利益を受けることを主張責任という。弁論主義により事実の提出が当事者の責任とされることから、当事者が自己に有利な法律効果の発生要件事実を主張しないとこれを裁判所に認定してもらえないため、主張責任の所在と証明責任の所在は一致すると理解されている。

　しかし、行政訴訟における証明責任・主張責任について、未だに通説と呼べる見解はない。[58]これは、対等な私人間の規律を公平な裁判所が審理することが想定される民事訴訟と、法に縛られ説明責任を有する主体である行政主体が先行して判断を示し、その審理においても非対称性がつきまとい、原告の地位も多種多様なものが想定される行政訴訟で考慮すべき観点が大きく異なることに由来する。[59]

---

(57)　司法研修所(編)『増補　民事訴訟における要件事実（第一巻）』（法曹会、1986）6頁。
(58)　法律要件分類説のほかに、公定力説、法治主義説、憲法秩序帰納説、権利制限拡張説、個別検討説、調査義務説、実質説等がある。個々の学説の通称および内容につき、藤山雅行「行政訴訟の審理のあり方と立証責任」藤山雅行=村田斉志(編)『新・裁判実務体系25　行政争訟〔改訂版〕』（青林書院、2012）389-414（392）頁。
(59)　米田雅宏「取消訴訟における証明責任」法教360号（2010）21-25（23）頁は、これらの観点から実質的に証明責任分配を規定する「陰の法体系」を見つけ出す解釈作業の必要性と不安定さを指摘し、学説状況を敷衍する。

嚮導機能の観点からすれば、この非対称性に着目して民事訴訟とは異なるあり方を模索することが肯定的に評価できよう。なぜなら、原告の特定責任を強く見ることは、説明責任を負担しているはずの行政を過度に有利にするものだからである。

2　分離取消判決と義務付け判決の選択における訴訟遂行のあり方

(1)　はじめに

前述（Ⅲ-1(1)(d)）のように、私見では解釈論として分離取消判決を下すべき場合ないしは下してよい場合とは、抽象度の高い「一定の処分」義務付け判決を下すよりも分離取消判決を下すことが迅速な争訟の解決に資するといえる場合と解する。

以下では、実務上、両判決にどのような相違があり、どのような場合に抽象度の高い「一定の処分」義務付けを選択すべきであり、どのような場合に分離取消判決を選択すべきかについて簡単に検討する。

(2)　両判決の類似性

まず、分離取消判決を受けた被告行政庁は、拘束力（行訴法33条2項）により、判決の趣旨に沿った再判断を行わなければならない。その際に、既に全ての要件についての判断が出ていれば、裁判所の当該判断にも拘束され、何らかの認容処分を下すべきことになるだろう。

これに対し、義務付け判決を受けた被告行政庁は当該判決が義務付けるところの内容に従って対応しなければならないところ、抽象度の高い「一定の処分」義務付け判決であれば、まさに上記と同様に何らかの認容処分を下すという程度で拘束できるにとどまり、認容処分の内容はやはり行政の裁量に委ねられることになる。

このように、分離取消判決と抽象度の高い「一定の処分」義務付け判決は類似していることから、選択基準は実務的には困難な問題といえる。

(3)　分離取消判決の階梯と抽象度の高い「一定の処分」義務付け判決の階梯

ここで指摘できるのは、分離取消判決、抽象度の高い「一定の処分」義務付け判決それぞれに階梯があるということである。たとえば、下すのに熟している義務付け判決の内容が救済の階梯における④の中でも⑤に近く

なればなるほど、その内容は分離取消判決から乖離し、より詳細で具体的な内容を義務付けることができる。そこで、審理状況が進めば進むほど、分離取消判決を下す合理性は少なくなり、義務付け判決を下すべき合理性が高まると一応いえるだろう。

また、分離取消判決にも、たとえば、手続違反だけの分離取消判決や要件が複数あるうちの一つだけについて判断したものもある。そのような場合、全ての要件について判断した上での分離取消判決と異なり、義務付け判決を出すことができる段階にないのであるから、下すことができるのは分離取消判決だけであって、分離取消判決か義務付け判決かという選択の段階にはない（むしろ、そのような審理の早期の段階において本当に既に判決に熟しているかが問題となるだろう）。

このように、違法と救済の階梯論からは、分離取消判決と義務付け判決それぞれに階梯があり、分離取消判決の端と義務付け判決の端がそれぞれ緩やかにつながっているのであるから、二つの区別が実務上最も困難なのは、まさに二つが接近する「端」の部分といえるだろう。

(4) 接近部分における残った両判決の区別

では、このように二つが接近する「端」の部分において、実務的にどちらの判決を下すべきであろうか。

近接し非常に類似する二つの判決でも、なお残る相違点としては、執行と義務付け訴訟の係属の2点が挙げられる。

まず、執行の点は、ドイツ法で義務付け判決の間接強制について論じられているところ、日本法の解釈論でも、行訴法は義務付け判決の実効性の確保につき何も規定していない以上、民事訴訟の例により（行訴法7条）、民事執行法に基づく強制執行の余地があるという議論がされている。すると取消判決については、これが形成判決であってその効力が既判力にせよ特殊効力にせよ執行の可能性がないことと対置すると、抽象度が高くても

---

(60) 室井力=芝池義一=浜川清(編)『コンメンタール行政法Ⅱ　行政事件訴訟法・国家賠償法〔第2版〕』(日本評論社、2006) 392-402 (402) 頁、402-410 (410) 頁〔深澤龍一郎〕。ここで想定されているのは、行政庁が具体的な処分をすべき旨を命じる判決については意思表示の擬制が、抽象的義務付け判決については間接強制が想定されている。

義務付け判決を下すことが執行の可能性を見出すという意味で意味があるという議論があり得る。

次に、義務付け判決は全部判決であるから、義務付け訴訟と取消訴訟の双方が当該審級に係属しなくなり、確定するか控訴されて移審するということになる。これに対し、分離取消判決は一部判決であるから、当該審級に係属しなくなり、確定するか控訴されて移審するのは取消訴訟部分だけであり、義務付け訴訟は依然として当該審級に係属し続ける。分離取消判決であれば、義務付け訴訟部分は係属し続ける（裁判所としては義務付け訴訟の係属をもって当事者を呼び出す権限が残っている）ことから、行政が取消判決の拘束力に基づく正しい判断をすることについて暗黙の圧力をかけたり、事実上の和解を促す効果がある。上記の通り、480円タクシー訴訟第1次判決は和解のために分離取消判決を利用したように見える。ただ、再度の処分が取消判決の趣旨に従ったものでなければ義務付け判決をするという暗黙の圧力があるといっても、それが実際にどの程度の影響を及ぼすかは不明である。また、行政が必ずしも裁判所の和解勧試に乗るとは限らず[61]、そのような和解に期待するよりも、抽象度の高い「一定の処分」義務付け判決を下した方が直截的な解決につながるのではないかという懸念は存在する。

このように、分離取消判決と義務付け判決の境界線においては、裁判所は主に拘束力に従った再処分を確保するためにはどうするべきかという観点や、和解の可能性等を考慮しながら、最終的にどちらの判断をするかを決めることになるだろう。

なお、嚮導機能という観点からは、実務上行政の意向をも斟酌することになるかもしれない。すなわち、行政として、抽象度の高い「一定の処分」義務付け判決が下される場合と分離取消判決が下される場合とでどちらが裁判所の意向を踏まえた再度の行政過程を動かしやすいかという点で

---

(61) なお、480円タクシー訴訟第1次判決のあと実際には行政は和解の交渉に応じなかったが、これだけをもって和解の可能性はおよそないなどと評価するのは妥当ではない。この事案は、いわゆる適法化の事案であり、法改正等で事実状態・法状態が将来的に原告に不利なものになることが見込まれるため、交渉に応じないことにも一定の理由がある事案だったのである。

の判断がある可能性がある。このような「こちらの判決が下ると、次の行政過程がやりやすくなる」などという行政の思考は、嚮導機能を効果的に及ぼす可能性という意味で一定程度斟酌する余地があるように思われる。

3　付言の活用

　義務付け訴訟の認容判決に様々な段階があることを想定すると、今までは必ずしも法的な意味があるか疑問であった判決理由中の判断にも、再度目を向ける必要がある。

　まず、今までは必ずしも拘束力を有する範囲、つまり「判決主文が導き出されるのに必要な事実認定及び法律判断」（取消訴訟の拘束力についての最判平成4年4月28日民集46巻4号245頁）とは受けとられなかった部分がある。前述したとおり、分離取消判決において処分時以降の変動を反映した判断についてはこれ以上審理を進めるのではなく、それ以前の審理段階で審理を終えるのでもなく、今この段階での判決を出すことについての理由であると評価すれば、判決主文を導くための重要性が認められる可能性がある。次に、「一定の処分」について言及する裁判例も、そもそも義務付け訴訟において救済内容についての審理が動態的であるという発想に立てば、至極自然な成り行きと評価できる。

　そして、附款を付すことができること（480円タクシー事件第2次訴訟第一審判決）など、本来当たり前であることについて確認的に述べることも、再度の行政過程を想定すると意味を持ってくる。すなわち、原告と被告行政庁と裁判所の間の真摯な訴訟進行を経て出てきた裁判所の見解を、引き続く行政過程においても指針として用いることを狙いとして付された申渡しとして評価されるべきである。確かに、このような判決理由中の判断は、それ自体法的効力を期待されるべきものではない。しかし、再度の行政過程において、付言において指摘された観点を考慮することを促したり、原告側の納得を得るための一助となる作用が期待できよう。

(1)　付言の類型化試論

　一般的規範の適法性を審査しながら個別紛争の裁定を行う機関は、裁判所に限られない。個別紛争の解決に関する意見を求められた諮問機関が、

制度の運用そのものについても付言を付す例もある。たとえば、情報公開・個人情報保護法制において設置されている、内閣府情報公開・個人情報保護審査会は、答申の中に、制度運用に関する見解を付言として示している。毎年報告されている活動概況には「付言の実績」と称する項目がある。近年で最も付言数が多い平成24年度版によれば、「149件の答申において付言がみられ、諮問の遅れなど12の項目にわたって意見が述べられている。主な項目別件数としては、諮問の遅れ・早期諮問に関する付言（33件）が最も多く、続いて、補正に関する対応に関する付言及び開示決定等の理由の提示に関する付言（それぞれ21件）、情報提供に関する付言及び開示・不開示の判断に関する付言（それぞれ14件）、文書管理に関する付言及び文書等の特定に関する付言（それぞれ13件）などという順[63]」とまとめられている。多くは実際の運用の不備を論難するものであり、行政不服審査の観点からいえば適法性審査というよりは処分の妥当性審査に付随するものも見られる。また、あくまで諮問機関であり、審査庁そのものではない。このように裁判所がなす付言とは大きく異なるものであるが、第三者機関による紛争裁定関与とその範囲を超えるかのような付言の活用事例とその影響については、まとまった研究が必要であろう。

　内閣府情報公開・個人情報保護審査会会長の経験を有している弁護士の森田明は、審査会の付す諮問を分類して、①文書の適正な作成・管理・廃棄に関するもの、②文書の特定、補正のあり方についてのもの、③その他受付け、決定のあり方についてのもの、④開示の実施のあり方についてのもの、⑤審査会への対応（諮問の遅れ等）、⑥他の制度による開示・公表の可能性についてのものがある[64]という。この分類から見てとれるように、諮問庁としての意見の範囲を超えて、行政運営のあり方や救済内容特定のあ

---

(62)　国の機関としては情報公開・個人情報保護審査会設置法に基づいて設置され、行政機関の保有する情報の公開に関する法律18条以下および行政機関の保有する個人情報の保護に関する法律42条以下に基づき不服申立てに関しての諮問を受け、答申を行う（なお、平成28年4月1日から総務省へ移管された）。地方公共団体においては条例で同種の仕組みが定められている。

(63)　内閣府情報公開・個人情報保護審査会「平成24年活動概況」（http://www.soumu.go.jp/main_content/000401816.pdf）18頁。

(64)　森田明「情報公開法等に基づく決定における理由提示をめぐる問題：内閣府情報公開・

り方、権利の適切な救済方法の模索にまで踏み込んだ内容となっている。[65]

②文書の特定や補正に関する諮問においては、申立人において文書を特定することが極めて難しいという情報公開紛争に特に強く認められる、救済内容特定責任の問題が色濃くうかがわれる。

例として、米国司法省への照会に関する一切の記録の不開示決定（不存在）に関する件が問題となった諮問（16行情187）は、次のように問題を指摘する。

> 調査の手法等について
>   上記の通り、本件開示請求がされた平成13年10月10日の時点においては、本件対象文書に該当すると認められる、平成11年4月22日付けの公電2通の電子データが存在していた可能性が極めて高い。諮問庁は、開示請求を受けた際の主管課における探索方法について、他の課の電子データの検索までは配慮が行き届かなかったものと思われる旨説明するが、現に、平成13年8月から10月の時点において、当時の担当者が上記公電について日付を特定して法務省に回答しているのであるから、開示請求を受けた主管課としては、単に保管文書を探索するのみならず、当時の担当者に上記回答の経緯を確認するなどしさえすれば、前記データも消去前に発見し得たと思われるのであり、このように比較的容易と思われる調査を怠り、漫然上記データを消去させた疑いが濃厚であることについては、極めて遺憾というほかなく、今後、電子データを含めた行政文書の探索等、調査手法の工夫が望まれる。

さらに、この中のいくつかは、本書において裁判所の付言として紹介したものと近似した内容になっている。とりわけ、⑥他の制度による開示・公表等を推奨するものがそれである。死亡原因調査委員会調査報告の不開示処分の件が問題になった諮問（23行情416）においては、次のように述べて、諮問としては一部開示を示しつつも、公益的開示の可能性を強く再考させるものとなっている。

> 本件諮問事件に対する判断としては、主に医療分科会の議事録の内容から開示の範囲を定めたが、これは法により開示が義務付けられる範囲を示した

個人情報保護審査会の答申から」専門実務研究（横浜弁護士会）9号（2015）25-46頁。
(65) 森田明『論点解説 情報公開・個人情報保護審査会答申例』（日本評論社、2016）第Ⅲ部第7章（191-239頁）は、森田・前掲注(64)の分類を踏襲した上で、防衛庁案件の付言を具体的に説明することにより、あるべき情報公開制度の運用につき検討を加えている。

ものである。本件医療事故は、広く報道された上、患者遺族等による書籍の発行、刑事及び民事の訴訟の提起及び判決、関係者のホームページ等による公表がされるなどして、本件対象文書の内容は、相当程度知り得るものとなっている。しかも、その内容について議論し尽くされてもおり、加えて患者遺族も公表に否定的でないことが推測される。さらに、本件対象文書の相当部分について開示の義務があると認められるが、そうであるならば、むしろ全部を開示する方が正確な理解に資するとも推察される。これらの事情及び本件対象文書が本件と同種の医療事故の原因究明や医療事故調査の在り方について貴重な教訓を含むものであることからすれば、本来は本件対象文書全部を開示することが望ましいとも考えられる。諮問庁において、公益的な見地から全部開示をすることは、この答申の趣旨に反するものではない。

　本書が示した通り、分離取消判決や義務付け判決における付言や内容に関する指針については、その拘束力等においてさらなる検討が必要であるが、その検討においては、付言等を他の法制度における付言の意義との関係で位置付ける必要があるだろう。

⑵　義務付け判決における付言の活用

　情報公開制度等の付言を踏まえて検討すると、義務付け訴訟においては、3種類の付言が考えられる。

　一つ目は、付言として整理されているものの、その内容に判決理由を理解する上での重要性があるものである。たとえば、480円タクシー事件第2次訴訟第一審判決の附款を付すことによる調整が可能である旨の付言は、義務付け判決の拘束力についての解釈論を示し、そのような調整を行っても拘束力違反にはならない旨を伝えたものとして重要である。

　二つ目は、拘束力の対象となるものである。たとえば、480円タクシー訴訟第2次訴訟第一審判決の裁量判断枠組に関する言及や、三鷹市耐震性調査資料開示請求事件の実体判断要件は、取消判決の主文を直接導くものではないという意味で、一種の付言ではあるが、再度の蒸し返し防止を狙ったものということができ、私見によれば、行政は再度の行政過程においてこの判断に拘束される。

　三つ目は、上記の情報公開でも見られるような、審理過程で生じた疑問や行政運営のあり方に関する留意点のようなもので、裁判所が審査できな

い、いわゆる不当性に関するものといえるだろう。

　このうちの、一つ目と二つ目は、嚮導機能を発揮するためには必ず書くべきである、重要な付言であり、その書き方にもよるが、当該内容について拘束力が生じたり、利益（上訴の利益）を考える余地もあるように思われる。これに対し、三つ目は、単なる蛇足であって、有害無益という考えもあり得る。しかし、分離取消判決の可能性も視野に入れ、違法確定と救済に階梯上のステップがあるという本書の考え方と、嚮導機能とを合わせて考えるならば、審理過程において生じた疑問や行政運営のあり方についての指摘は、むしろ歓迎される。拘束力や不服の利益（上訴の利益）は考えられないとしても、裁判所は、行政統制を担う司法府として、それまでの審理を無駄にしないようにするという意味で付言を活用することが望ましいだろう。その際、判決主文を導くために不必要であるからそれらの事情については触れないというのではなく、再度の行政過程が適切に機能するよう、それまでの審理で明らかになった事実やそれに対する法的評価を踏まえ、付言として書くべき場合には、蛇足との批判を恐れずに明示することが期待される。

Ⅴ　想定される批判への応答

1　はじめに

　本書はここまで、取消訴訟と申請型義務付け訴訟とが同一線上に連続しているという考え方を採用して、それに即した義務付け訴訟理解を検討してきた。しかしながら、義務付け訴訟と取消訴訟とは本来的に違うものであり、峻別すべきであるという立場からの批判もまた、想定できるところである。そもそも、ドイツ法における主たる見解はそのように解しているのであり、申請型義務付け訴訟と非申請型義務付け訴訟とを区別して前者を取消訴訟等と結び付ける平成16年改正行訴法の手法そのものが誤りではないか、という立場もまた想定できるところである。

　しかし、ドイツ法と日本法における義務付け訴訟の扱いの違いについては、既に第2章および第3章の章末で述べた通り、基本的な設計思想が大

きく異なっている。すなわち、裁判所の関与についてドイツ法は踏み込んだ態度をとっており、それがない日本法において、救済のためには義務付け訴訟が第一次的に求められるというような制度設計はいささか勇み足である、ということである。

そこで、以下では、取消訴訟と義務付け訴訟を区別するという立場に立った場合、より実際的な問題として想定される、原告より救済内容が特定されないことを許容する本書の立場に対する批判と、訴訟物論からの批判を検討した上で、本書の立場を今一度明らかにしておきたい。

2　救済内容の特定と原告と裁判所の関係に関する批判

まず、原告によって救済内容が特定されない場合を認めるという本書の立場に対しては、是正訴訟論に対する批判と同種の批判が考えられる。すなわち、小早川光郎が是正訴訟法案に対し指摘した二つの問題である。一つは、入口は本当に一つでよいのか、という問題である。「入口は一つにしておいて、出口をたくさんにすればいいのではないかというのは大変結構な話」として好意的に評価しつつも、日弁連法案が違法確認訴訟と義務付け訴訟を同じ入口で扱うことに疑問を呈している。「ある行為の違法認定を求めるようなタイプの是正訴訟と、それから、ある行為やある給付を求めるタイプの、要するに義務付け的な是正訴訟と、入口を二つにしておいて、その中でそれぞれ出口をいろいろ考える」方が実務上使いやすいのではないかと発言している。その根拠としては、明示的には述べていないが、入口を二つに分けるべき理由を「従来取消訴訟と義務づけ訴訟は理論的にはだいぶ違うのではないかという議論があって、そこの純学理的なハードルは少しはあると思います」と述べている。

しかしながら、ここで小早川が指摘した「従来の議論」とは、平成16年改正行訴法以前の議論における義務付け訴訟論であり、そこでは、むしろ第三者型の義務付け訴訟が中心に論じられていたことは、上述した通りである。

---

(66) 第4章IV-1。

そして、もう一つの疑問として、小早川は、どの時点で出口を特定するのかの問題を指摘している。水野武夫もこの二つの疑念を共有し、処分権主義の観点から疑問を示している。原告が違法確認まででよいと考えているのに、裁判所が「この処分をせよというところまで判決する」というようなことになりかねないというのである。

　しかし、この二人の疑念に対しても、是正訴訟論を支持する立場から、阿部泰隆は、当事者の意思に反して訴訟類型を裁判所が決めることはないことを応答している。これは、本書における嚮導機能を想定した義務付け訴訟の運用においても、変わるところはない。本書が想定する、原告、行政、裁判所の協働という義務付け訴訟の運営のあり方は、原告と裁判所が敵対関係や、原告の意思を裁判所が無視するという考えからはかけ離れている。むしろ、（行訴法が想定する範囲内で）最大限原告の意思を尊重しようという考え方である。たとえば、障害者居宅支援費訴訟において、裁判所は、原告が「幅」のある判決でもよいという趣旨か、そのような判決を下されるくらいなら義務付け請求を棄却してほしいという趣旨か確認しているが、これは、裁判所が原告の意思を尊重しようとしていることの現れといえるかもしれない。

3　訴訟物論との関係

　同様の問題は、訴訟物論においても生じる。すなわち、義務付け訴訟は給付の訴えであり、取消訴訟は形成の訴えである以上、異なる性質を持つ両者が連続しているなどということは想定し難い、として問題となり得る[67]のである。これに対しては、本書は明確な議論を避けている。それは、義務付け訴訟と取消訴訟をめぐる議論において、訴訟物の性質決定から演繹的に、留保なく結論を導くことは難しいと考えたからである[68]。

---

(67)　義務付け訴訟の訴訟物に関する近時の議論として、石崎誠也「義務付け訴訟の訴訟物について」法政理論（新潟大学）44巻2・3号（2012）106-132頁、湊二郎「義務付け訴訟・差止訴訟の法定と発展可能性」芝池義一先生古稀記念『行政法理論の探究』（有斐閣、2016）539-561頁。湊・同論文555頁は、併合提起を強制しない制度を構築する場合として、申請者の救済を義務付け訴訟に一本化することも考えられるとしている。

(68)　取消訴訟につき、その訴訟物の性質論よりも、「処分」の内実、「違法性」の内容の精査

訴訟物を定めることによって結論を決めることができる問題として想定されるのは、判決の効力（既判力か、形成力か、それとも執行力か）と違法性判断の基準時の問題が考えられる。しかし、義務付け訴訟を給付訴訟と見たところで、現在の日本の行訴法には、ドイツにおける連邦行政裁判所法とは異なり、執行に関する規定が存在しない。そうすると、いくら義務付け訴訟を給付訴訟と性質決定したとしても、民事訴訟とパラレルな意味における執行力は存在しない。⁽⁶⁹⁾義務付け訴訟の履行確保を検討するのであれば、訴訟物論よりも先に、行訴法における執行規定の不在について議論を尽くさなければならない。

この状況は、違法性判断の基準時についても同じく当てはまる。本書における検討からすれば、訴訟物の性質決定による違法性判断の基準時論は、原則論としての通用可能性すら既に失っていると見るべきであろう。給付であるから判決時、という論法は、対等な当事者間における訴訟を想定した民事訴訟では妥当し得る。しかし、決定を先んじて行うことを許されている行政との関係で、適正な行政過程を確保するという意味も込めた訴訟を期待する行政訴訟においては、訴訟物論において決せられるべき事柄ではなく、別途の行政訴訟観および実体法の解釈論が必要となるだろう。

越智敏裕は、取消訴訟の訴訟物についての実務的研究の修正違法一般説[70]を再修正した上で、それを申請型義務付け訴訟にも応用しようとする。[71]具体的には、義務付け訴訟と併合提起された取消訴訟における訴訟物については、義務付け訴訟の併合提起によって自動的に全処分要件の充足・不充足＝処分の違法一般が訴訟物となり、全要件について司法の判断権行使が要求され、処分の理由の追加・差替えの問題も成立しないとする。[72]このよ

を志向する議論として、大貫裕之「行政訴訟の審判の対象と判決の効力」磯部力＝小早川光郎＝芝池義一（編）『行政法の新構想Ⅲ 行政救済法』（有斐閣、2008）131-159（135-136）頁、山本・前掲注（3）9頁注13も参照。
(69) 抽象度の高い「一定の処分」義務付け判決につき間接強制が可能であると解するとしても、実際上どれだけの内容をどれだけの規律密度で求めることができるのかがなお問題となる。非申請型義務付け訴訟の例であるが、第4章Ⅲ-2(1)参照。
(70) 越智・前掲注（8）173-208頁。
(71) 越智・前掲注（8）191頁以下。
(72) 越智・前掲注（8）191-192頁。

うな説明は、訴訟物論を前提に、義務付け訴訟と併合提起された取消訴訟の特徴を明快に描いたものと評価できる。しかし上述の通り、違法の階梯論からすれば、裁判所が理由の差替えを制限し、たとえば手続の瑕疵のみないしは複数の実体要件のうちの一つについてのみ判断をして、分離取消判決を認めて差し戻す余地があってしかるべきであって、訴訟物論からは必ずしも一義的解決はできないし、そうすべきでもないと考える[73]。

　むしろ、実際の義務付け訴訟の訴訟運営では、このようなドグマティックな訴訟物論よりも、仮想的な「判断可能性」の方が重要な概念として扱われるだろう。越智は、非申請型義務付け訴訟を想定した議論ではあるが、違法事由が同じでも、事案進展により選択すべき処分が変化し得ることを指摘して、「一定の処分」につき処分の同一性の範囲を広く捉える説を補強する[74]。また、山本隆司は、理由の差替えの可否や、後訴での主張制限において、前訴において処分後に変化した事情を主張することに期待可能性があるかどうか、を判断基準として用いている[75]。この、仮想的な「判断可能性」論は、いわゆる行政の第一次的判断権論と異なり、行政が実際に行使したか否かではなく、「行使し得た」範囲としている点に特徴がある。他の訴訟類型に目を移すと、差止訴訟や非申請型義務付け訴訟では、第一次的判断権すら想定していない以上、平成16年改正行訴法の解釈としては、このような「判断可能性」の方が重要であろう。

VI 章　括

　取消訴訟と組み合わされて提起される申請型義務付け訴訟の結果として言い渡される判決は、裁判所がその事案について審理できる限界に応じて、無数の段階を想定できるグラデーションを描いている。つまり、違法性確定においても、行政庁が当初から理由付記で示した拒否処分理由・判断要

---

(73)　なお、越智は不作為の違法確認訴訟が併合提起される場合には例外を認めているが、私見からはその場合に限られない。
(74)　越智・前掲注（8）200頁。
(75)　山本・前掲注（3）15頁、同「取消訴訟の審理・判決の対象（2・完）」曹時66巻6号（2014）1-39頁(19)頁。

素の違法に限るのか、それとも義務付けで求められている処分の発令を見据えて全ての処分理由について検討するのかは事案によって異なり得る。

　さらに、全ての違法事由について検討したとしても、どのような処分内容を救済として与えるべきなのかは、しばしば裁判所だけでは決することができない。救済内容の特定にあたっては、原告の意向と行政庁の協力が不可欠である。そして、行政庁の訴訟過程における当事者としての振る舞いと行政過程での執行者としての振る舞いが異なり得る以上、行政過程での解決を目指すために行われるのが、義務付け訴訟における判決である。そして、その救済内容の特定の程度に応じて、義務付け訴訟の認容判決には分離取消判決、救済内容の決定につき行政裁量が広く認められる義務付け判決、そして救済内容がかなりの程度特定された義務付け判決まで、様々な段階（グラデーション）の原告勝訴判決が想定されることになる。

　以上の検討から至った結論は、「義務付け訴訟の機能は判決後の円滑な行政過程の遂行を実現するための方向付け、嚮導にある」と理解することである。そして、本章においては、義務付け訴訟を嚮導機能の観点から捉え直すことが可能であることを示し、そこから生まれる視座について、検討を試みた。

終　章

嚮導から協働へ

I　政策法務と義務付け訴訟の相互関係

　田中孝男の「裁判と自治体政策法務」という論文は、以下の記述から始まる。

> 　我が国では、現代型訴訟の特色として、しばしば、政策志向型訴訟、政策形成訴訟、あるいは制度改革訴訟（Structural Reform Litigation）と称される裁判事件が顕著になっていることが指摘されている（以下では、「政策志向型訴訟」と総称する）。つまり、今日の裁判は公共政策に影響を与えるものであり、裁判における過程や判決の内容が（行政機関がその企画実施の重要な地位を占める）政策と切り離して考えることができないものになってきているのである。
> 　だが、日本における政策志向型訴訟の顕著化は、最近に始まるものではない。むしろ、いわゆる公害裁判を始め、1970年代から、政策志向型訴訟の傾向は指摘されていた。ただ、20世紀末ごろから展開されてきた地方分権改革に伴い、日本の内政における自治体の政策主体性が高まってきたことから、自治体政策法務における訴訟事件の意義が、重要な検討対象となってきている。
> 　ただし、注意することがある。政策志向型訴訟に言及するときに研究者が念頭に置いていたのは、公害裁判や薬害裁判など、原告が一般の市民・被害者で、被告が政府（や企業）というものであった。これに対して、自治体の政策法務において、裁判と政策を論じるときは、主体が自治体（行政当局）のことが多い。誰のための政策志向なのか、議論の位相がずれているのである。[1]

---

(1)　田中孝男「裁判と自治体政策法務」法政研究（九州大学）81巻4号（2015）245-270（246-247）頁。

この箇所で指摘されているように、現代型訴訟においては、権利救済だけを目的とするのではなく、一種の公益訴訟として機能することを期待した、政策論を巻き起こすことを期待した訴訟の動きを肯定的に評価する動きがある。[2]

また、他方で、行政における活動における法務を統合的・連続的に捉えようとする政策法務[3]という考え方がある。ここでは、訴訟対応およびそれに伴って従来の法務活動が見直されることを「争訟法務」と定義した上で、法務活動の評価・見直しを行う「評価法務」の一つと位置付けている。そのため、「評価・争訟法務」として両者を連続的なものであると捉えている。訴訟の勝敗とはかかわりなく、紛争をきっかけとした事務執行全体の見直しや条例の内容精査を行うことの重要性が論じられている。[4]

このように、訴訟における活動をも行政に対する評価であると位置付ける考え方は、義務付け訴訟の嚮導機能と非常に相性の良い議論である。すなわち、義務付け訴訟の提起によって、行政機関は違法行政の可能性を知ることとなる。そして、原告は、自らが特定しきれないとはいっても、あるべき救済の可能性を示して提訴する。それを受けて、行政が訴訟における対応と同時に並行してとるべき政策を考え直す、という作用が期待できるからである。救済そのものを訴訟で完遂させることを目指すのではなく、あるべき行政過程を示すための中途段階を踏む、そのような機能が期待で

---

(2) 田中・前掲注(1)が指摘するものとして、平井宜雄「現代法律学の課題」『法律学基礎論の研究（平井宜雄著作集Ⅰ）』(有斐閣、2010) 1-40 (20-26) 頁、宮澤節生「政策志向的現代型訴訟の現状と司法制度改革継続の必要性」法社会学63号 (有斐閣、2005) 46-74 (46-47) 頁。
(3) 政策法務の定義は論者により様々であり、未だ確立した定義はない。ここでは、出石稔が自治体法務検定委員会（編）『自治体法務検定公式テキスト（政策法務編）平成27年度検定対応』（第一法規、2014) 4頁において、政策法務を「立法法務 (Plan)、解釈運用法務 (Do)、争訟・評価法務 (See) の法務の各段階を有機的に用いて、自治体の課題解決に導き、政策を実現する実践的取組み」と定義していることを想定して議論を進めることとする。
(4) 出石稔「23 政策法務としての争訟法務」北村喜宣=山口道昭=出石稔=磯崎初仁（編）『自治体政策法務』(有斐閣、2011) 298-310頁は、争訟法務の考え方を概観した上で、303頁以下において、訴訟提起をきっかけに条例の見直しが行われた例として、愛知県東郷町ラブホテル規制条例事件、神奈川県横須賀市地下室マンション建築確認事件を取り上げ、両事例における訴訟への対応と条例改定の関係を論評している。

きるのである。

　義務付け訴訟の導入は、司法の役割に、過去の出来事に対する法的な評価と裁断に加えて、この先にどのようなことをなすべきかを議論する「場」としての機能を追加した。過去の行政活動の違法性を確定して国家賠償を請求したり、過去の行政処分の違法を確定するだけではなく、その先に何をなすべきかという議論も、訴訟提起という形で取り上げることができるようになったということである。筆者は、第1章で掲げた下級審裁判例での原告および原告代理人と対面するうちに、義務付け訴訟の導入それ自体が訴訟と政策との関係を大きく変える地殻変動であることを、今さらながらに痛感した。これらの事案では、同種事例に対する影響力や、規律としての効果を実質的に有している処分基準・審査基準に対する原告らの主張は、単に自らの権利利益の救済を求めるだけではなく、同種の地位に置かれている者との関係をも意識して主張されていたからである。[5]

　本書における義務付け訴訟をめぐる検討は、未来を作り出すきっかけになるという訴訟の政策形成における意義とその内容を実質化するため、考慮すべき事項を挙げることを端緒として行われたものである。今後、義務付け訴訟が活用されていく中で、その判決のグラデーションと、その機能としての嚮導、そしてその先に再度の行政過程における協働が不可欠であることを主張する本書が、未来を作るための一助となることを期待したい。

II　今後の検討課題

　行訴法のさらなる改正について、目下様々な議論が展開されている。その中には、申請型義務付け訴訟と非申請型義務付け訴訟という2種類を置いていることそれ自体に対して、懐疑的な目を向ける見解も存在する。日弁連行訴法第2次改正法案では、非申請型義務付け訴訟の「重大な損害」

---

(5)　鈴木訴訟の原告代理人である藤岡毅弁護士は、障害者の権利獲得の訴訟を当該事案における解決だけではなく、全国の「同様の立場にある障害ある人々全体の権利保障を目指して取り組まれている」と指摘し、公益訴訟であると主張する。藤岡毅=長岡健太郎『障害者の介護保障訴訟とは何か！』（現代書館、2013）131-132頁。

要件および「補充性」要件を削除することを狙いとしつつ、義務付け訴訟を一類型に整理し直す方向で議論を進めようとしている。⁽⁶⁾

　これに対し、山本隆司は、申請型義務付け訴訟の複雑な条文構造について、本書と同じような問題意識に立ちつつ、これらの諸問題が生じる理由は併合提起にあるとする。そして、「複雑であるにもかかわらず、あるいは複雑であるがゆえに、バグがある併合提起は撤廃すべき」と述べている。つまり、立法論としては、「公定力排除訴訟」としての取消訴訟に従属した形での義務付け訴訟という位置付けを放棄して、両者の関係を再定義すべきというのである。⁽⁷⁾また、それに伴って様々な訴訟類型と判決類型の関係を整理し明文化することを提唱している。たとえば「義務付け判決にあわせて、義務付け判決と矛盾抵触するかぎりで、判決により申請拒否処分を取り消す、または同処分の無効等を宣言することとし、申請型義務付け訴訟の訴訟要件、および義務付け訴訟を提起せずに申請拒否処分の取消訴訟および無効等確認訴訟を提起する訴えの利益が認められることを、独立に定めるべき」という訴えの利益と確認訴訟への変更に関連する箇所がそれである。さらに、行政手続と訴訟手続との客観的接続を適切に行うために、義務付け訴訟については、裁判所が事案について可能な限り判断を尽くす責任を負うこと、そして処分に関し事前行政手続をとる（取り直す）必要がある旨、または原告が求める処分をしないことにかかる理由の一部がない旨を確認し、行政庁に事案を差し戻す趣旨の一部判決を下し得ることも、明文化すべきであるとしている。⁽⁸⁾

　これらの立法提案は、いずれも平成16年改正行訴法施行後の状況の批判的検討を踏まえたものであり、魅力を感じる。本書の第5章までの議論のうち、解釈論によって導かれ得るとした部分について明文化する立法提案も含まれており、本書で得られた視点とも共通する箇所が少なくないからである。課題を解決する方法として2種類の義務付け訴訟という枠組それ

（6）　阿部泰隆=斎藤浩（編）『行政訴訟第2次改革の論点』（信山社、2013）254-256頁の斎藤浩発言。もっとも、申請型義務付けについての併合提起を維持することとしている。
（7）　山本隆司「改正行政事件訴訟法をめぐる理論上の諸問題―拾遺」自研90巻3号（2014）49-63（58-59）頁。
（8）　山本・前掲注（7）59頁。

自体を排除するかどうかは今後大きな議論となり得る。

　この申請型義務付け訴訟と非申請型義務付け訴訟の2種の枠組を維持するかどうかという問題それ自体には、本書では必ずしも十分な議論を尽くすことができなかった。日弁連第2次改正法案が前提としているように、非申請型義務付け訴訟についての評価や議論が不可欠となるためである。そこで、以下では申請型義務付け訴訟の問題点として、本書の第1章において言及した問題点のうち、まだ十分に議論ができなかった点を取り上げたい。必ずしも明快な答えが出るわけではないが、法改正に向けたものを含む、今後も引き続きなされるであろう議論のための観点を提供したい。

1　「申請権」の要件

　申請型義務付け訴訟と非申請型義務付け訴訟の区別をもたらしているのは、申請権の有無である。申請型義務付け訴訟での「申請権」とそれ以外の法的利益は、何を基準に画されるのであろうか。本書では処分権主義から議論を展開した部分がある。処分の内容特定や基準時の選定における原告の処分権が果たしている機能から、いわば逆推論ではあるが、申請型義務付け訴訟でいう申請権はいかなる機能を果たしているのか、そしてその要素は何かを検討する。

　基準時の観点からいえば、申請型義務付け訴訟が前提にしている状況では、違法化事例の場合には再申請が可能であることを前提に、あえて当初の申請に対する拒否決定を争わせなくとも、再申請時での違法性を争うべきであるという議論が存在した。この議論が注目しているのは、原告が手続発動の発端を握っているということである。原告のイニシアチブにおいて行政手続を開始できるからこそ、このような議論が成り立っている。そうすると、原告がもはや再申請ができないような状況が制度的に生じているような事案においては、申請型義務付け訴訟における申請権の意味合いは薄れているということになる。

　なされるべき処分内容の特定については、原告は自らが求める最大限を示す権能と責任がある。従来、訴訟類型の選択に隠れて見えにくくなっていたが、ある違法事由に対して複数の処分内容の可能性がある場合、原告

がどこまでを求める趣旨なのかを明らかにする必要がある。この権能は、実体法から見れば、原告が申立てによって請求できる範囲と一致するはずである。自らの示した、あるいは期待した内容とは異なるからこそ、原告は不服を申し立てるのである。そうすると、翻って考えてみれば、申請型義務付け訴訟における申請権は、申請権により審理を開始した行政庁が検討するべき処分内容を確定する意味を有する。逆にいえば、何らかの申立てはあるものの、その申立ての内容を行政が何も考慮せずに処分内容を確定できるような仕組みであると、申請型義務付け訴訟における意味での申請権とは呼べなくなる可能性がある。

　この二つの観点からいえば、障害者居宅支援費訴訟（鈴木訴訟および石田訴訟）や外国人の在留特別許可の発給を求める事件は、申請型と非申請型の境界線上にあるということがわかる。

　障害者居宅支援費訴訟に即していえば、何時間分の介護が必要であるかについて、原告から申し出る法的な仕組みが存在していなかった。また、外国人の在留特別許可については、そもそも申し出る権限があるのかどうかがはっきりしない上、どのような内容にするかは行政に委ねられている。

　もっとも、この二つの観点は申請型か非申請型かを決める重要な要素ではあるものの、これら二つの観点だけで決まるとは考えにくい。この先も引き続き検討すべき課題である。

2　申請型義務付け訴訟が要求する併合すべき訴え

　申請型義務付け訴訟は、その提訴要件としても本案勝訴要件としても拒否処分取消訴訟あるいは不作為の違法確認訴訟との併合を要件としている。通常、一つの義務付け訴訟について、併合の対象となりそうな取消訴訟・不作為の違法確認訴訟が複数存在するという事態は考えられない。この問題が生じるのは、分離取消判決が出た後のことである。分離取消判決がなされたにもかかわらず、行政庁がいっこうに手続を進めない場合や、別理由に基づく拒否処分をしたときに、どのように考えるべきかという問題である。

　ここで、問題は二つに分かれる。

第1の問題は、裁判所は、分離取消判決後に出された拒否処分取消訴訟や不作為の違法確認訴訟について原告が提訴する前に、もともと係属したままになっている義務付け訴訟について義務付け判決をすることができるかという点である。第2の問題は、原告が分離取消判決後の拒否処分に対して取消訴訟を提起してきた場合に、どうすべきかという点である。

第1の問題については、前提として、分離取消判決を出す際に手続を中止していた場合に審理再開できるかが問題となるが、「当事者の意見を聴いて」とはあるものの、あくまで裁判所の職権で手続を止めていたに過ぎないから、審理再開それ自体は差し支えないだろう。そして、再開した審理において、あるいは拒否処分がさらに出されたという事実によって、当初存在していた「見込み」はなくなってしまったことがわかった場合、あとは通常の義務付け訴訟と同じように判断することになるのではないか。すなわち、裁判所において審理を進め、義務付け認容判決か棄却判決を下すということになろう。この場合には、見込みが違ったことにより、結果として救済は遅延しているが、早期に判決を下すことで、その時点においてできる限り早期の解決を目指すことになるだろう。

第2の問題については、480円タクシー事件第2次訴訟第一審判決は再拒否処分後の二度目の取消訴訟が併合されるべき訴えであると判断した。しかし、そうしてしまうと、原告が分離取消判決後の拒否処分に対して取消訴訟を提訴しなかった場合に、既に適法に係属している義務付け訴訟も不適法になるという結果を招くことになる。そのため、必ずしもこの判断が適切であるとは限らない。

また、分離取消判決後の処分に対する取消訴訟での基準時も問題になる。実体法の判断として、分離取消判決時にどの時点の違法性を基準とすべきかを裁判所が示していた場合はそれに従うべきであろう。しかし、重大な法状態・事実状態の変動が分離取消判決後に生じた場合には判断が難しい。

480円タクシー訴訟では原告が再拒否処分についても取消訴訟を提訴したため、その取消訴訟と先行する義務付け訴訟を併合したこと自体は不思議ではない。ただ、問題は、原告にとって不利な法状態の変動が分離取消判決後にあったために、どの時点を基準とすべきかの判断は丸ごと後行の

裁判所に委ねられることになった。このような当初の拒否処分に対する取消訴訟と、再拒否処分に対する取消訴訟と、それらと併合される義務付け訴訟とが混在する一連の過程で、どの裁判所がどの事項についての判断を、どの時点の法状態・事実状態を前提として判断をすべきかについても、今後の整理や検討が必要である。[9]

III 行訴法の第 2 次改正に向けて

　行訴法の第 2 次改正に向けた動きは、今までの裁判例等における活用状況を調査、審査する過程から、さらなる改正に向けた立法提案まで出されている状況にある。しかし、それらにおいては申請型義務付け訴訟はあまり大きく取り上げられていない。義務付け訴訟に向けた議論は、非申請型の機能不全を突きつけるものが多く、申請型義務付け訴訟についてはあまり触れられていないからである。

　改正行政事件訴訟法施行状況検証委員会報告書[10]においても、申請型義務付け訴訟についての施行状況に関する評価は「立法時に期待された成果があがりつつある」（報告書 4 頁）との評価であり、その後研究会後に行われた座談会においても、非申請型義務付け訴訟の重大な損害要件に注目が移っている。

　この研究会報告書を受けて、立法上の修正を迫る阿部泰隆の議論においても、焦点は専ら非申請型にあり、申請型義務付け訴訟の問題点についてはあまり触れられていない。[11]

　しかしながら、申請型義務付け訴訟についてもまだまだ上記のような不明確な点が残る。さらに、本書が示した段階的な紛争解決・事案処理の手続という観点は、義務付け訴訟を超えて、行政訴訟一般、さらには民事訴

（9）　山本・前掲注（7）58頁は、これらの問題に対して、行訴法20条のような特別な規定を置くべきであったと批判する。
（10）　高橋滋（編）『改正行訴法の施行状況の検証』（商事法務、2013）所収。
（11）　阿部泰隆「『改正行政事件訴訟法施行状況検証研究会報告書』の検証」阿部泰隆＝齋藤浩（編）『行政訴訟第 2 次改革の論点』（信山社、2013） 8 頁。

訟についても、理由の差替え、処分権主義、訴訟物、弁論手続、判決効等の基本問題の再考を迫るものである。本書の示した議論が、非申請型義務付け訴訟だけでなく、申請型義務付け訴訟の問題点にも踏み込んだ第2次改正の礎となることを期待したい。

主要参考文献

【邦語文献】

秋山義昭「西ドイツ行政裁判所法に於ける一般概括主義と行政裁判所の管轄権(一)」北法18巻3号（1968）569-609頁

阿部泰隆「基本科目としての行政法・行政救済法の意義(7)(8)」自研78巻4号（2002）3-15頁、5号（2002）3-24頁

阿部泰隆「義務付け訴訟論」『行政訴訟改革論』（有斐閣、1993〔初出1977〕）223-295頁

阿部泰隆「義務付け訴訟論再考」『行政訴訟改革論』（有斐閣、1993〔初出1985〕）305-363頁

阿部泰隆「拒否処分取消訴訟を審理する裁判所の審理を尽くす義務」高田敏先生古希記念『法治国家の展開と現代的構成』（法律文化社、2007）416-447頁

阿部泰隆『行政救済の実効性』（弘文堂、1985）

阿部泰隆『行政法解釈学Ⅰ』（有斐閣、2008）

阿部泰隆『行政法解釈学Ⅱ』（有斐閣、2009）

阿部泰隆『行政法再入門Ⅰ』（信山社、2015）

阿部泰隆『行政法再入門Ⅱ』（信山社、2015）

阿部泰隆＝斎藤浩（編）『行政訴訟第2次改革の論点』（信山社、2013）

石崎誠也「義務付け訴訟の訴訟物について」法政理論（新潟大学）44巻2=3号（2012）106-132頁

石崎誠也「社会福祉行政上の処分と義務付け訴訟の機能」法時79巻9号（2007）22-27頁

石崎誠也「申請拒否処分における処分理由の追加・変更について」法政理論（新潟大学）37巻1号（2004）1-35頁

市原昌三郎「行政事件訴訟法第9条かっこ書きの意味」公法研究26号（1964）182-187頁

市村陽典「行政事件訴訟法の改正と訴訟実務」ひろば2004年10月号23-30頁

今村成和「事実行為の取消訴訟」『現代の行政と行政法の理論』（有斐閣、1972〔初出1965〕）233-252頁

宇賀克也『行政法概説Ⅱ 行政救済法〔第5版〕』（有斐閣、2015）

鵜澤剛「行政法における法律行為と法律関係、そして訴訟類型の配分」立教大学大学院法学研究36号（2007）1-65頁

鵜澤剛「憲法訴訟における訴訟物概念の役割(2・完)」立教大学大学院法学研究34号（2005）33-75頁

遠藤博也「行政上の請求権に関する一考察」『行政救済法（行政法研究Ⅲ）』（信山社、2011〔初出1988〕）21-54頁

遠藤博也「取消請求権の構造と機能」『行政救済法（行政法研究Ⅲ）』（信山社、2011〔初出1989〕）55-79頁

遠藤博也『実定行政法』（有斐閣、1989）

太田匡彦「取消訴訟の審理に関する諸問題」行政訴訟実務研究会（編）『行政訴訟の実務』（加除式、第一法規、2004〜）611-629頁

大貫裕之「行政訴訟の審判の対象と判決の効力」磯部力＝小早川光郎＝芝池義一（編）『行政

法の新構想Ⅲ 行政救済法』(有斐閣、2008) 131-159頁
大橋洋一『行政法Ⅱ 現代行政救済論〔第2版〕』(有斐閣、2015)
雄川一郎『行政争訟法』(有斐閣、1957)
興津征雄『違法是正と判決効』(弘文堂、2010)
越智敏裕「行政訴訟の審理と紛争の解決」現代行政法講座編集委員会(編)『現代行政法講座Ⅱ 行政手続と行政救済』(日本評論社、2015) 173-208頁
乙部哲郎「西ドイツ『行政訴訟法』草案の作成とその概要」神院14巻2号 (1983) 1-33頁
兼子 一『新修民事訴訟法体系〔増訂版〕』(酒井書店、1965)
兼子 仁『行政法学』(岩波書店、1997)
可部恒雄「違法判断の基準時」鈴木忠一=三ケ月章(編)『実務民事訴訟講座8 行政訴訟Ⅰ』(日本評論社、1970) 239-258頁
川嶋四郎「『公共的差止訴訟』における救済過程の構造とその展開(1)」商学討究(小樽商科大学) 39巻4号 (1989) 33-85頁
川嶋四郎『差止救済過程の近未来展望』(日本評論社、2006)
神橋一彦『行政救済法〔第2版〕』(信山社、2016)
北村喜宣=山口道昭=出石稔=磯崎初仁(編)『自治体政策法務』(有斐閣、2011)
行政訴訟実務研究会(編)『行政訴訟の実務』(ぎょうせい、2007)
交告尚史「訴訟類型と判決態様」ジュリ1263号 (2004) 54-60頁
交告尚史『処分理由と取消訴訟』(勁草書房、2000)
児玉晃一=関聡介=難波満(編)『コンメンタール 出入国管理及び難民認定法2012』(現代人文社、2012)
小早川光郎「調査・処分・証明」雄川一郎先生献呈論集『行政法の諸問題 中巻』(有斐閣、1990) 249-279頁
小早川光郎「判決時説か処分時説か」法教160号 (1994) 120-124頁
小早川光郎『行政訴訟の構造分析』(東京大学出版会、1983)
小早川光郎『行政法講義 下Ⅱ』(弘文堂、2005)
小早川光郎『行政法講義 下Ⅲ』(弘文堂、2007)
小早川光郎(編)『改正行政事件訴訟法研究』(有斐閣、2005)
小早川光郎=高橋滋(編)『詳解改正行政事件訴訟法』(第一法規、2004)
小林久起『司法制度改革概説3 行政事件訴訟法』(商事法務、2004)
高橋 滋「義務付け訴訟」園部逸夫・芝池義一(編)『改正 行政事件訴訟法の理論と実務』(ぎょうせい、2006) 150-184頁
高橋 滋『行政手続法』(ぎょうせい、1996)
高橋 滋(編)『改正行訴法の施行状況の検証』(商事法務、2013)
最高裁判所事務総局(編)『西ドイツ行政裁判法』(法曹会、1955)
最高裁判所事務総局行政局 (監修)『改正行政事件訴訟法執務資料』(法曹会、2005)
塩野 宏「改正行政事件訴訟法の諸問題」『行政法概念の諸相』(有斐閣、2011〔初出2005〕308-339頁
塩野 宏「行政訴訟の課題と展望」『行政法概念の諸相』(有斐閣、2011〔初出2002〕171-226頁
塩野 宏「無名抗告訴訟の問題点」鈴木忠一=三ケ月章(編)『新・実務民事訴訟講座9 行政訴訟Ⅰ』(日本評論社、1983) 133-150頁

塩野　宏『行政法II〔第5版補訂版〕』(有斐閣、2013)
司法研修所(編)『改訂 行政事件訴訟の一般的問題に関する実務的研究』(法曹会、2000)
司法研修所(編)『増補 民事訴訟における要件事実(第一巻)』(法曹会、1986)
白石健三「公法上の義務確認訴訟について」公法研究11号 (1954) 46-55頁
杉本良吉『行政事件訴訟法の解説』(法曹会、1963)
鈴木庸夫「違法判断の基準時」成田頼明(編)『行政法の争点〔新版〕』(有斐閣、1990) 218-219頁
須田　守「取消訴訟における『完全な審査』(1)〜(5・完)」法論178巻1号 (2015) 33-57頁、2号 (2015) 37-78頁、3号 (2015) 1-24頁、5号 (2016) 27-68頁、6号 (2016) 34-67頁
曽和俊文「権利と救済(レメディ)」阿部泰隆先生古稀記念『行政法学の未来に向けて』(有斐閣、2012) 543-572頁
高木　光『行政訴訟論』(有斐閣、2005)
田上穰治「ドイツ行政法」田中二郎=原龍之助=柳瀬良幹(編)『行政法講座 第一巻』(有斐閣、1956) 131-149頁
田中二郎『新版 行政法 上巻〔全訂第2版〕』(弘文堂、1974)
田中孝男「裁判と自治体政策法務」法政研究(九州大学) 81巻4号 (2015) 245-270頁
田中孝男『自治体法務の多元的統制』(第一法規、2015)
常岡孝好「申請型・非申請型義務付け訴訟の相互関係に関する一考察」宮崎良夫先生古稀記念『現代行政訴訟の到達点と展望』(日本評論社、2014) 170-194頁
中嶋直木「退去強制手続と抗告訴訟(上)(下)」東北法学35号 (2010) 41-58頁、36号 (2010) 133-159頁
原田尚彦「行政上の予防訴訟と義務づけ訴訟」『訴えの利益』(弘文堂、1973〔初出1972〕) 61-88頁
原田尚彦「行政法における公権論の再検討」『訴えの利益』(弘文堂、1973〔初出1968〕) 27-60頁
原田尚彦『行政責任と国民の権利』(弘文堂、1979)
原田尚彦『行政法要論〔全訂第7版補訂2版〕』(学陽書房、2012)
坂東雄介「外国人に対する在留特別許可における親子関係を維持・形成する利益」札幌学院法学29巻1号 (2012) 93-167頁
人見　剛「行政行為の『後発的瑕疵』に関する一考察」阿部泰隆先生古稀記念『行政法学の未来に向けて』(有斐閣、2012) 717-731頁
人見　剛「行政行為の附款の独立訴訟の可否」宮崎良夫先生古稀記念『現代行政訴訟の到達点と展望』(日本評論社、2014) 217-235頁
日野辰哉「タクシー運賃認可却下処分をめぐる取消判決の拘束力の範囲に関連付けて国賠法上の違法性が認められた事例」早稲田法学86巻4号 (2011) 323-342頁
福井秀夫=村田斉志=越智敏裕『新行政事件訴訟法―逐条解説とQ&A』(新日本法規出版、2004)
藤岡毅=長岡健太郎『障害者の介護保障訴訟とは何か！』(現代書館、2013)
藤田宙靖『行政法総論』(青林書院、2013)
藤山雅行「行政訴訟の審理のあり方と立証責任」藤山雅行=村田斉志(編)『新・裁判実務体系25 行政争訟〔改訂版〕』(青林書院、2012) 389-414頁

藤原淳一郎「住民訴訟の審理に関する一考察」慶應義塾大学法学研究84巻2号（2011）503-564頁

松本博之「行政処分取消訴訟における取消対象の消滅と訴えの利益」法雑19巻3=4号（1973）229-263頁

三浦大介「行政手続と行政争訟手続」現代行政法講座編集委員会(編)『現代行政法講座II 行政手続と行政救済』（日本評論社、2015）25-49頁

湊　二郎「義務付け訴訟・差止訴訟の法定と発展可能性」芝池義一先生古稀記念『行政法理論の探究』（有斐閣、2016）539-561頁

南　博方『行政裁判制度』（有斐閣、1960）

南　博方『行政訴訟の制度と理論』（有斐閣、1968）

南　博方『法務資料第342号　ドイツ連邦共和国連邦行政裁判所法案』（法務大臣官房調査課、1956）

南　博方（編）『注釈行政事件訴訟法』（有斐閣、1972）

南博方（原編著）／高橋滋=市村陽典=山本隆司(編)『条解行政事件訴訟法〔第4版〕』（弘文堂、2014）

宮田三郎「抗告訴訟における行政処分の違法の判断基準時」専修大学論集30号（1962）76-90頁

宮田三郎「第三者取消訴訟における違法の判断基準時」朝日14号（1996）1-26頁

室井力=芝池義一=浜川清(編)『コンメンタール行政法II　行政事件訴訟法・国家賠償法〔第2版〕』（日本評論社、2006）

森川　清『権利としての生活保護法〔増補改訂版〕』（あけび書房、2011）

森川　清『「改正」生活保護法―新版・権利としての生活保護法』（あけび書房、2014）

森田　明「情報公開法等に基づく決定における理由提示をめぐる問題：内閣府情報公開・個人情報保護審査会の答申から」専門実務研究（横浜弁護士会）9号（2015）25-46頁

森田　明『論点解説　情報公開・個人情報保護審査会答申例』（日本評論社、2016）

山本隆司「新たな訴訟類型の活用のために―ドイツ法の視点から」ひろば57巻10号（2004）40-49頁

山本隆司「改正行政事件訴訟法をめぐる理論上の諸問題」論ジュリ8号（2014）71-80頁

山本隆司「改正行政事件訴訟法をめぐる理論上の諸問題―拾遺」自研90巻3号（2014）49-63頁

山本隆司「義務付け訴訟と仮の義務付け・差止めの活用のために(上)(下)」自研81巻4号（2005）70-103頁、81巻5号（2005）95-120頁

山本隆司「行政裁量の判断過程審査」行政法研究14号（2016）1-24頁

山本隆司「行政訴訟に関する外国法制調査―ドイツ(上)(下)」ジュリ1238号（2003）86-106頁、1239号（2003）108-128頁

山本隆司「取消訴訟の審理・判決の対象(1)(2・完)」曹時66巻5号（2014）1-33頁、66巻6号（2014）1-39頁

山本隆司「訴訟類型・行政行為・法関係」民商130巻4=5号（2004）640-675頁

山本隆司『行政上の主観法と法関係』（有斐閣、2000）

山本隆司『判例から探究する行政法』（有斐閣、2012）

米田雅宏「情報公開訴訟の諸問題」現代行政法講座編集委員会(編)『現代行政法講座IV　自治体争訟・情報公開争訟』（日本評論社、2014）195-227頁

米田雅宏「取消訴訟における証明責任」法教360号（2010）21-25頁

【外国語文献】

Bachof, Otto, *Die verwaltungsgerichtliche Klage auf Vornahme einer Amtshandlung* (1951)

Bettermann, Karl August, *Die Verpflichtungsklage nach Bundes-verwaltungsgerichtsordnung, NJW* 1960, S. 649-657

Bickenbach, Christian, *Das Bescheidungsurteil als Ergebnis einer Verpflichtungsklage* (2006)

Czermak, Fritz, *Beurteilung der verwaltungsgerichtlichen Anfechtungsklage nach der gegenwärtigen Sach-und Rechtslage, NJW* 1964, S. 1662-1664.

Demmel, Annette, *Das Verfahren nach §113 Abs. 3 VwGO* (1997)

Eyermann, Erich, *Verwaltungsgerichtsordnung Kommentar*, 13. Aufl. (2010)

Eyermann, Erich/Fröhler, Ludwig, *Verwaltungsgerichtsordnung*, 1. Aufl. (1960)

Eyermann, Erich/Fröhler, Ludwig, *Verwaltungsgerichtsgesetz für Bayern, Bremen, Hessen und Württemberg-Baden mit einem Anhang ergänzender Vorschriften* (1950)

Gerhardt, Michael, in: Schoch/Schmidt-Aßmann/Pietzner, *VwGO*, §113

Hödl-Adick, Marcus, *Die Bescheidungsklage als Erfordernis eines interessengerechten Rechtsschutzes* (2001)

Hufen, Friedhelm, *Verwaltungsprozessrecht*, 10. Aufl. (2016)

Idel, W., *Zum begriff der Spruchreife bei der Klage auf Vornahme eines Verwaltungsaktes, NJW* 1955, S. 1744-1747

Jakobj, Holger, *Spruchreife und Streitgegenstand im Verwaltungsprozess* (2001)

Klinger, Hans, *Die Verordnung über die Verwaltungsgerichtsbarkeit in der britischen Zone*, 2. Aufl. (1953)

Kopp, Ferdinand, Der für die Beurteilung der Sach-und Rechtslage maßgebliche Zeitpunkt bei verwaltungsgerichtlichen Anfechtungs-und Verpflichtungsklagen, in: *System des verwaltungsgerichtlichen Rechtsschutzes (Festschrift für Christian-Friedrich Menger zum 70. Geburtstag)* (1985), S. 693-707

Kopp, Ferdinand, *Verfassungsrecht und Verwaltungsverfahrensrecht* (1971)

Kopp, Ferdinand/Schenke, Wolf-Rüdiger, *Verwaltungsgerichtsordnung*, 22. Aufl. (2016)

Laubinger, Hans-Werner, Die isolierte Anfechtungsklage, in: *System des verwaltungsgerichtlichen Rechtsschützes, Festschrift für Christian-Friedrich Menger zum 70. Geburtstag)* (1985), S. 443-459

Loppuch, Der Einfluß neuer Tatsachen auf das Urteil im Anfechtungsprozeß, *DVBl* 1951, S. 243-245

Mager, Ute, *Der maßgebliche Zeitpunkt für die Beurteilung der Rechtswidrigkeit von Verwaltungsakten* (1994)

Marx, Gregor, *Das Herbeiführen der Spruchreife im Verwaltungsprozeß* (1996)

Menger, Christian-Friedrich, *System des verwaltungsgerichtlichen Rechtsschutzes* (1954)

Obermayer, Klaus, *Die Untätigkeitsklage und das Recht auf Bescheid, NJW* 1956, S. 361-362

Piendl, Birgit, *Die verwaltungsprozessuale Bedeutung des §113 Abs. 3 VwGO* (1998)
Rautenberg, J., *Untersuchungsmaxime und Zurückverweisungen im verwaltungsgerichtlichen Verfahren, NJW* 1955, S. 1545-1546
Schmidt, Tanja, *Die Subjektivierung des Verwaltungsrechts* (2003)
Schmidt, Jörg, in: Eyermann, Erich/Geiner, Harald, *VwGO*, 14. Aufl. (2014), §113
Stüer, Bernhard, Zurückverweisung und Bescheidungsverpflichtung im Verwaltungsprozeß, in: *System des verwaltungsgerichtlichen Rechtsschutzes (Festschrift für Christian-Friedrich Menger zum 70. Geburtstag)* (1985), S. 779-796
Ule, Carl H., *Verwaltungsprozeßrecht* (1960)
Van Husen, Paulus, *Gesetz über die Verwaltungsgerichtsbarkeit in Bayern, Württemberg-Baden und Hessen mit Kommentar* (1947)

事項・人名索引

あ

アイアーマン（Eyermann）……110, 115, 116
阿部泰隆 …181, 182, 193, 194, 223, 224, 237, 240, 241, 270, 271, 272, 273, 322, 333

い

イーデル（Idel）……………………107, 170
家永教科書第2次訴訟上告審 ……75, 77, 247
石田訴訟………………………83, 84, 86, 289
　　──第一審判決……………32, 42-45, 86-88, 251, 286, 318
　　──控訴審判決………………45, 88, 286
一義性（一義的）……11, 12, 63, 67, 203, 204, 205, 209, 212, 214, 252, 285, 289
一義的明白性………………………183-186
一部判決…………………6, 278, 298, 326, 340
市村陽典 ……………………197, 198, 200, 201, 211, 214, 228, 284, 303, 310
市村判決………………11, 184, 186, 206-209
一回的解決………………190, 191, 193, 194, 229, 246, 257, 311
一回的審理（ドイツにおける）→完全審理
一定の処分……………12, 86, 212, 213, 227, 233, 250, 254, 285, 319
違法化………………………145, 146, 218, 341
違法性判断（違法判断）
　　──と是正措置（救済）の切り離し
　　………………………………265, 268
　　──と是正措置（救済）の二重構造 …263
　　──の基準時…………10, 31, 59, 73, 80, 103, 139, 214, 215, 222, 236-238, 248, 274, 334
違法の階梯……………………286-289, 290, 325
インカメラ審理………………………62-66

う

ヴェルナー（Werner）……………………122
鵜澤剛………………………………………280
訴えの利益………………52, 78, 177, 218, 219, 247, 248, 302, 340
ウレ（Ule）………………………………113

え

遠藤博也…………………2, 3, 187, 188, 189, 293

お

太田匡彦…………………………………258, 310
オーバーマイアー（Obermayer）…………109
興津征雄……………………196, 198, 263, 280
越智敏裕…………………………………291, 334
帯鋸判決…………………………………………127

か

ガーナ人在留特別許可義務付け訴訟 …53, 86
　　──第一審判決………………53, 57-58, 318
　　──控訴審判決…………………………53, 59
確認訴訟……………………………………………3
瑕疵の治癒…………………………………216
兼子仁……………………………………………194
仮の救済…………………………………………174
川嶋四郎…………………………………276-278
間接強制………………………169, 278, 325
完全義務付け判決……………259-260, 289, 294
完全審理（ドイツにおける）……135, 164, 172

き

棄却の成熟（Abweisungsreife）
　　………………………………165, 253, 305
基準時………………………………………75, 132
　　違法性判断の──……73, 80, 103, 139, 214, 215, 222, 236-238, 248, 274, 334
　　義務付け訴訟の──………………8, 219-224
　　取消訴訟の──………………………8, 215
　　分離取消判決の──……………72, 248-250
基準時論………………215-225, 240-250, 334
　　──に関する従来の定式 ……10, 111-112, 215-216, 219-220, 334
　　処分時基準・判決時基準 ………242-243
　　処分時説・判決時説………………215-225
　　マーガーの──……………………142-146
基本法19条4項……………………………229
義務付け訴訟
　　──と取消訴訟の関係…………5-8, 239-282
　　──の可否………………………………2, 180
　　──の基準時………………………8, 219-224
　　──の嚮導機能…………………………327, 331
　　──の訴訟物………………………201, 264
　　取消訴訟と──の峻別……………132, 136
　　取消訴訟と──の審理の順序………198

取消訴訟と——の制度的関連付け ……2, 10
取消訴訟と——を区別する立場 ………332
連邦行政裁判所法113条3項の——への
　類推適用 …………………………153-155
救済内容の特定 …………10-12, 250, 316, 317
救済内容の特定責任 ……………11, 12, 318
救済の階梯 ……………………288-289, 325
求釈明 ……………………………………44
給付訴訟 …………………………………3, 9
行政介入請求権 …………14, 127, 180, 211
行政過程 …………………………15, 260
　——と司法過程の往復 ……………260
　——と司法過程の客観的接続関係 ………
　　　　　　　　　　　　261-263, 293
行政訴訟検討会 ………196, 252, 271, 303, 310
行政訴訟における主張責任 ……………323
行政訴訟における証明責任 ……………323
行政訴訟法案（日弁連）………………269
行政訴訟法草案（EVwPO）…148, 149, 153
　——124条 ……………………………147
行政庁の自発的な対応 …………………199
行政庁の第一次判断権 …………………217
行政手続と訴訟手続の客観的接続関係 …262
行訴法 ……………………………………2
　——9条括弧書き ……………………263
　——10条1項 …………………………322
　——23条の2 …………………………322
　——37条の3第6項 …………………304, 305
協働 ……………………………262, 295, 304, 317
嚮導（方向付け）…………………295, 297
居宅介護支援費 …………………………31, 32
居宅保護 …………………………49, 50, 52
拒否処分に対する訴訟
　（Versagungegenklage）………………99
緊急性（の要件）………………184, 185, 202

く

国立マンション訴訟 ……………11, 184, 186
クリンガー（Klinger）…………………115
グロス（Gross）…………………………122
軍令165号 …………………95, 96, 98, 228
　——23条1項 …………………………98
　——23条2項 …………………………98
　——23条3項 …………………………98
　——24条1項 …………………………98
　——24条2項 …………………………98
　——75条1項 …………………………98
　——75条3項 …………………………98

け

経過規定 ……………37, 76, 218, 223, 245, 247
経過措置 …………………………………221
形式的瑕疵 ………………………………194
形成訴訟 …………………………………9
結果除去請求権 …………………223, 241
結果除去負担 ……………………223, 241
結果として違法（im Ergebnis rechtwidrig）
　……………………………………………130
決定義務付け請求権
　（Bescheidungsanspruch）……………160
決定義務付け訴訟（Bescheidungsklage）
　……………………………………126, 128
決定義務付け判決（Bescheidungsurteil）
　………………91, 92, 93, 94, 108, 124, 127,
　　　　　128, 138, 158, 159, 197, 212
決定義務付け申立て（Bescheidungsantrag）
　……………………………………………163
原告の意思 ………………………246, 249, 314
原告の救済内容特定責任 ………251, 254
権利保護の利益 …………………………302

こ

公益訴訟 …………………………………338
効果裁量 …………………………201, 212, 289
交告尚史 …………………………195, 299
抗告訴訟（Anfechtungsklage）…………99
拘束力 ………………3, 73, 74, 129, 135, 187,
　　　　　188, 197, 221, 264, 311, 312
　取消判決の—— ………………………3
国道43号線訴訟上告審 …………………207
コップ（Kopp）…………114, 129, 155,
　　　　　　　　　　　171, 172, 197
小早川光郎 ……191, 192, 195, 197, 198, 200,
　　　　211, 218, 221, 240, 270, 272, 332
小林久起 …………………198, 204, 206, 208

さ

再拒否処分 ……………………………233
再決定義務付け判決〔——決定義務付け判決〕
　……………………………………………92
再審情願 …………………………………55
裁判所と行政庁との役割分担 …………192
裁判所の事案解明義務 …………………129
裁判所の事案の成熟性導出義務——事案の成
　熟性導出義務
裁判所の法解釈 ………129, 158, 213, 214
裁判所負担軽減法（VGFGEntlG）

事項・人名索引　355

........................147, 148, 149
裁判の成熟（Entscheidungsreife）
........................93, 227, 253
在留特別許可 53-60
裁量 202, 203, 205, 243, 297
——による公開 65
「差戻し」規定 134-135

し

事案解明のための取消し 146-157
事案の成熟（性）（Spruchreife）...93, 94, 99,
　106, 108, 115, 124, 125, 135, 165, 176, 227
——の欠缺（Fehlende der Spruchreife）
........................157, 253
事案の成熟性導出義務（Verpflichtung zum
　Herbeiführen der Spruchereife）
　...117-120, 125, 128, 129, 135, 162, 229, 305
シェンケ（Schenke）........................151
塩野宏 180, 200, 201, 209
支給量 35, 36, 38, 39, 41, 42, 83
事後違法確認訴訟 156, 263
事情判決 264, 275
執行 168
実体的瑕疵 193, 194
実体的審理 192
自動認可運賃公示 22, 23
芝池義一 197, 208
司法過程 15
司法制度改革推進本部 196
釈明 186
釈明処分の特則 322
「重大な損害」要件 13, 14
重度訪問介護要綱 40, 41
出入国管理及び難民認定法 53
——に関する一体的理解 55, 56
——に関する同居的理解 56
——に関する分節的理解 55, 56
——に関する別個独立的理解 56
シュナイダー（Schneider）........................122
シュパイヤー草案（Speyerer Entwurf）...147
J.シュミット（Schmidt）........................156
障害者自立支援法 34, 37, 39, 43, 83
条件付き判決 279
情報公開 60-66
情報公開・個人情報保護審査会（内閣府）
........................328
職権証拠調べ 229
処分権主義 164, 177, 178, 272, 301, 304
処分時 10

処分時基準 243
処分時説 8, 215, 218
処分（内容）の特定（性）........58, 201, 204,
　205, 297, 341
白石健三 264
自立支援システム 47, 48, 49, 50, 51
指令判決 212
審査基準公示 22, 23, 24, 29, 75
新事実・新証拠に基づく差戻決定 117
新宿七夕訴訟 45-53, 78, 84, 245
申請型義務付け訴訟 12
——と非申請型義務付け訴訟の境界線
........................342
申請権 13, 208, 317, 341, 342
申請制度 196, 197
身体障害者福祉法 32, 33, 34, 37, 38, 39
審理の順序 87-89, 310

す

鈴木訴訟 75
　第1次—— 31, 35-39, 75, 83, 245
　第2次—— 32, 39-42, 83
鈴木庸夫 216

せ

生活保護法 45-47
制限的肯定説 180, 186
政策法務 337, 338
制度的関連性 186, 196
性能判決 204
是正訴訟 204, 269-275
全面肯定説 181, 186

そ

総務省「住民訴訟に関する検討会」........280
訴訟係属 326
訴訟物 333, 334
　義務付け訴訟の—— 201, 264, 333
　取消訴訟の—— 266
訴訟類型 2
曽和俊文 269
損失補償 223, 224

た

第一次判断権 202
退去強制手続 53-60
対拒否（処分）訴訟
　（Verweigerungsgegenklage）...99, 100
第三者型 225

対不作為訴訟（Untätigkeitsklage）…99,100
高橋滋 …………………………………195
田中孝男 ………………………………337
段階（拒否処分）………………199,211
段階（二段階裁判手続論）……276-278
段階訴訟（Stufenklage）………………163
段階的解決 …………190,191,195,257,311
単独取消訴訟（isolierte Anfechtungsklage）
　………………6,131,133,136,177,296,314
単独取消判決〔──→分離取消判決〕…………6

ち
チェルマク（Czermak）…………………113
中間形態の瑕疵 …………………243,290
中間判決 ………………………200,275,278
抽象的義務付け判決 ………………212,258
抽象的差止請求 …………………275,276
抽象的差止判決 …………………………212
抽象的不作為請求 ………………………207
抽象度の高い「一定の処分」義務付け判決
　…………………………………………324-326

つ
鶴岡稔彦 …………………………………220

て
適法化 ……………………9,145,218,240
手続違法 …………………………………285
手続（的）瑕疵 …67,149,161,193,194,223
手続的審理 ………………………………192
デンメル（Demmel）……………………151

と
当事者型 …………………………………225
当事者訴訟的義務付け訴訟観 ……………3
道路運送法 ………………………21,22,23,29
特定行為義務付け判決（Vornahmeurteil）
　…91,93,94,108,124,126,127,128,169,236
特定地域における一般乗用旅客自動車運送事業の適正化及び活性化に関する特別措置法 ……………………………………23,29
取消訴訟
　──と義務付け訴訟の峻別 …………136
　──と義務付け訴訟の審理の順序 …198
　──と義務付け訴訟の制度的関連付け
　　…………………………………………2,10
　──と義務付け訴訟を区別する立場 …332
　──の基準時 ……………………8,215
　──の機能 ………………………………2,3

　──の審理 ……………………321,322
　──の訴訟物 …………………………266
　義務付け訴訟と──の関係 …………5-8

な
中嶋直木 ……………………………54,55

に
日本弁護士連合会 ………………………269
入管法→出入国管理及び難民認定法

は
ハイデルベルク草案（Heidelberger Entwurf）……………………………95
バッホフ（Bachof）……107,110,117,122,170,173
幅 ………………12,44,85,251,288,289,318
　──のある義務付け ……………………44
　──を持った義務付け判決 ………258
幅判決論（住民訴訟に関する）………279
原田尚彦 ………………………………180,183
判決効 ……………………………………174
判決時 ……………………8,10,28,220,223
判決時基準 ………………………243,315
判決時説 …………………9,103,216,219
判決内容 …………………………………186
判決類型 ……94,99,106,134,160,235-238,256-258,263,271,289,340

ひ
ピエンドル（Piendl）………………………153
非申請型義務付け訴訟 ……6,12,13,59,78,79,80,208,219,225,255,265
　申請型義務付け訴訟と──の境界線 …342
ビッケンバッハ（Bickenbach）
　…………………136,162,165,166,168,257
人見剛 ……………………………………242
日野辰哉 …………………………………308

ふ
ファン＝フーゼン（Van Husen）…………115
附款 ………………………………60,67,318
福井秀夫 ………………………………200,208
複数の違法事由 …………………………175
付言 ……………………28,44-45,236,327
不作為の違法確認訴訟 ………………197,208
藤木訴訟第1次判決 ………………………52
藤原淳一郎 ………………………………279
船引町支援費訴訟 …………………………76

事項・人名索引　357

フレーラー（Fröhler）............110,115,116
分離取消判決............6,31,64,65,66,213,
　　　　　214,232,250,258,295,298-316
──の基準時............72-74,248-250
分離不作為違法確認判決............6,214

へ

併合提起............6,186,284,297
平成16年行訴法改正............2,4
米占領地区行政裁判法...95,96,97,228,303
──35条1項............96
──35条2項............97
──36条............97
──59条............117,118,121,122,170
──59条1項............97
──59条2項............97
──79条1項............97
──79条3項............97,228,303
──79条5項............97,125
ヘーデル＝アディック（Hödl-Adick）
　　　　　............136,151,160,162,164,
　　　　　165,166,167,172,213,257
ベッターマン（Bettermann）
　　　　　............123,124,125,130
別理由による同一内容の再処分............274
ペルー人家族裁決および退去強制令書発付処
　　分取消訴訟............53,59-60

ほ

法治国原理............209
法定外抗告訴訟............2,11
法務委員会報告要約............121
ホームレスの自立の支援等に関する特別措置
　　法（ホームレス自立支援法）............46,47
「補充性」要件............13,14,59,184,185,202

ま

マーガー（Mager）............142,145,237
──の基準時論............143,145

み

三浦大介............15,16,244
水野武夫......207,208,210,211,212,270,333
三鷹市耐震性調査資料開示請求事件
　　　　　............63,74,330
南ドイツ行政裁判法............96
深山卓也............200,201,212
民事差止訴訟............207

む

無瑕疵裁量行使請求権............126,127
無名抗告訴訟............183,185,209

め

明白性の要件〔→一義的明白性〕............202
メンガー（Menger）............113

も

森田明............328

や

ヤコービ（Jakobj）............158
山本隆司...158,221,222,223,237,241,242,
　　　　　261,262,299,310,313,335,340

よ

要件裁量............201
横田基地訴訟上告審判決............276
480円タクシー訴訟............20-31,87
──第1次判決............20,24-26,29,248
──第2次訴訟第一審判決......20,26-29,
　　　　　72,259,289,318,330,343
──第2次訴訟控訴審判決...20,29-31,72

ら

ラウテンベルク（Rautenberg）......118,172
ラウビンガー（Laubinger）......129,137,177

り

理由の差替え............175,190,191,192,
　　　　　193,243,257,285,287
理由の追加............190-195,243
理由の提示............63-64,195,328
量的な一部認容判決............85,288

れ

連邦議会審議資料............120
──1953年4月15日（BT-Drs. 1/4278）
　　　　　............120
──1954年4月12日（BT-Drs. 2/462）
　　　　　............120
──1957年12月5日（BT-Drs. 3/55）...120
──1959年5月12日（BT-Drs. 3/1094）
　　　　　............120,121
連邦行政裁判所に関する法律（Gesetz über
　　das Bundesverwaltungsgericht）
　　　　　............101

連邦行政裁判所法
　（Verwaltungsgerichtsordnung）
　　　　　　　………101,120,147,150,263
　――86条1項 ………………………129
　――88条 ……………………………300
　――113条1項 ……………………120
　――113条1項4文 ………………263
　――113条3項 ……146,150,151,152,
　　　　　　　　　　153,161,165,174
　――113条5項 ……………………120
　――167条1項 ………………168-169
　――167条2項 ……………………169
　――172条 …………………………169
　――法案114条1項 …………120,121
　――法案114条4項 …………120,121
連邦財政裁判所法 ……………147,149
　――100条1項 ……………………152

ろ

ロップフ（Loppuch）…………114,177

わ

和解 ……………………………74,326

判例索引

【日本】

最判昭和27年1月25日民集6巻1号22頁 ……………………………………… 8, 215
最判昭和28年10月30日行集4巻10号2316頁 ……………………………………… 216
東京地判昭和47年12月25日行集23巻12号946頁 ……………………………………… 52
大阪高判昭和50年11月10日行集26巻10=11号1268頁 ……………………………………… 3
最判昭和53年9月19日判時911号99頁 ……………………………………… 191
最判昭和57年4月8日民集36巻4号594頁 ……………………………………… 75, 77, 247
最判平成元年2月17日民集43巻2号56頁 ……………………………………… 321
最判平成4年4月28日民集46巻4号245頁 ……………………………………… 30, 308, 327
最判平成5年2月25日判時1456号53頁 ……………………………………… 276
最判平成7年7月7日民集49巻7号2599頁 ……………………………………… 207, 276
最判平成11年11月19日民集53巻8号1862頁 ……………………………………… 191
東京地判平成13年12月4日判時1791号3頁 ……………………………………… 11, 184, 267
東京高判平成14年6月7日判時1815号75頁 ……………………………………… 185
最判平成17年6月23日判例集未登載 ……………………………………… 185
東京地判平成17年11月25日裁判所ウェブサイト ……………………………………… 79
東京地決平成18年1月25日判時1931号10頁 ……………………………………… 66
最判平成18年3月30日民集60巻3号948頁 ……………………………………… 184
最判平成18年10月5日判時1952号69頁 ……………………………………… 56
東京地判平成18年10月25日判時1956号62頁 ……………………………………… 66, 247, 259
東京地判平成18年11月29日賃社1439号55頁 ……………………………………… 32, 266
大阪地判平成19年1月30日裁判所ウェブサイト ……………………………………… 61
大阪地判平成19年3月14日判タ1252号189頁 ……………………………………… 20, 249
東京地判平成19年5月25日裁判所ウェブサイト ……………………………………… 13
千葉地判平成19年8月21日判時2004号62頁 ……………………………………… 245, 322
大阪高判平成19年9月13日賃社1479号63頁 ……………………………………… 76
福島地判平成19年9月18日賃社1456号54頁 ……………………………………… 76
東京地判平成19年9月28日裁判所ウェブサイト ……………………………………… 61
名古屋地決平成19年9月28日裁判所ウェブサイト ……………………………………… 79
東京高判平成19年10月17日裁判所ウェブサイト ……………………………………… 13
大阪高判平成19年10月19日裁判所ウェブサイト ……………………………………… 61
東京地判平成19年12月21日判時2054号14頁 ……………………………………… 61
東京地判平成19年12月26日判時1990号10頁 ……………………………………… 61, 63, 68, 306
東京地判平成20年2月29日判時2013号61頁 ……………………………………… 53, 246, 251
大阪高判平成20年5月28日判時2024号3頁 ……………………………………… 81
東京地判平成20年5月29日判時2015号24頁 ……………………………………… 321
東京高判平成20年7月17日判時2054号9頁 ……………………………………… 61
東京地判平成20年8月22日裁判所ウェブサイト ……………………………………… 80
長崎地判平成20年11月10日判時2058号42頁 ……………………………………… 69
金沢地判平成20年11月28日判タ1311号104頁 ……………………………………… 67
最判平成21年2月27日民集63巻2号299頁 ……………………………………… 66
東京高判平成21年3月5日裁判所ウェブサイト ……………………………………… 53, 246
最判平成21年4月17日民集63巻4号638頁 ……………………………………… 66
東京高判平成21年5月20日公刊物未登載 ……………………………………… 245
名古屋地裁金沢支判平成21年8月19日判タ1311号95頁 ……………………………………… 67

大阪地判平成21年9月25日判時2071号20頁 ················ *20,249,251,259,314*
京都地判平成21年12月14日裁判所ウェブサイト ················ *226*
最判平成21年12月17日判時2068号28頁 ················ *61*
最大判平成22年1月20日民集64巻1号1頁 ················ *279*
東京地判平成22年1月22日判時2088号70頁 ················ *53*
長野地判平成22年3月26日判自334号36頁 ················ *67,306*
東京地判平成22年3月30日判自331号13頁 ················ *62*
東京地判平成22年4月9日判時2076号19頁 ················ *61*
東京地判平成22年4月28日判タ1349号87頁 ················ *13*
東京地判平成22年7月28日賃社1527号23頁 ················ *32*
名古屋地判平成22年8月23日裁判所ウェブサイト ················ *61*
大阪高判平成22年9月9日判時2108号21頁 ················ *20,249,314*
大阪高判平成22年9月9日判自345号11頁 ················ *60*
岐阜地判平成22年11月24日裁判所ウェブサイト ················ *62,63*
和歌山地判平成22年12月17日賃社1537号20頁 ················ *32,251*
福岡高判平成23年2月7日判時2122号45頁 ················ *255*
横浜地判平成23年3月10日判例集未登載 ················ *60*
東京地判平成23年4月12日判例集未登載 ················ *60*
横浜地判平成23年6月15日判自353号9頁 ················ *61*
東京地判平成23年8月2日判時2149号61頁 ················ *61*
最判平成23年10月14日裁時1541号4頁 ················ *60,61,66*
東京地判平成23年11月8日賃社1553=1554号63頁 ················ *48*
大阪高判平成23年12月14日賃社1559号21頁 ················ *32,251*
東京地判平成24年3月22日判時377号13頁 ················ *63,285*
最判平成24年4月20日民集66巻6号2583頁 ················ *280*
最判平成24年4月23日民集66巻6号2789頁 ················ *280*
京都地判平成24年5月30日裁判所ウェブサイト ················ *68,307*
札幌高判平成24年6月19日税資262号順号11969 ················ *13*
最決平成24年7月3日公刊物未登載 ················ *255*
東京高判平成24年7月18日賃社1570号42頁 ················ *48*
東京地判平成24年8月29日判自377号11頁 ················ *63*
大阪高判平成24年10月26日裁判所ウェブサイト ················ *68,307*
津地判平成26年4月17日判時2285号39頁 ················ *68*
最判平成26年7月14日判タ1407号52頁 ················ *63*
名古屋高判平成27年7月10日判時2285号23頁 ················ *68*
東京地判平成27年7月28日裁判所ウェブサイト ················ *54*
最判平成28年3月31日判タ1425号116頁 ················ *19,67,85*

【ドイツ】

OVG Münster Urt. v. 17. 3. 1953, DÖV, 1954, S.27 ················ *116*
BVerwG Urt. v. 19. 11. 1953, E 1, 35 ················ *103,111*
BVerwG Urt. v. 17. 12. 1954, E 1, 291 ················ *101,102,103,104,105,111*
BVerwG Urt. v. 26. 5. 1955, E 2, 135 ················ *117,118*
BVerwG Urt. v. 14. 11. 1957, E 5, 351 ················ *140*
BVerwG Urt. v. 12. 6. 1958, E 7, 100 ················ *119,128*
BVerwG Urt. v. 18. 8. 1960, E 11, 95 ················ *127*
VG Frankfurt Urt. v. 3. 7. 1962, DVBl 1962, 875 ················ *131,132*
BVerwG Urt. v. 28. 6. 1963, DVBl 1964, 483 ················ *141*
BVerwG Urt. v. 5. 8. 1965, E 22, 16 ················ *112*

BVerwG Urt. v. 30. 11. 1966, E 25, 307 ·· *141*
BVerwG Urt. v. 15. 12. 1966, E 25, 357 ·· *130*
BVerwG Urt. v. 21. 12. 1967, E 29, 1 ·· *129*
BVerwG Urt. v. 26. 4. 1968, E 29, 304 ·· *131*
BVerwG Urt. v. 22. 10. 1969, E 34, 115 ·· *141*
BVerwG Urt. v. 28. 1. 1971, E 37, 151 ·· *131,133*
BVerwG Urt. v. 30. 4. 1971, E 38, 99 ·· *139*
BVerwG Urt. v. 22. 6. 1973, E 42, 296 ·· *141*
BVerwG Urt. v. 4. 12. 1974, E 46, 356 ·· *157*
BVerwG Urt. v. 21. 5. 1976, E 51, 15 ·· *131,142*
BVerwG Urt. v. 3. 12. 1981, DVBl 1982, 447 ··· *130,159*
BVerwG Urt. v. 2. 2. 1982, E 65, 1 ·· *142*
BVerwG Bchul. v. 23. 7. 1985, NVwZ, 1991, 1180 ·· *158*
BVerwG Urt. v. 3. 11. 1986, E 78, 243 ·· *142*
BVerwG Beschl. v. 22. 4. 1987, Buchholz 310 §121VwGO Nr 54 ······································· *159*
BVerwG Urt. v. 14. 4. 1989, DVBl 1989, 1050 ·· *158*
BVerwG Urt. v. 1. 12. 1989, E 84, 157 ·· *142*
BVerwG Urt. v. 23. 11. 1990, NVwZ 1991, 372 ··· *142*
OVG Münster, Beschluss vom 13. Januar 1992-18 A 10/92. A-NVwZ-RR 1992, 520 ······ *155*
BVerwG Urt. v. 20. 2. 1992, E 90, 18 ·· *157*
OVG Hamburg, Beschluss vom 26. Marz 1992-Bs V 208/91-NVwZ-RR 1993, 55 ··········· *155*
BVerwG Urt. v. 8. 12. 1993, NVwZ-RR 1993, 619f. ··· *158*
BverwG Urt. v. 6. 7. 1998, E 107, 128··· *153,154,155*

著者紹介

横田 明美（よこた・あけみ）

【略　歴】
1983年　千葉県千葉市生まれ
2006年　東京大学法学部卒業
2008年　東京大学大学院法学政治学研究科法曹養成専攻専門職学位課程修了（法務博士（専門職））
2012年　一般財団法人行政管理研究センター研究員
2013年　東京大学大学院法学政治学研究科総合法政専攻博士課程修了（博士（法学））。千葉大学法経学部准教授
2014年　千葉大学法政経学部准教授（現在に至る）

【専　攻】行政法・環境法・情報法

【主要業績】「義務付け訴訟の機能―時間の観点からみた行政と司法の役割論(1)～(6・完)」国家学会雑誌126巻(2013年) 9＝10号1-65頁、11＝12号1-56頁、127巻(2014年) 1＝2号26-77頁、3＝4号54-97頁、5＝6号55-102頁、7＝8号58-121頁、「取消訴訟の審理」高木光＝宇賀克也(編)『行政法の争点（新・法律学の争点シリーズ8）』(有斐閣、2014年) 122-123頁、「申請型義務付け訴訟の『違法性判断の基準時』論」公法研究76号(2014年) 216-228頁

義務付け訴訟の機能　　　　　　　　　（行政法研究双書 32）

2017（平成29）年1月30日　初版1刷発行

著　者　横田　明美
発行者　鯉渕　友南
発行所　株式会社　弘文堂　　101-0062 東京都千代田区神田駿河台1の7
　　　　　　　　　　　　　　TEL 03(3294)4801　振替 00120-6-53909
　　　　　　　　　　　　　　http://www.koubundou.co.jp

印　刷　港北出版印刷
製　本　牧製本印刷

© 2017 Akemi Yokota. Printed in Japan

JCOPY　〈(社)出版者著作権管理機構 委託出版物〉

本書の無断複写は著作権法上での例外を除き禁じられています。複写される場合は、そのつど事前に、(社)出版者著作権管理機構（電話 03-3513-6969、FAX 03-3513-6979、e-mail:info@jcopy.or.jp）の許諾を得てください。
また本書を代行業者等の第三者に依頼してスキャンやデジタル化することは、たとえ個人や家庭内での利用であっても一切認められておりません。

ISBN978-4-335-31507-7

オンブズマン法〔新版〕《行政法研究双書1》	園部逸夫 枝根　茂
土地政策と法《行政法研究双書2》	成田頼明
現代型訴訟と行政裁量《行政法研究双書3》	高橋　滋
行政判例の役割《行政法研究双書4》	原田尚彦
行政争訟と行政法学〔増補版〕《行政法研究双書5》	宮崎良夫
環境管理の制度と実態《行政法研究双書6》	北村喜宣
現代行政の行為形式論《行政法研究双書7》	大橋洋一
行政組織の法理論《行政法研究双書8》	稲葉　馨
技術基準と行政手続《行政法研究双書9》	高木　光
行政とマルチメディアの法理論《行政法研究双書10》	多賀谷一照
政策法学の基本指針《行政法研究双書11》	阿部泰隆
情報公開法制《行政法研究双書12》	藤原静雄
行政手続・情報公開《行政法研究双書13》	宇賀克也
対話型行政法学の創造《行政法研究双書14》	大橋洋一
日本銀行の法的性格《行政法研究双書15》	塩野　宏監修
行政訴訟改革《行政法研究双書16》	橋本博之
公益と行政裁量《行政法研究双書17》	亘理　格
行政訴訟要件論《行政法研究双書18》	阿部泰隆
分権改革と条例《行政法研究双書19》	北村喜宣
行政紛争解決の現代的構造《行政法研究双書20》	大橋真由美
職権訴訟参加の法理《行政法研究双書21》	新山一雄
パブリック・コメントと参加権《行政法研究双書22》	常岡孝好
行政法学と公権力の観念《行政法研究双書23》	岡田雅夫
アメリカ行政訴訟の対象《行政法研究双書24》	越智敏裕
行政判例と仕組み解釈《行政法研究双書25》	橋本博之
違法是正と判決効《行政法研究双書26》	興津征雄
学問・試験と行政法学《行政法研究双書27》	徳本広孝
国の不法行為責任と 　　公権力の概念史《行政法研究双書28》	岡田正則
保障行政の法理論《行政法研究双書29》	板垣勝彦
公共制度設計の基礎理論《行政法研究双書30》	原田大樹
国家賠償責任の再構成《行政法研究双書31》	小幡純子
義務付け訴訟の機能《行政法研究双書32》	横田明美
公務員制度の法理論《行政法研究双書33》	下井康史
行政上の処罰概念と法治国家《行政法研究双書34》	田中良弘

法律学講座双書

法学入門	三ケ月　章
法哲学概論	碧海純一成
憲法	鵜飼信成
憲法	伊藤正己
行政法(上・中・下)	田中二郎
行政法(上・＊下)	小早川光郎
租税法	金子宏
民法総則	四宮和夫・能見善久
債権総論	平井宜雄
債権各論Ⅰ(上)	平井宜雄
債権各論Ⅱ	平井宜雄
親族法・相続法	有泉亨
商法総則	石井照久
商法総則	鴻常夫
会社法	鈴木竹雄
会社法	神田秀樹
手形法・小切手法	石井照久
＊手形法・小切手法	岩原紳作
商行為法・保険法・海商法	鈴木竹雄
商取引法	江頭憲治郎
民事訴訟法	兼子一・竹下守夫
民事訴訟法	三ケ月　章
民事執行法	三ケ月　章
刑法	藤木英雄
刑法総論	西田典之
刑法各論	西田典之
刑事訴訟法(上・下)	松尾浩也
労働法	菅野和夫
＊社会保障法	岩村正彦
国際法概論(上・下)	高野雄一
国際私法	江川英文
特許法	中山信弘

＊印未刊

──── 条解シリーズ ────

条解刑事訴訟法〔第4版増補版〕	松尾浩也=監修　松本時夫・土本武司・池田修・酒巻匡=編集代表
条解刑法〔第3版〕	前田雅英=編集代表　松本時夫・池田修・渡邉一弘・大谷直人・河村博=編
条解民事訴訟法〔第2版〕	兼子一=原著 松浦馨・新堂幸司・竹下守夫・高橋宏志・加藤新太郎・上原敏夫・高田裕成
条解破産法〔第2版〕	伊藤眞・岡正晶・田原睦夫・林道晴・松下淳一・森宏司=著
条解民事再生法〔第3版〕	園尾隆司・小林秀之=編
条解会社更生法〔上・中・下〕	兼子一=監修　三ケ月章・竹下守夫・霜島甲一・前田庸・田村諄之輔・青山善充=著（品切れ）
条解不動産登記法	七戸克彦=監修　日本司法書士会連合会・日本土地家屋調査士会連合会=編
条解消費者三法 消費者契約法・特定商取引法・割賦販売法	後藤巻則・齋藤雅弘・池本誠司=著
条解弁護士法〔第4版〕	日本弁護士連合会調査室=編著
条解行政手続法	塩野宏・髙木光=著　（改訂中）
条解行政事件訴訟法〔第4版〕	南博方=原編著　高橋滋・市村陽典・山本隆司=編
条解行政不服審査法	小早川光郎・高橋　滋=編著
条解行政情報関連三法 公文書管理法・行政機関情報公開法・行政機関個人情報保護法	高橋滋・斎藤誠・藤井昭夫=編著
条解独占禁止法	村上政博=編集代表　内田晴康・石田英遠・川合弘造・渡邉惠理子=編

──── 弘文堂 ────